Dov Seidman

How

Dov Seidman

How

Warum WIE wir etwas tun,
über alles andere entscheidet!

Deutsch von Bärbel Knill

WILEY

WILEY-VCH Verlag GmbH & Co. KGaA

Die englische Originalausgabe des Buches erschien 2007 unter dem Titel *How. Why How We Do Anything Means Everything ... in Business (and in Life)* bei John Wiley & Sons, Inc., Hoboken, New Jersey.

Copyright © 2007 by Dov Seidmann. All rights reserved.

All rights Reserved. This translation published unter license.

3. Auflage 2013

Alle Bücher von Wiley-VCH werden sorgfältig erarbeitet. Dennoch übernehmen Autoren, Herausgeber und Verlag in keinem Fall, einschließlich des vorliegenden Werkes, für die Richtigkeit von Angaben, Hinweisen und Ratschlägen sowie für eventuelle Druckfehler irgendeine Haftung.

Bibliografische Information der Deutschen Nationalbibliothek
Die Deutsche Nationalbibliothek verzeichnet diese Publikation in der Deutschen Nationalbibliografie; detaillierte bibliografische Daten sind im Internet über http://dnb.d-nb.de abrufbar.

© 2013 WILEY-VCH Verlag GmbH & Co. KGaA, Weinheim

Printed in the Federal Republic of Germany

Gedruckt auf säurefreiem Papier.

Satz Kühn & Weyh GmbH, Freiburg
Druck und Bindung CPI – Ebner & Spiegel GmbH, Ulm
Umschlaggestaltung Christian Kalkert, Birken-Honigsessen

ISBN: 978-3-527-50722-1

Meiner Mutter Sydelle, für das erste und bleibende Gefühl,
dass es auf die innere Haltung ankommt.

Meiner Frau Maria, für die innere Haltung,
die mir am meisten bedeutet.

Inhalt

How. Dov Seidman
Copyright © 2013 WILEY-VCH Verlag GmbH & Co. KGaA, Weinheim

Geleitwort

Als ich an der Regierung war, ging es in den Debatten immer um zwei Fragen: »Was sollen wir tun?« und »Wie viel sollen wir dafür ausgeben?«. Nach meiner Zeit als Präsident wollte ich die Menschen zusammenbringen, damit sie sich auf eine viel wichtigere Frage konzentrieren: Ganz abgesehen davon, was wir tun wollen oder wie viel Geld wir dafür ausgeben sollen, *wie* können wir unsere Anstrengungen maximieren und unseren Einfluss erweitern, sodass sich durch unsere guten Absichten auch tatsächlich etwas verändert?

Mein Freund Dov Seidman hat sein Lebenswerk der Frage gewidmet, *wie* Menschen ihr Unternehmen und ihr Leben führen. Während wir uns mit dem 21. Jahrhundert und all seinen einzigartigen Herausforderungen vertraut machen, wird klar, dass wir Erfolg heute nicht mehr als Nullsummenspiel betrachten können, in dem sich eine Gruppe von Menschen nur auf Kosten einer anderen Gruppe entwickeln kann. In diesem neuen Jahrhundert werden die Menschen nur gemeinsam vorankommen oder untergehen. Unsere Mission muss es sein, eine globale Gemeinschaft zu bilden, in der Verantwortung, Gewinne und Werte gleichmäßig verteilt sind. Dieser neue Fokus wird uns allen abverlangen, *unsere innere Haltung und unser Verhalten* (das WIE) zu überdenken und neue Wege zu finden, wie wir aktiv werden können, um die globalen Probleme zu lösen, die niemand von uns allein bewältigen kann.

Im Jahr 2005 startete ich die Clinton Global Initiative (CGI) und rief Führungskräfte aus dem öffentlichen und privaten Sektor zusammen, um innovative Lösungsansätze für einige der drängendsten Herausforderungen der Welt zu entwickeln und zu implementieren. Im Rahmen von Veranstaltungen, die über das ganze Jahr verteilt stattfinden, bietet CGI Führungskräften weltweit die Möglichkeit, zusammenzuarbeiten, Ideen auszutauschen und Part-

How. Dov Seidman
Copyright © 2013 WILEY-VCH Verlag GmbH & Co. KGaA, Weinheim

nerschaften zu schließen, die ihre Arbeit wirkungsvoller machen. Wir ermutigen Mitglieder, spezielle Projekte zu entwickeln – wir nennen das »Commitments to Action«. Solche Commitments sind oft Partnerschaften von Organisationen aus unterschiedlichen Bereichen, deren Ziel es ist, nachhaltige Veränderungen zu bewirken. Ärzte schließen sich zusammen mit Schiffsagenturen und nichtstaatlichen Organisationen zur medizinischen Versorgung, um ungenutztes medizinisches Material – das ansonsten entsorgt würde – da zu verteilen, wo es am dringendsten benötigt wird. Arbeitslose New Yorker Jugendliche bekommen Ferienjobs, bei denen sie im Sommer die Dächer weiß anstreichen, um die Kosten für die Kühlung zu senken, die Gebäudeeffizienz zu verbessern und damit die Arbeitslosenzahlen zu verringern. Unsere Arbeit zeigt, dass die Zusammenarbeit im Rahmen gemeinsamer Werte die positive Wirkung unserer Anstrengungen maximiert.

Ich bin hocherfreut, dass Dov dieses grundlegende Buch geschrieben hat, in dem er seine ganze Philosophie von der *richtigen inneren Haltung und des entsprechenden Verhaltens* – des *Wie* – ausdrückt und damit sowohl die nötigen gemeinsamen Werte für das einundzwanzigste Jahrhundert liefert als auch anwendbare Ideen, um diese Werte in unserer Gesellschaft, Wirtschaft und unseren zwischenmenschlichen Beziehungen fest zu etablieren. Menschen, Organisationen und Unternehmen, die verstehen, dass die innere Haltung, mit der wir etwas tun, wichtiger ist als je zuvor, werden aufblühen. Wenn Menschen mit unterschiedlichem Hintergrund, von unterschiedlicher Herkunft und aus unterschiedlichen Bereichen sich im Geiste echter Zusammenarbeit zusammentun und einander anspornen, mehr und Besseres zu leisten, dann finden wir Antworten auf die Frage, *wie* wir etwas tun sollen – Antworten, die die Welt um uns herum besser machen und die Zukunft unserer Kinder heller.

Dieses Buch ist Schlüssel und Leitfaden für alle, deren Aufgabe es ist, eine solche Welt aufzubauen und eine solche Zukunft für viele Generationen zu schaffen.

Präsident Bill Clinton
Gründer der William J. Clinton Foundation und
42. Präsident der Vereinigten Staaten

Vorwort zur Neuauflage

Dies ist ein Buch über das *richtige Verhalten als Ausdruck einer inneren Haltung*. Es ist kein Ratgeber. Worin unterscheidet es sich von einem solchen? In allem.

Im 21. Jahrhundert kommt es nicht mehr hauptsächlich darauf an, was Sie tun oder was Sie wissen.

Das gilt nicht nur für Unternehmen, sondern für jede Organisation, sei sie profitorientiert oder non-profit, sei sie eine Regierung oder sogar ein Land. Dasselbe gilt auch für die Art und Weise, wie der Einzelne vorankommt und seine Ziele erreicht.

In unserer vernetzten, globalen Wirtschaft wird es immer schwieriger für Organisationen und Einzelpersonen, allein aufgrund dessen, was sie produzieren oder welche Dienstleistungen sie anbieten, Erfolg zu haben. Und wirklich, wenn Sie sich einmal all jene vor Augen führen, die heutzutage zu den Gewinnern zählen, werden Sie feststellen, dass nur noch wenige allein durch das, was sie herstellen oder tun, erfolgreich sind. Wenn Sie etwas anbieten, das neu ist (oder besser, schneller und/oder billiger), wird es der Wettbewerb schnell noch besser machen, und zwar zum gleichen Preis oder sogar noch billiger. Kunden vergleichen sofort Preis, Leistungsspektrum, Qualität und Service und machen damit fast alles zur Massenware.

Gleichzeitig gibt es in unserer hypervernetzten, hypertransparenten Welt so etwas wie privates Verhalten nicht mehr. Was immer auch geschieht, alles kann heute weitergeleitet, getwittert und gebloggt werden. Wir alle haben heute eine nie dagewesene Macht, über Zäune zu blicken und durch Wände hindurch, ins Innere der PR-Abteilungen und bis hinein in die inneren Abläufe von Organisationen, ja sogar der Vorstände, und in den Charakter der Menschen, aus denen diese Vorstände bestehen und die sie leiten. Wir können nicht nur beurteilen, *was* sie tun, sondern auch, *wie* sie es tun.

Doch das Bemühen um Differenzierung – als Persönlichkeit, im Beruf und als Unternehmen, ja sogar als Land – liegt all unserem Streben zugrunde. Noch immer wollen wir alle aus der Menge hervorragen, Helden sein, uns von anderen unterscheiden, Dinge tun, die andere nicht kopieren können. Wir möchten von einzigartigem Wert sein, etwas Bedeutendes vollbringen und ein Vermächtnis hinterlassen. Und das wird immer so bleiben. Doch in einer Welt austauschbarer Massenware, in der jeder alles sehen kann, gehen uns die Betätigungsfelder aus, in denen wir das noch können.

Es gibt jedoch ein Feld, auf dem noch enorme Variationsmöglichkeiten bestehen. Ein einziges Gebiet, das wir bisher noch nicht analysiert, quantifiziert, systematisiert oder zur Massenware gemacht haben. Eines, das in vielen wichtigen Aspekten nicht massenhaft produziert oder kopiert werden kann: das Reich des menschlichen Verhaltens – *wie* wir das tun, was wir tun. Wenn es darum geht, *wie* Sie tun, was Sie tun, gibt es unglaubliche Variationsmöglichkeiten, und wo es ein breites Variationsspektrum gibt, gibt es Chancen. Das Tableau menschlichen Verhaltens ist so unterschiedlich, so reichhaltig und so allumfassend, dass es eine seltene Chance bietet: *die Chance, den Wettbewerb durch das eigene Verhalten zu übertreffen* und nachhaltigen Wert zu schaffen.

Natürlich war es schon immer wichtig, wie wir das tun, was wir tun. Doch heute ist es wichtiger denn je, wie wir uns verhalten, wie wir konsumieren, Vertrauen in unseren Beziehungen aufbauen und Kontakte zu anderen pflegen. Es ist wichtig auf eine nie zuvor dagewesene Weise. Die heutige Welt, die von riesigen Informationsnetzwerken umgetrieben wird, verbindet uns und setzt uns in einer Weise schutzlos dem Blick der Öffentlichkeit aus, die wir jetzt erst anfangen zu begreifen. Eine globale Daten-Cloud bringt uns in engen Kontakt mit Kollegen, Kunden und Menschen aus völlig anderen Kulturen. Oft haben uns technologische Fortschritte schneller miteinander verbunden, als wir menschliche Bezugsrahmen entwickeln konnten, um uns gegenseitig zu verstehen. In der Folge funktionieren viele der altbekannten und bewährten Methoden von Zusammenarbeit und Vorankommen nicht mehr.

Wie wir jeden Tag erleben, und wie Sie später noch lesen werden, kommen die wertvollsten Innovationen des 21. Jahrhunderts nicht nur in Form von neuen Produkten, Dienstleistungen, Fähigkeiten, Unternehmensmodellen oder politischen Programmen daher, sondern sie entstehen aus neuen Wegen, Wert und Differenzierung zu schaffen – durch unser Verhalten als Einzelner wie als Organisation, Innovationen aufgrund der *richtigen inneren Haltung und des entsprechenden Verhaltens*. Menschen und Organisationen, die es versäumen, dieser Herausforderung zu entsprechen, geraten schon jetzt ins Hintertreffen. Diejenigen, die schon jetzt vorankommen, haben verstanden, dass der beste, sicherste und nachhaltigste Weg zu Erfolg und Sinn unter diesen dramatisch veränderten Bedingungen heute im Verhalten liegt – in der Art und Weise, wie wir auf lange Sicht Dinge tun. Dieses Buch beleuchtet die Macht und die Chancen, die in dieser ganz einfachen Idee liegen.

Das Zeitalter des Verhaltens

Als *How!* 2007 zum ersten Mal erschien, stellte ich die These auf, dass wir uns am Beginn eines Zeitalters befänden, das ich das »Zeitalter des Verhaltens« nannte.

Mann, lag ich daneben.

In den letzten vier Jahren ist klar geworden, dass wir nicht nur am Beginn des Zeitalters des Verhaltens stehen. Wir stecken schon ganz tief drin. Unser Verhalten ist noch weit wichtiger, als ich dachte, während ich dieses Buch schrieb, wichtig auf eine Weise, wie ich sie mir niemals vorgestellt hätte. Als ich zum Beispiel über einen Donut-Verkäufer in New York City schrieb, der seinen Verkauf explosionsartig steigerte, indem er seinen Kunden vertraute und das Geldwechseln ihnen überließ, hatte ich keine Ahnung, dass der Vertrauensvorschuss zur globalen Unternehmensstrategie würde, die eingesetzt wird, um in einer vernetzten Welt tiefe Bindungen aufzubauen, oder dass selbst Länder wie Indonesien sie als Taktik zum Kampf gegen Korruption anwenden würden. (Indonesien hat über 10 000 »Honesty Cafés« überall auf dem Inselstaat eröffnet, und viele »Honesty Canteens« in den örtlichen Schulen. In Honesty Canteens gibt es keine Kassen. Stattdessen nehmen sich die Schüler von den Regalen, was sie wollen. Sie legen die Bezahlung in eine offene Schachtel und nehmen sich das Wechselgeld aus einer anderen. Die Theorie dahinter ist, dass die Honesty Canteens den jungen Indonesiern ehrliches Verhalten beibringen und sie so davor bewahren, später im Leben in korrupte Praktiken hineinzuschlittern.)[1]

Als ich das bis dato größte Schneeballsystem analysierte und als Beispiel anführte, bei dem es im Wesentlichen um Vertrauensmissbrauch geht, konnte ich nicht vorhersehen, dass ein Vertrauensmissbrauch von epischem Ausmaß möglich sein würde, der weltweit Wellen schlagen würde, weit über den Investorenkreis hinaus, den Bernard Madoff direkt betrogen hatte. Als ich über einen Profi-Golfer schrieb, der sich selbst bei einem Championship-Turnier disqualifizierte, nicht weil er glaubte, dass er das müsse, sondern, weil er glaubte, er *sollte* das als Profi *und* als Mensch tun, wusste ich noch nicht, dass einer der größten Golfer aller Zeiten in Ungnade fallen würde, weil seine berufliche und private Lebensführung in krassem Gegensatz zueinander standen, und dies in einer Welt, in der öffentliches und privates Verhalten mittlerweile praktisch unmöglich auseinanderzuhalten sind. Und als ich eine Welt heraufbeschwor, umgetrieben von riesigen Informationsnetzwerken, die uns auf nicht vorhersehbare Weise schutzlos dem Blick der Öffentlichkeit aussetzen würden, war mir nicht klar, dass eine globale Finanzkrise nötig sein würde, um das wahre Wesen und die tiefe Bedeutung unserer Vernetztheit zu offenbaren.

Als ich beschrieb, dass in unserer Welt alles mit allem verbunden sein wird, weil die Kommunikationstechnologie die Distanz zwischen Menschen, Ländern und Kulturen schrumpfen ließ, sah ich nicht das ganze Ausmaß, in dem wir auch voneinander abhängig geworden sind, sogar moralisch voneinander abhängig. Moralische Interdependenz ist unvermeidlich in einer Welt, in der Hypotheken-Transaktionen in Kalifornien die Rentenplanungen im ländlichen Norwegen zunichtemachen können, und in denen die weltweite Nachfrage der Verbraucher nach Mobiltelefonen und Videospiel-Konsolen den Völkermord in Zentralafrika anheizt.

Ich habe erkannt, dass wir es uns zu bequem gemacht haben, indem wir zur Beschreibung der Welt amoralische Begriffe wie flach, transparent, komplex, unsicher oder riskant benutzten. Die

Welt ist mit Sicherheit all dies – und noch mehr. Vor etwa zwei Jahrhunderten stellte der schottische Philosoph David Hume fest, dass die moralische Vorstellungskraft mit zunehmender Distanz abnimmt. Daraus folgt, dass die moralische Vorstellungskraft in dem Maße zunehmen sollte, in dem die Welt durch die Globalisierung von Information und Kapital kleiner wird. Und das hat sie auch. Wir sind nicht mehr weit voneinander entfernt, und deshalb müssen wir unsere moralische Vorstellungskraft zu neuem Leben erwecken.

Um dem Ganzen einen Rahmen zu geben, biete ich Ihnen eine Formel für eine vernetzte und interdependente Welt an:

Technologie + menschliche Leidenschaft
× (falsche Ideen & schlechte Werte)
= Extremismus und globale Dysfunktion
Technologie + menschliche Leidenschaft
× (wahre Ideen & gute Werte)
= globale Stabilität und nachhaltiger Wohlstand

Diese Formel hat zwei Konstanten und zwei Variablen. Erste Konstante: Die Welt ist durch Technologie vernetzt. Wir werden nie wieder weniger vernetzt oder weniger durchsichtig sein. Die Privatsphäre, wie wir sie kannten, ist Vergangenheit. Mit fortschreitender Entwicklung der Technologie werden wir nur noch weiter vernetzt und noch durchsichtiger. Die zweite Konstante ist das universelle, leidenschaftliche Streben des Menschen nach Fortschritt und einem besseren Leben, und wenn man die Kräfte von Technologie und menschlicher Leidenschaft kombiniert, wie das in unserer vernetzten Welt der Fall ist, multipliziert sich deren Auswirkung exponentiell.

Betrachten wir nun die Variablen: unsere Vorstellungen von der Welt und unsere Werte. Multipliziert man Technologie und menschliche Leidenschaft mit falschen Ideen und schlechten Werten, erhält man totale Dysfunktion und Extremismus. Man wird von einer Krise in die nächste fallen, und dies mit zunehmender Häufigkeit. Doch multipliziert man dieselben Konstanten mit den richtigen Variablen – wahren Ideen und guten Werten –, erhält man globale Stabilität und nachhaltigen Wohlstand. Kurz, man erhält das, was wir alle wollen.

Der Einsatz, um diese Formel in unserem Leben und Streben richtig hinzubekommen, ist hoch. In einer hypervernetzten Welt können lokale Probleme ganz schnell globale Wucherungen bilden.

Ob es um den finanziellen GAU geht, den nuklearen GAU, das Schmelzen der Gletscher, Pandemien oder Terrorismus im Internet – das schnelle Voranschreiten und die globalen Ausmaße unserer Probleme können in uns das Gefühl wecken, dass wir täglich vor dem Untergang stehen. Wir sind wie die Geheimagenten bei *Men in Black*, die jeden Morgen an der Stechuhr zur Arbeit antreten, um wieder einmal die drohende totale Auslöschung durch außerirdische Eindringlinge abzuwenden. Doch auch wenn sich unsere Probleme anfühlen mögen wie Krisen, die von außen unser Leben bedrohen, so sind es in Wahrheit Krisen, die durch unseren eigenen Lebensstil bedingt sind, und ihre Ursache liegt in der Beschaffenheit der Beziehungen, die uns mit unseren Mitmenschen und unserem Planeten verbinden.

Auf meinen Reisen, auf denen ich den Kontakt zu den Menschen suche und versuche, zu erklären, warum die Dinge so passieren, wie sie passieren, finde ich es oft hilfreich, zwischen Lebensstil-Krisen (Way-of-Life-Crisis) und Krisen durch Bedrohung von außen (End-of-Life-Crisis) zu unterscheiden. Die klassische Krise durch Bedrohung von außen wäre ein gigantischer Komet, der auf die Erde zurast. In einer solchen Situation ist es absolut vernünftig, unter das Bett zu kriechen und zu beten, dass der Komet irgendwie an der Erde vorbeifliegt und stattdessen die Venus trifft. Mit anderen Worten, eine Krise durch Bedrohung von außen ist eine Katastrophe, etwas, wogegen man nichts tun kann. Das gilt jedoch nicht für unsere großen sozialen, politischen und die Umwelt betreffenden Probleme, die sämtlich durch menschliches Verhalten verursacht wurden, und die man nur lösen kann, indem man dieses menschliche Verhalten ändert.

Während der Finanzkrise zum Beispiel glaubten viele Menschen ernsthaft, die Weltwirtschaft stehe direkt vor dem totalen Zusammenbruch (»Am Rande des Abgrunds« war eine geläufige Redewendung in dieser Zeit). In der Folge zogen sie die Köpfe ein, blieben in Deckung und warteten, bis der Sturm vorüber wäre. Die ganze Zeit über hörten wir endlose Forderungen, »einen Neustart zu machen«, »einen Reset durchzuführen« und/oder nach einer »Reform« des Finanzsystems. Doch in Wahrheit brauchten wir, und brauchen wir noch immer, eine *neue Denkweise* in allem, was die Beziehungen zwischen den Menschen betrifft, aus denen dieses System besteht. Wie

Albert Einstein sagte, können wir nicht erwarten, Probleme mit derselben Denkweise zu lösen, durch die sie entstanden sind. Eine Krise, die durch einen bestimmten Lebensstil entstanden ist, kann man nur dadurch lösen, dass man seinen Lebensstil ändert.

Überall, wo ich hinkomme, bemerke ich einen beinahe universellen Hunger, unsere sich wandelnde Welt im Licht dessen zu verstehen, was ich »nachhaltige Werte« nenne. Seit dem Erscheinen von *How* hat man mich schon oft gebeten, meine Ideen über das menschliche Verhalten auf das globale Wirtschaftsdesaster anzuwenden, das durch unglaublich komplexe Finanztransaktionen verursacht wurde. Für mich ist das Problem ganz einfach. Jedes Verhalten wird von Werten gesteuert. Es gibt nur zwei Arten von Werten: situationsbedingte Werte und nachhaltige Werte. Wir sind bisher in unseren Begegnungen zu oft situationsbedingt vorgegangen, anstatt nachhaltig. Im Immobilienmarkt zum Beispiel gingen die Banken immer mehr dazu über, Kunden Hypotheken zu gewähren, durch die sie sich Häuser kaufen konnten, die sie sich eigentlich nicht leisten konnten. Das hört sich heute ziemlich wenig nachhaltig an, oder? Doch zum damaligen Zeitpunkt schien es vernünftig zu sein. Den Kunden war es egal, denn sie nahmen an, dass der Wert ihrer Häuser immerzu steigen würde, wodurch sie die Möglichkeit hätten, den Kredit zu refinanzieren oder das Haus mit einem ansehnlichen Gewinn zu verkaufen. Den Banken war es egal, weil sie ihre Kredite ganz schnell in Wertpapiere verpackten, die an Investoren verkauft wurden. Auch den Investoren war es egal, weil sie annahmen, dass nur einige wenige von den Hypotheken, die sie gekauft hatten, tatsächlich nicht gedeckt sein würden. Fast alle nahmen – fälschlicherweise – an, dass der Immobilienmarkt nur steigen könne, nicht fallen. Doch wir haben noch einen fundamentaleren Fehler gemacht, indem wir annahmen, wir bräuchten keine authentischen, nachhaltigen Beziehungen zwischen den Playern an den Finanzmärkten, weil die Innovationen auf dem Finanzsektor uns alle von jedem Risikobewusstsein entfremdet hatten. Wir wissen heute, dass diese sogenannten »Innovationen« in Wahrheit die Risiken multiplizierten, weil sie jeden dazu ermunterten, sich auf kurzfristigen, situationsbedingten Gewinn zu konzentrieren anstatt auf langfristigen, nachhaltigen Wert.

Darin liegt ein wesentlicher Unterschied. Beziehungen aufgrund von situationsbedingten Werten beinhalten Berechnungen darüber, was im Hier und Jetzt verfügbar ist. Dabei geht es eher darum, kurzfristige Chancen zu nutzen, als konstant Prinzipien zu leben, die langfristigen Erfolg schaffen. Hier liegt der Schwerpunkt darauf, was wir in einer gegebenen Situation tun *können* oder *nicht können*. Bei nachhaltigen Werten hingegen geht es allein darum, was wir in einer Situation tun *sollten* oder *nicht* tun *sollten*. Sie erhalten Beziehungen über lange Zeit aufrecht. Nachhaltige Werte sind solche, die uns auf menschlicher Ebene zutiefst verbinden. Dazu gehören Transparenz, Integrität, Ehrlichkeit, Wahrheit, geteilte Verantwortung und Hoffnung. Bei nachhaltigen Werten geht es deshalb allein um das *Wie*, nicht um das *Wie viel*.

Was eine Institution nachhaltig macht, ist nicht die Bedeutung und die Größe, die sie erreicht, wie der Zusammenbruch der großen Finanzinstitute gezeigt hat. Vielmehr ist es die Art und Weise, *wie* sie ihre Geschäfte betreibt, *wie* sie mit ihren Mitarbeitern, Aktionären, Kunden, Zulieferern, der Umwelt, der Gesellschaft und zukünftigen Generationen umgeht.

How goes global

In den letzten Jahren habe ich das Konzept von *How* vor Unternehmensführern und Publikum auf der ganzen Welt präsentiert. Ich trat bei *Good Morning America* auf, vor Millionen erschöpfter Mitbürger, wo ich zu meiner Überraschung mit Gastgeber Robin Roberts über das Prinzip der richtigen inneren Haltung in der Erziehung sprach. Ein Kind zu erziehen ist wie eine Reise, genau wie der Aufbau einer Karriere oder einer Organisation. Früher konnten wir unsere Kinder kontrollieren, wenn das nötig war, indem wir sie auf ihr Zimmer schickten und den Fernseher ausschalteten. Heute ist es nahezu unmöglich, Kinder von all den elektronischen Geräten zu trennen, die ihnen Zugang zur Welt der sozialen Netzwerke verschaffen. Einst hofften wir, Kinder würden ihr Verhalten auf natürliche Weise an dem ihrer Eltern orientieren. Doch heute findet Verhalten in der Cloud statt. Kurz nach Erscheinen von *How* wurde ich Vater. Mein Sohn ist heute drei Jahre alt. Während er aufwächst, kann praktisch alles, was er sagt und tut, online für immer existieren. Wo er auch immer hingeht, sein Ruf wird dort schon vor ihm ankommen. Umso wichtiger ist es daher, dass ich in ihm nachhaltige Werte wecke, die ihm helfen, mit den Füßen auf dem Boden zu bleiben, und ihn in dieser fremdartigen und aufregenden neuen Welt auf einen nachhaltigen Weg führen.

Nicht lange danach saß ich in einem abgedunkelten New Yorker Fernsehstudio mit Charlie Rose, der mich fragte, inwiefern sich die Ideen aus diesem Buch von der Goldenen Regel (»Behandle andere so, wie du von ihnen behandelt werden willst«) unterscheiden würden. Das ist eine berechtigte Frage, und die Antwort ist, dass es immer schon wichtig war, andere so zu behandeln, wie man selbst behandelt werden will. Aber wie wir das heutzutage tun, ist so wichtig wie nie zuvor. Es können so viele Menschen Ihr Verhalten sehen oder davon beeinflusst werden. Ich erklärte, dass unsere Werte abgestimmt sein müssen, um in eine Welt zu passen, wo Millionen nur mit einem Mausklick miteinander »befreundet« sein, die Freundschaft »löschen« oder »blockieren« und mit maximal 140 Zeichen »Follower« gewinnen können. Es ist kein Zufall, dass die heranwachsenden Generationen sozialen Status nicht mehr durch auffälliges Konsumverhalten erreichen wollen, sondern sich stattdessen Wert durch auffällige Ausdrucksweise und Verhalten verschaffen.[2]

Je mehr ich reise, desto klarer wird mir, dass die Ideen in diesem Buch universell gültig sind. In den letzten Jahren sind Übersetzungen von *How* in Korea, Deutschland, Brasilien, Indien und China erschienen. Bei einem Vortrag an einem Samstagmorgen in Peking beging ich den Fehler, dem Publikum aus chinesischen Universitätsstudenten zu sagen, ich würde nach der Rede noch bleiben, bis all ihre Fragen beantwortet seien. Vier Stunden später diskutierten wir noch immer, welchen Bezug die Theorie vom nachhaltigen Verhalten zur klassischen chinesischen Philosophie hat. (Die Antwort lautet: einen sehr engen Bezug. Ein zentraler Glaubenssatz der konfuzianischen Lehre lautet zum Beispiel, dass Gesetze den gemeinen Menschen kontrollieren, während den edlen Menschen rechtes Verhalten leitet. Wenn man hier »Mensch« durch »Unternehmen« ersetzt, wird Konfuzius zu einem zeitgenössisch klingenden Theoretiker für Unternehmensführung.)

In Europa bat ich in einem Raum voller CEOs globaler Unternehmen diejenigen die Hand zu heben, die zuverlässig die Top-Performer unter ihren Mitarbeitern nennen könnten. Sie hoben alle die Hand. Dann bat ich sie, die Hand oben zu lassen, wenn sie mit derselben Sicherheit die Mitarbeiter nennen könnten, die am prinzipientreusten sind – die die Kernwerte des Unternehmens am meisten verkörperten und das beste Beispiel dafür waren, wie man die richtigen Ergebnisse mit den richtigen Mitteln erzielt. Alle Hände gingen nach unten. Ich fuhr fort mit dem CEO-Aerobic, indem ich fragte, ob sie ein besseres, nachhaltigeres Unternehmen führen würden, wenn sie die zweite Frage ebenso gut beantworten könnten wie die erste. Die Hände schossen nach oben. Zuletzt bat ich sie, die Hände oben zu lassen, wenn sie mit mir übereinstimmten, dass die globale Dynamik heute von ihnen dringend fordert, hierfür eine Antwort zu entwickeln und diese dann in ihre Handlungen einzubetten. Die Hände blieben oben.

Im Jahr 2008 stellte ich den Begriff »outbehave« (jemanden durch Verhalten übertreffen) als neue Idee beim Aspen Ideas Festival vor. Passenderweise war das am 4. Juli, an dem die Amerikaner den Geburtstag eines Landes feiern, das auf einer Idee gegründet wurde. Ich stellte fest, dass der Begriff »outbehave« sich nicht in den Wörterbüchern findet, im Gegensatz zu Nullsummen-Begriffen wie »outperform« (jemanden durch Leistung übertreffen), »outfox«, »outsmart« (beides: jemanden überlisten), »outmaneuver« (jemanden ausmanövrieren), »outproduce« (jemanden durch Produktion übertreffen) und so weiter. Sprache ist wichtig, weil sie unser Denken formt. Diese Begriffe stehen im Wörterbuch, weil sie geläufige Denk- und Verhaltensweisen ausdrücken. Für die Idee, dass wir durch unser Verhalten hervorragend sein können, und dass prinzipientreues Verhalten Vorteile bringen kann, gibt es *noch* kein Wort. Wir sind wie Bodybuilder, die ihre Arme und Oberkörper übertrainieren, aber die Beine vernachlässigen. Wir sind oberlastig geworden. Wir wissen, wie wir unsere Rivalen durch Ausgaben (outspend) und Tricks (outsmart) übertreffen können, aber wir wissen relativ wenig darüber, wie wir sie durch unser Verhalten schlagen können. Im übertragenen Sinn ist es Zeit, das Fitnessstudio aufzusuchen und an den Beinen des Verhaltens zu arbeiten, mit denen wir fest auf dem Boden stehen, und die uns gleichzeitig auch voranbringen in Richtung eines sinnvolleren und nachhaltigeren Lebens.

Auf meinem Weg habe ich bemerkt, dass prominente Denker und Führungspersönlichkeiten das Konzept von *How* als Ethik menschlichen Strebens und als Plattform für die Schaffung nachhaltiger Werte übernommen haben. In diesem Zuge haben sie meine Art übernommen, das Wort *Wie* als Substantiv zu gebrauchen, (zum Beispiel »das richtige *Wie* anwenden«; »das *Wie* macht den Unterschied aus«), anstatt es als Adverb zu benutzen (zum Beispiel »wie viel Marktanteil wir einnehmen können«). Es war ermutigend und eine Ehre für mich, zu erleben, dass meine Ideen bei Denkern Anklang fanden, die ich auf intellektueller Ebene respektiere, und bei Führungskräften, die ich dafür bewundere, dass sie einen echten Beitrag in der Welt leisten wollen. Darunter auch Präsident Bill Clinton, der verkündete, dass er den Rest seines Lebens dem »Geschäft des richtigen *Wie*« widmen wolle und dass er »anderen ein *Was* hinterlassen« werde, womit wir schon zwei wären.

Der *New-York-Times*-Kolumnist Tom Friedman nahm das richtige Verhalten (das *Wie*) als »Regel« der flachen Welt in die aktualisierte Version seines bahnbrechenden Buches *Die Welt ist flach* auf. In seinem nächsten wichtigen Buch, *Hot, Flat, and Crowded* (deutscher Titel: *Was zu tun ist. Eine Agenda für das 21. Jahrhundert*) beschrieb er mein Modell für »nachhaltige Werte« als Schlüssel für eine nachhaltige Welt. Im letzten Jahr eröffneten wir das Aspen Ideas Festival mit einem gemeinsamen Auftritt, bei dem wir über nachhaltige Werte und den davon inspirierten Führungsstil sprachen, als Schlüssel für Innovation und Wachstum in einer Welt des immer schnelleren Wandels und Umbruchs in Politik, Wirtschaft und Umwelt.

Die Werteskala des richtigen Verhaltens

Ich verdiene meinen Lebensunterhalt, indem ich ein profitorientiertes Unternehmen führe, das am offenen globalen Markt operiert. In den letzten Jahren kam ich immer wieder in die Lage, die Verdienste des Kapitalismus gegenüber Kritikern verteidigen zu müssen, die die Schuld an der Rezession den gierigen Bankern, unfähigen Regierenden, inkompetenten Automobilherstellern oder wem auch immer zuschrieben. Ich begann meine Antwort immer wieder in gleicher Weise, indem ich anmerkte, dass wirtschaftliches Verhalten schon immer eine moralische Dimension hatte. Adam Smith, Autor von *Der Wohlstand der Nationen*, sei in Wahrheit Moralphilosoph gewesen, und kein Wirtschaftswissenschaftler. Dann argumentierte ich weiter, dass wir in einer kapitalistischen Gesellschaft ganz natürlich zu der Annahme neigen, dass wirtschaftliches Wachstum gut für das Wohl aller sei. Mehr Wachstum ist gleich mehr Jobs, mehr Geld und mehr Sicherheit für Unternehmen wie Bürger.

Im Verlauf des 20. Jahrhunderts erlebten wir ein Muster in der Industriellen Welt, das sich in Form von einigen wenigen Unternehmensriesen konsolidierte. Die Annahme hierbei war, dass Wachstum gut sei, weil große Unternehmen ipso facto stärker seien als kleine. Alle Unternehmen strebten an, »zu groß zu werden, um zu scheitern«, um eine Redewendung zu verwenden, die während der Hypothekenkrise eine ganz andere Bedeutung erhielt. Ein ganzes System aus Business Schools, Investoren, Kapitalmärkten, Wirtschaftsmedien und Unternehmen ist damit aufgewachsen und misst noch immer Erfolg an diesem »Prinzip«. Venture-Kapitalisten fragen junge Unternehmer noch immer, wie sie ihr neu gegründetes Unternehmen »dimensionieren« und eine Wachstumskurve in Hockeyschlägerform zustande bringen wollen. Die Märkte belohnen noch immer Unternehmen, die schnell wachsen, und bestrafen solche, die es nicht tun. Doch in der Unternehmenswelt kann Größe allein kein langfristiges Überleben garantieren. Im Gegenteil, der aggressive Versuch, eine bestimmte Größe zu erreichen – sei es in Form von mehr Umsatz, Gewinn, Kunden, Filialen oder eines höheren Börsenwerts –, verführt Unternehmen, die Werte aus den Augen zu verlieren, die echte Nachhaltigkeit schaffen. Zeigen Sie mir ein Unternehmen, das »zu nachhaltig ist, um zu scheitern«, dann bin ich am Kauf von Aktien interessiert.

Und wenn Sie sonst nichts von diesem Buch behalten, sollten Sie sich doch zumindest an dies eine erinnern: Im 21. Jahrhundert ist prinzipientreues Verhalten der sicherste Weg zu Erfolg und Sinn, ob in der Geschäftswelt oder im Privatleben. Das scheint der Intuition zu widersprechen, aber nur deshalb, weil wir es gewöhnt sind, zu denken, dass Geschäft und Leben irgendwie verschiedene Bereiche sind, in denen unterschiedliche Regeln herrschen. Nach dieser

Logik ist Verantwortung für Gesellschaft und Umwelt bestenfalls von peripherer Bedeutung für den eigentlichen Zweck von Unternehmen, nämlich den wirtschaftlichen Profit zu maximieren. Unsere Gesellschaft verstärkt diese Botschaft in hohem Maße. Ich begann meine Berufslaufbahn in Los Angeles, ich liebe Spielfilme und neige dazu, aus ihnen Lektionen für das soziale Leben zu ziehen. Denken Sie an die Mafiosi-Figuren in *Der Pate*, die entsetzliche Taten von Verrat und Gewalt damit rechtfertigen, dass sie das Geschäftliche strikt vom Persönlichen trennen: »Das war rein geschäftlich. Sagt Michael, ich habe ihn immer gemocht.«

Oder nehmen Sie den Slogan »Gier ist gut«, der durch die Figur des Unternehmensplünderers berühmt wurde, den Michael Douglas in Oliver Stones Film *Wall Street* spielt. Stone wollte nicht, dass wir daraus schließen, Gier sei wirklich gut. *Wall Street* war teilweise von seinem Vater inspiriert, einem Aktien-Broker der alten Schule, der an die ehrliche Dienstleistung am Kunden glaubte. Ist es nicht eine Ironie, dass mehrere Generationen junger Kapitalisten Stones warnende Geschichte als Parole interpretiert haben, hinauszugehen und, ja genau, gierig zu sein? Die Sache ist, dass Slogans wie »Gier ist gut« oder »strictly Business« in einer nicht vernetzten Welt perfekt funktionieren, wo Menschen unterschiedliche Sphären schaffen können – erst gedanklich, dann über das eigene Verhalten –, in denen sie situationsbedingt miteinander umgehen. Die Welt des Business zum Beispiel wurde zu einer solchen Sphäre. All die Subprime-Hypotheken waren »strictly Business«. Die Idee dahinter war, dass es einen Raum jenseits jeglicher Moral gäbe, wo es, solange man gegen kein Gesetz verstieß, nur eine einzige Verantwortung gab: die für »Shareholder-Value und Gewinnstreben«. Was traurig und schmerzlich ist, denn zu viele von uns verstanden nicht, dass die Technologie uns nicht nur miteinander vernetzte, sondern uns auch moralisch voneinander abhängig machte. »Gier ist gut« und »zu groß, um zu scheitern« sind rationale Strategien für eine Welt, in der Geschäfts- und Privatleben getrennt sind. Doch sie sind die absolut schlechtesten Strategien in einer vernetzten Welt, in der alles privat ist, weil das Verhalten jedes Einzelnen sich auf jeden anderen auswirkt.

Ich glaube, das ist der Grund, warum die Weltanschauung von *How* in den Foren widerhallt, die bisher traditionell von wirtschaftlichen Perspektiven beherrscht waren. Beim jährlichen World Economic Forum in Davos, zum Beispiel, ging es schon immer darum, Geschäftswelt und politische Führungskräfte zusammenzubringen, um den Zustand der Weltwirtschaft zu beurteilen und Ideen zu generieren, die das Wirtschaftswachstum vorantreiben und damit den Zustand der Welt verbessern sollten. Aber der Titel der Konferenz 2011 lautete »Gemeinsame Normen für eine neue Wirklichkeit« – Normen wie in normativ, etwas, das wir tun sollten. Die Broschüre der Konferenz besagte explizit, dass bei dem Meeting der Fokus auf »der Frage der richtigen inneren Haltung« lag. Und das *Fortune*-Magazin, das durch seine Rangliste der 500 größten amerikanischen Unternehmen zur Schaffung des »Zu groß um zu scheitern«-Ethos beigetragen hatte, rückte ab von seinem Fokus auf das »Wie viel«, um in einem Artikel mit dem Titel »Warum Gutes tun gut fürs Geschäft ist« die Philosophie des richtigen Verhaltens zu beschreiben.

Die »Zu groß um zu scheitern«-Logik hat in der internationalen Geschäftswelt schon immer dort vorgeherrscht, wo Länder hektisch Arsenale und Währungsreserven aufhäufen, in dem Glauben, Größe sei gleich Stärke und Sicherheit. Aber ist das so? Auch hier hat sich dieses Buch wieder als vorausschauend erwiesen, auf eine Weise, die ich mir sicher nicht vorgestellt habe, als ich es schrieb. Der Prolog beginnt mit der Beschreibung der spontanen Welle – der La-Ola-Welle –, die Menschenmengen bei großen Sportveranstaltungen produzieren, um ihr favorisiertes Team anzufeuern. Für mich ist die La-Ola-Welle eine großartige Metapher für die menschliche Energie und menschlichen Verhaltensweisen, die im 21. Jahrhundert aufblühen werden. Und dies nicht nur bei Footballspielen. Der Nahe Osten erfuhr in den ersten Monaten des Jahres 2011 eine Reihe von dramatischen, weltweit durch das Fernsehen übertragenen Wellen, als sich in mehreren arabischen Ländern Volksaufstände gegen despotische Regierungen erhoben. Ganz ähnlich wie die Wall Street war die Politik dieser Region lange Zeit beherrscht vom »Zu groß, um zu scheitern«-Ethos. Wir hatten angenommen, die autokratischen Regimes der arabischen Welt würden ewig bestehen bleiben, weil sie Macht und Geld auf ihrer Seite hatten. Viele erhielten auch Unterstützung durch die USA, und zwar nicht, weil diese Regimes unsere Werte teilten, sondern weil wir glaubten, dass starke Diktatoren Terroristen bekämpfen könnten und dafür sorgen würden, dass das Öl weiter floss.

Und dann passierte etwas Erstaunliches. Wie Millionen Menschen überall auf der Welt hing ich während des Arabischen Frühlings 2011 vor dem Fernseher. In Tunesien und Ägypten erhoben sich friedliche Demonstranten, bewaffnet mit Handykameras, gegen den Staat, indem sie soziale Netzwerke nutzten, wie Facebook und Twitter, um ihre Proteste zu organisieren und der Welt ihre Geschichten zu vermitteln. Die Demonstranten wollten das, was wir alle wollen: Gerechtigkeit, Würde und Freiheit. Und obwohl sie keine Panzer oder Folterkammern hatten, gelang es ihnen schnell, die alten Regimes zur Aufgabe der Macht zu zwingen. Mit anderen Worten, sie schufen eine situationsbedingte Freiheit, oder *Freiheit von* der Tyrannei. Der Weg, der vor ihnen liegt, ist unsicher, und niemand weiß, ob diese situationsbedingte Freiheit zu einer nachhaltigen Freiheit führen wird, der *Freiheit für* ein Leben gemäß ihren Werten. Doch zumindest wissen wir jetzt, dass Volksbewegungen, die durch nachhaltige Werte inspiriert sind, selbst in der arabischen Welt über Gewalt und Unterdrückung triumphieren können. Kein Diktator ist zu groß, um zu scheitern.

Während ich zusah, wie Tausende von ganz normalen Ägyptern auf dem Tahrir-Platz ihre Rechte einforderten, merkte ich, dass wir damit die letzte Bestätigung dafür bekamen, dass »zu groß, um zu scheitern« ein Mythos ist. Ob an der Wall Street oder in Kairo, es hat sich in jedem Fall als Fehlstrategie erwiesen. Stattdessen brauchen wir Führungsverantwortliche, Unternehmen und Regierungen, die »zu nachhaltig, um zu scheitern«, »zu prinzipientreu, um zu scheitern« und »zu gut, um zu scheitern« sind.

Warum? Weil in einer hypervernetzten Welt Einzelpersonen und kleinere Gruppen mehr Macht haben können, Gutes oder Böses zu bewirken. Ein Einzelner kann Millionen Identitäten stehlen, und ein Einzelner kann in der ganzen arabischen Welt Aufstände für die Freiheit anzetteln. Im Wesentlichen haben wir das Bewirken von Gut und Böse demokratisiert. Je enger wir alle vernetzt sind, desto häufiger sollten wir mit dem Unerwarteten rechnen. In einer Welt des konstanten und radikalen Wandels brauchen wir alle ein Bollwerk, das uns zugleich Antrieb und Orientierung ist. Wir müssen fest verwurzelt sein in einem Grund, von dem wir wissen, dass er sich niemals ändern sollte – unsere Werte. Deshalb brauchen wir heute mehr denn je Menschen und Organisationen, die fest verwurzelt sind in nachhaltigen Werten. Solche Werte haben den doppelten Effekt, dass man dadurch nicht von einer Krise in die nächste schlittert, und nicht von der Gier in die Angst. Sie führen uns auf einen nachhaltigen Weg zum Fortschritt.

Der Erfolgskurs der Führung mit Inspiration

Wenn »zu groß, um zu scheitern« die falsche Strategie für eine hypervernetzte Welt ist, wie sollten wir stattdessen unser Leben und unsere Organisationen strukturieren, um sie zu nachhaltig, um zu scheitern zu machen? Die Antwort lautet kurz und bündig, dass wir das Wesen von Führung selbst überdenken müssen. Und zwar aus folgendem Grund: In der heutigen wissensbasierten Wirtschaft sind die Quellen der Macht – Information und Ideen – unendlich. Google liefert sie kostenlos. Weil wir Information nicht horten oder mehr davon haben können als andere, greifen die Verhaltensweisen von Befehl und Kontrolle des Industriezeitalters immer weniger. Wenn wir die Welt durch das Objektiv der *richtigen inneren Haltung* betrachten, sehen wir, wie Führungsverantwortliche ihr Führungsverhalten modifizieren, ja sogar völlig verändern, von »Befehl und Kontrolle« hin zu »Bindung und Zusammenarbeit«. Es ist ein Wandel von der Machtausübung *über* Menschen hin zur Erzeugung von Schwingungen *durch* Menschen.

Die Führungskräfte, die mit Inspiration arbeiten, sind zu der Einsicht gelangt, dass sich die Art und Weise, wie sie Verhalten veranlassen und leiten, dem anpassen und wandeln muss, wie sich die Quelle der Macht wandelt. Auch das ist ganz einfach. Es gibt nur drei Arten, Bindung aufzubauen und Menschen zu führen: Zwang, Motivation oder Inspiration.

Der Zwang sagt: »Machen Sie mir das Memo bis fünf Uhr fertig. Machen Sie es entweder auf meine Art, oder das war's für Sie. Erledigen Sie das, ist mir egal, wie.« Die Motivation sagt: »Wenn Sie das hinkriegen, bekommen Sie einen höheren Bonus.« Führungskräfte, die mit Zwang und Motivation arbeiten, nutzen das System von äußerer Belohnung (Zuckerbrot) und Bestrafung (Peitsche), um

Leistung *von* den Leuten zu bekommen, mit ihnen in Beziehung zu treten und sie ansonsten dazu zu bringen, nach bestimmten Regeln zu spielen. Doch in unserer vernetzten Welt, in der die Machtverhältnisse sich verschoben haben, entdecken wir schnell die Grenzen von Zuckerbrot und Peitsche, und wir können nicht genug Regeln schreiben, um das gewünschte Verhalten für jede Situation zu bekommen, die wir uns vorstellen können, geschweige denn für die, die wir uns nicht vorstellen können. Wir erkennen jetzt auch die Grenzen von Zuckerbrot und Peitsche als Quelle für starke Bindungen in einer Welt, die unsere Bindungen offen als das zeigt, was sie wirklich sind. Wenn der einzige Grund, warum ich bei einem Unternehmen arbeite, das Gehalt ist, dann gehe ich woanders hin, sobald man mir ein höheres Gehalt anbietet. Wenn der einzige Grund, warum ich bei einem Unternehmen einkaufe, der Preis ist, dann ist es mit meiner Loyalität vorbei, sobald jemand dasselbe für weniger Geld verkauft. Motivation stellt sich ebenfalls als teure Art heraus, um Verhalten zu verstärken und Bindung aufzubauen, besonders in harten Zeiten, wenn es weniger Zuckerbrot zu verteilen gibt.

Als Führungskräfte müssen wir uns mehr auf die Inspiration verlassen, und weniger auf Zwang und Motivation, besonders, weil wir heute höhere Ansprüche an unsere Mitarbeiter und deren Verhalten stellen als je zuvor. Wir wollen, dass sie mit Kollegen überall auf der Welt in Verbindung stehen, die aus anderen Kulturen kommen und andere Sprachen sprechen. Wir wollen, dass sie mehr leisten als nur Kunden zu bedienen, sie sollen für einzigartige, erfreuliche und authentische Erlebnisse sorgen. Wir verlangen von Mitarbeitern, ihr Unternehmen aufrichtig zu repräsentieren und dessen Marke zu pflegen, und zwar nicht nur bei der Arbeit, sondern immer, wenn sie sich in der Öffentlichkeit äußern, in Tweets, Blog-Einträgen, E-Mails oder jeder anderen Interaktion. Wir verlangen von Mitarbeitern, mit weniger Ressourcen einfallsreich zu sein, und belastbar angesichts unvorstellbarer Unsicherheit. Zunehmend verlangen wir von Mitarbeitern, über die kontinuierlichen Verbesserungen hinauszugehen, indem sie durchschlagende Innovationen konzipieren und implementieren, die dann jene schrittweisen Veränderungen mit sich bringen, die unsere Unternehmen brauchen, um im globalen Wettbewerb zu wachsen und zu gedeihen. Das sind nicht nur hohe, sondern auch zahlreiche Anforderungen. Wenn Sie weiter über diese Anforderungen nachdenken, werden Sie feststellen, dass wir damit eindeutig menschliche Qualitäten und Verhaltensweisen verlangen. Zuckerbrot und Peitsche sind weitgehend ungeeignet für die Reaktionen, die wir brauchen.

Wie muss Führung also aussehen, damit sie die ultimative Lösung für diese hohen Anforderungen liefert? Eine Führung durch »Bindung und Zusammenarbeit«, die in den Leuten die Inspiration für das Beste weckt! Ironischerweise veranschaulicht dies keine Branche besser als der Leistungssport, ein Bereich, wo das »Zu groß, um zu scheitern«-Denken einst absolut vorherrschte. Im Sport versucht man, größer, stärker und schneller als das andere Team zu sein, sodass man es übertreffen kann. Es geht allein um Spitzenleistung, um das Gewinnen, Jahr für Jahr, bis man sich eine Dynastie aufgebaut hat. Wie erwartet, waren erfolgreiche Trainer oft Leuteschinder, die Ergebnisse erzielten, indem sie ihre Sportler anschrien. Denken Sie an Vince Lombardi, Bobby Knight, Tom Coughlin und eine Reihe weiterer strenger Drillmeister, an die man in der Vergangenheit im Zusammenhang mit Siegen dachte. Und dann betrachten Sie die spanische Fußball-Nationalmannschaft, die sich, ausgehend von einer klassischen Lebensstil-Krise durch die schockierende Niederlage in der ersten Runde der Weltmeisterschaft 2010, wieder aufrappelte. Der spanische Trainer, Vicente del Bosque, ist das Gegenteil eines brüllenden Exerziermeisters. Nach der Niederlage setzte er keine zusätzlichen Trainingseinheiten oder Maßnahmen anderer Art an, »um sie dafür zu bestrafen oder als Exempel, um zu zeigen, dass ich hier das Kommando habe«. Stattdessen hielt er eine Reihe kurzer Teammeetings ab, in denen er seine Spieler daran erinnerte, dass Selbstlosigkeit und Teamwork sie so weit nach oben gebracht hatten. Del Bosques stille Führung einte seine Spieler offenbar und rüttelte sie auf, und so spielten sie weiter und gewannen die Fußball-Weltmeisterschaft.[3]

Wenn Sie NFL-Fan sind, wissen Sie, dass Del Bosque durchaus kein Einzelfall ist. Football ist wohl das ultimative Reich der »Macht über andere«. Doch viele der erfolgreichsten amerikanischen Football-Trainer haben heute einen kollaborativen Führungsstil angenommen. Einer von ihnen, Coughlin, führte die New York Giants zu einem unwahrscheinlichen Sieg im Super Bowl 2007, größtenteils dank der Änderung seines Führungsstils. Trotz Coughlins eindrucksvoller zwölfjähriger Erfahrung als Profi-Football-Trainer, bemängelten Kritiker oft seine Unfähigkeit, eine Beziehung zu den Spielern aufzubauen. Sie empfanden ihn als »autokratischen Tyrannen« und »distanzierten Diktator«. Er wurde fast gefeuert. Also veränderte er sein Führungsverhalten. Anstatt die Spieler noch lauter anzubrüllen, versuchte Coughlin, ernsthafte Beziehungen zu ihnen aufzubauen. Er fing an, regelmäßig mit den Spielern zusammenzusitzen, um besser einschätzen zu können, was in ihnen vorging, und etwas über ihre Familien und ihr Leben außerhalb des Football zu erfahren. Sein Ziel, den Super Bowl zu gewinnen, blieb dasselbe, aber seine Methoden änderten sich dramatisch. Coughlin schwor seine Spieler auf die gemeinsame Überzeugung, sie seien Champions, ein, und auf Werte, die eine Richtlinie vorgaben, *wie* sie zusammen arbeiten würden.[4]

Soll das jetzt heißen, dass Coughlin und Del Bosque Heilige sind? Keineswegs. Wie viele der zukunftsorientiertesten CEOs heute sind sie kluge Führungsköpfe, die neue Wege gefunden haben, Spitzenleistungen hervorzulocken in einer Welt, in der traditionelle Formen von Macht schnell verpufft sind. Es geht dabei allein um ein neues Denken über die strategische Bedeutung von Verhalten, indem man es von der Defensive in die Offensive bringt.

Ich habe die Philosophie von *How* vor mehr Unternehmensführern präsentiert, als ich zählen kann. In der Vergangenheit hörten mir viele von ihnen aufmerksam zu und verwiesen mich dann weiter an ihre »Torhüter« – das heißt den Leiter ihrer Rechtsabteilung, ihrer Ethik-Abteilung, ihrer Risiko-Abteilung oder den Leiter für außerbetriebliche Angelegenheiten. CEOs wollten schon immer die besten Torwarte der Welt beschäftigen, solche, die die wenigsten Torschüsse durchlassen, wenn es um angreifbares Verhalten und Verfehlungen gegen die Unternehmensrichtlinien geht. Doch schaut man genau hin, hatten bisher die meisten Unternehmensführer weniger Interesse daran, Torwart zu spielen, als vielmehr daran, selbst Tore zu schießen. Sie neigten zu der Ansicht, Verhalten sei eine Verteidigungstaktik, die man einsetzt, um zu verhindern, dass Schlimmeres passiert, oder um Reue zu zeigen, nachdem das Unternehmen sich »daneben benommen« hat.

Diese Denkweise ist verständlich. Unsere ersten Erfahrungen mit dem Begriff »Verhalten« erinnern uns vielleicht an die Ermahnungen, die wir als Kinder bekamen. Wir wurden angehalten, uns »zu benehmen!«, als Reaktion auf unser unangebrachtes Verhalten. Von diesem Alter an entwickelten die meisten von uns eine Wahrnehmung von anständigem Verhalten als etwas, das wir nur zeigen müssen, wenn wir etwas Böses getan haben. Wenn man zum Beispiel wegen eines Verbrechens verurteilt wird, kommt man vielleicht ins Gefängnis. Und wie verdienen sich Gefängnisinsassen eine Reduzierung ihrer Strafe? Durch gute Führung.

In den letzten Jahren habe ich jedoch zu meiner großen Freude festgestellt, dass viele CEOs mich nicht mehr an ihre »Torwarte« weiterreichen. Warum? Weil diese Führungsverantwortlichen jetzt erkennen, dass nachhaltiges Verhalten eine offensive Strategie ist, die man auf ganzer Bandbreite einsetzen muss. Sie hören auch den Leitern ihrer Rechts- und Risikoabteilungen aufmerksam zu, die ihnen zunehmend sagen, dass es einfach zu viele Torschüsse gibt, als dass sie sie alle halten könnten, und dass deshalb die beste Verteidigung sei, mit dem Ball in den Angriff zu gehen. Verhalten ist eine wirkungsvolle Quelle für Exzellenz und Wettbewerbsvorteil geworden. Früher kamen Chefs damit durch, ihren Untergebenen zu sagen: »Erledigen Sie das, ist mir egal, wie.« Die Fortschrittlicheren baten ihre Leute, »über den Tellerrand zu schauen«, was für sie wie ein Kompliment war. Für mich ist das eine Beleidigung. Wenn man seinen Leuten vertraut, dann steckt man sie gar nicht erst in eine Box. In unserer radikal vernetzten Welt müssen Führungsverantwortliche den Schalter umlegen und aufgabenorientierte Tätigkeiten (wo es darum geht, *was* jemand tun soll) durch eine auf Werten aufgebaute Mission ersetzen. Kurz, es geht darum, *wie* wir etwas erledigen sollen.

Stellen Sie sich das wie einen Wertewandel vor; wo zuerst Größe der wichtigste Wert war, ist es nun der Sinn. Gespräche über das »Wie viel« hallen andauernd durch die Geschäftswelt, Politik und unser Privatleben: Wie viel Gewinn können wir aus diesem Quartal herausholen? Wie viele Schulden können wir tolerieren? Wie viel Wachstum können wir generieren? Wie groß sollte die Regierung sein? Aber »wie viel« und »wie groß« sind nicht die richtigen Fragen. Stattdessen sollten wir fragen, wie wir Organisationen und Gesellschaften schaffen können, die unsere tiefsten Werte widerspiegeln. Werfen Sie einen Blick nach Bhutan, wo man lange Zeit den wirtschaftlichen und gesellschaftlichen Fortschritt am »Brutto-Inlands-Glück« gemessen hat, im Gegensatz zum Brutto-Inlands-Produkt. Heute diskutieren Politiker in Großbritannien, Frankreich und sogar in Somerville, Massachusetts (wo man die Bürger in Volksbefragungen fragt, »Wie glücklich fühlen Sie sich zurzeit?«, um eine Leitlinie für zukünftige politische Entscheidungen zu bekommen)[5], wie man mit einem ähnlichen Index das öffentliche Glück und Wohlergehen messen könnte. Die Tatsache, dass Regierungen zunehmend versuchen, Glück ebenso wie materiellen Wohlstand zu messen, sagt uns etwas darüber, wohin die Welt steuert. Wir bewegen uns vom »Wie viel« zum »Wie«.

Das führt mich zurück zur dritten und, wie ich glaube, wirkungsvollsten Form von menschlichem Einfluss: Inspiration. Die erste Silbe von »Inspiration« ist »in«, was uns signalisiert, dass das Verhalten innerlich ist und aus dem Inneren kommt. Zwang und Motivation sind dagegen etwas, was einem *von außen* geschieht, Inspiration geschieht *in* einem. Inspirierte Menschen haben einen tiefen Sinn, der größer ist als sie selbst. Sie werden von Werten geleitet, die sie für grundlegend halten – Werte, die ihre Beziehungen zu anderen aufrechterhalten, gemeinsame Visionen, die man verfolgt, und die es wert sind, dass man sich ihnen widmet und verschreibt. Mit anderen Worten: Inspiriertes Verhalten beginnt und endet mit dem Menschen.

Wir befinden uns nicht nur im Zeitalter des Verhaltens, sondern auch im Zeitalter des Verhaltens, das nur aus Inspiration entstehen kann. Wir befinden uns deshalb auch im Zeitalter der Inspiration. Inspiration ist die ultimative erneuerbare Energiequelle. Und heute ist eine Führung mit Inspiration die wirkungsvollste, reichhaltigste, effizienteste, kostengünstigste und am besten mitteilbare Quelle menschlicher Bindung und ein Leitfaden für menschliches Verhalten. Diese Art der Führung kann andere inspirieren – und die Inspiration kommt wieder zurück – und immer so weiter, ohne jegliche Kosten, und mit Dividenden, die niemals versiegen. Was wir brauchen, sind mehr Führungskräfte, die in der Lage sind, durch Inspiration wegweisende Verhaltensweisen zu bewirken, damit sie uns die Welt verständlich machen, in der wir heute leben.

Wir haben noch einen langen Weg vor uns. Die Einstellungszahlen von Arbeitskräften in den USA und vielen Ländern auf der

Welt sind in den letzten Jahren ins Taumeln geraten. Ich glaube, das war deshalb so, weil wir zu viel Zeit damit verbracht haben, Mitarbeiter mit Zuckerbrot und Peitsche zu beschäftigen, und nicht annähernd genug Zeit damit, ihnen die Inspiration für Werte und Aufgaben zu vermitteln, die es wert sind, dass sie sich ihnen verpflichten. Unternehmensführer und Unternehmen müssen »Engagement« anders begreifen, nämlich als Nebenprodukt von Inspiration. Und manche tun das bereits. Zum Beispiel beobachtete ich, wie eine Stewardess von Southwest Airlines ein ganzes Flugzeug voller Passagiere auf dem Weg nach Las Vegas inspirierte. Während wir uns zum Aussteigen bereitmachten, kam die Stewardess an den Lautsprecher und verkündete fröhlich: »Wie Sie sicher alle wissen, bringt es Glück am Casinotisch, wenn Sie beim Verlassen des Flugzeugs die Sicherheitsgurte auf Ihrem Sitz kreuzen.« Alle lachten, aber jetzt kommt das Gute daran: Die Vorschriften der amerikanischen Bundesluftfahrtbehörde FAA verlangen, dass die Sicherheitsgurte auf den Sitzen gekreuzt sind, bevor neue Passagiere an Bord kommen dürfen. Indem sie uns inspirierte, half die Stewardess ihrem Unternehmen, die Vorschriften einzuhalten, verschaffte ihm einen operativen Vorteil (weil sie sechs Minuten dafür gebraucht hätte, um die Gurte selbst zurechtzulegen) und trug dazu bei, dass das Unternehmen sein Markenversprechen einhalten konnte, indem es uns ohne Umstände, aber mit Spaß, sicher und pünktlich ans Ziel brachte.

Ein solches kreatives Verhalten kann nicht von einem Manager angeordnet oder in einem Regelbuch vorgeschrieben werden. Dazu braucht es Inspiration. Wahrscheinlich fallen Ihnen aus Ihrem eigenen Leben mehrere inspirierende Führungsverantwortliche ein, aber diese Stewardess bringt es in meinen Augen wirklich auf den Punkt. Sie hat ihr Ziel erreicht, indem sie mit uns in Beziehung trat, nicht, indem sie uns sagte, was wir tun sollten. Sie setzte ihr Verhalten strategisch ein, nicht defensiv. Sie war kein CEO, keine Führungskraft und nicht einmal ein Manager der mittleren Ebene, und doch zeigte sie ein inspirierendes Führungsverhalten. Um zu wachsen und zu gedeihen, müssen unsere Unternehmen aus allen Nähten platzen vor täglichen Demonstrationen von inspirierendem Führungsverhalten durch jeden einzelnen Mitarbeiter, egal auf welcher Position.

Beispiele wie dieses helfen uns, eine neue Denkweise über Führung zu entwickeln. Menschliche Qualitäten wie Kreativität, Hilfsbereitschaft und Zuversicht kann man nicht anordnen. Sie können nur durch Inspiration *in den Menschen* geweckt werden. Sie können niemandem befehlen, eine tolle Idee zu haben. Sie können fruchtbare, kreative Zusammenarbeit nicht anordnen. Sie können eine Ärztin oder einen Krankenpfleger nicht anweisen, menschlicher zu sein und am Krankenbett mehr Mitgefühl zu zeigen. Sie können einen Lehrer nicht wirklich dazu motivieren oder zwingen, mehr Zuversicht auszustrahlen und im Klassenzimmer den Glauben an Chancen und Möglichkeiten zu verbreiten. Sie können einen Vertriebsmitarbeiter nicht ausreichend dazu motivieren, in jeder Interaktion Vertrauen zu erwecken. Wer Glück hat, kommt frühzeitig von selbst darauf, doch andere brauchen Inspiration, um diese Qualitäten hervorzubringen.

Das menschliche Betriebssystem

Weil Führung heute weniger Zwang und Motivation bedeutet, sondern viel mehr das Vermitteln von Inspiration, müssen wir die traditionelle Unternehmensführung und -organisation überdenken. In den letzten Jahren haben viele erfolgreiche, innovative Unternehmen begonnen, traditionelle Hierarchien abzubauen und das System von Regeln und Genehmigungen am Arbeitsplatz zu beseitigen. Diese Führungsverantwortlichen haben begriffen, dass es in einer Welt der Open Sources nicht mehr praktikabel ist, Unternehmen zu führen, als seien es Festungen oder Gefängnisse. Doch Hierarchien abzubauen und das Organigramm abzuflachen sind nur erste Schritte – und der einfache Teil. Wenn diese altmodischen Strukturen einmal beseitigt sind, müssen die Organisationen Unternehmensstrukturen konstruieren und festigen, die ein inspiriertes Verhalten fördern. Dabei bewegt man sich von der *Freiheit* vom Mikromanagement und unnötigen Genehmigungsverfahren hin zur *Freiheit*, mit dem eigenen Charakter und der eigenen Kreativität zu der Art beizutragen, *wie* die Organisation ihre Mission verfolgt.

Auch wenn ich nicht finde, dass Menschen Computern sehr ähneln, so sehe ich doch eine starke Analogie zwischen Computer-

Betriebssystemen und »menschlichen Betriebssystemen«, die wir brauchen, um uns unter den Geschäftsbedingungen des 21. Jahrhunderts entfalten zu können. In beiden Bereichen braucht man Killerapplikationen – Killer-Apps –, um die Wege zu bahnen, damit sich ein neues System durchsetzt. Genau wie Textverarbeitung und E-Mail bei den PC-Betriebssystemen im späten 20. Jahrhundert die Killer-Apps waren, so repräsentiert das Verhalten (als Offensive) die Killer-App des menschlichen Betriebssystems. Um ein menschliches Betriebssystem zu implementieren (ich denke dabei an ein irgendwie geartetes *How*-Betriebssystem), müssen Organisationen zuerst eine Kultur aufbauen, in der Menschen und Verhalten zentrale Werte sind.

Zweitens müssen sie sich vom traditionellen Unternehmens-Führungsstil nach dem Schema »Befehl und Kontrolle« verabschieden. Zum Schluss müssen sie die beiden Modelle in Einklang bringen, um auf effektive Weise die Menschlichkeit wieder in den Mittelpunkt des Geschäftsinteresses zu rücken – und zwar nicht nur innerhalb jedes Unternehmens, sondern im gesamten Ökosystem, das die Unternehmen mit ihren Kunden, Zulieferern, Partnern und der Gesellschaft verbindet.

Heute brauchen wir nicht nur einfach Innovatoren für Technologie. Wir brauchen Pioniere, die Innovationen der *richtigen inneren Haltung und des entsprechenden Verhaltens* schaffen. Eines nicht allzu fernen Tages werden alle Menschen auf unserem Planeten durch Technologie vernetzt sein. Je mehr das der Fall ist, desto mehr wird die einzige Art, sich zu differenzieren, die Qualität und Tiefe der Menschlichkeit sein – die Art und Weise, *wie* jemand die Beziehungen zu anderen Menschen pflegt, und *wie* er andere inspiriert. Wenn jeder ein Smartphone hat, kommt es allein darauf an, was der menschliche Inhalt der Konversation ist – nicht darauf, dass Sie ein Smartphone haben und ich nicht. Deshalb bekennen sich immer mehr Organisationen zur Menschlichkeit. Chevron wurde das »Human Energy«-Unternehmen; Dow hat das »Human Element«; Cisco ist das »Human Network«. Der Slogan der Ally Bank lautet »We Speak Human« (*dt. etwa: Wir sprechen die menschliche Sprache*). Natürlich gibt es in manchen Unternehmen noch immer mehr Verstöße gegen die Menschlichkeit als deren Einhaltung, manche beschränken sie auf ihre Marketingabteilungen und andere fangen gerade erst mit der schweren Arbeit an, ihre Werte in Unternehmenspraktiken sowie Führungs- und Mitarbeiterverhalten zu übersetzen, mit denen sie einen Vorsprung gewinnen und wertvolle Beziehungen am Markt aufbauen. Es ist nicht genug, sich zur Menschlichkeit zu bekennen, man muss sie auch leben! Die Organisationen, die zu den Gewinnern zählen, sind solche, die dies zutiefst verstanden haben. Sie stellen die Menschlichkeit in den Mittelpunkt dessen, wie sie operieren, führen und leiten, und nicht nur in den Mittelpunkt einer Marketingkampagne. Kurz, Unternehmen müssen »gut« sein, um großartig zu sein.

Meine Reise

Wer bin ich eigentlich, dass ich Ihnen all dies erzähle? Ich bin Gründer und CEO von LRN, einer Firma, die weltweit agierenden Unternehmen jeder Größe hilft, durch die Methode der *richtigen inneren Haltung und des entsprechenden Verhaltens* erfolgreich zu sein. Mein unternehmerischer Weg begann eher bescheiden, wie viele solcher Karrieren. In meinem Highschool-Abschluss hatte ich zweimal die Bestnote »A«: einmal in Sport und einmal in Kfz-Mechanik. Beim Universitäts-Einstufungstest bekam ich 970 Punkte, ein ziemlich schlechtes Ergebnis. Ich machte ihn noch einmal, und meine Note stieg dramatisch auf 980. In jüngeren Jahren hatte ich mit Legasthenie zu kämpfen. Irgendwie schaffte ich es durch viele Gespräche auf die University of California, Los Angeles (UCLA). Ich wurde erst sehr spät aufgenommen und alle anderen Kurse waren schon voll, sodass ich schließlich den Förderkurs Englisch und Philosophie belegte.

Ich verliebte mich in die Philosophie, im Grunde eine Disziplin, bei der man lernt, unter Anwendung von Beobachtung und Logik die Welt zu überdenken. Ich fühlte mich besonders von der Moralphilosophie angezogen, die sich mit einigen der grundlegendsten Fragen im Leben befasst, wie dem Wesen des Glücks, dem Unterschied zwischen Gut und Böse und der Organisation einer gerechten Gesellschaft. Durch die Ermutigungen vonseiten meines Professors half mir die Philosophie, meine Legasthenie zu überwinden. Andere akademische Disziplinen belohnten die Fähigkeit, ellenlange Literaturlisten durchzuackern. Ich konnte das nicht, aber die Philosophie belohnte mich dafür, dass ich eine einzige Idee sorgfältig betrachtete. Was zur Folge hatte, dass meine Behinderung zur Stärke wurde.

Die Philosophie ist auch der Kern meines Unternehmens LRN. Schon viele Jahre vor Enron und sicherlich lange bevor Geschichten von Unternehmens-Untaten zur täglichen Schlagzeile wurden, wandten wir Philosophie auf die harte und raue Geschäftswelt an. Wir haben Hunderten von Unternehmensführern beigebracht, wie sie überall in ihren Organisationen die Inspiration für prinzipientreue Leistung schaffen können. Wir haben Millionen Mitarbeitern beigebracht, wie man »das Richtige tut«. Mein Geschäft ist also die Ausdehnung von Philosophie auf andere Bereiche. Ich sehe mich gern selbst als Philosoph im Anzug.

Und so kam es zu LRN. Nachdem ich Philosophie im Grund- und Hauptstudium studiert hatte, studierte ich Jura auf der Law School. Nach dem Abschluss nahm ich einen Job bei einer privaten Anwaltskanzlei an. Während der mühsamen Recherchen in der juristischen Bibliothek dämmerte mir eines Tages, dass immer irgendjemand irgendwo das Thema, an dem ich gerade arbeitete, schon bearbeitet hatte, und dass dieser ganz sicher mehr darüber wusste als ich (was gleich null war). Ich entdeckte eine Möglichkeit, das Wissen über gesetzliche Regelungen einer großen Zahl von Geschäftsleuten zu einem niedrigen Preis zugänglich zu machen, und baute ein Netzwerk aus den hellsten juristischen Köpfen auf, die ihr Expertenwissen weit effizienter und demokratischer weitergeben konnten. Das Geschäft florierte, und ehe wir uns versahen, unterstützten wir einige der größten Unternehmen der Welt in Rechtsangelegenheiten und im Risikomanagement.

Bald wurde mir jedoch klar, dass der Schwerpunkt unserer Arbeit vor allem im »Feuerlöschen« bestand: Wir behandelten rechtliche Probleme unserer Partner, die bereits aufgetreten waren. Ich begriff allmählich, dass wir für unsere Kunden von größerem Nutzen wären, wenn wir ihnen helfen würden, von vornherein »brandsichere Unternehmen« zu bauen – wenn wir ihnen nämlich helfen würden, einen neuen Ansatz für richtiges *Verhalten*, die richtige *innere Haltung*, zu entwickeln, und so zu vermeiden, dass rechtliche Probleme überhaupt erst auftraten. So entwickelten wir uns zu einer

Firma weiter, die Organisationen half, auf jeder Ebene eine nachhaltige Kultur aufzubauen, von der Führungsetage bis zur Produktionshalle.

Eine Zeitlang kam es uns so vor, als verkauften wir Vitamine an Unternehmen, deren Führungskräfte nicht glaubten, sie könnten jemals krank werden. Dann gab es eine Reihe von Firmenskandalen, und plötzlich befanden wir uns mitten in einer weltweiten Diskussion über Werte. Ich wurde von meiner Alma Mater, der UCLA, eingeladen, die Rede bei der Titelverleihung zu halten, weil man dort überzeugt war, dass die Kraft, die in der *richtigen inneren Haltung* liegt, die praxisrelevanteste Botschaft war, die der Abschlussjahrgang bekommen konnte. Die US-amerikanische Strafzumessungskommission (US Federal Sentencing Commission) bat mich um ein Statement über neue Wege zu höheren Führungsstandards und mehr Verantwortungsbewusstsein in Unternehmen, weil man die Strafbemessungsrichtlinien überarbeiten wollte. Das Telefon klingelte unaufhörlich und eine Flut von E-Mails schwappte herein von Firmen, die sich darüber klar wurden, dass eine Epidemie umging und sie sich jederzeit anstecken konnten. Ich trat im Fernsehen auf, reiste durchs Land und sprach zu Vorständen und Arbeitnehmergruppen von Unternehmen, die zu den größten, meist geschätzten Unternehmen der Welt gehören. LRN wuchs um das Vierfache.

Plötzlich war es praktikabel – ja sogar in Mode – nach Prinzipien zu handeln. Aber ich sah dies als zweischneidiges Schwert. Sicherlich, wenn mehr Menschen nach gewissen Prinzipien handelten, war das ein Wert an sich – auch wenn sie eigentlich die falschen Beweggründe dafür hatten (um Strafverfolgung zu vermeiden, um ihre Haftung zu minimieren oder für PR-Zwecke). Ich merkte jedoch, dass den Menschen das tiefe Verständnis dafür fehlte, warum sie nach Prinzipien handeln sollten und warum sie jetzt neuerdings Energien und Augenmerk darauf verwenden sollten, wie sie ihre Ziele und Interessen verfolgten. Aus dieser grundsätzlichen Überlegung heraus hat sich LRN immer weiter angepasst und seinen Blickwinkel erweitert, um Firmen aller Ausrichtungen und Größen in der ganzen Welt zu Erfolg zu verhelfen, indem sie prinzipienorientierte Leistungen erbringen und den Wettbewerb durch Verhalten übertreffen.

Eine wichtige Möglichkeit, wie man den Wettbewerb durch Verhalten übertreffen kann, ist durch Umweltschutz. Diese Erkenntnis brachte LRN zur Akquisition von GreenOrder während des Tiefs der Großen Rezession, als die meisten Unternehmen eher in Deckung gingen, als Wachstum anzustreben. GreenOrder war eine kleine, aber äußerst erfolgreiche Consulting-Firma, die großen Unternehmen wie GE half, innovative, umweltfreundliche und nachhaltige Geschäftspraktiken und Produkte zu entwickeln. Genau wie LRN hatte das Team bei GreenOrder verstanden, dass Nachhaltigkeit mehr bedeutet, als Glühbirnen oder Energiequellen auszutauschen; vielmehr geht es dabei um eine veränderte Denkweise und Kultur. Es geht im Grunde um einen Führungs- und Verhaltensstil, der darauf abzielt, nachhaltige Werte zu schaffen, anstatt aus Transaktionen kurzfristige Gewinne zusammenzuraffen. Es geht weniger um Windräder, Fotovoltaikanlagen oder effiziente Gebäude als vielmehr um den Grund, warum wir all das wollen: damit unsere Unternehmen und unsere Welt morgen besser dastehen, als sie es heute tun.

Heute arbeitet LRN weltweit, mit Niederlassungen in New York, Los Angeles, London und Mumbai, und Kollegen in vielen anderen Staaten und Ländern. Wir dringen vor zu den erfolgreichen Unternehmenskulturen, die von nachhaltigen Werten inspiriert sind, wir arbeiten mit ihnen zusammen und wirken an deren Aufbau mit, und dies in Hunderten von Unternehmen mit über 20 Millionen Menschen, die in über 100 Ländern auf der ganzen Welt arbeiten.

Viele der Konzepte und Ideen, die in diesem Buch dargestellt sind, wurden von LRN selbst sorgfältig getestet, deshalb betrachten wir uns auch als unser eigenes Versuchslabor. Unser Ziel ist es, die Veränderung zu verkörpern, die wir in der Welt anstreben. Wir nennen das »*How leben*«. In diesem Geist haben wir unser altes vertikales Organigramm verworfen und ein flaches, selbststeuerndes Modell entwickelt. Heute verlassen wir uns auf unser Rahmenmodell der Führung, das unsere Entscheidungen und Interaktionen leitet, mit dem Teams gemeinsame Initiativen in Zusammenarbeit voranbringen und gewählte Gremien die nötigen Regierungsentscheidungen treffen. Wir bemühen uns nach Kräften, unsere Philosophie zu leben, dass man Vertrauen schafft, indem man es anderen zuerst entgegenbringt. Ein Bereich, wo wir Vertrauen vorschießen, hat damit zu tun, wie die Kollegen das Geld der Firma ausgeben. Zum Beispiel möchten wir, dass unsere Leute aufrichtige Reisekostenabrechnungen schreiben. Wer möchte das nicht? Aber anstatt die Kontrollen zu verschärfen, haben wir sie ganz gestrichen: keine Genehmigungen erforderlich. Wir machen durchaus noch Stichprobenkontrollen und überprüfen Gesamtsummen. Das verhilft uns beispielsweise zu klügeren Verfahren bei der Verbuchung von Flugkosten. Ganz ähnlich lautet auch unsere Urlaubsregelung: »Nimm dir den Urlaub, von dem du glaubst, dass du ihn brauchst, solange du dabei Rücksicht auf deine Kollegen nimmst.« Und niemand berichtet an einen »Chef«, der die Leistungen beurteilt. Stattdessen werden unsere Berichte über prinzipientreue Leistungen von einem Netzwerk aus Kollegen durchgeführt, die sich jeder Einzelne aussucht, um die eigene Entwicklung zu unterstützen und anzuleiten. Der einzige Chef bei LRN ist unser Auftrag.

Als Moralphilosoph bin ich ziemlich versiert in der Kunst des logischen Argumentierens. Aber während LRN größer wurde, traf ich immer wieder auf Führungskräfte von Kundenunternehmen, die sich nur dann wirklich wohlfühlten, wenn ihr Verantwortungsbereich auch messbar war. Ich fühlte mich gezwungen, meine Argumente zu prüfen und eine statistische Bestätigung und Quantifikation meiner Beobachtungen zu erbringen – Zahlen für das *How*-Führungsverhalten, wenn man so will –, indem ich eine Reihe größerer Umfragen über Führung, Kultur und Führungsverhalten in Unternehmen weltweit veranlasste. Diese Umfragen unterzogen das Rahmenmodell der Führung einem Stress-Test, über den Sie in späteren Kapiteln in diesem Buch mehr lesen werden. Die Ergebnisse zeigen klar an, dass auf Werten basierende Unternehmenskulturen (solche mit einem »menschlichen Betriebssystem« und Führungskräften, die mit Inspiration arbeiten) viel offener sind, neue Ideen anzunehmen, innovativer sind, bessere finanzielle Ergebnisse und Kundenerfahrungen liefern, mehr Erfolg in der Personalakquise haben, weniger unter Mitarbeiterverschleiß leiden und eine niedrigere Quote von Mitarbeiterfehlverhalten und Arbeitsrechtsprozessen aufweisen – alles anerkannte Bausteine für Nachhaltigkeit und langfristigen Erfolg.

Die Suche nach Sinn

Wie ich schon sagte, dies ist ein Buch über das *richtige Verhalten als Ausdruck einer inneren Haltung*, kein Ratgeber. Ratgeber bieten »Die fünf Regeln des Soundso«, »Zehn Übungen zum Dies und Das«, »Sieben Wege zu mehr Was-immer-man-will«. Befolgen Sie alle Regeln ganz genau, so versprechen diese Bücher, und Sie werden das Ziel – sei es Erfolg in der Karriere, Gewichtsabnahme oder Millionär werden – erreichen. Ich glaube, dass ein wirklich nützliches Buch mehr bieten muss – etwas, das dauerhafter ist, grundlegender und anwendbar auf das ganze Spektrum des Lebens. Statt Regeln, Schritten oder einer Gebrauchsanweisung bietet dieses Buch eine Herangehensweise – einen Rahmen und eine Sichtweise –, die ihnen helfen soll, durch die neue global vernetzte und interdependente Welt zu navigieren, in der wir heute leben und arbeiten. Es bietet eine positivere, hoffnungsvolle Vision, die Sie jenseits von kurzfristigen Belohnungen zu langfristigem Erfolg führt.

Eine neue Sicht auf das *richtige Verhalten als Ausdruck einer inneren Haltung* erfordert ein neues Verständnis davon, warum wir jeden Morgen aufstehen und zur Arbeit gehen. Ich glaube, die Inspiration dafür liegt in dem Gedanken, dass es ein Unterschied ist, etwas zu tun, *um* erfolgreich zu sein, oder etwas zu tun *und* Erfolg zu haben. Führungskräfte, die mit Inspiration arbeiten, verstehen diese wichtige Unterscheidung. Sie sind sich des Paradoxons des Hedonismus bewusst, das ich in diesem Buch anspreche: der philosophische Gedanke, dass das Glück sich dem entzieht, der es direkt verfolgt. Doch wenn man ein höheres, bedeutsameres Ziel verfolgt, kann man Glück erreichen. Ich habe aus meiner Arbeit gelernt, dass es eine Parallelerscheinung zum Paradoxon des Hedonismus gibt. Ich nenne es das Paradoxon des Erfolgs – die Tatsache, dass man Erfolg nicht erreicht, indem man ihn direkt anstrebt. Führungskräfte, die mit Inspiration arbeiten, verstehen, dass echter, nachhaltiger Wert nur geschaffen werden kann, wenn man etwas anstrebt, das größer ist als man selbst, etwas, das im Leben anderer etwas bewirkt. Das Wort, das ich dafür verwende, ist Sinn.

Die Art und Weise, wie wir diese Beziehung zwischen Erfolg und Sinn handhaben, wird nicht nur darüber entscheiden, ob wir in der Lage sind, unter den neuen Bedingungen der heutigen Welt zu überleben, sondern auch, ob wir fähig sind, uns zu entfalten. Dieses Buch soll Ihnen helfen, diesen Gedanken in allem zu finden, was Sie tun. Auf den folgenden Seiten erforschen wir ein neues Objektiv, durch das wir die Welt, die Geschäftswelt und das Streben der Menschen betrachten. Ich habe diese Sichtweise aus den Gesprächen mit den verschiedensten Menschen gelernt, von führenden Denkern über Studenten, CEOs oder Managern bis hin zu professionellen Cheerleadern, Sport-Stars und Straßenverkäufern in New York. Ich habe diese Gespräche durch meinen Filter laufen lassen: durch die Herausforderungen als Leiter eines wachsenden Unternehmens, das sich dem täglichen Wettbewerb mit Unternehmen stellen muss, die ebenfalls erfolgreich sein wollen. Ich bin dem Druck ausgesetzt, immer besser zu werden, die Zahlen zu erreichen, mich um jeden Kunden zu kümmern und, vor allem, etwas zu bewirken, während ich mich stets der Herausforderung stelle, das Richtige zu tun, auch wenn es unbequem, unpopulär oder scheinbar weniger gewinnbringend ist.

Durch Anekdoten, Fallstudien, hoch aktuelle und breit angelegte Forschungsergebnisse, persönliche Erfahrung und Interviews mit Unternehmern und Geschäftsleuten aus unterschiedlichen Bereichen, Experten und Menschen aus dem Alltag – einige bekannt, andere völlig unerwartet – werden wir in diesem Buch erforschen, *wie* wir denken, *wie* wir Menschen führen, *wie* wir uns verhalten und *wie* wir uns selbst steuern, um die neue *innere Haltung und das Verhalten* zu entdecken, die im 21. Jahrhundert und darüber hinaus Werte freisetzen und schaffen. Menschen und Firmen, die ihre *innere Haltung und ihr Verhalten* beherrschen, werden heute an die Spitze aufsteigen und auch morgen noch dort sein. Sie werden ausgezeichnet, gelobt und gefeiert werden. Die Veränderungen in der Welt machen diese Idee wichtiger denn je, und ich glaube, sie stellt nunmehr den wirkungsvollsten Weg zu nachhaltigem persönlichen und beruflichen Erfolg dar.

Zweifellos haben Sie schon einmal das alte Business-Klischee gehört, dass Hoffnung keine Strategie sei. Das ist eine Redewendung, um Manager zu demütigen, die ihre Analyse-Hausaufgaben nicht machen, bevor sie sich auf Aktionskurs begeben. Doch Führungskräfte, die mit Inspiration arbeiten, verstehen, dass Hoffnung sehr wohl eine Strategie ist. Franklin Delano Roosevelt hatte das verstanden, als er inmitten der Tiefen der Großen Depression eine am Boden liegende Nation aufrüttelte, indem er den Amerikanern erklärte, sie hätten nichts zu fürchten als die Furcht selbst. Roosevelt sagte damit: »Gebt die Hoffnung nicht auf.« Hoffnung ist ein nachhaltiger Wert, der uns dazu inspiriert, die Welt als Quelle von Sinnhaftigkeit zu sehen und mit Menschen auf wertvolle Weise in Kontakt zu treten. Hoffnung ist ein Katalysator. Wenn wir die Hoffnung verlieren, ziehen wir uns in uns selbst zurück, wir verlieren den Kontakt zueinander und verzweifeln. Wenn wir Hoffnung haben, gehen wir hinaus in die Welt und ein Gefühl von Chancen und Möglichkeiten keimt auf, das es uns ermöglicht, mit anderen in Kontakt zu treten und mit ihnen zusammenzuarbeiten, um diese Chancen zu verwirklichen. Genau wie Vertrauen ist Hoffnung von fundamentaler Bedeutung dafür, wie wir in einer vernetzten Welt miteinander in Kontakt treten. Ohne Hoffnung kann es keinen Fortschritt geben, keine Innovation und keinen nachhaltigen Wohlstand. Hoffnung bringt Menschen dazu, sich von ihrem Platz zu erheben und Herausforderungen anzunehmen, von denen sie zuvor nicht im Traum geglaubt hätten, dass sie sie annehmen würden – und nicht aufzugeben, wie hart die Bedingungen auch sein mögen. Natürlich ist Hoffnung allein keine Strategie, aber sie ist der wesentliche Ausgangspunkt jeder nachhaltigen Strategie. Auf diese Weise inspiriert Hoffnung dazu, Sinn anzustreben. Und das ist das ultimative *How*.

Dov Seidman, Mai 2011
New York City

Prolog: Die Welle

Am 15. Oktober 1981, auf der Zuschauertribüne des ausverkauften McAfee-Coliseum in Oakland, hatte Krazy George Henderson eine Vision. Es war das dritte Play-off der American League zwischen den Oakland Athletics und den New York Yankees, und die Athletics hatten die ersten beiden verloren. Krazy George war ein professioneller Cheerleader, angestellt von den Oakland Athletics für, glaube ich, drei Jahre. Er veranstaltete kein Pom-Pom-Gewinke oder College-Girls-Geschrei, sondern George streifte allein, in abgeschnittenen Jeans und Sweatshirt, die Zuschauertribüne auf und ab, ein verrückter Robin-Williams-Typ mit Haaren wie Albert Einstein, schlug mit Hingabe eine kleine Trommel und animierte die Menge. Die Intensität, mit der er die Menge ansteckte, hatte ihm schon Fans in der gesamten Bay Area eingebracht. Die meisten Rufe waren bekannt, wie »Here we go, Oakland, here we go!«. Aber dieser Tag war anders. An diesem Tag erfand Krazy George eine Bewegung, die in seinem Zuschauerblock anfangen sollte und nach und nach durch die Menge gleiten sollte, in einer gigantischen, kontinuierlichen Welle des gemeinsamen Enthusiasmus, ein bahnbrechendes Ereignis, das sich später als historisch herausstellte. Der 15. Oktober 1981 ist der Tag, an dem Krazy George Henderson die La-Ola-Welle erfand.[1]

Alles fängt einmal irgendwo an. Die Welle hatte mich schon seit langem fasziniert, deshalb beschloss ich, Krazy George zu besuchen und ihn nach der Geschichte dieser ersten Welle zu befragen. »An dem Tag, als ich damit anfing, wusste ich schon, was ich wollte«, sagte er mir. »Ich wusste, was passieren würde, aber niemand sonst im Stadion wusste das.«

> »Zuerst schlug ich meine Trommel. Das macht jeden innerhalb von drei oder vier Zuschauerblöcken auf mich aufmerk-

How Dov Seidman
Copyright © 2013 WILEY-VCH Verlag GmbH & Co. KGaA, Weinheim

sam. Das ist mein Erfolgsgeheimnis. Weißt du, die Trommel schafft Energie und Emotionen; sie zeigt, dass ich selber genauso im Bann des Geschehens bin wie die Fans. Ich gehe überall im Stadion herum (ich bleibe niemals stehen) und schlage die Trommel. Die Menschen sehen, dass ich schwitze, sie sehen meine Energie, und sie sehen, dass ich das Spiel und das Team liebe. Ich benehme mich, wie sich ein Fan am liebsten benehmen würde, und das löst etwas in ihnen aus.

An jenem Tag musste ich ihnen also erklären, was mir vorschwebte. Es ist dabei absolut wichtig, mit einer Aktion wirklich alle zu erreichen. Wenn nicht jeder einzelne mitmacht, funktioniert es nicht. Damit es funktioniert, musst du sie fast alle zum Mitmachen bringen – und das ist genau der Knackpunkt. Ich schlug also die Trommel und fing an zu brüllen: ›Wir werden jetzt Folgendes machen: Wir werden aufstehen und die Hände nach oben werfen. Wir fangen mit diesem Block an und machen mit dem nächsten weiter.‹ Und ich brüllte zum nächsten Zuschauerblock: ›Wir fangen hier an und ihr macht weiter.‹

Ich wusste, dass es aufhören würde. Ich wusste nicht, wie weit es gehen würde, bis es aufhören würde, aber ich wusste, es würde irgendwo aufhören. Niemand hatte so etwas je gesehen. Also bereitete ich die Menschen darauf vor. Ich sagte ihnen, wenn es aufhörte, sollten alle drei Sitzblöcke so laut wie möglich ›Buh‹ rufen. Als Einzelner konnte ich nicht das gesamte Stadion beeinflussen, aber ich dachte, vielleicht können wir es als Gruppe. Dann rief ich: ›Wir fangen auf Drei hier an, dieser Block zuerst. Dann seid ihr dran, und dann ihr da hinten.‹ Ich brüllte so laut ich konnte, und ich wusste, was passieren würde. Dann gab ich den Einsatz, und der erste Block stand auf und warf die Hände nach oben ... dann der zweite Block ... der dritte ... der vierte; es ging über fünf Blöcke und verebbte dann. Die Leute achteten auf das Spiel und verstanden nicht, was los war. Also hörte es auf.

Gleich darauf fingen drei Blöcke an, Buh zu rufen, und ich schlug meine Trommel. Ich schrie und schwenkte die Arme. Man kann mich nicht über das Spielfeld hinweg hören, aber meine Trommel schon. Sie sahen, wie ich die Arme hochriss und mit den Trommelschlegeln auf sie deutete, und sie verstanden. Also fingen wir noch mal an, und es ging etwa elf Blöcke weit – ungefähr ein Drittel der gesamten Runde – und es hörte hinter der Home-Plate auf. Plötzlich dröhnte das mächtigste Buh, das man je gehört hat, von etwa sechs, acht Blöcken, durch das Stadion. Das bemerkte wirklich jeder, und sie begriffen, was ich vorhatte. Also sagte ich: ›Wir machen es noch mal.‹ Und ich habe bewusst nicht gesagt, wir versuchen es. Ich sagte, wir *machen* es noch mal. Und ich gab zum dritten Mal den Einsatz.

Als ich mich umsah, machten alle drei Decks im Stadion synchron mit, warfen die Hände nach oben, eine gigantische Welle menschlicher Energie bewegte sich durch das Stadion. Sie schwappte hinter die Home-Plate, hörte nicht auf, wurde immer stärker. Die Leute brüllten und kreischten. Sie ging um die Kurve, hinter der Home-Plate vorbei, über das gesamte Outfield, durch die Bleachers (*die Zuschauer gegenüber der Home-Plate, Anm. d. Übers.*) und wieder zu unserem Block zurück, und sie ging einfach weiter. Dann schwappte sie gleich wieder zurück und wurde dabei noch mächtiger. Alle waren total aus dem Häuschen, niemand hatte so etwas je zuvor erlebt.

Der großartige Leftfielder der Athletics, Ricky Henderson, bekannt als der ›Man of Steal‹ (*Mann des Base-Stealing, einer trickreichen Technik im Baseball, um dem Gegner Punkte abzuluchsen, Anm. d. Übers.*) wegen seiner phantastischen Leistungen im Base-Stealing, machte sich gerade bereit, zu schlagen. Er blickte nach oben und sah dieses Ding, das im Stadion immer rundherum lief. Er kam aus der Batter's Box (*dem markierten Schlagbereich, Anm. d. Übers.*) heraus und zupfte etwa zwei Minuten lang seine Schlaghandschuhe zurecht, während er dieses Ding beobachtete. Er stand einfach da, schaute sich dieses Ding an und zupfte an seinen Handschuhen herum. Ich weiß nicht mehr, wie oft es herumging – vier, fünf, sechs Mal – die Welle war so stark.

Danach war die Menge merklich verändert, aufgeputscht, und ging ganz im Spiel auf. Sie wussten, dass sie etwas bewirkt hatten. Sie spürten die Energie. Als ich die nächsten Cheer-Rufe anstimmte, den zu Defense oder Applaus, wurden sie um ein Vielfaches lauter. Das habe ich damals erlebt, und erlebe es noch immer, nach fast 25 Jahren, in denen ich die Welle anleite, diese Energie, die sie ins Stadion oder in die Arena bringt, wo ich auch immer bin. Die Fans fühlen sich dann als Teil des Spiels und tragen ihren Teil dazu bei.«

Die Welle ist eine ganz außergewöhnliche Bewegung. All diese Leute, die über ein riesiges Stadion verteilt sind und wenig Möglichkeit haben, miteinander in Kontakt zu kommen oder zu kommunizieren, finden dadurch irgendwie zusammen – in einem gigantischen gemeinsamen Akt, der ein gemeinsames Ziel hat: dem Heimteam zum Sieg zu verhelfen. Sie setzt sich über Sprach- und Kulturunterschiede hinweg, indem sie regelmäßig bei den unterschiedlichsten Großveranstaltungen wie den Olympischen Spielen oder internationalen Fußballspielen auf der ganzen Welt auftritt (daher auch der Name »La-Ola« oder »Mexikanische Welle«, weil sie auf internationaler Plattform bei der Fußball-Weltmeisterschaft in Mexiko City 1986 zum ersten Mal vorkam).[2] Sie überspringt die Unterschiede von Geschlecht, Einkommen oder sozialem Status. Sie ist der reine Ausdruck kollektiver Begeisterung.

Als ich 1994 die LRN Corporation gründete, dachte ich, es wäre doch phantastisch, wenn ich etwas vom Geist der »Welle« an den Arbeitsplatz bringen könnte – dieses breitgefächerte, vielstimmige Tableau von verschiedenartigen Menschen, die zusammenkommen, um diesen Heimvorteil zu schaffen. Gab es eine Möglichkeit, diese kreative Energie auch für unsere Unternehmensziele zu entfachen? *Wie löst man eine Welle aus?*

Wenn Sie die Welle als Prozess menschlicher Energie betrachten, merken Sie gleich, dass jeder Mensch eine solche produzieren kann – eine begeisterte Fußballer-Mutter, vier betrunkene Kerle mit Bierbäuchen und in Oakland-Grün bemalten, nackten Oberkörpern oder acht Jugendliche, die den Star des Teams anhimmeln. Sie müssen nicht der Besitzer des Stadions sein, oder die reichste, mächtigste Person dort, nicht einmal ein bezahlter Cheerleader wie Krazy George. Niemand zeigt seine Visitenkarte und sagt: »Meine Position ist hier die höchste. Ich beginne mit der Welle.« Jedermann kann eine Welle initiieren. Sie ist ein Akt wahrer Demokratie.

Aber wie macht man das? Gönnen wir uns den Spaß und gehen wir es durch: Sagen wir, Sie sitzen gerade auf der Zuschauertribüne bei einem Football-Spiel und das Heimteam liegt gerade um einen Touchdown hinten. Sie sehen Ihr Team stöhnen und ächzen und Sie sind enttäuscht, dass Ihre Fangemeinde sich teilnahmslos und apathisch zeigt. Plötzlich haben Sie eine Idee, eine Vision, wie Sie Ihrem Team zum Sieg verhelfen und ihm das Gefühl eines Heimvorteils verschaffen können. Sie stellen sich eine körperliche Energieübertragung vor, in einer Welle aus Menschenmassen. Aber Sie sind ehrlich mit sich selbst und sich darüber im Klaren, dass das Stadion nicht Ihnen gehört. Die Leute hier schulden Ihnen nichts, sie sind freie Individuen; sie haben anderes vor. Sie mampfen Popcorn, essen Hotdogs, schlürfen Getränke oder jubeln dem gegnerischen Team zu. Ihre Vision ist ihnen vielleicht sehr lästig. Der Kerl neben Ihnen hat wahrscheinlich gar keine Lust, aufzustehen. Er denkt vielleicht gerade: »Ich bin stocksauer, weil unser bester Wide Receiver die Mannschaft wechseln will.« Was ist also zu tun?

Zunächst müssen Sie die Aufmerksamkeit der Menschen auf sich ziehen. Eine Welle zu initiieren erfordert die Tatkraft eines Anführers, also müssen Sie den Willen aufbringen, aufzustehen und zu führen. Sie müssen aufstehen, Ihre Idee kommunizieren und andere dazu bringen, Ihnen bei der Durchführung zu helfen. Aber wie? Krazy George benutzt seine Trommel, aber bei der Sicherheitskontrolle mussten Sie Ihre draußen lassen. Sie könnten zu Ihrem Nachbarn sagen: »He, hier hast du 'nen Zwanziger, komm wir stehen mal auf.« Vielleicht macht er mit, aber, mal ehrlich, wenn Sie nicht Bill Gates sind, sind Sie Ihr Geld los, bevor Sie alle 60 000 Menschen für Ihren Plan eingekauft haben, und Sie haben sicher nicht genug Geld, um sie dazu zu motivieren, mehr als einmal aufzustehen. Die Loyalität, die Sie sich eingekauft haben, wird bald erschöpft sein, und die Leute werden sich wieder hinsetzen oder mehr Geld verlangen. Motivation durch Geld hat ihre Grenzen.

Sie könnten zu den Leuten um Sie herum sagen: »Hört mal, ich bin viel größer als ihr. Wenn ihr nicht aufsteht, wenn ich es sage, schlage ich euch nieder.« Ihre eindrucksvolle Darstellung roher Gewalt mag einige dazu bringen, Ihnen zu folgen. Nötigung durch Androhung von Gewalt führt jedoch ebenfalls nicht weit. Unter Umständen erzielen Sie Erfolge in Ihrer unmittelbaren Nähe, aber die Leute drei Blöcke weiter fühlen sich wahrscheinlich in sicherer Entfernung von Ihren Drohungen und werden weiterhin tun, was sie wollen; vielleicht gehen sie auch einfach weg. Ein aufgepumpter Bizeps und ein schneidender Tonfall flößen selten mehr ein als den Wunsch, wegzulaufen. Doch noch wichtiger für Ihre Vision: Wenn sie folgen, mit welcher Stimmung folgen sie? Für eine große, mächtige Welle, eine, die Ihrem Team wirklich etwas bedeutet, brauchen Sie enthusiastische Teilnehmer. Wenn Menschen bedroht werden, springen sie dann auf oder erheben sie sich langsam und widerwillig angesichts Ihrer körperlichen Überlegenheit? Wird das eine prächtige Welle oder eine Naja-Welle?

Nachdem wir nun Motivation durch Geld und Nötigung durch Gewalt ausgeschlossen haben, erscheint verbale Kommunikation als beste Möglichkeit, sich an die Fremden um Sie herum zu wenden (obwohl Sie sich eigentlich nicht kennen, sind Sie doch alle gemeinsam hier, um das Spiel anzusehen, also können Sie sehr wohl von einem gewissen gemeinsamen Interesse ausgehen). Was also sagen Sie, und, noch wichtiger, *wie* sagen Sie es? Hier haben Sie wieder mehrere Optionen. Sie könnten beispielsweise denken: »Information ist Macht. Je mehr Informationen ich für mich behalte, umso größer ist mein Vorsprung vor diesen anderen Fans.« Sie haben eine Vision und wollen nicht, dass jemand anderes sie stiehlt. Also wenden Sie sich an den nächsten Zuschauer und sagen: »Ich bitte Sie nun etwas zu tun, aber ich kann Ihnen nicht sagen, wozu. Sie müssen das auch nicht unbedingt wissen. Vertrauen Sie mir einfach.« Während Sie weiterhin Ihre Karten verdeckt halten, bitten Sie eine Handvoll Leute, das Risiko einzugehen, sich lächerlich zu machen – oder schlimmer noch, zu winken und zu schreien, obwohl es ihnen völlig sinnlos erscheint – wegen eines Menschen, den sie kaum kennen. Krazy George hat vielleicht in drei Jahren Trommeln bei Oakland-Athletics-Spielen genügend Selbstbewusstsein erlangt, um das Risiko auf sich zu nehmen, aber wenige andere im Stadion haben solch ein Selbstbewusstsein, und sogar George kann es passieren, dass er auf ein paar auswärtige Neulinge trifft, die ihn für einen dieser nordkalifornischen Durchgeknallten mit Trommel halten. Wenn *Sie* es versuchen, denken die Leute wahrscheinlich, »wer weiß, ob das funktioniert? Warum sollte ich ihm trauen?« Ihre CIA-Agenten-Strategie wird die Zweifel über Ihre Motivation jedenfalls nicht ausräumen.

Also denken Sie vielleicht, es könnte effektiver sein, Ihre Vision den anderen Fans mitzuteilen. Vielleicht würde Ihnen eine Power-Point-Präsentation auf dem Stadion-Bildschirm über die komplexen und faszinierenden Vorgänge menschlicher Interaktion bei der Bildung einer Welle ein paar Anhänger bringen:

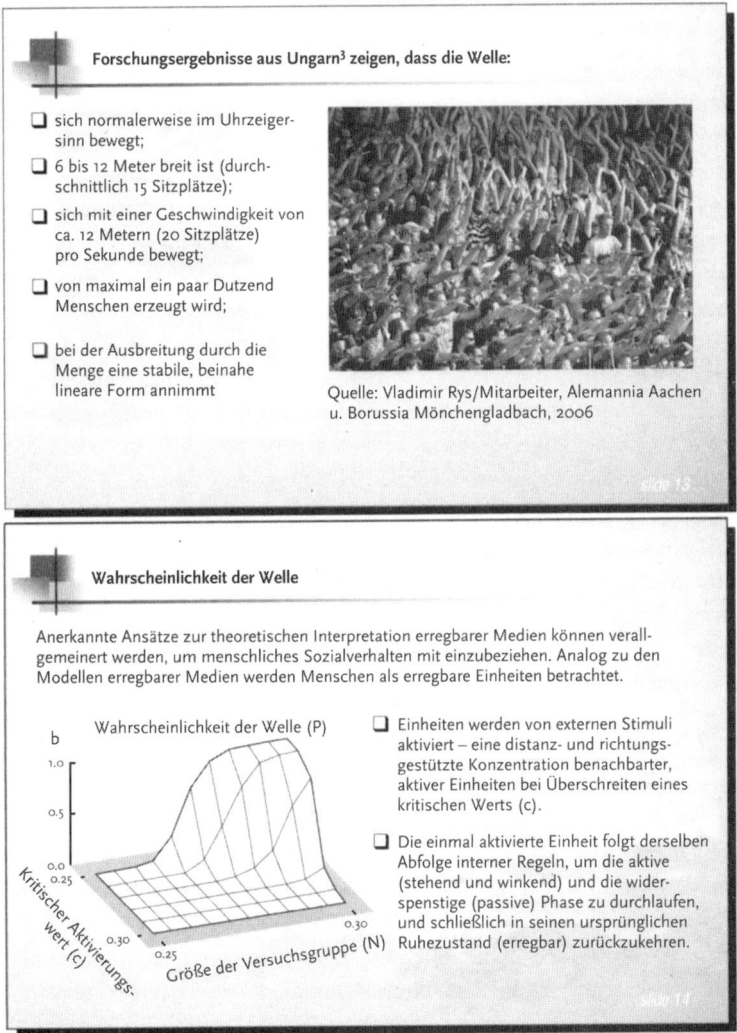

Forschungsergebnisse aus Ungarn[3] zeigen, dass die Welle:

❑ sich normalerweise im Uhrzeigersinn bewegt;

❑ 6 bis 12 Meter breit ist (durchschnittlich 15 Sitzplätze);

❑ sich mit einer Geschwindigkeit von ca. 12 Metern (20 Sitzplätze) pro Sekunde bewegt;

❑ von maximal ein paar Dutzend Menschen erzeugt wird;

❑ bei der Ausbreitung durch die Menge eine stabile, beinahe lineare Form annimmt

Quelle: Vladimir Rys/Mitarbeiter, Alemannia Aachen u. Borussia Mönchengladbach, 2006

Wahrscheinlichkeit der Welle

Anerkannte Ansätze zur theoretischen Interpretation erregbarer Medien können verallgemeinert werden, um menschliches Sozialverhalten mit einzubeziehen. Analog zu den Modellen erregbarer Medien werden Menschen als erregbare Einheiten betrachtet.

Wahrscheinlichkeit der Welle (P)

Kritischer Aktivierungswert (c)

Größe der Versuchsgruppe (N)

❑ Einheiten werden von externen Stimuli aktiviert – eine distanz- und richtungsgestützte Konzentration benachbarter, aktiver Einheiten bei Überschreiten eines kritischen Werts (c).

❑ Die einmal aktivierte Einheit folgt derselben Abfolge interner Regeln, um die aktive (stehend und winkend) und die widerspenstige (passive) Phase zu durchlaufen, und schließlich in seinen ursprünglichen Ruhezustand (erregbar) zurückzukehren.

So viel ist klar: die PowerPoint-Präsentation kann als unbestreitbares Zeugnis Ihrer gründlichen Recherchen und fortgeschrittenen Kenntnisse in Präsentationstechnik dienen, doch ihr fehlt die Fähigkeit, 60 000 Menschen zu begeistern. Selbst bei einem Baseball-Spiel, das sich – wie so manches Mal – wie Kaugummi hinziehen kann, wäre eine gut gemachte PowerPoint-Präsentation in jedem Fall immer noch weniger interessant als der Erdnuss-Verkäufer.

So viel ist klar: wie Sie Ihre Vision kommunizieren – wie Sie mit den Menschen, die Sie umgeben, in Kontakt treten –, beeinflusst direkt das Ergebnis, und alle bisher aufgezählten Versuche schlagen fehl. Das Wesentliche einer Welle, das sie zu einem so starken Ausdrucksmittel menschlichen Willens macht, ist, dass sie ihre Kraft aus der gemeinsamen Leidenschaft schöpft, dem Heimteam zum Sieg zu verhelfen. Diese Eigenschaft geht über die Handlungen eines Einzelnen weit hinaus und vereint alle Fans im Stadion. Niemand folgte Krazy Georges Idee, weil sie etwas mit *George* zu tun hatte. Eine Welle ist Führung, aber das Wichtigste daran ist, dass man vergisst, wo sie anfing – in Block 32? 64? 132? Die Fans folgten George, weil er jeden begeisterte. Und wenn Sie jeden begeistern, spielt es keine Rolle, wo Ihre Welle anfängt. Sie läuft einfach. Ganz sicher unterstützte niemand Krazy Georges Idee, weil die Leute Buh riefen (das war nur ein gut gemeintes Buh, um die Aufmerksamkeit in dem großen Stadion zu erhalten), sondern die Leute gehorchten ihm, weil sie gut fanden, wofür er stand, und die Art mochten, wie er dafür seine Trommel schlug.

Um eine Welle auszulösen, müssen Sie also mit den Menschen, die Sie umgeben, *Kontakt aufnehmen*, Sie müssen Ihre Vision mit ihnen *teilen* und sie für ein gemeinsames Ziel *begeistern*. Sie führen diese Welle nicht durch Herumfuchteln mit Autorität, Strafandrohung oder dem Hinweis auf einen kleinen thermonuklearen Sprengkörper unter der Zuschauertribüne, sondern mit Charisma. Um die Menschen dazu zu bringen, Ihnen zu folgen, müssen Sie ernsthaft und offen sein, nichts zurückhalten und sich so ihr Vertrauen verdienen.

»Hey«, rufen Sie jetzt vielleicht, voller Leidenschaft und Hingabe, voller ungezügelter Emotionen, die Sie auch bei anderen freisetzen möchten, »ich hab's kapiert! Wenn wir alle aufstehen, unsere Arme schwingen und brüllen, wird uns das zum Sieg verhelfen!«

Wer will auch nicht gewinnen?

Ich mag die La-Ola-Welle als Metapher, weil sie zeigt, was eine Gruppe von unterschiedlichen Menschen vollbringen kann, wenn sie eine gemeinsame Vision verfolgen. Sie veranschaulicht die Kraft, die eine Gruppe erfüllt, wenn jeder voller Begeisterung sein Bestes gibt. Vielen ist gar nicht klar, dass es einen mächtigen Weg gibt, etwas zu erreichen – einen Weg der inneren Haltung und des entsprechenden Verhaltens –, der darin besteht, transparent und ehrlich zu sein, die eigenen Intentionen darzulegen, und sehr offen damit umzugehen, was es einem bedeutet. Und dieses Verhalten macht die Welle aus, die Sie auslösen können. Das beste Verhalten lässt eine Welle noch lange weiterlaufen, nachdem sie aus Ihrer Reichweite gerollt ist. Ich habe herausgefunden, dass jeder, der den Willen dazu aufbringt, diese Kraft verstehen, bündeln und für seine Arbeit freisetzen kann (wenn auch nicht für alle Lebensbereiche) – egal welche Position, welchen Status, welche Autorität er einnimmt. Dies ist die erste Aussage dieses Buches.

Menschen lösen Wellen aus, indem sie kraftvoll und effizient mit ihren Mitmenschen umgehen. Damit die Welle in Gang kommt, müssen die Bedingungen im Stadion es jedoch ermöglichen, dass die Energie, die Wenige erzeugen, leicht auf Viele überspringen kann. Studien haben gezeigt, dass La-Ola-Wellen in runden oder ovalen Stadien leichter entstehen und länger laufen als in linear angelegten. Zuschauermengen bei Highschool-Football-Spielen, bei denen die gegnerischen Fans auf gegenüberliegenden Spielfeldseiten sitzen, wie es die Loyalität der Fans verlangt, werden sie sich nur schwerlich zusammentun, obwohl sie alle in derselben Stadt wohnen. Nicht so in ovalen Fußballstadien, trotz ähnlicher Emotionen der Fans. Unternehmen können Stadien bauen, in denen Wellen möglich sind. Teams können eine Atmosphäre schaffen, in der Wellen möglich sind. Dies ist die zweite Aussage des Buches.

Vor kurzem bestellte ich bei einem New Yorker Juwelier ein Armband für meine Frau zu unserem bevorstehenden Hochzeitstag. Der Juwelier schickte es mir mit UPS Overnight, damit ich es sicher an diesem Tag habe (einen Hochzeitstag zu verpassen, kann, wie wir alle wissen, eine schlimmere Pleite sein, als an einen Ihrer just-in-time produzierenden Kunden nicht auszuliefern). Ich traf am nächsten Morgen unseren UPS-Auslieferer, Angel Zamora, in der Lobby unseres Firmengebäudes, und erwartete dringend das versprochene Paket, aber es fehlte. Angel bemerkte meine Enttäuschung sofort und bat mich, mich nicht von der Stelle zu rühren. Obwohl seine Schicht zu Ende war, als er seinen Wagen bei unserem Gebäude geleert hatte, telefonierte er eine Stunde später noch immer mit dem Zentrallager in Los Angeles. Schließlich fand er heraus, wo das Paket hängen geblieben war, und organisierte eine Sonderfahrt, die es noch am selben Tag liefern würde. Dann gab er mir seine Mobiltelefonnummer und die seines Vorgesetzten und versicherte mir, er würde das Telefon so lange bei sich behalten, bis alles erledigt wäre. Um 17 Uhr hielt ich das Paket in der Hand.

Als ich Angel ein paar Tage später bei seiner üblichen Tour wieder traf, bestätigte ich ihm, wie beeindruckt und dankbar ich war, dass er die Situation in die Hand genommen hatte und alles Nötige veranlasst hatte, damit das Versprechen von UPS eingehalten wurde. Seine pragmatische Antwort kam prompt: »Das ist doch meine Aufgabe.« Das erinnerte mich an die alte Geschichte über zwei Burschen, die Maurerarbeiten verrichteten. Wenn man den Ersten fragte, was er da mache, sagte er »Steine aufeinander schichten«. Der Zweite antwortete: »Eine Kathedrale bauen.« Manche Menschen verstehen sich selbst als Steineschichter, Angel baut Kathedralen. Er definiert sich selbst nicht im engen Sinn als bloßer Paket-Auslieferer. Er sieht sich als das Instrument, durch das UPS seine Versprechen hält. Angel löst die Wellen aus, die UPS zum führenden Unternehmen in der Branche machen. Indem er von sich selbst im weitesten, zielorientierten Sinne dachte, definierte er nicht nur seine Firma, sondern auch sich selbst nicht dadurch, *was* sie taten – mir ein Paket liefern –, sondern *wie* er es tat: mit Offenheit, Verantwortungsbewusstsein, Hingabe, Eigeninitiative und einem Sinn dafür, dass er Teil von etwas Größerem war. Diese innere Haltung und das daraus resultierende Verhalten, die Art seines Engagements und wie er mit Anderen in Kontakt treten kann, machen Angel zum Wellenmacher. So begeisterte und motivierte er die Mitarbeiter in der Zentrale, die mein Paket fanden und es mit Sonderkurier in mein Büro schickten.

UPS wiederum schafft die Kultur, in der solche Wellen entstehen können. Angel musste sich nicht unzählige Unterschriften und Sondergenehmigungen holen, um seine Überstunden genehmigt und sein extra Engagement honoriert zu bekommen. Bei UPS versteht und institutionalisiert man die Haltung, die es den Mitarbeitern ermöglicht, ihren Job gut zu machen und Verpflichtungen gegenüber Kunden ohne große Widerstände durch das System einzuhalten. UPS und Angel waren auf gemeinsame Werte und Verhaltensweisen ausgerichtet, die Angel dazu brachten, so zu handeln.

In der heutigen Business-Welt ist Unternehmen, die dauerhaft erfolgreich sind und sich auch in stark umkämpften Märkten durchsetzen, eine gewisse Energie eigen, ganz ähnlich einer Welle. Wellen entstehen dadurch, *wie* wir tun, was wir tun. Wenn in einem Unternehmens-Stadion plötzlich jemand von einer Vision ergriffen wird, wie etwas sein sollte, und er sich wohl genug fühlt, inspiriert ist und die Fähigkeit besitzt, Andere um sich herum zu begeistern, kann Großartiges entstehen. Um nachhaltigen Erfolg unter den neuen sozioökonomischen Bedingungen unserer Welt zu erzielen, müssen Sie sich eine neue Kraft zu Eigen machen: die Kraft, Menschen zu führen, die Kraft der richtigen inneren Haltung und des entsprechenden Verhaltens.

Erfolg aufbauen auf menschlichen Interaktionen? Vielleicht denken Sie, «*also bitte, die Geschäftswelt ist hart und gnadenlos. Der Wettbewerb tobt, der Zahlendruck ist enorm und die Gefahr des Absturzes allgegenwärtig. Klar ist das schön, sich eine ideale Welt vorzustellen, in der jeder offen ist, von Werten geleitet wird, von gemeinsamen Zielen, in der jeder jeden gut und gerecht behandelt und alle für das gemeinsam Geschaffene zusammenstehen. Aber so ist es einfach nicht.*»

Ich muss es zugeben, um Sie nicht zu beleidigen: Wir alle haben unsere persönlichen Erfahrungen gemacht, die manche Ideen in diesem Buch wie den Traum eines Idealisten von einer Welt, die es nie geben wird, erscheinen lassen. Aber auf den folgenden Seiten hoffe ich, Ihnen zu zeigen, dass die Welt, die einen großen Teil unserer Erfahrungen und Ideen geformt hat – Business ist Krieg, Wissen ist Macht, der Sieger bekommt die Beute – nicht mehr existiert. Fortschritte in Technologie, Kommunikation, Vernetzung und Verbindungsmöglichkeiten sind zusammengelaufen mit offensichtlichen historischen Entwicklungen und haben einen tiefen Wandel darin bewirkt, wie wir unsere Geschäfte betreiben und wie wir leben. Die Veränderungen verliefen schneller, als wir neue Bezugsrahmen schaffen konnten, um sie zu verstehen, und ich kann Ihnen hoffentlich genau und detailliert zeigen, wie radikal und wie dauerhaft diese Veränderungen sind. Um uns in der hypertransparenten, hypervernetzten Welt des 21. Jahrhunderts zurechtzufinden, müssen auch wir uns verändern.

In diesem Buch zeige ich Ihnen auch, wie die bisher so genannten »weichen Faktoren« – Vertrauen, Respekt, Transparenz, Zielausrichtung, Ruf – nun zur harten Währung der Leistungsfähigkeit in einer vernetzten Welt wurden und für Effizienz, Produktivität und Rentabilität sorgen. Sie werden verstehen, dass Menschenführung aus der richtigen inneren Haltung heraus der bestimmende Faktor für Ihren nachhaltigen Erfolg ist. Auf den ersten Blick mögen diese Ideen vielen Ihrer Überzeugungen oder Erfahrungen widersprechen. Wenn Sie dieses Buch zu Ende gelesen haben, könnten Sie anders denken.

Wellen machen Spaß, das ist ihr größter Nutzen. Aufstehen, die Arme schwenken, sich den Hals herausschreien für das Heimteam, und, am allerwichtigsten, *mit jedem im Stadion verbunden zu sein.* Wenn Sie das tun, macht das Spaß. Aber Krazy George erklärte mir, das Bemerkenswerteste an seiner ersten Welle und jeder späteren Welle war, wie sie alles veränderte, was danach kam. Die Leute jubeln das ganze restliche Spiel lebhafter, sie sind aufgeregter und engagieren sich mehr für das Ergebnis. Sie fühlen sich mit einbezogen. Die Welle ist nicht nur kraftvoll an sich, sondern sie setzt eine langfristige, dauerhafte Kraft frei, auch wenn sie schon vorbei ist. Damit ist sie eine grundlegende Quelle der Kraft; wenn sie einmal die Runde gemacht hat, fließt die Energie weiter.

Eine Welle durchströmt auch die Menschen, die bei Unternehmen wie UPS und vielen anderen arbeiten, und jeder dort trägt dazu bei, dass sie weiterfließt. Sie stellt eine tiefgreifende Veränderung dar, eine Sicht auf die Art *wie* wir tun, was wir tun, die langfristigen, nachweisbaren Wert mit sich bringt. Ich glaube, diese Kraft kann jeder Einzelne und jede Gruppe verstehen, sich aneignen und anzuwenden lernen, und dieses Buch hilft Ihnen dabei, dies umzusetzen. Dieses Buch handelt von der gewaltigen Macht der Welle.

Teil I
Wie wir waren, wie wir uns verändert haben

Einführung: Zwischenräume

Betrachten wir einmal unser Gehirn. Einzelne Arbeitseinheiten im Gehirn heißen Neuronen. Einige Neuronen sind hoch spezialisiert auf bestimmte kognitive Funktionen. Andere sind in verschieden großen Gruppen formiert, um kompliziertere Aufgaben zu erfüllen. Einige haben die Aufgabe, Erinnerungen zu bewahren, andere müssen nur Information weiter geben. Die Neuronen besitzen *erregbare Membranen*, eine einzigartige Zelleigenschaft, mit der sie elektrische Signale generieren und verbreiten können. Wenn ein Neuron in Aktion treten will, sendet es ein kleines Signal, wie eine E-Mail, an den Teil des Gehirns, mit dem es Kontakt aufnehmen will. Damit dieses Signal dort ankommt, wo es soll, muss es einige kleine Zwischenräume überspringen, Synapsen genannt, die die Neuronen voneinander trennen. Das Gehirn eines Kindes enthält etwa 1 000 Billionen Synapsen, doch im Erwachsenenalter baut sich diese Zahl entscheidend ab, auf etwa 100 bis 500 Billionen. Was in unseren Synapsen passiert – mit anderen Worten, *in den Zwischenräumen* –, ist der Schlüssel zur erfolgreichen Gehirnfunktion. So genannte *starke Synapsen* senden Botschaften – genannt *Aktionspotenzial* – einfach an die Neuronen in ihrer Umgebung. Wo die Synapsen stark sind, sorgen sie für jenen ungehinderten Energiefluss von Neuron zu Neuron, der das weite Spektrum menschlicher Fähigkeiten ausmacht. Wo Synapsen dagegen schwach sind, kommen die Botschaften nicht durch. Eine schwache Synapse lässt sozusagen den Ball fallen.[1]

Nun stellen Sie sich einmal ein Fußballstadion voller Menschen vor. Es funktioniert auf bemerkenswert ähnliche Weise. Jeder Fan ist wie ein Neuron. Jeder hat eine erregbare Membran, mit der er, wenn er es wünscht, mit anderen in Kontakt treten kann. Der Raum zwischen ihnen, wo die Haut des Einen aufhört und die des Nächsten anfängt, ist wie eine Synapse. In diesem *Zwischenraum* nehmen wir

How Dov Seidman
Copyright © 2013 WILEY-VCH Verlag GmbH & Co. KGaA, Weinheim

Kontakt auf. Es gibt Orte im Stadion, an denen die Menschen starke Verbindungen haben – sie kennen sich, haben Saisonkarten oder teilen den Enthusiasmus für die Heimmannschaft –, und Orte, an denen die Verbindungen schwach sind. Wenn der Zwischenraum die Menschen stark aneinander bindet, werden Jubelrufe schon mit wenig Hilfe entstehen, werden die Snacks der Stadionverkäufer schnell durchgereicht und zwischen nebeneinander sitzenden Fremden entsteht leicht Kontakt; kurz, die Zwischenräume entfalten ihre Kraft. Wenn diese Verbindungen dagegen schwach sind, erstirbt das Aktionspotenzial. Die Fans rufen jeder für sich und müssen sich durch die Reihen zwängen, um an ihre Erdnüsse zu kommen.

Eine einzelne Synapse im Gehirn steht in Verbindung mit vielen verschiedenen Neuronen, genau wie der Raum zwischen den Zuschauern im Stadion, oder wie an einer Kreuzung, an der viele Straßen zusammentreffen. Dadurch ist es möglich, Aktionspotenzial von vielen Quellen gleichzeitig zu bekommen. Sogar eine schwache Synapse kann dazu gebracht werden, Botschaften zu transportieren, wenn sie vielfachen Stimuli gleichzeitig ausgesetzt ist. In einem Stadion erleben wir etwas Ähnliches. Die geballte Stimulation einer Menschenmenge, die eine La-Ola-Welle macht, breitet sich oft aus und zieht die weniger Interessierten oder Engagierten mit. Was wir umgangssprachlich »Gehirnwellen« nennen, ist die elektroenzephalografische Abbildung einer Gruppe von Neuronen, die alle gemeinsam ihr Aktionspotenzial über schwache und starke Synapsen senden, um etwas in Gang zu setzen – im Grunde macht auch das Gehirn eine Welle.

Auf das menschliche Verhalten übertragen heißt das: Alles, was den Raum zwischen uns betrifft, betrifft unsere Fähigkeit, etwas in Gang zu setzen. Setzen Sie 60 000 Leute in ein Stadion, verbinden ihnen die Augen und verschließen ihnen die Ohren, und es wird extrem schwierig, eine Welle zustande zu bringen. Bitten Sie sie, etwas von Ohr zu Ohr zu flüstern, während der Organist in voller Lautstärke spielt, und die Botschaft wird unverständlich, noch bevor sie den Block verlässt. Setzen Sie eine komplizierte Emotion zwischen zwei Menschen, und alles, was sie zueinander sagen, kann missverstanden werden. Um Wellen auszulösen, um die Art zwischenmenschlicher Interaktion zu generieren, die unsere Initiativen durch eine ganze Organisationseinheit tragen kann (wie ein Gehirn, ein Stadion voller Leute, ein Team oder eine Firma), müssen wir also nicht nur die Kraft verstehen, die man braucht, um diese Wellen zu initiieren. Wir müssen auch verstehen, wie unsere Zwischenräume funktionieren, was unsere zwischenmenschlichen Synapsen stark oder schwach macht. Am 13. Oktober 1994 schaltete Netscape Communications die erste Version seines Internet-Browsers frei, kündigte so die Anfänge des allgemein zugänglichen Internets an und legte damit den Grundstein für das Informationszeitalter.[2] In diesem Moment begann der freie Informationsfluss die Art und Weise, wie wir unsere menschlichen Zwischenräume ausfüllen, radikal zu verändern, und brachte so bedeutende Veränderungen mit sich, dass er fast völlig die Modalitäten veränderte, nach denen die Welt funktioniert. Unser Verständnis dieser Veränderungen hat jedoch mit deren Schnelligkeit nicht Schritt gehalten. Um uns diesen neuen Bedingungen anzupassen und darin erfolgreich zu sein, brauchen wir einen neuen Rahmen, ein neues Verständnis darüber, wie wir waren, und wie die Dinge sich verändert haben.

Im ersten Teil dieses Buches untersuchen wir die neuere (und nicht so neue) Vergangenheit, um die Zusammenhänge zwischen einer Reihe verschiedener Ereignisse herzustellen, denen unsere jetzige Welt ihre Form und Information verdankt. Wir beginnen mit der Geburt des Informationszeitalters und dem Wandel, den es brachte, vom Unternehmensmodell von Befehl und Kontrolle bis hin zu einem Modell von Zusammenarbeit und Gemeinschaft. Dann werfen wir einen Blick darauf, wie die Technologie in die Synapsen unserer Beziehungen eindringt und uns damit zugleich hilft wie auch behindert. Schließlich sprechen wir über die Veränderungen in unserer Welt, die es umso wichtiger machten, wie wir tun, was wir tun. Die folgenden drei Kapitel zeichnen die Geographie einer sehr veränderten Welt, einer Welt der *neuen inneren Haltung und des neuen Verhaltens*, die neue Kräfte und Fähigkeiten des Überbrückens erfordert. Am Ende dieses ersten Teils, so hoffe ich, besitzen Sie ein besseres Verständnis der radikalen Veränderungen unserer Lebenswelt und für die dringend erforderliche neue Sichtweise, mit der wir unseren Weg finden, beziehungsweise wie unsere *innere Haltung* uns auf unserer Reise führen kann.

Kapitel 1
Vom Land zur Information

Wo ist die Weisheit, die wir mit dem
Wissen verloren haben? Wo ist das
Wissen, das wir mit der Information
verloren haben?

T. S. Eliot

Manchmal müssen wir zurückblicken, um nach vorne zu blicken, in diesem Fall sehr weit zurück, ins feudale Europa um 1335. In den 1330ern brauchte England Wein. Es brauchte Wein, weil ein Jahrhundert zuvor Normannische Sitten der letzte Schrei geworden waren, und der durchschnittliche Adlige seine tägliche Pint Bier für ein Glas *vin rouge* aufgegeben hatte. Es brauchte Wein, weil Wein Vitamine, Hefe und Kalorien lieferte, um die Engländer durch den langen Winter zu bringen. Und es brauchte Wein, nun ja, weil Wein Spaß macht. Da es in England zu kalt war, um Wein anzubauen, waren die Engländer auf ein Tauschsystem mit anderen Ländern angewiesen, um ihr alkoholisches Getränk aus Frankreich zu importieren. Sie tauschten englische Wolle in Flandern gegen flämisches Tuch (edle Ware damals) und brachten dieses dann nach Südfrankreich, um es gegen Weintrauben einzutauschen. Glücklicherweise hatten die Engländer zu dieser Zeit sowohl Flandern als auch die Gascogne (an der Westküste Frankreichs) besetzt. So konnten sie freien Handel betreiben, Waren sicher transportieren und nach Herzenslust trinken. Deshalb, und wegen vieler weiterer im Feudalismus begründeter Details hassten die Franzosen die Briten. 1337 griffen sie Flandern an, eroberten so den Kontinent zurück und begannen den Hundertjährigen Krieg, der in Wirklichkeit sogar 116 Jahre dauerte, bis 1453, als die Briten schließlich vom europäischen Festland vertrieben wurden und wieder die Gewohnheit annahmen, Bier zu trinken, was sie gern und ausgiebig bis heute tun.[1]

Was hat das alles nun mit uns zu tun, die wir unseren Geschäften im hochtechnologisierten Informationszeitalter nachgehen? Nun, Bier ist nicht die einzige Gewohnheit, die uns noch vom Mittelalter nachhängt. Damals wurde die Welt durch Landbesitz definiert, und derjenige, der mehr hochwertiges Land besaß als andere, herrschte. Landbesitz ist ein Nullsummen-Spiel: Je mehr ich habe, umso weniger hat der andere; und je mehr ich habe, umso mächtiger bin ich im Vergleich zu meinen Mitmenschen. Land bedeutete Ernten und Abgaben von Leibeigenen – Händlern, Bauern und Handwerkern –, die Waren und Konsumgüter produzierten, die die Wirtschaft antrieben. Es gab damals eine Eins-zu-eins-Abhängigkeit zwischen dem meisten Landbesitz und der meisten Macht. Bis heute ist Queen Elizabeth aufgrund des Landbesitzes ihrer Familie eine der reichsten Personen in Großbritannien.[2] In einer Zeit endlicher Ressourcen lernte der feudale Adel, dass er für Erfolg und Steigerung der eigenen Macht seine Besitztümer horten und schützen musste. Daher bauten die Adligen Burgen mit Gräben darum, um ihre Pfründe zu schützen, eroberten alles, was sie konnten, und bauten Klafter für Klafter ihren Reichtum auf – eine Gewohnheit, die ihnen Jahrhunderte lang förderlich war.

Spulen wir nun ein paar Hundert Jahre vorwärts bis zum Beginn der Industriellen Revolution. Die Erfindung von Maschinen, vor allem auf der Grundlage der Dampfmaschine, brachte unzählige neue Möglichkeiten, Dinge zu produzieren. Ausmaß und Umfang der Manufaktur stiegen exponentiell an. Ein schlauer Geschäftsmann konnte plötzlich Waren effizient und massenhaft produzieren und sie billiger auf den Markt bringen als sein Cousin von der Handwerker-Zunft. Maschinen schufen eine systematische Möglichkeit, relativ schnell reich zu werden. Niemand brauchte mehr ein ganzes Leben, um reich zu werden, oder eine gefährliche Reise zu riskieren, um einen Schatz zu finden. Jeder, der Geld besaß, um es zu investieren, konnte die neuesten Erfindungen identifizieren, eine effiziente Fabrik bauen, um diese dann zu produzieren (oder mit diesen zu produzieren), und seinen Rivalen aus der alten Welt Marktanteile wegnehmen. Initiative und Innovation wurden gleichbedeutend mit Reichtum, alt wurde durch neu ersetzt, alles vorangetrieben durch eine neue Investoren-Klasse, die mit Geld noch mehr Geld machen konnte. 1776 schrieb Adam Smith *Der Wohlstand der Nationen*, und der Kapitalismus war geboren.[3] Das Wort *Kapital* kommt übrigens vom lateinischen capitalis und heißt Kopf. Im Kapitalismus konnte man seinen Kopf benutzen, um voranzukommen.

Als wir vom Landbesitz zum Kapital als Motor des Reichtums übergingen, blieb jedoch die Nullsummen-Mentalität feudaler Zeiten bestehen. Kapital war nach wie vor endlich, und je mehr der eine besaß, umso weniger blieb für den anderen. Mit mehr Kapital konnte man modernisieren und expandieren und Dinge tun, die andere nicht konnten. Die Kapitalisten entwickelten spezielle Verhaltensweisen der Macht, eine Art Faustregeln, wie man im neuen Wirtschaftssystem Erfolg hatte. Sobald wir Güter erwarben, horteten wir sie; wir teilten sie nicht. Wir verschenkten sie nicht; wir gaben sie nur gegen hohen Gewinn Stück für Stück heraus und verzinsten sie. Jahrhundertelang bedeutete Vermögen Macht; und um erfolgreich zu sein, kontrollierten wir dies eifrig. Kurz, wir bauten eine Festung um unsere Besitztümer und verteidigten sie gegen alle Eindringlinge. Wir beherrschten Märkte, bewahrten Geschäftsgeheimnisse und belegten alles, was wir taten, mit einem Patent oder Copyright. Auch der Informationsfluss zum Markt ließ sich kontrollieren und so entwickelten wir zahlreiche Verhaltensweisen für eine gezielte Kommunikation, um zu steuern, wie der Markt uns sah. Nach und nach erfanden wir die Pressemitteilung, perfektionierten die Kunst der Botschaft und des Verdrehens einer Botschaft, lernten zu spalten und zu erobern und dem Kunden A in einem Markt das eine zu erzählen, und Kunden B in einem anderen Markt etwas anderes. In den Unternehmen spiegelten sich diese Impulse in Strukturen von Befehl und Kontrolle und in steilen Hierarchien wider. Die Verhaltensweisen des Festungs-Kapitalismus durchdrangen bald jeden Bereich in den Unternehmen.

Wege der Kommunikation

Doch lassen wir nun unseren kurzen historischen Abriss beiseite und betrachten wir einige Ereignisse aus dem Industriezeitalter, deren Bedeutung für unsere weiteren Ausführungen schnell klar wird: Als in den 1850er Jahren der elektrische Telegraph in den Vereinigten Staaten eingeführt wurde, versuchten einige vorausschauende Unternehmer, Reichtum daraus zu schlagen, indem sie Tausende von Meilen Kupferkabel spannten, und damit die bestehenden Wirtschaftszentren des Ostens mit dem sich schnell entwickelnden

Mittleren Westen verbanden. In der überstürzten Jagd nach Reichtum schuf man ein Überangebot von Verbindungskapazitäten, und der Markt konnte die Kosten für Infrastruktur und Installation nicht mehr tragen. Die Preise brachen ein, und mit ihnen das Vermögen all jener, die investiert hatten. Die Blase war geplatzt. Plötzlich stürzte der Preis für die Übermittlung eines Wortes auf unerhört niedrige Penny-Beträge. Dieser Sprung in Informationsübertragung und Wirtschaft hatte unerwartete Konsequenzen, wie der Journalist Daniel Gross im *Wired Magazine* berichtete: »Reporter konnten lange Storys von den Schlachtfeldern des Bürgerkrieges übermitteln und stärkten damit die Macht der Zeitungsgiganten William Randolph Hearst und Joseph Pulitzer. Gleichzeitig spornte die Möglichkeit, billig Telegramme zu versenden, den nationalen Aktien- und Gütermarkt an und vereinfachte internationale Geschäfte.«[4] Diese Entwicklungen veränderten die Welt. Ein halbes Jahrhundert später erweiterte American Telephone and Telegraph dieses Netz drastisch, als die Firma das Telefon einführte. Doch man war schlau genug, sich 1913 bei der US-Regierung das Monopol und damit Rentabilität zu sichern. Das Telefon war um ein Vielfaches erfolgreicher als der Telegraph, seine Auswirkungen auf die Geschäftswelt waren ähnlich gigantisch.

Wir spulen weiter vor bis 1994, zum Beginn des Informationszeitalters. Die Technologie brachte wiederum sprungartige Neuerungen. Überall eröffneten sich plötzlich neue Möglichkeiten, und obwohl nur wenige eine Vorstellung davon hatten, wohin das alles führen würde, machten neue Entwicklungen, Produkte und Prozesse Dinge möglich, von denen man bis dahin nur träumen konnte. Und wieder sprangen Unternehmer von überall her auf den Zug auf. Ein Heer von Unternehmern (die anscheinend nichts von der Telegraphen-Blase wussten) investierte ganz groß in die Verlegung von Glasfaser-Kabeln rund um die Welt. Das Glasfaser-Kabel stellte einen Quantensprung in der Übertragungskapazität gegenüber Kupferkabel dar, das ursprünglich und größtenteils von Bell System in den USA verlegt worden war. Ein einziges Paar Glasfaser-Kabel kann über 30 000 Telefongespräche über Hunderte von Kilometern übermitteln, während ein Paar Kupferkabel, das doppelt so dick ist, 24 Gespräche etwa fünf Kilometer weit überträgt. Mit neuen Technologien wie dem Wellenlängen-Multiplex-Verfahren (WDM) erhöht sich die

Kabelkapazität etwa auf das 64-fache. Mit Blick auf die Entwicklung von neuen Technologien halten Wissenschaftler heute die theoretische Übertragungskapazität von Glasfaser-Kabel für unendlich. Das Verlegen von Glasfaser-Kabel war etwa so, als hätte man Ihren Badezimmer-Wasserhahn durch ein Rohr vom Durchmesser eines Raketen-Startsilos ersetzt. Plötzlich brauchte die gesamte elektronische Kommunikation der Welt nur fünf Prozent der vorhandenen Übertragungskapazitäten. Die Preise für Informationsübertragung brachen erneut ein (und mit ihnen zahlreiche Firmen, die mit den neuen Technologien das schnelle Geld machen wollten), und wir lebten plötzlich in einer Welt, in der Information so schnell und billig um die Welt strömte wie Licht durch ein dunkles Zimmer.

Die Welt wird flach

Diese Entwicklung veränderte alles. Information ist kein Nullsummen-Gut wie Land oder Kapital; sie ist unendlich. Je mehr man davon besitzt, umso mehr kann auch jemand anders davon haben. Und, anders als Geld, ist ihr Wert dehnbar. Ein Dollar ist einen Dollar wert, egal, wie dringend man ihn braucht. Wissen dagegen steigt im Wert direkt proportional dazu, wie dringend es benötigt wird. Wenn Sie zum Beispiel eine seltene Krankheit hätten, würden Sie für die Information, wie sie geheilt wird, viel mehr bezahlen, als wenn Sie gesund wären.

In den Tagen des Festungs-Kaptialismus nutzten Berufsguppen wie Anwälte, Ärzte, Steuerberater und andere Besitzer von Spezialwissen den dehnbaren Wert von Information und schlugen daraus auf zwei wichtige Arten Gewinn: Sie horteten Wissen (wie jedes andere Gut) und gaben es nur portionsweise gegen hohe Bezahlung heraus (im Allgemeinen an Menschen, die dies dringend brauchten, weil sie in Schwierigkeiten steckten, krank waren oder kurz vor dem Bankrott standen). Gleichzeitig bildeten sie eine hoch spezialisierte und unverständliche Sprache und komplexe Jargons – wie die Rechts- und Steuersprache und andere »vornehme Fachsprachen« – als Barrieren, um die Menschen von ihrem Wissen fernzuhalten. Dies erhöhte ihren Wert. Je dringender jemand eine bestimmte Information brauchte, umso bereitwilliger bezahlte er einen Spezialisten dafür.

Die vernetzte Welt dagegen hob die Barrieren zwischen dem Einzelnen und dem Wissen auf, da Information nun schnell und billig zur Verfügung steht, was den Spezialisten um einiges abwertet und ebenso die Information selbst. Der Wert einer Informationseinheit ist dramatisch gefallen: wo Sie für einen Privatdetektiv, der einen zahlungsunwilligen Vater ausfindig machen soll, vielleicht 300 Dollar zahlten, kostet Sie eine selbst durchgeführte landesweite Online-Suche etwa 50 Dollar. Macht und Reichtum gingen von denen, die Information horten, jetzt über zu denen, die sie den meisten Menschen zur Verfügung stellen konnten.

Durch diese einfache Tatsache wird das Verhalten des Festungs-Kapitalismus hinfällig. Seitdem Information der Motor der Wirtschaft ist, ist die Macht zu denen gewechselt, die sich öffnen und Information frei teilen. Die jungen Titanen einer Informationswirtschaft – Yahoo, Google, amazon, eBay – haben verstanden, dass es nicht mehr ums Horten, das Schaffen von Geheimnissen oder das Einbehalten von Informationen geht. Es geht jetzt darum, die Menschen zu erreichen. Google, heute ein Unternehmen mit einem der höchsten Börsenwerte der Welt, verkündet als Unternehmensziel nichts Geringeres als: »Die Informationen der Welt zu organisieren und sie allgemein zugänglich und nutzbar zu machen«.[5] Überlegen Sie einmal: ein Multi-Milliarden-Dollar-Unternehmen, das sich damit beschäftigt, Fakten kostenlos zu verbreiten. Amazon verbreitet auch etwas kostenlos: zwar nicht seine Produkte – amazon verkauft Bücher und mehr, genau wie viele andere –, aber sein Wissen. Sein Erfolg liegt in den neuartigen und findigen Wegen, die es entwickelt hat, um Information zugänglich zu machen. Wunschzettel, Suchfunktionen und Rankinglisten nutzen Informationen, um amazon-Kunden in Communitys mit gemeinsamen Interessen zu binden. eBay geht noch einen Schritt weiter und organisiert seinen gesamten Markt als selbstverwaltete Community – auf Basis der freien Information über seine Nutzer. Diese neue Informationswirtschaft betrifft nicht nur diejenigen, die in der IT-Branche arbeiten, sondern jeden. Damit hat sich in fast jedem Bereich, in fast jeder Branche die Art, wie Ziele erreicht werden, grundlegend gewandelt. In Fabriken stellt man keine Fließband-Arbeiter mehr ein, sondern man beschäftigt heute ausgebildete Facharbeiter, die die automatisierten Systeme am Laufen halten können.

Der New-York-Times-Journalist und Pulitzer-Preisträger Thomas L. Friedman führt in seinem grundlegenden Buch *The World Is Flat* detailliert und nachvollziehbar die weltweiten Auswirkungen dieses freien Informationsflusses auf. Er beschreibt die unvorhergesehenen Möglichkeiten, die uns plötzlich zur Verfügung stehen, und von denen viele von der Geschäftswelt genutzt werden: Neue Paradigmen von Zusammenarbeit, Spezialisierung, Versorgung und Verbreitung sowie Ausweitung von Kernkompetenzen.[6] Wir können Partnerschaften eingehen,»Online-Spiele spielen« und auf völlig neue Weise zusammenarbeiten, denn wir können Information teilen wie nie zuvor. Zusammenarbeit an sich – unsere weiterentwickelte Fähigkeit, Kontakt aufzunehmen – wird zum Motor von Wachstum und Innovation. Und das Teilen von Information bildet nicht nur die Grundlage der Beziehungen zwischen Unternehmen und Kunden, sondern ist auch Basis der Unternehmen selbst. Friedman führt viele vorausschauende Unternehmen an, die neue Geschäfts-Paradigmen verfolgen, um diese neue Wirklichkeit zu nutzen: UPS nutzt die Effizienz seines Versandsystems, um das Repair Center von Toshiba kostengünstiger zu betreiben als Toshiba selbst; Callcenter in Bangalore beantworten reibungslos die Fragen der Kunden von Dell Computers zu deren Produkten; Hausfrauen aus Salt Lake City buchen Flüge bequem von zu Hause aus direkt beim zentralen Buchungscomputer von JetBlue Airways. So viel ist klar: die Hochgeschwindigkeits-Magnetbahn der Nullen und Einsen hat den Bahnsteig verlassen und niemand weiß, wo sie anhalten wird.

Friedmans makroökonomische und soziale Analyse unserer neuerdings »flachen«, vernetzten Welt gibt Einblicke in die Kräfte, die die globale Wirtschaft im 21. Jahrhundert neu formen. Der freie Informationsfluss verändert grundlegend die Art, wie interne Unternehmenseinheiten arbeiten und geführt werden, und wie die Menschen täglich zusammenarbeiten. Die Tage der vertikalen Hierarchiemodelle sind gezählt, bei denen Abteilungen und Programme innerhalb eines Unternehmens unabhängige Pfründe bearbeiteten und in steilen, auf Befehl und Kontrolle basierenden Hierarchien organisiert waren, ganz im Geiste des Feudalsystems. Zunehmend haben wir an normalen Werktagen mit Menschen von ähnlichem Status zu tun und bilden ständig neue Teams und Partnerschaften über den ganzen Globus hinweg. Da Wissen die Menschen fähig macht zu handeln, können Firmen, die ihren Mitarbeitern sofort hochwertige Information zur Verfügung stellen, mehr Mitarbeiter für sich arbeiten lassen.

Die Unternehmenshierarchien flachen ab, genau wie unsere Welt, sodass viele Tätigkeiten, die einst Herrschaftsbereiche einer Abteilung waren, nun Aufgabe aller sind. Zum Beispiel schaffte 2005 Computer Associates International, ein Unternehmen, das nach Skandalen, Produktmängeln und Management-Problemen ums Überleben kämpfte, alle 300 Beschwerdemanager-Positionen weltweit ab.[7] CEO John Swainson erklärte, Ziel sei es, den Mitarbeitern im Verkauf »mehr Verantwortung« zu übertragen, aber die dahinter steckende Botschaft war klar: Mit Kundenbeschwerden umzugehen ist nicht mehr nur Aufgabe der Beschwerdemanager, sondern geht jetzt jeden Mitarbeiter an.[8] Ein Unternehmen nach dem anderen schafft so genannte Innovations- oder Elite-Abteilungen ab und macht diese Bereiche zur Aufgabe für alle Mitarbeiter. Jeder muss jetzt die Qualität des Unternehmens voranbringen und jeder muss für Innovationen sorgen. Wie wollte man auch eine Innovations-Welle auslösen, wenn nur die 20 Hanseln aus der Forschungs-Abteilung aufstehen?

Während traditionelle vertikale Arbeitsstrukturen zusammenbrechen und sich horizontal verteilen, verlieren Hierarchien, die auf Befehl und Kontrolle beruhen, allmählich an Bedeutung. Ein neues Modell taucht auf: das Modell des Kontakts und der Zusammenarbeit. Um mit diesem neuen Modell Erfolg zu haben, müssen Arbeitnehmer und Unternehmen gleichermaßen neue Fähigkeiten entwickeln und neue Kräfte in sich mobilisieren. Unternehmen und die Menschen, aus denen sie bestehen, müssen ihre Aufgaben in einen neuen Kontext bringen. Der Einzelne muss ein neues Verständnis für den Bereich der zwischenmenschlichen Beziehungen entwickeln. Sowohl Unternehmen als auch Arbeitnehmer müssen lernen, auf ganz neue Art zu teilen.

Damit ist die heutige Welt dem Schachspiel noch ähnlicher geworden. Jede Figur auf dem Schachbrett ist hoch spezialisiert, hat Tugenden und Fehler, Stärken und Schwächen, Möglichkeiten und Verpflichtungen. Manche gehen diagonal, andere geradeaus; manche bewegen sich frei und unbeschränkt, anderen sind enge Grenzen gesetzt. Aber normalerweise kann man, mit wenigen Ausnahmen, die Partie nicht mit weniger als drei Figuren gewinnen. Die meisten Züge im Schach beruhen auf Teamarbeit; nur wenn Sie die Figuren im Zusammenspiel mit den anderen Figuren richtig platzieren, können sie gewinnen. Zwei Türme, die zusammenspielen, können sehr viel bewirken, auch wenn sie weit voneinander entfernt sind. Ohne Zusammenspiel mit anderen Figuren kann ein Turm viel weniger ausrichten. In der Geschäftswelt verhält es sich jetzt ganz ähnlich. Der Erfolg hängt davon ab, wie Menschen verschiedener Herkunft und Fähigkeiten miteinander kommunizieren und sich ergänzen. In einer vernetzten Welt geht nämlich die Macht auf den über, der sich am besten vernetzen kann.

Vor sechshundert Jahren hatten Menschen Erfolg mit Tauschgeschäften an der Straßenecke. Heute finden die meisten Geschäfte in formalisierten Organisationen statt. Ein Unternehmen ist meist nichts anderes als eine Gemeinschaft von Individuen, die ein gemeinsames Interesse daran haben, dass etwas Bestimmtes umgesetzt wird. (Das Unternehmen selbst ist größtenteils eine Erfindung des Gesetzes. Viele US-Unternehmen haben ihren Gerichtsstand in Delaware, aber die wenigsten von uns fahren jeden Morgen nach Delaware, oder?) Während nicht jeder in einer Firma arbeitet – es gibt auch Selbstständige und Freiberufler wie Steuerberater, Agenten, Berater und Ähnliche –, ist doch jeder, der in der Welt von Austausch und Geschäften arbeitet, auf den Kontakt mit Anderen angewiesen, seien es Kunden, Klienten, Händler, Zulieferer, Team-Mitglieder innerhalb des Unternehmens oder Subunternehmer. Wie der Dichter John Donne in seinem berühmten Wort sagte: »Niemand ist eine Insel, in sich selbst vollständig«; wir sind alle Teil einer größeren Landschaft von Menschen, denn was wir tun, kann meist nicht allein getan werden.

Ich kann nichts alleine vollbringen. Ich bin Teil einer Organisation. Ich befinde mich auf einem Marktplatz im Wettbewerb und versuche etwas zu tun, das von Anderen abhängt. An so einem Ort könnten Sie sich befinden. Er steht dafür, dass in einer solchen Welt Ihr Erfolg davon abhängt, wie gut und intensiv Sie mit Anderen in Beziehung treten können. Die Informationswirtschaft rückt in den Vordergrund, wie wir unsere Zwischenräume überbrücken. Wie nehmen wir Kontakt auf? Wie schaffen wir starke Synapsen, die unser Aktionspotenzial verwirklichen können? Analog zum grundlegenden Wandel von Land zu Kapital zu Wissen und Information als Währung der

Geschäftswelt können wir einen parallelen Wandel beobachten: den von der Macht der Hierarchien mit Befehl und Kontrolle zur Macht des gemeinsamen Arbeitens auf gleicher, horizontaler Ebene. Die Notwendigkeit, wie Figuren auf einem Schachbrett zusammenzuspielen, lenkt den Fokus auf unsere Fähigkeit, uns gegenüber den Menschen in der Geschäftswelt erfolgreich zu verhalten.

Doch starke Bindungen mit Anderen bedeuten auch einen Wert an sich, mehr noch als nur Dinge in Gang zu bringen. Beziehungen machen uns als Menschen aus; sie verleihen unserem Leben Sinn und Bedeutung. Wenn wir sterben, steht selten auf dem Grabstein »Sylvia Jones, 1960 – 2042, Stv. Direktorin für Strategische Planung und Implementierung. Erfüllte über 16 Quartale das Plansoll.« Stattdessen schreiben wir »Stan Smith, Geliebter Ehemann und Vater, Bruder und Onkel. Mit seinem Lächeln gab er der Welt mehr Wärme.« Obwohl uns unsere Arbeit reich macht, verleihen uns erst unsere Beziehungen dauerhaften Wert. Wenn wir uns also intensivere Beziehungen aufbauen, kann uns dies mehr bringen als Erfolg: Es kann uns zu einer Art Sinnerfüllung verhelfen.

Kapitel 2
Die Erbsünde der Technologie

Computer sind nutzlos.
Sie können nur Antworten geben.

Pablo Picasso

Beziehungen. Kommunikation. Vernetzung. Zusammenarbeit. Damit füllen wir die Zwischenräume zwischen uns. *Kommunikation* kommt vom Lateinischen *communicare*, das heißt »teilen«. Weil sich die Art wie wir kommunizieren ändert, ändern sich auch unsere Beziehungen. Im vergangenen Jahrzehnt drang die Technologie in unsere zwischenmenschlichen Synapsen ein und veränderte radikal, was in diesen Zwischenräumen stattfindet; sie hat unser Geschäftsverhalten verändert, uns einfachen Zugang zu Information verschafft und somit ein zweischneidiges Schwert geschaffen, das uns gleichzeitig nützt und schadet.

Die Bande, die uns binden

In den Tagen des feudalen Kapitalismus war es viel einfacher, ein Unternehmen wie IBM zu führen als heute. Erinnern Sie sich an die blauen Anzüge? IBM war berühmt für seine starke Unternehmenskultur, und für jeden, der dort arbeitete, war der blaue Anzug *die* Mitarbeiteruniform. Jeder erkannte, wenn »Big Blue« den Raum betrat. Ihre Anzüge wirkten genauso stark wie das Wappen auf dem Rücken der Bogenschützen-Brigade eines mittelalterlichen Lords. Wer bei IBM arbeitete, wusste, welche Rüstung er jeden Morgen anziehen musste. Solange die alte Festungs-Mentalität vorherrschte, war es leichter, einen Unternehmensstandpunkt durchzusetzen. Durch vertikale Kanäle konnten den Mitarbeitern Unternehmensgrundsätze, Werte, Regeln, Ziele und Perspektiven übermittelt werden. Man konnte öffentliche Aushänge platzieren, Meetings abhalten und Klausuren für Manager, und die Botschaft – ausgesprochen oder unausgesprochen – wurde bis zu den Mitarbeitern weitergeleitet. Die Strategien marschierten im Gleichschritt, und man trug blaue Anzüge. Sowohl Unternehmen als auch Mitarbeiter profitierten von dieser Vorgehensweise; Befehle wurden erteilt und jeder wusste, wohin er zu marschieren hatte.

Nur noch wenige Unternehmen besitzen Festungsmauern, die ihre Mitarbeiter schützen und zusammenhalten, besonders die ganz großen nicht. Die Kommunikationstechnik hat das Konzept des festen Mitarbeiterstabs durch ein Heer von mit- und zuarbeitenden Kräften ersetzt, die auf unzählige unterschiedliche Arten beteiligt sind. Vollzeit-Angestellte arbeiten Hand in Hand mit Mitarbeitern von Joint-Ventures, mit Kollegen in unabhängig geführten Subunternehmen, mit unabhängigen Vertragspartnern vor Ort, weit entfernten Vertretern von Outsourcing-Unternehmen, freien Beratern, die vom Homeoffice aus arbeiten, et cetera – in allen nur vorstellbaren Beziehungsformen. Stellen Sie sich dazu nun eine weltweite Liefer- und Vertriebskette vor und Sie erhalten ein organisches Geflecht menschlicher Beziehungen, das nicht so leicht zu kontrollieren ist.

Anstelle des sauber geordneten Unternehmens-Stadtstaates gleicht die Population in den Unternehmen nun eher einem mittelamerikanischen Regenwald. Hoher, alter Baumbestand prägt die Grobstruktur, während Schlingpflanzen und Lianen sich kreuz und quer schlängeln und einen Baum mit dem nächsten verbinden, mit einem Strauch oder dem Boden. Überall wachsen Flechten und Moos in kleinen Polstern, die sich oft überlagern. Dickicht, Pilze, junge Triebe und Parasiten wuchern allenthalben. Blumen sprießen oft an unvermuteten Stellen, und zahllose Vogel-, Käfer- und andere Tierarten finden einen Lebensraum in seinen dunklen, fruchtbaren Nischen. Der Wald hat die steinerne Unternehmensfestung überwuchert und hinterlässt an ihrer Stelle ein organisches Ökosystem voller Entwicklungsmöglichkeiten. Seine Mitarbeiter tragen nicht nur keinen einheitlichen blauen Anzug mehr, sondern einige, die von zu Hause aus arbeiten, sogar einen Pyjama. Die traditionelle Kategorisierung von Menschen greift nicht mehr, ebenso wenig wie die traditionellen Kommunikationswege für Unternehmensziele und -werte. Nur noch wenige erhalten starre Marschbefehle; die meisten von uns müssen täglich selbst ihre Richtung finden. Die Gesamtheit der Arbeitskräfte hat sich zu einem *Ökosystem* aus sich gegenseitig verstärkenden unabhängigen Akteuren entwickelt. Ein solches Ökosystem muss *interagieren*, um zu überleben. Um in einem Business-Ökosystem wachsen und gedeihen zu können, müssen Sie wie nie zuvor fähig sein, mit denen, die darin leben, auf die eine oder andere Weise in Kontakt zu treten.

Um nun wieder zu unserer Metapher »Unternehmen als Stadion« zurückzukehren: eine La-Ola-Welle muss jeden im Stadion mit einbeziehen. Vollzeit-Angestellte verhalten sich wie Saisonkarten-Besitzer: sie investieren viel in den Erfolg der Mannschaft, und dieses Interesse allein könnte schon ausreichende Motivation für sie sein, sich an Ihrer Welle zu beteiligen. Andere – wie Berater oder Vertragspartner vor Ort – sind vielleicht auf das Honorar von Ihnen angewiesen, und diese könnten daher ebenfalls aufstehen, wenn Sie es verlangen. Es gibt aber noch viele Menschen fünf Reihen weiter hinten, die nicht von Ihnen abhängig sind und nicht aufstehen werden. Sie hängen von anderen ab. Manche kamen nur zu diesem einen Spiel. Sie haben vielleicht weniger oder sogar entgegenstehende Interessen. Manche davon könnten unter Umständen sogar das Team der Gäste unterstützen. Sie alle können Ihre Welle aufhalten. Wenn alle, die keine Saisonkarte besitzen, sich also weigern, für Ihre Welle aufzustehen, wäre es möglich, dass Sie am Ende allein dastehen und die Arme hochreißen.

Schon immer bestanden Organisationen aus komplizierten Beziehungsgeflechten gegenseitiger Interessen. Die Bande, die uns an die verschiedenen Aktionäre, Interessengruppen und Partner binden, sind heute einerseits schwächer, andererseits stärker. Die Bande sind schwächer, weil die verschiedenen Formen von Beziehung und Kontakt mit Lieferanten, Freiberuflern, Teilzeitkräften, Outsourcern, freien Agenten und Kooperationspartnern nicht mehr ausschließliche Kooperation bedeuten. Andererseits sind die Bande aber auch stärker, weil wir jetzt eben auf diese angewiesen sind, um wichtige Ziele zu erreichen. Trotz der neuen, komplizierten und sich schnell wandelnden Beziehungen müssen wir mit den uns zugehörigen Gruppen in Kontakt treten, um uns in einem gemeinsamen Ziel zu vereinen und eine Welle zu bilden, die stark genug ist, die vielen widersprüchlichen Interessen im Spiel zusammenzubringen.

Distanz vereint uns

Die Business-Welt im Informationszeitalter ist kompliziert, und zwar nicht nur wegen der Myriaden von neuen Beziehungsformen, auf denen sie beruht, sondern auch wegen der zunehmenden räumlichen Distanz derer, mit denen wir diese bilden. Der Philosoph David Hume sagte einmal, dass die moralische Vorstellungskraft mit zunehmender Distanz abnimmt.[1] Damit meinte er, dass man sich jemandem am anderen Ende der Welt nicht auf die gleiche Weise verbunden und verpflichtet fühlt wie jemandem am anderen Ende des Zimmers, der Stadt, oder sogar des Landes. Tatsache ist, unser Überlebenssystem ist *darauf angewiesen*, sich von weit entfernten Dingen nicht betroffen zu fühlen. Ärzte etwa fahren nicht willkürlich von Land zu Land, um Menschen zu behandeln. Sie sagen »meine Verantwortung beschränkt sich auf dieses Krankenhaus. Dort drüben ist ein anderer Arzt verantwortlich.« Ein Mensch im Senegal lebt so weit von den meisten von uns entfernt, dass der Gedanke an ihn abstrakt wird, und einer Abstraktion gegenüber brauchen wir uns nicht verantwortlich zu fühlen. Dies ist genau die Logik, wenn man es so nennen kann, hinter Joseph Stalins schrecklicher Aussage »ein einzelner Tod ist eine Tragödie; eine Million Tote ist eine Statistik.«

Jahrhundertelang bestimmte die räumliche Nähe die meisten unserer sozialen Aufgaben, und wir bewegten uns in einem relativ homogenen Umfeld. Täglich gingen wir mit Menschen um, mit denen wir die gleiche Kultur teilten und verstanden deshalb leicht die Verhaltensweisen und Signale, die zwischen uns auftraten. Die globale Vernetzung stellt dieses System auf den Kopf. Nun sitzen wir mit allen Aspekten unseres Lebens in einer Welt ohne Grenzen und ohne den vereinheitlichenden Druck eines räumlichen Umfeldes. Die Glasfaser-Stränge, in denen wir uns verheddert haben, durchstechen die schützende Membran des lokalen Umfeldes wie Nadeln, die Seifenblasen platzen lassen. Sie fordern uns auf ganzer Linie mit neuen Beziehungsformen heraus. Ob beim Kauf von einem eBay-Verkäufer, beim Online-Dating oder bei Video-Konferenzen mit Team-Mitgliedern am anderen Ende der Welt, bei all diesen Gelegenheiten interagieren Sie mit Menschen, mit denen Sie nie zuvor das Brot gebrochen haben, die nicht unbedingt Ihre Sprache sprechen und die nicht unbedingt Ihre Verhaltensmuster kennen, und umgekehrt. Und der Bursche im Senegal? Ihre Firma hat gerade den Internet-Startup gekauft, für den er arbeitet, und hat ihn Ihrer Abteilung zugeordnet. Sie werden ihn und sein Team nun aus der Ferne leiten.

Bevor jede Information nur aus Nullen und Einsen bestand, bewegte sich unser Leben in langsameren Schritten. Wir hatten mehr Zeit, einander kennen zu lernen und genossen den Luxus des persönlichen Kontakts bei fast allen unseren Handlungen. Heute stellen multinationale Unternehmen gemeinhin Teams aus Mitarbeitern verschiedener Abteilungen, verschiedener Nationalitäten und verschiedener Kulturen zusammen. Globale Lieferketten und internationaler Kundenbestand nehmen exponentiell zu und mutieren schneller als ein Grippevirus. Fusionen und Übernahmen fachen Wachstum und Wertschöpfung an, ohne Rücksicht darauf, wie die darin verwickelten Menschen täglich miteinander umgehen werden. Unsere geschäftlichen Beziehungen bauen wir oft als kollagenartiges Konstrukt aus schnellen Hotel-Meetings, Video-Konferenzen, Telefongesprächen, E-Mails und Faxen auf. Als ich gerade dieses Kapitel bearbeitete, schickte mir eine meiner Mitarbeiterinnen, die am anderen Ende der Stadt arbeitete, eine Instant Message, dass sie eine bestimmte Datei brauche. Ich konnte sie ihr mit Drag-and-Drop schneller zusenden, als wenn sie im gleichen Gebäude arbeiten würde. Solche Abläufe sind für uns heute selbstverständlich.

Wir werden schneller miteinander in Verbindung gebracht, als wir einen Bezugsrahmen entwickeln können, um uns überhaupt zu verstehen und miteinander zurechtzukommen. Keine Distanz trennt uns mehr; neue Möglichkeiten der Kommunikation machen Distanz irrelevant, indem sie uns ohne Zeitverzögerung verbinden. In dieser Welt der maximalen Annäherung sprießen die Gelegenheiten für Missverständnisse. Wie schreibt man eine E-Mail an jemanden, wenn man aus der E-Mail-Adresse nicht erkennen kann, ob es sich um einen Mann oder eine Frau handelt, aus welchem Land jemand stammt, welche Erziehung jemand genossen hat oder ob jemand Kühe für heilig hält oder für sein Mittagessen? Wenn in den USA zwei Manager verschiedenen Dienstalters in Konflikt geraten, werden sie höchstwahrscheinlich direkt aufeinander zugehen und offen miteinander sprechen, um die Angelegenheit zu lösen. In Indonesien dagegen macht ein direktes Angehen alles nur noch schlimmer. In Jakarta kommt das Konzept des *asal bapak senang* zum Tragen, was soviel heißt wie »den Boss bei Laune halten«.[2] Indonesische Untergebene fühlen sich normalerweise dafür verantwortlich, Probleme zu lösen, ohne ihre Vorgesetzten zu behelligen, auch wenn das bedeutet, über eine Situation zu lügen, anstatt sie direkt anzugehen.

Dr. Fons Trompenaars und Charles Hampden-Turner, die Autoren des Buches *Building Cross-Cultural Competence*, führten eine weltweite Studie über kulturelle Verhaltensweisen durch, die beunruhigende Unterschiede zwischen Ländern enthüllte, die heute normalerweise in globalen Unternehmen verbunden sind. Sie gaben Arbeitskräften in dutzenden Ländern folgende Problemstellung, um das kulturelle Verständnis von Loyalität und Verpflichtung zu ergründen:

> Stellen Sie sich vor, Sie fahren in einem Auto mit, ein guter Freund von Ihnen ist der Fahrer. Er fährt einen Fußgänger an. Sie wissen, dass er mit mindestens 60 Stundenkilometern fuhr, in einem Stadtgebiet, in dem die zulässige Höchstgeschwindigkeit 30 Stundenkilometer beträgt. Es gibt außer Ihnen keine Zeugen. Sein Anwalt sagt, wenn Sie unter Eid bezeugen, dass Ihr Freund nur 30 Stundenkilometer fuhr, ersparen Sie ihm ernste Konsequenzen.
>
> Welches Recht hat Ihr Freund, von Ihnen zu erwarten, dass Sie ihn schützen? Was würden Sie tun, angesichts der Verpflichtung eines unter Eid stehenden Zeugen und der Verpflichtung Ihrem Freund gegenüber?[3]

Bevor Sie die Ergebnisse lesen, überlegen Sie einen Moment, wie Sie selbst reagieren würden.

In Ländern mit einer starken protestantischen Tradition und stabiler Demokratie wie den Vereinigten Staaten, der Schweiz, Schweden und Australien fanden fast 80 Prozent, der Freund habe »kein« oder »wenig« Recht, Hilfe zu erwarten, und würden vor Gericht die Wahrheit aussagen. In Südkorea und den Ländern des ehemaligen Jugoslawien dachten weniger als 20 Prozent so. 80 Prozent fanden hier, dem Freund zu helfen, sei das Richtige. »Als wir diese Frage in Japan stellten«, erzählte mir Hampden-Turner bei einer Unterhaltung, »sagten die Japaner, dies sei ein schwieriges Problem, und wollten den Raum verlassen. Ich fand, das war eine eigenartige Weise, die Frage zu beantworten, ließ sie aber den Raum verlassen, um sich zu besprechen. Sie kamen nach 25 Minuten zurück und sagten, die korrekte Antwort sei, seinem Freund zu versichern: ›Ich werde zu dir halten. Ich werde jede Version des Geschehens erzählen, die du von mir verlangst. Doch ich bitte dich, im Namen unserer Freundschaft den Mut zu finden, der uns erlaubt, die Wahrheit zu sagen.‹ Ich fand, dies war eine wunderbare Lösung. Sie wollten universalistisch sein – sie wollten die absolute Wahrheit sagen, eine Charakteristik der westlichen Welt –, aber ihre Kultur ist partikularistisch und hält den Wert von Freundschaft und Loyalität zu einem einzelnen Freund hoch. Sie verbanden beides miteinander, doch gingen sie von der entgegengesetzten Richtung heran wie ein weißer angelsächsischer Protestant.«[4]

Damit einher geht die Tendenz jeder Kultur, diese Unterschiede noch zu verkomplizieren, indem sie die Werte der Anderen negativ sieht. Ein Schweizer neigt vielleicht dazu, einem Südkoreaner zu misstrauen, weil Koreaner aus der Sicht des Schweizers Autoritäten nicht respektieren. Und dieser Koreaner könnte im Gegenzug den Schweizer gering schätzen, weil er glaubt, dass für Schweizer Freundschaft und Loyalität keinen Wert darstellen. Was sagt das über Ihre zukünftige Fähigkeit aus, mit der breitgefächerten Vielfalt der Menschen in Ihrer weltweiten Lieferkette oder auf einer E-Mail-Verteilerliste zu kommunizieren? Wie steht es mit einem Unternehmen, das versucht, in seiner weltweiten Organisation einen einheitlichen Verhaltenskodex zu verbreiten und zu pflegen? Wie bringen Sie Menschen dazu, die La-Ola-Welle zu machen, wenn sie Ihren Wertvorstellungen von Grund auf entweder misstrauen oder sie nicht verstehen?

Als die Software-Firma Lotus ihre gut eingeführten Datenbankmanagement-Produkte – Notes und Domino – weiter verbreiten wollte, um eine weltweite Nutzung zu erreichen, stieß man auf genau diese Fragen. Um den »globalen virtuellen Wasserspender« passend für eine erfolgreiche Integration in der Japanischen Unternehmenswelt zu machen, entwarf man eine Nutzer-Software, die Raum schuf für die ausgedehnten Höflichkeiten, die die japanische Kultur vor jedem geschäftlichen Umgang verlangt. Die Aufgabe, solche Gräben zu überwinden, kann einen in den Wahnsinn treiben. Stellen Sie sich vor, wie viele verschiedene Optionen man zur Überwindung der Gräben zwischen allen möglichen kulturellen Paarungen bräuchte, und dann halten Sie sich vor Augen, dass ein einziges Projekt-Meeting Vertreter aus vier oder fünf verschiedenen Kulturen umfasst.

Können Sie mich hören?

Business gleicht einem Ökosystem, Distanzen wurden aufgehoben, die Bindungen zwischen uns sind lockerer denn je, und es gibt eine neue Definition des *Wir*, dessen Mitglieder fast täglich wechseln; und all dies ist möglich, weil elektronische Kommunikation die Synapsen zwischen uns füllt. Elektronische Kommunikation bedeutet daher zugleich Segen und Fluch: Sie macht die neuen, mächtigen Netzwerke möglich, mit denen wir zusammenarbeiten können, doch sie tut das in einer fremden und gebrochenen Sprache.

Was Menschen von anderen Wesen unterscheidet, ist ihre einzigartig komplexe Fähigkeit, Symbole zu schaffen. Durch Symbole verstehen wir die Welt und sie sind das hauptsächliche Mittel, mit dem wir soziale und psychologische Beziehungen aufbauen. Menschliche Interaktion setzt sich zusammen aus einer Symphonie von symbolischen Gesten, von denen die Sprache nur ein kleiner Teil ist. Ausdruck, Intonation, Mimik, Lautstärke und Körpersprache spielen eine wichtige Rolle in unserer Fähigkeit, miteinander umzugehen und die Intention hinter den Worten zu verstehen. Vor der analogen Kommunikation (Telegraph und Telefon) fand der größte Teil unserer Kommunikation von Angesicht zu Angesicht statt. Wir konnten im Allgemeinen jemandem in die Augen sehen und interpretieren, was er oder sie sagte. In den vergangenen 75 Jahren hat die Technik viele dieser zwischenmenschlichen Verhaltenssignale systematisch aus unseren hauptsächlichen Interaktionswegen beseitigt. Zunächst wurde die Kontaktaufnahme durch den Telegraphen, dann durch das Telefon erleichtert – aber nur teilweise, denn viele Symbole und soziale Signale fehlten. Das langsame Tempo der Veränderungen im Industriezeitalter gab uns jedoch Zeit, uns an diese neuen Kommunikationsarten anzupassen und die nötige Fähigkeit zu entwickeln, die neuen Symbole zu verstehen. Und doch konnten wir ihnen nie ganz vertrauen. Ein ungeschriebenes Gesetz besagte, dass vieles per Telefon erledigt werden konnte, wenn es sich aber um wirklich wichtige Angelegenheiten handelte, ging nichts über den direkten Blickkontakt und einen persönlichen Händedruck.

Denken Sie einmal einen Moment lang an die Myriaden fantastischer Arten, mit denen man in der Geschäftswelt des 21. Jahrhunderts kommuniziert: E-Mail, Instant Messaging, Mobiltelefone, PDAs,

SMS. Jede davon vermittelt unsere Botschaft ein wenig anders, verzerrt einige Teile, vergrößert oder verkleinert andere. Jede dieser Kommunikationstechniken wirkt wie ein Filter, lässt manche Symbole durch und hält andere dafür zurück. Und nun überlegen Sie einmal, wie schnell diese Neuerungen eingeführt wurden. E-Mail gibt es für die meisten von uns seit etwa zehn Jahren – so eigenartig uns das auch vorkommt. Mitte der 1990er Jahre trugen manche von uns noch Funkmeldeempfänger mit sich herum, und selbst wenn wir ein Mobiltelefon besaßen, war es größer als dieses Buch.

Wenn wir elektronisch kommunizieren, tun wir das weniger dynamisch, wir tauschen uns weniger aus. Elektronische Kommunikation neigt also dazu, ungerichtet und sequenziell zu laufen. Wenn sich die Nachrichten überlappen, wie beim Instant Messaging, gibt die Konversation oft keinen Sinn mehr:

MarkCEO (11.16 Uhr): Hi Cindy.
CindyCEOAssist (11.16 Uhr): Hallo Mark.

MarkCEO (11.16 Uhr): Alles bereit für die Satelliten-Videokonferenz?
CindyCEOAssist (11.16 Uhr): Ich denke, ja.

MarkCEO (11.17 Uhr): Sie denken? Ich hoffe doch. Können Sie mir etwas über die Situation des Kunden sagen?
CindyCEOAssist (11.19 Uhr): Sie glauben nicht, dass ich alles vorbereitet habe?

MarkCEO (11.20 Uhr): Ich habe mit dem Kunden in fünf Minuten einen Termin.
CindyCEOAssist (11.20 Uhr): Sie haben den Vertrag mehrfach gebrochen, behaupten aber, wir hätten es ihnen unmöglich gemacht, den Vertrag einzuhalten.

MarkCEO (11.20 Uhr): Natürlich glaube ich das.
CindyCEOAssist (11.20 Uhr): Also mit »wir« meine ich nicht Sie und ich, sondern Sie und der Vorstand.

CindyCEOAssist (11.20 Uhr): Es geht um die Aufhebung.

MarkCEO (11.20 Uhr): Tut mir leid.

MarkCEO (11.21 Uhr): Also verklagen wir sie wegen Vertragsbruch.

CindyCEOAssist (11.21 Uhr): Alles klar. Ich reserviere schon mal den Konferenzraum.

MarkCEO (11.21 Uhr): Aufhebung?

Automatische Antwort von CindyCEOAssist (11.21 Uhr): Cindy ist online, aber hat momentan ihren Platz verlassen.

MarkCEO (11.21 Uhr): Ich glaube, ich verstehe nicht ganz. Welche Aufhebung?

MarkCEO (11.22 Uhr): Hallo? Sind Sie noch da? Die Videokonferenz ist in drei Minuten!

Obwohl wir jetzt kooperativer sind, ähnlich wie Schachfiguren, ist die elektronische Kommunikation zwischen uns ein Spiel der unvollständigen Information, was eher an Poker erinnert als an Schach. Beim Schach können beide Spieler die gesamte Information über das Spiel betrachten. Beim Poker dagegen kann man nur die aufgedeckten Karten sehen. Das Ziel unserer Kommunikation ist es jedoch meistens, nicht wie im Poker, das Gegenüber zu verwirren, sondern uns ihm gegenüber zu erklären. Wir wollen ja – mehr oder weniger – die Karten auf den Tisch legen. Das ist das Paradoxon des Informationszeitalters: Technologie verbindet uns zwar mehr als je zuvor, doch die Verbindungen sind noch bruchstückhafter und unvollständiger als bisher. Es fehlen viele der nötigen Hinweise, damit wir die Intention der Anderen voll entschlüsseln können.

Den Druck, der von direkter elektronischer Kommunikation ausgeht, könnte man den Antwort-Erwartungs-Faktor nennen. Im Industriezeitalter schrieben wir bedächtig unsere Briefe und wussten, selbst wenn wir von Punkt A einen Eilbrief losschickten, würde er die ihm eigene, postbedingte Zeit brauchen, um zu Punkt B zu gelangen. Der Empfänger hingegen konnte sich entsprechend viel Zeit lassen, um eine Antwort zu formulieren. Das gemäßigte Tempo des Informationsflusses ließ selbst bei eiligen Briefen genug Zeit für eine sorgfältige Betrachtung, bevor man sie abschickte. Nicht so das vielgestaltige technische Zeugs, das wir nun am Gürtel hängen oder auf unserem Schreibtisch stehen haben. Nachrichten erscheinen unverzögert und drängen implizit auf eine ebenso schnelle Antwort. Der Antwort-Erwartungs-Faktor beeinflusst die Qualität unserer

Kommunikation und zwingt uns oft, wenig überlegt zu antworten. In den Medien, die an sich schon nur Teile unserer intendierten Symbole übermitteln können, stiehlt uns das virtuelle Ticken der elektronischen Uhr auch noch die Zeit, die wir für eine sorgfältige oder sinnvolle Ausdrucksweise benötigen.

Das Zeitalter der Transparenz

Wenn die Menschen in der guten alten Zeit (bis etwa 1995) beispielsweise einen Toaster kaufen wollten, wählten sie einen Laden in der Nähe, der für seine gute Auswahl und günstigen Preise bei kleineren Geräten bekannt war, und kauften den, der ihnen für ihre Bedürfnisse am passendsten erschien. Wenn sie besonders emsig und sparsam waren oder ihnen so etwas Spaß machte, riefen sie vielleicht bei zwei oder drei Geschäften an, bevor sie eine Kaufentscheidung trafen, gruben Verbraucher-Test-Zeitschriften aus oder konsultierten ein oder zwei Kataloge, um Preis und Leistung zu vergleichen. Als immer mehr Firmen online gingen, hatten die Menschen plötzlich die Möglichkeit, nicht nur in ihrer Umgebung einzukaufen, sondern fast überall. Große, bekannte Online-Warenhäuser reihten sich in den Verkaufs-Mix ein und boten den Verbrauchern noch mehr Möglichkeiten, wenn sie es wünschten. Als sich jedoch zwischen Juni 2004 und März 2005 der E-Commerce explosionsartig ausbreitete, entwickelten Online-Kunden plötzlich die Neigung, zehn oder mehr Webseiten zu besuchen und dann zum gewohnten Laden zurückzukehren, um dort Stunden oder Tage später den Kauf zu tätigen.[6]

Man sagt, Information sei wie ein Kleinkind: Sie geht überall hin, kommt überall hinein und man kann sie nicht immer kontrollieren.[7] Das hätte man auch David Edmondson sagen sollen, dem ehemaligen CEO des US-amerikanischen Elektronik-Anbieters Radio-Shack. Für Verbraucher ist leicht zugängliche Information über Handelsunternehmen ein Vorteil. Für Leute wie Edmondson, die etwas zu verbergen hatten, bedeutete es den Untergang. Als er 1994 bei RadioShack begann, hatte er für seinen Lebenslauf Studienabschlüsse in Theologie und Psychologie am Pacific Coast Baptist College in Kalifornien angegeben, die er niemals abgelegt hatte. Im

Februar 2006, nach nur acht Monaten in der führenden Position, musste er zurücktreten. Obwohl das College nach Oklahoma gezogen und umbenannt worden war, spürte eine Reporterin des *Fort Worth Star-Telegram* es auf und entdeckte die Diskrepanzen. Edmondson stand vor den Scherben seiner Karriere, die er auf diesen Lügen aufgebaut hatte.[8]

Und damit steht er er natürlich nicht allein. Die Nachrichten sind voll von Beispielen der Mächtigen, die zu Fall kamen. Kenneth Lonchar, ehemaliger Finanzvorstand und stellvertretender Generaldirektor der Firma Veritas Software (das lateinische Wort für Wahrheit), wurde 2002 nachgewiesen, dass er einen MBA-Abschluss der Universität Stanford vorgetäuscht hatte.[9] Der Football-Trainer des Teams der University of Notre Dame George O'Leary trat zurück, als man herausfand, dass er nicht nur damit gelogen hatte, an seiner Alma Mater Footballspieler gewesen zu sein; er hatte auch fälschlicherweise einen Studienabschluss angegeben.[10] Sogar Jeff Taylor, Gründer der Online-Job-Suchmaschine Monster.com, platzierte auf seiner eigenen Webseite einen Lebenslauf, der einen falschen Harvard-Abschluss angab.[11]

Wir leben im Zeitalter der Transparenz. 1994 mag es noch leicht gewesen sein, mit solchem Schwindel durchzukommen, aber mit den massenhaften Aufzeichnungen und Profilen über Personen in Datenbanken, die über das Internet leicht zugänglich sind, kann man ganz leicht praktisch alles über jemanden herausfinden. Die Tatsache, dass der *New Oxford American Dictionary* das Wort *to google* (»googeln«) als Verb führt, macht dies vollkommen klar, ebenso wie die dort angegebene Beschreibung: »Man trifft jemanden, tauscht Telefonnummern aus, verabredet sich und googelt ihn dann auf über 1.346.966.000 Trefferseiten.«[12] Die *Pittsburgh-Post-Gazette* veröffentlichte kürzlich eine Umfrage von Harris Interactive, die belegte, dass 23 Prozent der Befragten regelmäßig die Namen ihrer Geschäftspartner und Kollegen im Internet recherchieren, bevor sie sich mit ihnen treffen.[13] Auf der Webseite DontDateHimGirl.com können Frauen Namen und Fotos von Männern einstellen, die sie schlecht behandelt haben. Wie Webseiten-Gründerin Tasha C. Joseph gegenüber der *New York Times* erklärte, ist das »wie ein Dating-Auskunftsdienst« für Frauen.[14] Jeder, der eine Video-Kamera hat, kann der Welt Ihre peinlichsten Erlebnisse offenbaren, indem er diese bei YouTube einstellt – eine revolutionäre Webseite, die nur einige Jahre nach ihrem Launch dramatische Auswirkungen auf Politik, Unterhaltungsindustrie, Gesetzesvollzug, Musikkultur und das Privatleben zahlloser Menschen hatte. Politische Umfrage-Gesellschaften können Ihr Alter, Einkommen, Ihre Parteizugehörigkeit, die Marke Ihres Autos, Spendengewohnheiten und eine Vielzahl weiterer leicht zugänglicher persönlicher Informationen vergleichen, um mit hoher Wahrscheinlichkeit vorauszusagen, wie Sie wählen werden.[15]

Diese Fakten üben einen tiefen Einfluss auf die Welt der Unternehmen aus. Bevor man durch die neue Transparenz durch die großen Bäume hindurchblicken konnte, konnten Beobachter zwar die äußeren Grenzen eines Waldes ausmachen, kümmerten sich jedoch wenig darum, was dahinter wuchs. Firmen konnten beispielsweise ein Joint-Venture bilden, um sich vor den eventuellen Auswirkungen eines zweifelhaften Unternehmens zu schützen, weil sie glaubten, dass so der Ruf des Mutterunternehmens nicht geschädigt würde, wenn man damit in Schwierigkeiten geriet. In der transparenten Welt hingegen weiß jeder, wem das Joint-Venture gehört, wenn es fehlschlägt. In der Vergangenheit war es ausreichend, seine Führungskräfte in korrektem Verhalten zu schulen, um den Ruf eines Unternehmens zu schützen, denn der einfache Arbeitnehmer hatte wenig Kontakt mit der Außenwelt und brachte nur selten ein Unternehmen in Schwierigkeiten. Heute kann jeder Mitarbeiter in einem Chatroom oder Blog etwas über eine Firma sagen, und am nächsten Tag erscheint das möglicherweise schon im *DrudgeReport* oder auf der Website *The Smoking Gun*. Es gibt sogar ein neues Wort – whistle-blogging –, dafür, wenn Angestellte persönliche Online-Tagebücher einrichten, um in der Firma erlittenes oder beobachtetes Unrecht anzuprangern. Die neue Transparenz erlaubt es niemandem, sich im dunklen Unterholz zu verstecken, ein Joint-Venture hier zu haben und einen Mitarbeiter dort zu engagieren. Beobachter können leicht die Bäume vom Wald unterscheiden.

Eine Informationsgesellschaft bringt auch eine Überwachungsgesellschaft hervor. Die Menschen sind neugieriger und sie suchen mehr nach Informationen. Sie suchen, weil das plötzlich so leicht ist; Informationen zu suchen kostet wenig, ist heute noch weniger aufwändig und bringt alles von den günstigsten Preisen für Waren und Dienstleistungen bis zu den geschmacklosesten Enthüllungen. Überall auf der Welt kleben Menschen an den Bildschirmen und schauen »Reality TV«, weil es echte Einblicke in die Privatsphäre Anderer verspricht (in den USA gibt es einen eigenen Sender dafür und die britische Version von *Celebrity Big Brother* verursachte einen internationalen Skandal[16]). Es hat uns schon immer interessiert, was bei unserem Nachbarn passiert, aber jetzt können wir es wirklich sehen. Es ist, wie wenn man einen Tropfen Wasser unter dem Mikroskop untersucht. Wenn man ihn auf den Objektträger aufbringt, sieht er klar und rein aus. Aber das Objektiv des Mikroskops enthüllt eine verborgene Welt. Mit jeder Vergrößerungseinstellung entdeckt man Organismen und Objekte, die man sich zuvor höchstens vorstellen konnte. Was zunächst klar und unberührt aussah, erscheint plötzlich ungeordnet und komplex. Die Mikroskoptechnik verändert die Sichtweise auf das Wasser, und mit der einmal entfachten Neugier fragt man sich, welche Welten hinter anderen vertrauten Dingen stecken könnten.

Die Menschen suchen heute generell öfter nach Informationen, weil das Suchen deutlich leichter geworden ist und es schlichtweg auch mehr zu finden gibt. Stellen Sie sich die Genugtuung der *Fort Worth Star-Telegram*-Journalistin Heather Landy vor, die David Edmondsons geschönten Lebenslauf bei RadioShack aufdeckte. Sie begann ihre Untersuchung »über Edmondsons Glaubwürdigkeit, nachdem ich erfuhr, dass der Mann aus dem obersten Management, der zwei Kirchengemeinschaften gründete, bevor er sich einer Karriere in der Wirtschaft zuwandte, zum dritten Mal wegen Trunkenheit am Steuer vor Gericht erscheinen musste.«[17] Unternehmensskandale, Promi-Scheidungen, Korruption in der Politik: Jeden Tag berichten die Nachrichten über die Sünden und Verstöße der Ikonen unserer Zeit – unverzüglich via Fernsehen, Radio, Internet, Handy, RSS-Feed und BlackBerry. Ob es an den Medien liegt, weil sie so viel Bandbreite, Sendezeit oder Spalten zu füllen haben, oder ob wir von unserem neu gefundenen Informationszugang gefesselt sind – wenn wir im Informationszeitalter einmal einen Skandal gewittert haben, kriegen wir einfach nicht genug davon.

Die Vergangenheit ist unauslöschlich

Als Paul Chung mit einem Klick auf den »Senden«-Button die E-Mail an seine Freunde verschickte, jagte er damit gleichzeitig seine hoffnungsvolle Karriere im Investment-Banking den Abfluss hinunter. Die Carlyle Group hatte den 24-jährigen Princeton-Absolventen kürzlich eingestellt und ihn in ihre Niederlassung in Seoul, Korea, geschickt. Drei Tage später benutzte er sein geschäftliches E-Mail-Konto, um vor seinen Freunden in New York mit seinem neuen freizügigen Lebensstil zu prahlen. »Ich weiß, in New York war ich schon ein Frauentyp«, schrieb er, »aber jede Nacht, wenn ich hier ausgehe, bekomme ich im Schnitt fünf bis acht Telefonnummern und mindestens drei heiße Mädels wollen mit zu mir nach Hause kommen.« Später protzte er damit, ein Zimmer in der Wohnung, die ihm sein Arbeitgeber zur Verfügung stellte, als »Harem« zu benutzen, und ein weiteres für sexuelle Aktivitäten. Befremdete Empfänger leiteten die Mails an tausende von Empfängern an der Wall Street weiter, bis sie schließlich im Posteingang seines Chefs landeten. Chung verlor seinen Job – und seinen Ruf gleich mit.[18] Das geschah 2001. Fünf Jahre danach sprachen die Leute noch immer davon. Ich googelte »Paul Chung Carlyle«, so wie es zweifellos seine zukünftigen Arbeitgeber und Kollegen tun werden, und fand die Geschichte fünf Mal auf der ersten Seite. Sie wird ihn für den Rest seines Lebens verfolgen.

Das Gehirn bildet und speichert Erinnerungen, indem es neuronale Netzwerke aufbaut. Jedes dieser Netzwerke bildet Millionen Einzeleindrücke ab, die eine Erinnerung ausmachen, und speichert sie. Das Internet funktioniert auf genau die gleiche Weise. Seine riesige, vernetzte Datenbank garantiert eine Lebensdauer von Erinnerungen, die unsere eigene weit überschreiten wird. Sogar Webseiten, die zurückgezogen oder gelöscht werden, existieren für immer weiter auf einer Seite mit dem Namen *Wayback Machine*, die seit 1996 55 Milliarden Webseiten archiviert hat. Die Dauerhaftigkeit der elektronischen Erinnerung macht zweite Chancen rarer. Vor der Revolution der Information konnte ein Quacksalber einfach in eine andere Stadt ziehen und sein Schild aufhängen, ohne Auswirkungen befürchten zu müssen. Heute pflegen die einzelnen Staaten jederzeit zugängliche Datenbanken, die Auskunft geben über jede Klage und Untersuchung gegen ihn. Dasselbe gilt für Unternehmen, Warenhäuser und eBay-Verkäufer. Im Informationszeitalter hat das Leben weder Kapitel noch Geheimfächer. Sie können nichts hinter sich lassen und nirgends Ihre Leichen verstecken. Ihre Vergangenheit ist Ihre Gegenwart, und sie holt sie ein, wie ein Lastwagen, der im Rückwärtsgang das überrollt, was er zurückgelassen hat.

Doch nicht nur Inflagranti-E-Mails wie die von Chung bringen Menschen im Informationszeitalter in Schwierigkeiten. Mit der Demokratisierung von Information kann nun jeder veröffentlichen, was er will, wann er will und egal, ob wahr oder falsch. Der Prüfungsstandard von Informationen ist gesunken. In der Zeit der Massenmedien der 1980er und 1990er Jahre fungierten die großen Medienkonzerne noch als Wächter und Hüter der öffentlichen Information. Die Berufsgruppe der Journalisten und Redakteure prüfte die meisten Behauptungen und Anklagen auf ihren Wahrheitsgehalt, bevor sie sie veröffentlichten. Dabei hatten sie ihren Standard unabhängiger Bestätigungen und Beweise einzuhalten, andernfalls mussten sie einen hohen Preis zahlen. Die Möglichkeiten der IT nehmen diese Verantwortung den versierten Profis ab und legen sie in die Hände von jedem, der eine Tastatur vor sich hat. Jeder verärgerte Arbeitnehmer kann zurückschlagen. Ein verlogener Ankläger kann eine falsche Anklage sofort in Umlauf bringen. Ein prophetischer Spruch aus der Zeit vor der elektronischen Kommunikation, der Mark Twain zugeordnet wird, besagt: »Eine Lüge kann um die halbe Welt gehen, während die Wahrheit sich noch die Schuhe anzieht.«[20] Heute kann sie mehrfach um die ganze Welt gehen, bevor die Wahrheit auch nur »Schuh« denken kann. Ein Ansehen, das zuvor einwandfrei in Stein gemeißelt zu sein schien, kann nun leicht durch jeden besudelt werden, der Zugang zu einer Tastatur hat. Ungeprüfte Anklagen gehen ebenso in Umlauf wie nachweisbare Wahrheiten, und man muss sich mit hohem Aufwand dagegen verteidigen. Kommunikationstechnik verleiht fast jedem die Möglichkeit, schnell und billig das Ansehen mehrerer Betroffener zu vergleichen und sie miteinander abzuwägen, bevor man etwas entscheidet. In dem Maße, wie das Ansehen angreifbar wird, steigt sein Wert. Und je offener das Ansehen zugänglich wird, desto mehr steigt mit seinem Wert auch seine Angreifbarkeit.

Der Geist aus der Lampe

Der freie Informationsfluss hat unsere Beziehungen unwiderruflich verändert – zum Positiven wie zum Negativen. Nach einer neueren Studie finden beispielsweise 40 Prozent der 11 Millionen Nutzer von Instant Messaging am Arbeitsplatz, dass dieses die Teamarbeit fördert, aber 32 Prozent meinen, es fördert Klatsch und Tratsch. 29 Prozent erklären, es lenke sie ab und 11 Prozent äußern, es bringe mehr Stress in ihr Leben.[21] Fraglos hat die Kommunikationstechnologie Jahrhunderte alte Traditionen zunichte gemacht und so die Effizienz vieler Gewohnheiten geschwächt, die uns stark machten. Sie hat die Strukturen verändert, wie Unternehmen vorgehen und wie Menschen in Unternehmen interagieren.

Und wir können nicht mehr zurück.

Wir werden niemals mehr *weniger* vernetzt sein. Niemals mehr *weniger* transparent. Der Geist der Information hat sich aus seiner Lampe befreit und berücksichtigt keine Wünsche. Er will nicht mehr in seinem trüben, dunklen Gefängnis aus Kupfer wohnen und hat sich ein neues Haus gebaut: mit transparenten und durchlässigen Wänden, umrahmt von den neuen Realitäten, die wir in den letzten zwei Kapiteln besprochen haben: die Zerstörung der Festung, das Abflachen der Welt, der Aufstieg des Business als Ökosystem, die bruchstückhafte virtuelle Sprache, unkontrollierbare Transparenz, die zerstörerische Kraft der Anklage und die Bedeutung des Ansehens. Bei all den Veränderungen unserer Art zu leben, Kontakte zu knüpfen und unser berufliches und privates Leben zu führen, stellen sich folgende Fragen: Wie können wir uns jetzt entfalten? Wie können wir diese Herausforderungen in Stärken wandeln? Wir werden diese Fragen in den folgenden Kapiteln beantworten. Aber zunächst gibt es noch einige wichtige Themen zu betrachten: Veränderungen in dem, was die Gesellschaft wertschätzt, worin sie vertraut und worauf sie sich verlässt, um Stabilität zu gewinnen in Zeiten der Unsicherheit.

Kapitel 3
Die Reise zur richtigen inneren Haltung

Es kommt nicht darauf an,
was Sie tun, sondern wie Sie es tun.

John Wooden, Basketball-Trainer
und Mitglied der Basketball Hall of Fame

Information ist die Königsdisziplin, die Hypervernetzung legt diese Information in die Hände der Massen und die Transparenz enthüllt alles: Das ist unsere neue Realität. Bisher betrachteten wir die externen Kräfte, die auf uns wirken, während wir versuchen, uns an die Veränderungen unserer Zeit anzupassen. Es gibt jedoch noch andere Kräfte, die wirken, bedeutende Veränderungen im Bewusstsein, wie wir uns selbst als Individuen empfinden, im Unternehmen oder in jeder Gruppe, deren Teil wir sind. Die neuen Bedürfnisse und Wahrnehmungen, die von diesem Wandel ausgehen, üben ebenfalls einen mächtigen Einfluss auf unseren zukünftigen beruflichen Erfolg aus. Um die rasanten Veränderungen in der Business-Landschaft in vollem Ausmaß zu berücksichtigen, müssen wir auch offen sein für das neue Spielfeld des Erfolgs, das diese starken Kräfte geschaffen haben.

Just do it

Am Ende des 20. Jahrhunderts ließen die neuen Bedingungen wenig Zweifel: wir waren einen Mausklick davon entfernt, dass alles über uns – Gutes, Schlechtes und Neutrales – offenbart würde. Von unseren Hobbys über unsere Bankverbindung und PINs bis hin zu unseren Gewohnheiten, Geld auszugeben oder unseren Schulden – eine Menge Dinge, über die wir nicht einmal mit Freunden gerne sprechen, werden der Öffentlichkeit preisgegeben, ohne dass wir das verhindern könnten. In steigendem Maße leben wir exponiert und fühlen uns zunehmend unwohl dabei, wobei viele von uns noch nicht die Zeit gehabt haben, diese neue Verwundbarkeit überhaupt wahrzunehmen. Bei all der jetzt verfügbaren Information suchten wir schließlich nach mehr Information, und Information anderer Art. Wir begannen zu fragen, ob die Welt, in der wir lebten, zu den Werten passte, die uns wichtig sind. Damit fing die Veränderung an.

1996 drehte der Drehbuchautor und Regisseur Cameron Crowe einen Film, der hellsichtig die Werte der oberflächlichen 1990er wiedergab, *Jerry Maguire – Spiel des Lebens*. In dem Film spielt Tom Cruise einen amoralischen Sportmanager, der mitten in der Nacht aufwacht und eine Erscheinung über die Korruption seiner Geschäftspraktiken hat. Er schreibt die ganze Nacht an einer Art Manifest über »Die Dinge, die wir denken, aber nicht sagen«. Darin argumentiert er, die Zukunft des geschäftlichen Erfolgs liege darin, weniger Kunden zu haben, und diese persönlicher und menschlicher zu behandeln, wobei er auf die zeitlosen Werte menschlicher Beziehungen verweist. Noch in derselben Nacht verteilt er Kopien davon im gesamten Firmengebäude. Am nächsten Morgen empfängt ihn die versammelte Belegschaft stehend und applaudierend, bewegt von der Leidenschaft seiner Überzeugungen. Während des aufbrausenden Jubels dreht sich einer der Kollegen zum anderen und fragt aus dem Mundwinkel: »Wie lange gibst du ihm?« Der Andere antwortet: »Hm. Eine Woche.« Und wirklich, eine Woche später ist er weg, seine Kunden weggeschnappt und seine Karriere ruiniert.[1]

Jerry Maguire erzählt die Geschichte eines Mannes, der gegen die entmenschlichenden Kräfte seiner Zeit ankämpft. Als der Film herauskam, wurde er einer der einträglichsten Filme aller Zeiten, weil er die Menschen betroffen machte, die immer die billigste und schnellste Lösung finden mussten.[2] Es war damals das Jahrzehnt des »Just do it« (Tu es einfach). Die Welt drehte sich immer schneller und »Just do it«, der Werbeslogan des Sportschuh-Herstellers Nike, ergriff den egozentrischen Zeitgeist des Jahrzehnts. Der Markt boomte und eine riesige neue Schicht von Investoren erlebte jenen Kick des schnellen Geldes, der typisch ist für spekulative Börsenblasen. Viele sprangen auf, so schnell sie konnten, vor lauter Angst, der Zug könnte ihnen davonfahren. Millionen Menschen spekulierten am Markt, und weitere Millionen sahen die Konten ihrer betrieblichen Renten und Rücklagen boomen. Man riskierte etwas und wiegte sich in der Sicherheit, die zunehmender Wohlstand mit sich bringt. Jeder schien bei dem Spiel ein Gewinner zu sein.

Mit den scheinbar grenzenlosen Möglichkeiten der Dotcom-Ära infizierte der Zeitgeist auch die Geschäftswelt. Manager strebten unter dem Druck kurzfristiger Nachfrage des immer drängenderen Kapitalmarktes nach einfachen und schnellen Lösungen, agierten nur für das Hier und Jetzt und vernachlässigten damit oft langfristige Ziele. Die Gewohnheiten und Tendenzen des Industriezeitalters – Effizienz, Schnelligkeit und Zielstrebigkeit – entwickelten sich zu alles verschlingenden Prioritäten. Die Botschaft an die Mitarbeiter war klar: Kriegen Sie es einfach geregelt. Das Wie interessierte Vorgesetzte und Führungskräfte nicht. Solange alles im Rahmen der Legalität bleibt: *just do it*. Oft wussten sie nicht einmal, mit welchen Methoden vorgegangen wurde. Genau wie die Ära des industriellen Kapitalismus bestimmte Grundeinstellungen wie das Horten belohnte und verstärkte, brachten die 1990er andere Qualitäten hervor. In den 1990ern musste man Erfindungsgeist und Cleverness entwickeln, Wege, um Hindernisse in einer Zeit schneller Veränderungen in einer Art Tanz zu umgehen. Die Könner tanzten elegant, alle anderen tanzten nur so schnell wie möglich. Die Unternehmen konzentrierten sich im Allgemeinen darauf, Initiativen und Aufgaben zu managen und waren besessen von Gantt-Diagrammen und der Ereignis-Knoten-Darstellung *Program Evaluation and Review Technique* (PERT). Die Vorgehensweise der Menschen entsprach dem. Das Kennwort des Tages war *Leistung* und überall konzentrierten sich die Personalabteilungen auf das *Leistungsmanagement*. Es wurde plötzlich wichtig, das Telefon immer bis zum dritten Klingeln abzuheben, immer ein Lächeln aufzusetzen und immer alle möglichen vorgeschriebenen Verhaltensweisen an den Tag zu legen, von denen die Vorgesetzten glaubten, sie brächten sie ihren Zielen näher.

Auf diesem Weg haben wir die Kunst des Führens aus den Augen verloren. Dinge und Vorgänge managt man, Menschen dagegen führt man. Und wir merkten das. *Just do it* war einfach nicht mehr genug. Ebenso wie *Jerry Maguire* es uns gezeigt hatte, wurde es den Menschen gegen Ende des Jahrzehnts zunehmend wichtiger, *wie* man etwas tat – wie man Menschen behandelte und wie man seine Ziele erreichte. Der Wind der öffentlichen Meinung drehte, und – was für die Geschäftswelt wichtig war – die veränderte Windrichtung durchdrang alle Lebensbereiche. Bereits 1997 beutelte das »Just-do-it«-Unternehmen Nike eine weltweite öffentliche Kampagne, die die schlechten Arbeitsbedingungen in den Produktionsanlagen der Firma überall in der Welt anprangerte.[3] Informationen über das Verhalten eines Unternehmens waren auf einmal immer leichter zugänglich und mitteilbar. Veränderung kündigte sich an, doch ihr Vorgeschmack ging oft im überstürzten Aktionismus der Zeit unter. Erst zum Jahrhundertwechsel zeigten die natürlichen Kreisläufe von Booms und Pleiten die neue Realität, und die Welt wachte auf.

Die Sicherheitslücke

Wir alle tragen in uns eine Vision von idealer Stabilität und Sicherheit, eine Vorstellung davon, wie es wäre, ein perfekt gesichertes Leben zu führen. Diesen idealen Zustand erreichen wir allerdings nie, weil die Bedingungen unseres Lebens und der Welt um uns herum immer wieder in unterschiedlichem Ausmaß Unsicherheit und Ungleichgewicht schaffen. Dadurch tut sich eine Lücke auf zwischen unserem Idealzustand und der Lebenswirklichkeit. Dies nenne ich die Sicherheitslücke, und ich glaube, dass sie einen tiefgreifenden Einfluss auf unsere Fähigkeit erfolgreich zu sein ausübt. Die Sicherheitslücke verschwindet niemals ganz; sie wird größer oder kleiner, je nachdem, wie sich die Bedingungen ändern. Wenn sie klein ist, beachten wir sie kaum. Wir spüren, dass wir jeden Schlag aushalten würden, der uns treffen könnte. Wenn sie aber größer wird, rücken wir enger zusammen und schützen uns gegen die Bedrohung von außen. Je größer sie wird, desto mehr Hilfe brauchen wir beim Versuch, unsere Lebensbedürfnisse zu befriedigen (denn auch in bewegten Zeiten, wenn wir uns persönlich oder beruflich bedroht fühlen, müssen wir weiterhin unser Leben führen, uns um die Geschäfte kümmern und unsere Ziele verfolgen).

Aus meiner Sicht steht das Leben auf drei Pfeilern: physische Sicherheit, materieller Wohlstand und emotionales Wohlbefinden. Wie drei Beine eines Hockers: wenn alle drei fest am Boden stehen, ist das Leben authentisch und sinnvoll. Der Hocker steht sicher. Wenn dagegen ein Bein beschädigt wird, wird der Hocker wacklig, das Leben wird gefährlich und unberechenbar. Anfang dieses Jahrhunderts, zeitgleich mit der Entstehung des Informationszeitalters und der plötzlichen Vernetzung und Transparenz, die die Technologien den Menschen in der ganzen Welt brachten, erfuhr die westliche Welt eine Reihe von Erschütterungen. Alle unsere Hocker gerieten gleichzeitig ins Wanken.

Erst fiel die Dotcom-Bombe, ließ die Wirtschaftsblase platzen und löste eine ernste Wirtschaftskrise aus, die ein für allemal die Sicherheit von Arbeitsplatz und Wohlstand erschütterte. Obwohl uns klar war, dass Kreisläufe von Expansion und Kontraktion in der Wirtschaft normal sind, wussten wir neuerdings, dass die Firmen, die jetzt geschlossen wurden, niemals wieder den Betrieb aufnehmen würden. Die Realitäten der neuen, globalen Wirtschaft verschoben die Arbeitsplätze in größere Wirtschaftssysteme auf anderen Kontinenten, wo man dieselbe Arbeit für weniger Geld erbrachte. Diese sich entwickelnden Länder erfuhren im Gegenzug schnelles Wachstum und steigenden Reichtum, was oft eine Herausforderung für traditionelle Werte darstellte, die dort Stabilität und Kontinuität garantierten. Die grundlegenden wirtschaftlichen Voraussetzungen eines Großteils der Welt verschoben sich dadurch, und irgendwie spürten wir, dass diesmal, anders als bei vorhergehenden Wirtschaftskreisläufen, das Pendel nicht wieder fast bis zum Ausgangspunkt zurückschwingen würde.

Dann kam, in rascher Abfolge, eine Reihe von Unternehmensskandalen ans Licht und griff die globale Unternehmenswelt an. Und die Vergehen waren so ungeheuerlich, dass schon allein die Nennung der Namen das ganze Szenario wieder lebendig werden lässt: Enron, World-Com, Parmalat, Hollinger International. Unternehmen stiegen ab zu den Organen in der Gesellschaft, denen man am wenigsten vertraute, so das Ergebnis einer Studie von Harris Interactive und dem New York Institute for Reputation.[4] Man beobachtete jetzt aufmerksamer, was in der Geschäftswelt passierte, und die aufkommende Transparenz ermöglichte tiefere Einblicke in diese Vorgänge. In einer weiteren Studie von LRN/Wirthlin Worldwide von 2003 gaben 71 Prozent der befragten Amerikaner an, »keine«, »sehr wenige« oder »nur vereinzelte« Unternehmen handelten ihrer Ansicht nach auf faire und ehrliche Weise, obwohl relativ wenige Schuld auf sich geladen hatten.[5]

Unsere Enttäuschung rührte jedoch nicht nur von den Verfehlungen der Unternehmen und der Wirtschaft her. Langsam fühlten wir die enthüllende Kraft der Transparenz in unserer gesamten Kultur. Jede Facette der Gesellschaft schien auf einmal ungeschützt, Fehltritte für jeden offensichtlich. Skandale in der Katholischen Kirche, Lügengeschichten von College-Football-Trainern, mit Steroiden gedopte Profi-Athleten, Reporter der *New York Times*, die Geschichten erfanden. Plötzlich schienen die Ikonen jeder Gesellschaftsstufe angreifbar. Dies waren die Menschen und Institutionen, zu denen wir aufsahen und die unsere Vorbilder für ein sinnvolles Leben darstellten. Menschen, denen man normalerweise vertrauen kann, hatten uns enttäuscht. Als die Grundlagen ihres Erfolgs offenbar wurden, erkannten wir, dass viele davon auf der gleichen Just-do-it-Mentalität von Zweckmäßigkeit und schnellem Gewinn aufgebaut waren. Die gesellschaftlichen Organe, die uns emotionalen Halt gaben, zerbrachen um uns herum und ließen uns an unseren Überzeugungen zweifeln. Wir wollen nicht akzeptieren, dass langfristiger Erfolg auf Korruption aufgebaut werden kann, doch in einer solchen Welt, wem will man da noch trauen?

Und dann fielen die Türme des World Trade Center, gefolgt von einer Serie von weltweiten Anschlägen auf zivile Bevölkerung in Madrid, London, Bali und an anderen Orten, die, gekoppelt mit destabilisierenden regionalen Kriegen, große Teile der Welt in Unbehagen versetzten. Die Voraussetzungen und Vorgänge, die für die Garantie körperlicher Unversehrtheit nötig sind, rückten plötzlich im Alltag vieler Menschen in den Vordergrund, die sich lange Zeit sicher gefühlt hatten.

Das war bei Weitem nicht das erste Mal, dass eine Verkettung von Ereignissen die drei Hockerbeine zum wackeln brachte. Der Zweite Weltkrieg, die Vietnam-Ära, Watergate und der Konflikt im mittleren Osten mit der Ölkrise in den 1970er Jahren, um nur einige aus dem vergangenen halben Jahrhundert zu nennen, all dies brachte ähnliche Zerstörung und Instabilität. Zeiten des Wirtschaftswachstums, der Not, Korruption und Betrug waren uns keineswegs neu, aber der zutiefst verunsichernde Unterschied lag diesmal in der beunruhigenden Möglichkeit, dies alles in Echtzeit zu sehen. Vieles, was in der Welt passiert, ist nun in unserem Leben gegenwärtig. Diese Flut unverdauter und unstrukturierter Information bombardiert uns jede Minute und lässt uns wenig Zeit, wieder Boden unter den Füßen zu gewinnen. Wenn unser Hocker wackelt, wächst die Sicherheitslücke, und wenn das passiert, greifen wir nach Sicherheit, nach Dingen, die uns stabilisieren können und uns Zuversicht geben. Wir suchen uns etwas, um die Lücke zu stopfen.

Die Grenzen von Regeln

Um voranzuschreiten und den gewünschten Erfolg zu haben, brauchen wir Gewissheit, Sicherheit und Berechenbarkeit, eben einen festen Boden, von dem wir abspringen können. Basketballspieler können höher springen als Beach-Volleyballspieler, weil sie auf festem Holzboden spielen. Es ist viel schwieriger hoch zu springen, wenn der Sand unter den Füßen nachgibt. Die Sicherheitslücke beschreibt nicht nur unsere innere Einstellung gegenüber Sicherheit, sondern auch die gegenüber der Gesellschaft, in der wir leben. In demokratischen Gesellschaften verlässt man sich auf Regeln – in Form von Gesetzen – um die nötige Gewissheit, Sicherheit und Berechenbarkeit zu erhalten. In der Zeit des Festungs-Kapitalismus wurden wir sehr gut im Regelnschreiben, doch mit dem Ende des Jahrhunderts merkten wir, dass die Regeln uns im Stich ließen.

Dafür gibt es gute Gründe. Einerseits macht die Art, wie wir Regeln schreiben, diese für menschliches Verhalten ungeeignet. Natürlich kommen Regeln nicht aus dem Nichts. Gesetzgeber und Organisationen übernehmen sie zwar für gewöhnlich, um unerwünschtes Verhalten zu unterbinden, doch normalerweise als Reaktion auf bestimmte Ereignisse. Man setzt Geschwindigkeitsbeschränkungen, nachdem sich die Unfälle gehäuft haben, verbietet Pit-Bull-Terrier nach zahlreichen Hundebissen oder richtet ein Auslagen-Kontroll-Instrument ein, nachdem jemand versucht hat, eine Kostenerstattung für seinen neuen iPod zu bekommen. Regeln haben Ursachen, aber die meisten Menschen kennen weder den Grund noch den Geist, in dem die Regel erstellt wurde. Sie lesen keine Berichte über die Entstehung von Gesetzen und haben damit ein oberflächliches Verhältnis zu Regeln. Dies führt dazu, dass die Menschen unter den geeigneten Voraussetzungen Wege finden, um diese zu umgehen, also Schlupflöcher zu finden. Steve Adams zum Beispiel, Postangestellter in Alaska, wollte seine Individualität damit zum Ausdruck bringen, dass er bei der Arbeit mit Krawatten erschien, auf denen die Three Stooges, ein Komiker-Trio, und Trickfiguren aus Looney Tunes abgebildet waren. Das gefiel seinen Vorgesetzten nicht, und sie stritten monatelang mit ihm, bis sie ihn schließlich anwiesen, die Vorschriften für zulässige Krawatten zu befolgen. Also tat er das. Dann arbeitete er die Vorschriften sorgfältig durch und stellte fest, dass sie keine Regulierungen über Hosenträger enthielten. Heute trägt er stolz Hosenträger mit »Taz«, dem Tasmanischen Zeichentrick-Teufel, darauf.[6] Das Beispiel zeigt: Regeln schlagen fehl, weil man keine Regel formulieren kann, die jede mögliche Form im riesigen Spektrum menschlichen Verhaltens abdeckt. Es wird immer Grauzonen geben, und genau deshalb werden Menschen unter den entsprechenden Voraussetzungen, Gelegenheiten oder Druck von außen immer versuchen, sie zu umgehen. Wenn das geschieht, ist unsere übliche Reaktion, noch mehr Regeln aufzustellen. So werden die Regeln selbst zum Problem.

Regeln sind Reaktionen auf Verwundbarkeit und Schwächen. Unternehmen haben keine Regeln, die Angestellte darauf hinweisen zu atmen. Im Hinblick auf das Atmen ist ein Unternehmen nicht verwundbar, Menschen tun es einfach. Dagegen haben Unternehmen durchaus Regeln, die den Arbeitsbeginn festlegen, denn ohne diese Regeln würden die Mitarbeiter zur Arbeit kommen, wann sie wollen, und das würde es erschweren, etwas zustande zu bringen. Regeln schaffen eine gute Basis, das heißt, ein Minimum an Verhaltensstandards, und verhindern, dass Schlimmes passiert – sofern sie befolgt werden. Doch Regeln werden umgangen. Also schreiben wir Regeln, um weitere Umgehung zu verhindern. Weil Regeln aber begrenzt sind, findet man immer einen Weg, sie wieder zu umgehen. Doch wenn man Menschen zu sehr reguliert, empfinden sie dies als Mangel an Vertrauen. Sie verlieren das Gefühl der Verpflichtung gegenüber den Regeln (und denen, die diese aufstellen) und suchen, so wie Steve Adams, nach Wegen ihr Joch zu umgehen. Dies verursacht eine Abwärtsspirale der Regulierung, die dauerhaft das Vertrauen zerstört, das wir brauchen, um eine Gesellschaft aufrecht zu erhalten. Jeder Fehlschlag einer Regel untergräbt unser Vertrauen in deren Wirksamkeit menschliches Verhalten zu steuern. Die Regel, der Leitfaden auch unserer Selbststeuerung, verliert ihre Wirksamkeit und zerstört damit unser Vertrauen in diejenigen, die die Regeln aufstellen, sowie in deren Institutionen.

Es liegt etwas im Wesen von Regeln und Gesetzen, das ihre Wirksamkeit für menschliches Verhalten beschränkt. Wie schreibt man Fairness vor? Mit welcher Sprache könnten wir einen solch mächtigen Wert in ein Gesetz festschreiben? Man kann lange Listen schreiben und Verhaltensweisen aufzählen, die als unfair gelten (und das tut man auch), doch es ist unmöglich, alle aufzuzählen, ohne sich hoffnungslos in Widersprüchen, Ungleichheit und möglichen Schlupflöchern zu verstricken. Wie schreibt man beispielsweise in einem Arbeitsvertrag die Verpflichtung, Kunden zu *erfreuen* nieder? Oder wie das Ziel, Erwartungen zu übertreffen oder sogar Kunden zu überraschen? Es geht nicht. Man kann Mindeststückzahlen, optimale Terminplanung und Basisvergütung festsetzen. Aber man kann mit keiner Sprache jenes überdurchschnittliche Engagement anordnen, das nachhaltige, erfolgreiche Beziehungen aufbaut. Indem sie menschliches Verhalten nach unten absichern, setzen Regeln auch nach oben Grenzen, ohne dass dies gewollt war.

In der Just-do-it-Welt war es uns egal, wie man etwas erreichte, Hauptsache, es passierte innerhalb der bestehenden Regeln. Solange man die Grenzen nicht übertrat, ließen wir es durchgehen. Die Gesellschaft gab sich damit zufrieden, Menschen nach ihrer Fähigkeit, Zahlen zu schreiben, zu beurteilen – mit anderen Worten, danach, *was* sie taten, nicht *wie* sie es taten. Indem die Welt transparenter wurde, erkannten wir allmählich den Unterschied zwischen Hingabe und Pflichterfüllung. Oder, anders gesagt, weil jeder sie sehen konnte, wurde die Art, *wie* etwas getan wurde, genauso wichtig wie das, *was* getan wurde. Es genügte nicht mehr, nur die Regeln zu befolgen, denn man konnte jetzt sehen, welches *Verhältnis* jemand zu den Regeln hatte. In einer hypervernetzten und hypertransparenten Welt kann man nicht mehr die Dinge *einfach tun*; man muss sie *einfach richtig tun*.

Den Wettbewerb durch das eigene Verhalten schlagen

Egal wie sich die Welt verändert oder die Sicherheitslücke wächst oder schrumpft, es gibt gewisse Eigenschaften an uns, die sich nicht ändern: Wir wollen alle einzigartig sein, geschätzt und gelobt werden und etwas erreichen – für uns selbst, für unsere Familie, unsere

Gemeinde oder Gesellschaft. Wir streben immer danach, unsere Ziele und Wünsche zu erfüllen und so hoch wie möglich zu springen. Die Geschäftswelt spiegelt als Ausdruck menschlichen Strebens und Leistungswillens diese Eigenschaften wider. Es geht darum, richtig gut zu sein, etwas zu erreichen und manchmal sogar darum, die Welt zu verändern. Tatsächlich zeigen Gallup-Umfragen, dass Zufriedenheit bei der Arbeit nur mit Anerkennung, Lob und der Möglichkeit, jeden Tag zu tun, was man am besten kann, zusammenhängt, nicht mit dem Gehalt.[7] Und wenn man die 100 besten Arbeitgeber-Unternehmen des Fortune-Magazins betrachtet, zeichnet sich fast jedes davon dadurch aus, dass es sich für die Arbeitnehmer einsetzt.

Mit der Vernetzung der Welt steigen jedoch auch die Anforderungen, um erfolgreich zu sein. Früher brauchte man nur einen Abschluss von einem guten College, und man konnte sich seiner Karriere sicher sein. Heute beschäftigt Starbucks Thekenkräfte mit Universitätsabschluss oder Doktortitel. Man brauchte dringend Ingenieure, aber seit die Universitäten in Indien und China sie in Heerscharen ausspucken, ist ein Abschluss als Diplom-Ingenieur nicht mehr das Ticket zum Erfolg.[8] Für eine Firma bedeutete früher die räumliche Nähe zum Kunden einen Wettbewerbsvorteil, weil man durch diese Waren oder Dienstleistungen billiger anbieten konnte als Wettbewerber, die von weiter her kamen. Heute muss man gegen Wettbewerber in der ganzen Welt antreten. Dadurch wird die Rechnung oft auf den Kopf gestellt. Um in dem von Firmen und Menschen überfüllten globalen Markt Erfolg zu haben, müssen wir einen Weg finden, uns dauerhaft vom Wettbewerb abzuheben. Da der Markt aber immer voller wird, nehmen auch die Bereiche für Differenzierung immer weiter ab. Das stellt neue Anforderungen an die persönlichen Qualitäten, die die neue Welt von uns verlangt, damit wir uns entfalten können.

Führungskräfte in Unternehmen des Kapitalismus im 20. Jahrhundert differenzierten sich durch das, *was* sie taten. Sie waren erfindungsreich. Wer etwas erfinden konnte und es patentieren ließ, hatte gewonnen, während andere, die das nicht konnten, sich mit den Brosamen zufrieden geben mussten. Das nenne ich Innovation im *Produkt*. Der Markt bot große Anreize und Schutz für Innovationen im *Produkt*. Hierhin floss die Beute, dafür arbeitete die Werbung, dem galt der Schutz der Regierung, und die Erfinder waren auf dem Cover des *Forbes-* und *Fortune-Magazins* abgebildet. Sie wurden gefeiert, die Menschen, die das beste *Produkt* machten. Wie Chester F. Carlson, der Ende der 1930er Jahre im Hinterzimmer des New Yorker Schönheitssalons seiner Schwiegermutter in einem improvisierten Labor herumdokterte. Es gelang ihm schließlich, Pilzsporen von einer elektrostatisch geladenen Metallplatte auf ein Stück Wachspapier zu übertragen. Nachdem er sich das Patent für den Prozess gesichert hatte, versuchte er, es den 20 größten Unternehmen im Land zu verkaufen. Niemand wollte es. 1947 bot ein kleiner Hersteller von fotografischen Produkten in Rochester, New York, namens Haloid ein Viertel seiner Jahres-Nettoeinnahmen (101 000 US-Dollar von 6,7 Millionen Bruttoeinnahmen) für die Entwicklung der Idee. 1959 stellte Haloid die erste praktische Anwendung von Carlsons Erfindung vor, und Haloid nannte sie Xerox 914. Zwei Jahre später überstiegen die Bruttoeinnahmen die 60-Millionen-Marke. Nach weiteren vier Jahren war Xerox ein Unternehmen von einer halben Milliarde Dollar.[9]

Ein weiteres Beispiel sind Noah und Joseph McVicker. 1956 erfanden sie einen formbaren Kunststoff, der Tapeten reinigen sollte. Ihre Schwester war Kindergärtnerin. Sie schnappte sich das Material und ersetzte damit die übliche Knete, die für die Kleinen schwieriger zu handhaben war. Daraufhin gründeten sie die Firma »Rainbow Crafts« und stellten das Material als Spielzeug her. Die Firma Hasbro, die Rainbow Crafts aufkaufte, hat bisher über zwei Milliarden Dosen der Play-Doh-Knete verkauft. Der Geruch der Knete wurde zu einem der fünf meist wiedererkannten Gerüche der Welt erklärt, und sie ist eine der erfolgreichsten Spielwaren aller Zeiten.[10]

Innovationen des *Produkts* trieben den Kapitalismus des 20. Jahrhunderts an, doch diese Zeit ist vorbei. Wenn die McVickers heute Play Doh auf den Markt brächten, würde es sofort nach China gebracht, dort innerhalb einer Woche analysiert und kopiert und in der ganzen Welt für einen Bruchteil des Preises angeboten. Ein Xerox-Gerät würde ein ähnliches Schicksal innerhalb von ein paar Monaten erleiden. In unserer heutigen Welt der Massenwaren ist es schwer, ein besseres Produkt zu erfinden. Starbucks setzte einen neuen Trend bei Kaffeegetränken, und schon bietet jedes Schnellrestaurant und jede Frittenbude Caffè Latte. Dell bietet einen preiswerten PC an, und schon zieht Hewlett-Packard nach. Johnson & Johnson erfindet einen neuen, sicheren Verschluss für Tylenol-Flaschen, und fast zeitgleich hat jedes Gefäß für Schmerzmittel denselben Sicherheitsverschluss.[11]

Es ist heute schwerer, Innovationen des *Produkts* zu schaffen. Man braucht viel Geld und Glück um heute ein Pionier zu sein. Und selbst wenn einem das gelingt, verliert man doch die Motivation, wenn Andere die Erfindung innerhalb von sechs Monaten (und nicht sechs Jahren) analysieren und kopieren können. 1999 entwickelten zwei Firmen gleichzeitig, ReplayTV und TiVo, den ersten Digitalen Videorekorder (DVR) für Verbraucher. Diese Erfindung revolutionierte das Fernseh-Erlebnis dermaßen, dass es die Macht besaß, das gesamte Business-Modell der Fernseh-Branche zu unterminieren. Sieben Jahre später ist ReplayTV verschwunden und TiVo kämpft um schwarze Zahlen im mittleren Anteil eines kleinen Marktes. Der DVR ist eine oft kopierte Massenware geworden und wurde von zahllosen Firmen weltweit produziert. TiVo kämpft nun darum, sich weniger über seine Hardware (sein *Produkt*) zu differenzieren, als vielmehr über seine Erfahrung und seine Software (*wie man es benutzt*).[12]

Viele Unternehmen streben gar nicht nach Innovationen im *Produkt*. Das ist einfach zu teuer. Man denkt sich »ich warte lieber, bis ein Anderer es erfindet, und dann kopiere ich es.« Jack Welch, ehemaliger CEO von General Electric (GE), betonte immer gerne, dass in diesem Spiel der Erfinder nicht belohnt wird.[13] Tatsächlich ist es sehr schwierig, die Wege des *Produkts* zu schützen. Überall auf der Welt wird gegen das Copyright verstoßen, und zahlreiche Länder missachten Eigentumsrechte oder ignorieren das Recht am geistigen Eigentum. In vielen Kulturen gibt es nicht einmal ein Wort für »geistiges Eigentum«. Sie können nicht damit umgehen, dass jemand eine Idee besitzen kann. Welch war so überzeugt von der Sinnlosigkeit, das *Produkt* zu schützen, dass er immer wieder viele Details des Geschäftsmodells und der Strategien im Jahresbericht des Unternehmens veröffentlichte – und damit das *Produkt* von General Electric öffentlich machte. Mein Freund Steve Kerr, ehemaliger Leiter der Personalentwicklung (CLO) und stellvertretender Leiter der Führungskräfteentwicklung bei GE, erzählte mir beim Lunch in der Wall Street, in der Nähe des Goldman-Sachs-Gebäudes: »Wir fragten Jack, warum er unser Geheimrezept hergab, indem er unsere Geschäftsmodelle offen legte.«Steve ist auch ehemaliger Leiter der Personalentwicklung bei Goldman Sachs und Koautor des Buches *The GE Work-Out* (McGraw-Hill 2002), einem Führungsansatz, den er als Vorsitzender des berühmten GE-Leadership Development Center in Crotonville, New York, entwickelt hatte. Er galt lange Zeit als führender Denker im Management. Steve erinnerte sich, dass Jack Welch antwortete:»Es liegt kein Geheimnis im *Was*; das Geheimnis liegt im *Wie*. Andere können unser Modell kennen, aber sie können es nicht nachmachen. Sie können nicht unser *Wie* kopieren.«[14]

Welch behielt Recht. Mit Anfang der 1980er Jahre fingen die Unternehmen an, ihr *Prozessmanagement* zu entwickeln. Sie konzentrierten sich intensiv auf das Prozessmanagement, was ich das *Verhalten* des *Produzierens* nenne. Heute leben wir in einer Zeit, in der der Erfolg im Allgemeinen vom *Verhalten* abhängt. Total Quality Management (TQM), Just-in-time-Lagerhaltung, Kaizen, ERP (Enterprise Resource Planning), CRM (Customer Relationship Management), Personalinformationssysteme, Business Process Reengineering, Zero Defects, Supply Chain Management, Customer Service, Safety Management, BPO (Business Process Optmisation), die Kultur des Prozessmanagements dominiert die heutige Business-Praxis mit dem Ziel, die Rentabilität zu verbessern, indem man ineffizientes Vorgehen auf jeder Stufe des Produktentwicklungsprozesses reduziert. Die Geschäftswelt erkennt jetzt, was Welch so klar sah: Unter 100 Menschen ist vielleicht ein Genie, das so klug ist, ein Mittel gegen Krebs zu entwickeln. Die anderen 99 sind erfolgreich mit dem *Prozessmanagement*. Der Weg ist damit für die Rentabilität genauso wichtig wie das Ziel, und der Prozess ist der Weg.

Aber auf dem Weg zum Weg passierte etwas Seltsames: Jeder wurde ziemlich gut darin. Indem die Unternehmen die Grenzen der Prozessoptimierung erreichten, hoben sie das Niveau auf dem Spielfeld an. Fast jede Firma kann heute Qualitätsdefizite bis auf infinitesimales Niveau herunter reduzieren, fast nirgends kommt mehr jemand am Arbeitsplatz ums Leben, wenn es verhindert werden kann, überall werden Telefonhörer beim zweiten Klingeln abgehoben, alle Medikament-Flaschen haben dieselben Sicherheitsverschlüsse, und jeder trinkt Caffe Latte. Wir haben Prozess und Leistung genauso zur Massenware gemacht wie alles andere; möglicherweise so sehr, dass dadurch die Erträge geschmälert werden. (Mary J. Benner, Dozentin an der Wharton

School, argumentiert überzeugend und belegt mit den Ergebnissen ihrer 20-jährigen Studie, dass ein zum Selbstzweck mutiertes Prozessmanagement Innovationen im Keim ersticken kann. Benner argumentiert, es fördere kurzfristiges, ausbeuterisches Denken, das mutige Ideen nicht aufkommen lässt.[15])

Es gibt jedoch ein weiteres Gebiet, auf dem Einzigartigkeit noch möglich ist, ein Gebiet, das wir noch nicht analysiert und kopiert haben, und das tatsächlich nicht kopiert werden kann: Das Reich des menschlichen Verhaltens – *wie* wir tun, *was* wir tun. Überlegen Sie sich das einmal. Ihr eigenes Verhalten können Sie kontrollieren. Wenn Sie mit mehr Menschen in ihrem weltweiten Netzwerk Kontakt aufnehmen und sie begeistern, gewinnen Sie. Wenn Sie mit Ihren Kollegen intensiver zusammenarbeiten, gewinnen Sie. Wenn Sie Versprechen zu 99 Prozent einhalten und Ihr Wettbewerber hält nur acht von zehn Versprechen, bauen Sie bessere Kundenbeziehungen auf und gewinnen. Im Bereich menschlicher Verhaltensweisen gibt es unglaubliche Variationsmöglichkeiten. Und wo es ein breites Variationsspektrum gibt, existieren auch Chancen. Das Tableau menschlichen Verhaltens ist so unterschiedlich, so reichhaltig und so global, dass es eine seltene Chance bietet: Die Chance, die Wettbewerber durch das eigene Verhalten aus dem Feld zu schlagen!

Betrachten wir einmal all das unterschiedliche Verhalten in der Geschäftswelt, das wir in den letzten Jahren gesehen haben. Wer hätte gedacht, dass der Gründer der Job-Suchmaschine Monster seinen eigenen Lebenslauf fälschen würde? Dass die früheren Vorstände von Tyco eine weltbekannte Unternehmensgruppe in ihr persönliches Sparschwein verwandeln würden, das unter anderem Dinge finanzierte wie eine Cherubim-Figur aus Eis, aus deren bestem Teil Wodka sprudelte?[16] Auf der anderen Seite, denken Sie an Angel Zamora, den UPS-Auslieferer, der mir mit seiner Extratour nicht nur ein wichtiges Paket brachte, sondern auch eine beeindruckende Erfahrung. Oder die Piloten von Southwest Airlines: Vor kurzem flog ich nach Phoenix, um einen Kunden aufzusuchen und bemerkte beim Einsteigen in das Flugzeug, dass der Pilot am Gate erschien, um dem Bodenpersonal bei der Ticketkontrolle zu helfen. Als ich nach der Landung das Flugzeug wieder verließ, erschien der Kopilot auf der Rampe und trug einen Buggy für eine Mutter mit Kind, die vor mir ausstieg. Wie ungewöhnlich, dachte ich. Es steht sicher nicht in der Aufgabenbeschreibung des Piloten, beim Boarding der Fluggäste zu helfen. Und ich kann mir den Betriebsrat der Southwest-Piloten auch nicht vorstellen, wie er über eine Klausel verhandelt, die vom Kopiloten verlangt, Buggys zu tragen. Es gibt keine Regel, die aussagt »um hier arbeiten zu können, müssen Sie beim Zusteigen der Fluggäste helfen und Kinderwagen tragen.« Anscheinend gab es etwas, das größer war als eine Aufgabenbeschreibung oder eine Regel, und das diese Mitarbeiter von Southwest antrieb.

Natürlich braucht man noch immer tolle Produkte und großartige Business-Modelle. Man kann nicht erfolgreich sein, wachsen oder die Nummer eins werden ohne ein gutes *Produkt*. Doch dieses *Produkt* war früher ausreichend, um der Beste zu sein. Heute braucht man es, um wenigstens dabei zu bleiben. Um zu wachsen, braucht man noch etwas dazu. »Irgendetwas mal Null ist Null«, sagte Steve Kerr. »Wenn Sie etwas Nutzloses wirklich elegant tun, ist es nicht mehr wert, als wenn Sie etwas Wichtiges auf ineffiziente Weise tun. Der Grund, warum das *Wie* jetzt so wichtig ist, ist, dass es die Unbekannte in der Gleichung ist. Es kann Sie weiterbringen.« Nicht, dass das *Wie* unbedingt wichtiger ist als das *Was*, erklärte mir Steve. Aber wir leben in einer a-mal-b-Welt, und das *Wie* ist das x. Je größer unsere Kontrolle über das *Wie*, desto größer sind die Ergebnisse unserer Bemühungen.[17]

Die heutige Welt mit ihren riesigen Informationsnetzwerken verbindet uns und exponiert uns auf eine Art und Weise, die wir erst langsam zu verstehen beginnen. Doch eines ist uns bei all dem klar geworden: nicht mehr *was* man tut ist von Bedeutung; sondern *wie* man es tut. Nicht jedes Team gewinnt. Nicht jeder Mitarbeiter wird Vorstand. Viele können nicht einmal überleben. Manche bleiben, manche gehen, manche lassen Andere hinter sich. Der Trend, der sich bei den führenden Unternehmen heute abzeichnet, geht nicht so sehr dahin, das bessere Produkt zu liefern, sondern bessere Kundenerfahrungen zu schaffen. Die Möglichkeit einer Differenzierung, indem man sich durch sein Verhalten aus dem Wettbewerb hervorhebt, ist der Grund für die Existenz dieses Buches und meiner Arbeit. Dieses Konzept, konsequent angewendet auf Unternehmens-/Kunden-/Lieferantenbeziehungen und Mitarbeiter-/Chef-/Team-Beziehungen, ist genau, was ich meine, wenn ich von Innovation und Gewinn durch die richtige innere Haltung und das entsprechende Verhalten spreche.

Wie wir voranschreiten

Es war immer wichtig, wie wir uns verhalten, ob in beruflichen Angelegenheiten oder beim persönlichen Streben nach Erfüllung, aber fraglos ist es heute auf andere Art wichtig: 2005 berichtete Merriam-Webster, dass das meist aufgerufene Wort in seinem weltbekannten Online-Lexikon *Integrität* war.[18] Unsere neuen Netzwerke machen enorme Innovationen möglich, doch nur für diejenigen, die es verstehen, Strom durch sie hindurch zu schicken und die wissen, wie man gemeinsam mit Anderen Wellen verursacht. Die Bezugsrahmen verändern sich; die Paradigmen wandeln sich. Business scheint oft, wie das Leben, aus einer Schale voller Splitter zu bestehen; wenn man an einer Stelle etwas bewegt, hat das tiefgreifende Auswirkungen auf dutzende andere. Manchmal bringen umwälzende Kräfte eine neue Ordnung in die Welt, manchmal deckt unsere Fähigkeit, vertraute Dinge auf andere Art zu betrachten, eine neue Weltordnung auf, die nicht weit unter der Oberfläche der bekannten Welt durchschimmert. Wenn die Welt sich verändert hat, muss sich auch die Art und Weise unseres Verhaltens ändern.

Im ersten Teil dieses Buches haben wir das Zusammenwirken der Kräfte erforscht, die die Parameter eines neuen Bezugsrahmens definieren – eine neue Realität für die Geschäftswelt im 21. Jahrhundert. Wir haben den Wandel vom Land zum Kapital zur Information betrachtet und die alten Verhaltensweisen wie Horten, Abgrenzen und Erobern sowie Befehl und Kontrolle, die wir trotz tiefgreifender Veränderungen beibehielten; wir haben den Trend in den Unternehmen zu flachen Hierarchien betrachtet, der uns zunehmend in Kontakt bringt mit denen, die auf ungefähr gleichem Status in Teams in der ganzen Welt arbeiten; die Art, wie wir über Zeit und Kulturen hinweg zusammengewürfelt wurden, schneller, als wir Muster entwickeln konnten, um uns zu verstehen und miteinander produktiv zu arbeiten; und wir haben gesehen, wie die Erbsünde der Informations- und Kommunikationstechnologie auf unsere Zwischenräume wirkt und sie verändert. Wir sprachen von den vielen verschlungenen Wegen der Transparenz, wie sie den Wert des Ansehens aufbläst und wie sie in Kombination mit dem freien Informationsfluss eben dieses Ansehen anfällig macht für falsche und unfaire Beschuldigungen. Wir haben das Ende der Just-do-it-Ära mit ihrer Konzentration auf Ergebnisse und Verhalten nachgezeichnet, und wir erfuhren die Grenzen von Regeln bei der Steuerung menschlichen Verhaltens. Außerdem haben wir den damit einhergehenden tiefgreifenden Wandel betrachtet, der unseren Fokus vom *Produkt* auf das *Verhalten* lenkte.

Das Weltbild, das diese Kräfte und diese Dynamik zeichnen, offenbart einen grundlegenden Wandel, kein schwingendes Pendel, darin wie wir tun, was wir tun, und nie zuvor betrete Gebiete machen menschliches Verhalten zu einem bedeutungsvollen Prozess. Wir können nicht mehr zurück. Ich wiederhole es nochmals: wir werden niemals mehr *weniger* transparent sein, niemals mehr *weniger* Information haben und niemals mehr *weniger* vernetzt sein als heute. Gleichgültig, welche vertikale Spezialisierung wir haben – in Vertrieb, Marketing, Produktion, Finanzen, Verwaltung, Management, Service und so weiter – der Erfolg im 21. Jahrhundert hängt entscheidend von unserer Fähigkeit ab, uns in einem System der Vernetzung zu entfalten, das breiter gestreut, variationsreicher und exponierter ist als je zuvor in der Geschichte der Menschheit. Wir leben nicht in Glashäusern (Häuser haben Wände). Wir leben flach ausgebreitet auf gläsernen Mikroskop-Objektträgern, ungeschützt allen Blicken ausgesetzt.

Erfolg erfordert jetzt neue Fähigkeiten und Verhaltensweisen, eine neue Linse, durch die wir blicken, und ein neues Bewusstsein für Beziehungen. In unserer durchsichtigen Welt herrscht ein Überangebot an Information, und der Informationsfluss fließt zu leicht, als dass irgendjemand ihn kontrollieren und alle anderen überlisten könnte. Man kann das System nicht mehr ohne Weiteres missbrauchen und erwarten, dass niemand dahinter kommt. Wir müssen aufhören, um die Menschen herumzutanzen und einen Tanz beginnen, dem jeder folgen kann. Nachhaltiger und konstanter Erfolg – als Unternehmen oder Einzelperson – hängt direkt proportional von Ihrer Fähigkeit ab, über sich flüchtig zusammenschließende Netzwerke Wellen zu machen, mit anderen in Kontakt zu treten und sie für Ziele zu begeistern, die über Sie selbst hinausweisen, und dies unter den Blicken aller anderen. In den folgenden Kapiteln werden wir ergründen, *wie*.

Teil II
Wie wir denken

Wer hundert Meilen zu gehen hat,
sollte neunzig davon als die Hälfte
der Reise rechnen.

Japanisches Sprichwort

Einführung: Das Paradox der Reise

Als Jura-Student arbeitete ich einmal als wissenschaftlicher Assistent bei einem Seminar von Alan Dershowitz, Stephen J. Gould und Robert Nozick mit dem Titel »Denken über das Denken« für Studienanfänger am Harvard College. Es war ein konzeptorientiertes, interdisziplinär angelegtes Seminar, das Naturwissenschaften, Philosophie und Rechtswissenschaften kombinierte, um den großen Fragen der Zeit zu begegnen: Drogenmissbrauch, Abtreibung, Euthanasie, das Recht auf Waffenbesitz und andere. Am Ende des Semesters stellte ich einen interessanten Trend bei der Bewertung der Studentenleistungen fest, das heißt, etwas Überraschendes darüber, wer ein B und ein B+ erhielt, wer die As bekam, und – am interessantesten – wer ein C erhielt. Ich unterhielt mich darüber mit den anderen lehrenden Kollegen und stieß dabei auf ein interessantes Paradox über unseren Lernprozess und den Weg zu vertieftem Wissen.

Die Studenten in meinem Kurs mit einem B und B+ hatten den Stoff gut im Griff. Sie begannen ihren intellektuellen Weg am Anfang des Semesters und erklommen den Gipfel des Verstehens. Sie lasen alles, was man ihnen aufgab, waren fleißig und bei der Abschlussprüfung in der Lage, alles sehr klar darzulegen. Immer weiter stiegen diese jungen Leute hinauf, wie bei jeder Reise: immer bergauf in Richtung Wissen. Am Ende des Semesters konnten sie ein Grundlagenwissen und -verständnis vorweisen, machten keine groben Fehler mehr, zeigten nur wenige Unklarheiten und wiederholten alles klar und verständlich. Dieses Grundwissen war ein B wert.

Die Studenten mit der Bewertung A hatten sich den Stoff zu Eigen gemacht, ihn für sich in Einklang gebracht und in ihre Lebensanschauung integriert. Sie überdachten alles grundlegend, entwickelten Gegenargumente, die nicht Teil der Lektüre waren, ver-

How Dov Seidman
Copyright © 2013 WILEY-VCH Verlag GmbH & Co. KGaA, Weinheim

innerlichten die Thematik und arbeiteten damit. Was sie gelernt hatten, griffen diese Studenten auf und führten es weiter, drehten und wendeten es und schufen neue, innovative Gedanken dazu: ein Denken jenseits des Klassenzimmers, wenn man so will. Kurz – sie hatten durch das Gehörte und Gelesene eine eigene Dynamik erworben und ergänzten diese durch die Art, wie sie es bei der Arbeit und in der Welt erlebten. Sie waren im Kurs nicht nur Lernende, sondern auf ihre Art auch Lehrende, und ich fand sie inspirierend. Sie verdienten die Bewertung A.

Die Studenten, die ein C bekamen, erregten jedoch in besonderer Weise meine Aufmerksamkeit: Wie man erwarten könnte, waren einige davon einfach faul und taten gerade das Minimum, um durchzukommen. Doch ich war überrascht, als ich merkte, dass viele von ihnen mindestens so fleißig waren wie diejenigen, die ein A bekommen hatten. Sie lasen auch alles und verstanden den Stoff gut. Und, genau wie die A-Studenten, hatten sie brillante Geistesblitze, weil sie oft versuchten, ihr Verständnis auf eine höhere Stufe zu bringen. Aber wenn sie dann ihre Gedanken zu letztlichem Verstehen zusammenführen und zum Ausdruck bringen wollten, blieben sie in einem tiefen Tal der Verwirrung stecken, aus dem sie nicht mehr herausfanden. Sie hatten den Schritt zur nächsten Erkenntnisstufe gemacht, verfehlten sie aber ganz knapp oder rutschten wieder zurück und waren nicht in der Lage, ihre Gedanken klar und schlüssig auszudrücken.

Als ich das in einem Graphen darstellte, sah es so aus wie die folgende Abbildung.

Das Paradoxe daran war, dass die C-Studenten eigentlich weiter waren als die B-Studenten. Sie hatten eine weitere Strecke hinter sich und waren über den ersten Gipfel des Grundverständnisses, den die B-Studenten erreicht hatten, bereits hinaus gekommen. Sie besaßen zwar zugegebenermaßen nicht die Fähigkeiten der A-Studenten, aber sie waren den As näher als den Bs, auf ihrem intellektuellen Weg sogar weiter als die B-Studenten. Die gute, oder auch schlechte, Nachricht für diese C-Studenten war, dass ich ihnen bei Semesterende ein C für ihre Verwirrung geben musste. Doch sie zeigten eine überzeugende Analogie auf dem Weg zur Erkenntnis.

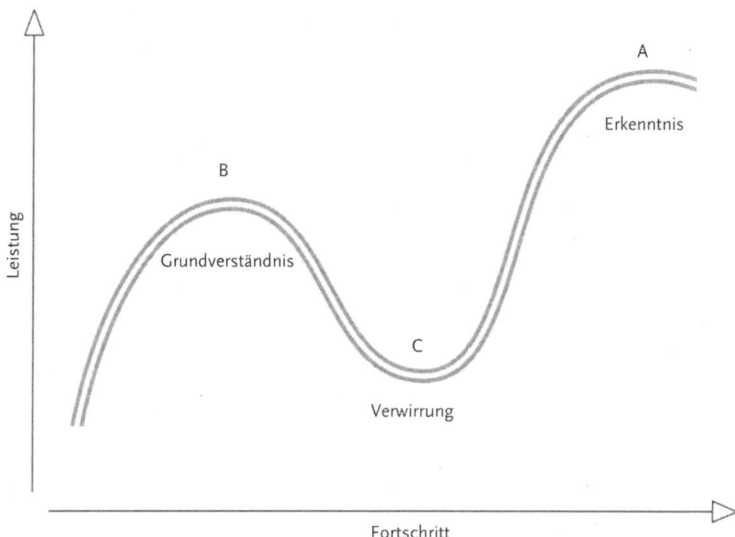

Abbildung: Das Paradox der Erkenntnis-Hügel

Es ist leicht, auf dem Hügel B stehen zu bleiben. Man merkt, dass man bereits ein Stück weit gekommen ist, kann auf die Landschaft unter sich blicken und glaubt, man hätte vielleicht eine kleine Pause verdient. Zudem fühlt man sich hier auch sicher. Auf diesem ersten Hügel erscheint alles klar. Man hat eine gewisse Anstrengung und Leistung gezeigt und trotzdem relativ wenig riskiert.

Doch B ist keine Qualifikation für Gewinner. Wenn Sie bei B stehen bleiben, während andere die Herausforderung annehmen, bis A weiterzugehen, bleiben Sie zurück. B ist statisch, und wie wir alle wissen, liegt der Erfolg im ständigen Fortschreiten. Um etwas wirklich zu verstehen, müssen wir das tiefe Tal C durchqueren. Wer sich nicht hier hindurchkämpft, erreicht nie den zweiten, viel höheren Gipfel. Beispielsweise können Sie in diesem Buch herumblättern (wie das viele mit Management-Büchern machen) und zu dem oberflächlichen Verständnis kommen, dass eine Innovation der inneren Haltung und des Verhaltens eine gute Sache ist, dass wie wir das tun, was wir tun, der Schlüssel ist für langfristigen, konstanten Erfolg, und dass die Gewinner im 21. Jahrhundert den Wettbewerb durch ihr Verhalten hinter sich lassen. Doch damit werden Sie nur ein *Grundverständnis* erreichen. Solche Konzepte tragen nicht weit. Entgegen dem alten Klischee hat Erkenntnis keine

Flügel. Wir können nicht von Gipfel zu Gipfel fliegen. Um ein echtes Verständnis der Welt der *Welle* zu gewinnen, müssen Sie bereit sein, sich mit Komplexität und Unsicherheit und neuen Sichtweisen auseinanderzusetzen.

Man braucht Mut, um weiterzugehen, und noch mehr Mut, um hinabzusteigen in das Tal der Verwirrung und sich mit dem auseinanderzusetzen, was einen dort erwartet. Die meisten von uns haben dies schon einmal erlebt – unbeabsichtigt, als sie versuchten, etwas wirklich zu bewältigen. Wir befanden uns im Tal C und konnten nicht verstehen, warum wir verwirrt waren. Manche kämpften sich weiter vorwärts, manche waren demoralisiert und gaben auf. Während Sie dieses Buch lesen, könnte es Ihnen wieder so gehen. Um vom Hügel B zum Hügel A zu kommen, brauchen Sie mehr als Richtung und Regeln. Sie brauchen Mut, Durchhaltevermögen und emotionale Intelligenz. Sie müssen kämpfen und verwirrt sein, damit sich später, wenn sich alles klärt, tiefgehende Erkenntnis einstellt. Das einzig Schlechte am Tal der Verwirrung wäre, darin stecken zu bleiben. Der Zen-Meister Daisetz T. Suzuki sagte:»Wenn man wirklich Meister einer Kunst sein will, ist die Kenntnis der Technik nicht genug. Man muss über die Technik hinauskommen, sodass die Kunst nichts Künstliches mehr ist, sondern aus dem Unbewussten erwächst.«[1]

Macht in einer Welt der *Welle* bedeutet nicht Macht *über* etwas, sondern Macht *durch* etwas, wie ein Netzwerk, eine Synapse oder ein Kreislauf; eine Macht, die verbindet, nicht eine Macht, die herrscht. Ich möchte Sie zum Hügel A führen, und, wie der chinesische Philosoph Lao-Tse sagte,»auch eine Reise von tausend Meilen muss mit einem einzigen Schritt beginnen.«[2] Veränderung, Fortschritt und Wachstum der Persönlichkeit erfordern eine Reise, und ich benutze dieses Wort bewusst im ganzen Buch. Auf der Reise zu sein bedeutet, sich auf den Prozess zu konzentrieren, nicht auf das Produkt, auf das *Wie*, nicht auf das *Was*, und auf den Weg, nicht das Ziel. Reisen sind natürlicherweise voller Kurven und Umwege. Es gibt Höhen und Tiefen und der Aufstieg erfordert mehr Anstrengung als der Abstieg. Von nun an werde ich auf dieses Zwei-Hügel-Modell zurückgreifen, um die Reise vom Alten zum Neuen zu veranschaulichen, vom Grundverständnis bis zur Beherrschung und vom Wissen zur Erkenntnis. Da die etwas dünne Strichgrafik, die ich zuerst zeichnete, wenig inspirierend aussieht, entwarf ich die folgende Abbildung, um diese Ideen zu illustrieren. Der Sinn hinter dem Ganzen ist natürlich genau der gleiche.

Wir fassen also kurz die ersten drei Kapitel in diesem Buch zusammen und setzen das Wissen und Verhalten, die leicht erreichbar und weithin bekannt sind, auf den Hügel B und die neueren Konzepte, die wir besprochen haben, auf Hügel A.

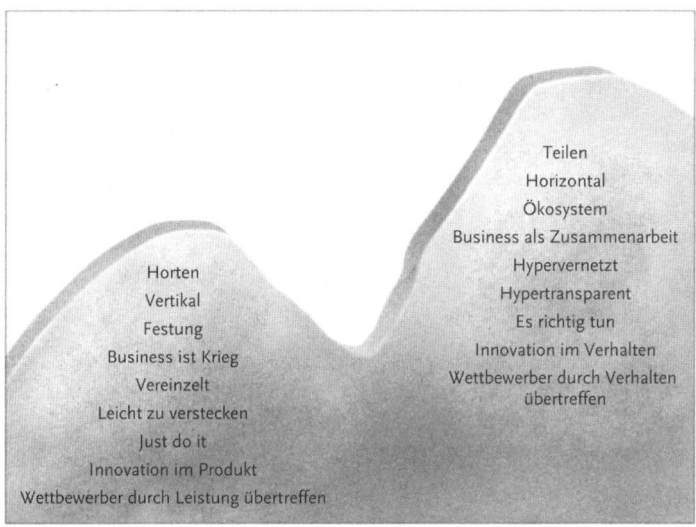

Abbildung: Wie wir waren, wie wir uns verändert haben

Die Wandlungen in Gesellschaft und Geschäftswelt in den letzten zehn Jahren – vom Horten zum Teilen, von der Festung zum Ökosystem, von vereinzelt und leicht zu verstecken hin zu hypervernetzt und hypertransparent – legen noch mehr Gewicht auf die innere Haltung, die menschliches Verhalten auslöst, die Art wie wir die Synapsen zwischen uns und anderen ausfüllen. In diesem zweiten Teil beginnen wir unsere Reise zum Verstehen und Beherrschen dieser inneren Haltung und zu deren Umsetzung in allem, was wir tun. Der erste Schritt führt nach innen, zu den Denkprozessen und dem Verständnis, die unsere Entscheidungen und Handlungen gegenüber anderen formen. Ein wenig Biologie, ein wenig Soziologie, ein wenig Sprachwissenschaft und ein wenig Golf: Dieser Abschnitt heißt »Wie wir denken«, und darin bauen wir uns allmählich eine neue Denkweise auf, um die Welt der *Welle* zu verstehen.

Kapitel 4
Natürliche Stärken nutzen

Wir können Probleme nicht lösen,
indem wir dieselbe Denkweise
benutzen, mit der wir sie
geschaffen haben.

Albert Einstein

In dem Film *Cast Away* [dt. *Verschollen*; Anm. d. Red.] spielt Tom Hanks die Rolle des Chuck Noland, eines FedEx-Mitarbeiters, der vier Jahre lang auf einer einsamen Insel ausgesetzt ist, nachdem das Transportflugzeug, auf dem er sich befand, ins Meer gestürzt ist.[1] Er überlebt mit nichts weiter als seinem Erfindungsreichtum, der Insel alles nur Mögliche abzutrotzen, und dem Inhalt von mehreren FedEx-Paketen, die nach dem Absturz an den Strand gespült werden. Wenn man die Leute fragt, worum es in dem Film geht, werden normalerweise die meisten den heldenhaften Kampf des Menschen ums Überleben angeben, oder – so wie Noland von der Idee getrieben wird, seine Verlobte wiederzusehen – die Macht der Liebe, die dazu antreibt, alle Hindernisse zu überwinden. Es gab in dem Film jedoch zwei Aspekte, die mir noch eine andere Botschaft vermittelten und diese Aspekte fesselten mich so, dass ich den Drehbuchautor, William Broyles Jr., per E-Mail fragte, was sie bedeuteten: Das Erste, was ich nicht verstehen konnte, war die Freundschaft, die Noland zu einem halb aufgeblasenen Fußball entwickelt, den er nach dem Absturz gefunden hat und den er »Wilson« nennt, nach dem Hersteller des Balls. Broyles berichtete mir, dass er zu Recherchen für den Film eine gewisse Zeit allein an einem Strand bei der Sea of Cortez verbracht hatte. In dieser Einsamkeit fand er einen Volleyball, der an den Strand gespült worden war. »Wir sind so sehr soziale Wesen«, schrieb Broyles, »wir brauchen den geistigen Austausch mit anderen Menschen so sehr, dass ich tatsächlich einen Volleyball mit menschlichen Eigenschaften ausstattete, nur weil es so schlimm war, allein zu sein.«[2] Man braucht weder Moral noch Werte, wenn man auf einer Insel gestrandet ist (außer Sie meinen, Verpflichtungen gegenüber Palmen und Bananenstauden zu haben –

eine berechtigte Überlegung, die uns aber hier zu weit führt). Sie haben niemanden außer sich selbst, auf den Sie Rücksicht nehmen müssen; wie Sie also überleben, ist allein Ihre Sache. Indem Broyles diesen Phantasie-Freund schuf, erkannte er an, dass es im Menschen etwas gibt, das in ihm den Wunsch weckt, mehr als nur er selbst zu sein, eine Beziehung zu Anderen über sich selbst hinaus zu haben.

Der zweite Aspekt, der mir auffiel, kam ganz am Schluss des Films, als Noland vier Jahre nach seiner Bruchlandung die Lieferung eines Pakets, das den Absturz überstand, zu Ende bringt und darauf einen Zettel hinterlässt, auf dem steht: »Dieses Paket rettete mein Leben.« »Das war der Kern seines Wesens«, sagte Broyles. »Noland war jemand, der die Welt zusammenbrachte, der dafür sorgte, dass sie funktionierte, der das einfache Versprechen, ein Paket von einem Menschen zum anderen zu liefern, einlöste. Dieser Mann der Verbindung, der so lange Zeit ohne jede Verbindung gewesen war, fand seinen Platz in der Welt wieder, indem er seine Aufgabe erfüllte.« Um diese Prüfung zu überstehen, brauchte Noland einen Sinn. Ihm wurde klar, dass er nicht nur jemand war, der Pakete transportierte. Er war jemand, der Versprechen einlöste. Aus meiner Sicht ist *Cast Away* ein Film über das Einhalten von Versprechen gegenüber Anderen, über unser angeborenes Bedürfnis, miteinander verbunden zu sein und etwas füreinander zu tun, und, was mir ein biologischer Imperativ zu sein scheint, mehr als nur wir selbst zu sein. Ich fragte mich, ob wir dies als Art gelernt haben oder ob es eine Art biologischer Grundlage gibt, die uns dazu bringt. Ist es sozusagen in unserer Hardware angelegt, mit Anderen in Verbindung zu sein?

Wenn wir von den interpersonellen Synapsen zwischen Menschen in einem Stadion sprechen oder von unseren flachen Hierarchien bei der Zusammenarbeit in weltweiten Lieferketten, sprechen wir in gewissem Sinne über biologische Netzwerke. Das Gehirn – diese schwammige Masse zwischen unseren Ohren – verarbeitet eine unglaubliche Menge von Information an jedem ganz normalen Tag, und zwar sowohl bewusst als auch unbewusst. Es ist für alles verantwortlich, vom ersten Atemzug bis zum Gutenacht-Kuss, den wir unserer oder unserem Liebsten abends geben. Die Fähigkeit des Gehirns, kaum bemerkte Details aus unserer Umwelt in unbewussten Prozessen aufzunehmen und sie zu verarbeiten – sowohl durch das von Natur aus Vorhandene als auch durch Erlerntes – verleiht uns die Fähigkeit, in der Welt zu agie-

ren und zu reagieren. Es ist das komplexeste Netzwerk, das wir kennen.
Forscher der Gesellschafts- und Naturwissenschaften haben, wie sich
herausstellt, begonnen ihre Fortschritte zusammenzuführen: sie ver-
knüpfen die Möglichkeiten, das Gehirn bei der Arbeit zu beobachten,
mit der Verhaltensforschung in Wirtschaft, Politik und anderen gesellschaftlichen Aktivitäten, um eine dem Menschen angeborene, biologisch begründete Bevorzugung bestimmter Verhaltensweisen aufzu-
decken, die unsere Fähigkeit zu Effizienz und Erfolg erhöhen.[3] Das vernetzte Gehirn und die vernetzte Welt haben mehr gemeinsam, als wir
je für möglich hielten.

Zunächst werden wir Teile dieser grundlegenden Forschungen
betrachten, um dann Schlüsse daraus zu ziehen. Obwohl es zunächst
weit hergeholt erscheinen mag, über Neurologie und evolutionäre
Anthropologie auf eine vertiefte Diskussion des Verhaltens in einer
vernetzten Welt einzugehen, kann uns die Arbeitsweise des Gehirns
einen Schlüssel zum Verständnis darüber geben, wie wir denken und
handeln. Die meisten Menschen stimmen dem zu, dass man mehr
Erfolg hat, wenn man versucht zu verbessern, was man schon gut kann,
als umgekehrt, das heißt, wenn man lediglich versucht, die eigenen
Schwächen zu verbessern. So kann uns das Verständnis der biologischen Neigungen des Gehirns neue Orientierung geben, worauf wir
unsere Anstrengungen konzentrieren sollten. Gute wissenschaftliche
Belege für die Tatsache, dass zur richtigen inneren Haltung und dem
entsprechenden Verhalten zu kommen, tatsächlich heißen könnte, nur
unsere natürlichen Stärken zu nutzen.

Helfen

Stellen Sie sich vor, Sie sind beim Einkaufen im Supermarkt,
schieben Ihren Wagen vor sich her, sind mit sich selbst beschäftigt
und denken gerade darüber nach, welche Suppenmarke Sie kaufen
sollen, als Sie an einem ziemlich kleinen Mann vorbeikommen, der
vom obersten Regal Ihnen gegenüber eine Dose herunternimmt.
Dabei stößt er versehentlich ein paar Dosen Minestrone vom Regal.
Er greift nach den fallenden Dosen, während er instinktiv gleichzeitig versucht, die anderen Dosen auf dem Regal zu halten. Ohne
nachzudenken, helfen Sie ihm, die Dosen auf dem Regal zu stabili-

sieren, und wenn sie sicher stehen, sammeln Sie die am Boden liegenden auf, während der Mann ein Dankeschön stammelt. Sie helfen ohne bewusstes Nachdenken.

Tatsächlich helfen Menschen einander im Normalfall, obwohl es sich für den Helfer nicht auszahlt. Wir helfen Fremden ebenso wie Menschen, die wir kennen. Dieses Verhalten – genannt altruistisches Helfen – ist eines der Merkmale, die uns von den meisten anderen Tieren unterscheiden. Altruistisches Helfen erfordert eine ziemlich komplexe Abfolge von kognitiven Leistungen: Man muss die Handlung eines Anderen wahrnehmen, seine Intention verstehen, erfassen, was für das Erreichen der Intention nötig ist, seine Bereitschaft, Hilfe anzunehmen abschätzen und die Entscheidung treffen, einzugreifen, obwohl man keine sofortige oder physische Belohnung dafür erhält. Lange Zeit glaubte man in der Psychologie, dass altruistisches Helfen ein sozial angeeignetes Phänomen sei, ein nach und nach durch Erziehung und Beobachtung der menschlichen Gesellschaft erlerntes Verhalten. Dieser Glaube entsprang der Tatsache, dass, auf den ersten Blick, all dies eine höhere Gehirnfunktion erfordert – logisches Denken, Satzbau, Empathie und Entscheidungsfähigkeit – Fähigkeiten, deren Entwicklung beim Kind Jahre in Anspruch nimmt.

Vor Kurzem führten jedoch Felix Warneken und Michael Tomasello am Max Planck Institut für evolutionäre Anthropologie eine revolutionäre Studie durch: Sie zeigte, dass Kleinkinder schon mit 18 Monaten – vor der Entwicklung der Sprache oder gerade an deren Beginn, und im Allgemeinen noch nicht im Besitz der oben genannten komplexen Fähigkeiten – einem fremden Erwachsenen spontan halfen eine Reihe von Zielen in verschiedenen Situationen zu erreichen. Erstaunlicherweise waren sie außerdem zu einer komplexen Beurteilung darüber fähig, ob Hilfe nötig war.[4] Die Kinder halfen einem Fremden, an für ihn unerreichbare Dinge heranzukommen, jedoch nicht, wenn dieser sie absichtlich weggelegt hatte. Sie halfen ihm, Bücher zu stapeln, wenn es den Anschein hatte, er habe sein Ziel noch nicht erreicht. Wenn er mit vollen Händen eine Schranktür öffnen wollte, öffneten die Kinder ihm die Tür, nicht aber, wenn er seinen Stapel auf dem Schrank ablegte und so selbst in der Lage war, ihn zu öffnen. Schließlich holten sie ihm Gegenstände aus einer Kiste wieder heraus, nicht aber, wenn sie merkten, dass er sie dort absichtlich hineinwarf. Kinder mit kaum ausgebildeter Sprachfähigkeit waren also in der Lage zu unterscheiden zwischen einer Person, die Hilfe brauchte, und einer, die eine Entscheidung getroffen hatte, die Hilfe unnötig machte. Aus ihrer Studie zogen Warneken und Tomasello den Schluss, dass »sogar sehr kleine Kinder eine natürliche Neigung besitzen, Anderen bei der Lösung ihrer Probleme zu helfen, auch wenn der Andere ein Fremder ist und sie dadurch keinen Vorteil haben.« Dies widerspricht der weit verbreiteten falschen Auffassung, dass Menschen ohne die Korrektur durch soziale Anforderungen dazu neigen, nur in ihrem eigenen Interesse zu handeln. Es zeigt sich, dass Eigennutz im Sinne des Handelns nur zum eigenen Vorteil, ohne Rücksicht auf Andere, nicht nur nicht gut ist, sondern auch nicht natürlich.

Man beurteilt ein Buch nach dem Umschlag

Am 26. September 1960 verfolgten 70 Millionen Menschen die Debatte der Präsidentschaftskandidaten Richard M. Nixon und John F. Kennedy. Es war die erste von vier so genannten »Great Debates« und die erste, die jemals vom Fernsehen ausgestrahlt wurde.[5] Zum ersten Mal war die gesamte Nation in der Lage, beide Kandidaten in Interaktion zu sehen. Weitere Millionen hörten über Radio zu. Nixon hatte fast den ganzen August wegen einer Knieoperation im Krankenhaus verbracht und erschien im Studio dünn und blass, in einem schlecht sitzenden Hemd. Er weigerte sich, Make-up zu tragen, um seine Gesichtsfarbe zu verbessern und die beträchtlichen Schatten unter den Augen zu kaschieren. Der Senator von Massachusetts hatte dagegen die vorhergehenden Wochen mit einer Wahlkampagne in Kalifornien verbracht. Er war sonnengebräunt, gut in Form und einwandfrei gekleidet. In einer Befragung nach der Debatte erklärten die Radiohörer Nixon zum klaren Gewinner. Die Fernsehzuschauer kamen jedoch zu einem anderen Schluss. Kennedys Charisma und souveränes Auftreten erweckten bei den Fernsehzuschauern den Eindruck, dass seine Vitalität und sein Charme den damaligen Vizepräsidenten verunsicherten, und dies brachte sie auf Kennedys Seite. Die Zuschauer ließen sich also mehr durch das beeinflussen, was sie sahen, als durch das, was sie hörten, wie eine

Analyse der Umfrageergebnisse aus dieser Zeit von Earl Mazzo, Vorstand der Washingtoner *New York Herald-Tribune*, zeigt.[6] Laut Mazzos Analyse hörten im Westen der USA, wo Nixon die Mehrheit behielt, neun Prozent der Erwachsenen die Debatte im Radio; im Osten, den Nixon verlor, waren es nur etwa zwei Prozent Radiohörer.

Um Fremden zu helfen – oder sie zu wählen – müssen wir den biologischen Angstimpuls überwinden, dass dieser uns verletzen könnte, wenn wir uns ihm nähern. Mit anderen Worten, wir müssen beschließen, unserem Gegenüber zu vertrauen. Es ist bekannt, dass Babys kurz nach der Geburt eine enge Bindung mit der Mutter eingehen, aber wie können sie beurteilen, ob man einem Fremden so weit vertrauen kann, dass man ihm hilft? Ist das nicht wieder eine Abfolge von komplexen kognitiven Fähigkeiten? Einige Forscher wollten dies herausfinden: Peter Kirsch, Christine Esslinger und andere vom Zentrum für Psychiatrie der Justus-Liebig-Universität Gießen zeigten erwachsenen Versuchspersonen Fotos von verschiedenen weißen männlichen Personen mit neutralem Gesichtsausdruck, während gleichzeitig ihre Gehirnfunktion über funktionelle Magnetresonanztomographie (fMRI) gemessen wurde. Die Versuchspersonen wurden aufgefordert, die Gesichter als »vertrauenswürdig« oder »nicht vertrauenswürdig« einzustufen. Die Messungen zeigten, dass für eine bestimmte Gehirnregion, das Amygdala, aktiviert wurde, wenn die Testpersonen »nicht vertrauenswürdige« Gesichter betrachteten.[7] Das Amygdala ist eine mandelförmige Ansammlung von Neuronen, die im Kerngebiet des Gehirns im medialen Teil des Temporallappens sitzt, genau in dem Teil des Gehirns, der die neurologischen Strukturen für Emotion, Motivation und emotionales Gedächtnis formt. Das Amygdala ermöglicht die Wahrnehmung von Angst. (Wenn Ihr Schwiegervater unangemeldet zum Abendessen erscheint, signalisiert das Amygdala Angst an den Hirnstamm, ins Zentrum für Erregung und Motvation, welches Sie passenderweise daran erinnert, dass Sie etwas dringend zu Bearbeitendes im Büro vergessen haben, und Sie müssen sofort weg, um es zu holen.) Später wurden die Testpersonen aufgefordert, verschiedene Eigenschaften der betrachteten Gesichter zu bewerten. Die im ersten Teil des Versuchs als »nicht vertrauenswürdig« eingestuften Gesichter erhielten mehr negative Beurteilungen aufgrund dieser Eigenschaften als die für »vertrauenswürdig« befundenen.

Einer der ersten Eindrücke, der die Aufmerksamkeit von Neugeborenen auf sich zieht, ist das menschliche Gesicht, und nun scheint es, dass es evolutionär bedingte, überlebenswichtige Gründe dafür gibt. Der erste Eindruck zählt, wie es scheint, also doch. Menschen sind biologisch so angelegt, dass sie schnell entscheiden, Anderen zu vertrauen oder zu misstrauen. Genau wie die 70 Millionen Menschen, die die Debatte Nixon-Kennedy sahen, tendieren wir tatsächlich auch dazu, ein Buch nach dem Umschlag zu beurteilen.

Die Suche nach Nummer zwei

Wenn Vertrauen nichts ist, das aus bewusst-rationalem Denken resultiert, was ist es dann? Vertrauen ist, wie sich herausgestellt hat, ein chemischer Stoff namens Oxytozin. Dieses so genannte Bindungshormon ist eine Peptidkette von neun Aminosäuren (Nanopeptid), das von der Hirnanhangdrüse produziert und bekanntlich beim Orgasmus beider Geschlechter sowie bei Geburt und Stillvorgang freigesetzt wird. Wird es freigesetzt, füllt das Oxytozin die Synapsen zwischen den Neuronen und durchflutet das Gehirn mit einem Gefühl des Wohlbehagens. Diese kurze Glückseligkeit (die Wirkung eines Oxytozin-Schwalls hält nur drei bis fünf Minuten an) reduziert die Verbindungsfähigkeit des Amygdala zum oberen Hirnstamm; mit anderen Worten: es unterdrückt die Angst. Kirsch und Esslinger wiesen auch diesen Effekt nach. Sie zeigten zwei Testgruppen Bilder von angsteinflößenden Gesichtern und Situationen und maßen wieder die Gehirnaktivität durch fMRI. Eine Gruppe bekam zuvor Oxytozin über ein Nasenspray verabreicht (man kann es im Labor synthetisch herstellen), die andere Gruppe nicht. Die unbehandelte Gruppe hatte, wie vorauszusehen, Angst vor den erschreckenden Gesichtern. Die Gruppe mit Oxytozin nicht.

Wenn Oxytozin freigesetzt wird, durchflutet es jedoch nicht das gesamte Gehirn. Es wirkt nur auf bestimmte Regionen, die mit dem Gedächtnis zusammenhängen, sowie solche, die unbewusste Funktionen kontrollieren, wie Atem, Verdauung und Herzfrequenz.

Erstaunlicherweise sind diese Hirnregionen stark mit einem anderen Teil des Gehirns verbunden, der für Aufmerksamkeit und das Erkennen von Fehlern in der Umwelt zuständig ist. Dieser wiederum sendet Botschaften an die Region, in der Entscheidungen getroffen werden. Mit anderen Worten: Oxytozin beeinflusst das Treffen von Entscheidungen auf eine Weise, die größtenteils außerhalb unserer bewussten Wahrnehmung liegt.

Was können wir aus all dem schließen? Ein großer Teil unseres Denkens über die vom Wettbewerb beherrschte Welt des Global Business basiert auf der Annahme, dass maximale Rendite und Erfolg auf dem Verfolgen von Eigennutz beruhen. Business ist Krieg, sagt ein alter Spruch; die Starken überleben, die Schwachen gehen unter. Wir nehmen allgemein an, dass der Mensch zu diesem Basis-Instinkt zurückkehren würde, wenn er wie Tom Hanks in *Verschollen* auf einer einsamen Insel allein zurückbliebe, und sich nur um sich selbst kümmern würde. Außerdem vermuten wir, dass dies unsere biologische Veranlagung sei und dass wir nur mit anderen zusammenarbeiten, *weil die Gegebenheiten der Gesellschaft es erfordern.* Doch diese Theorie könnte falsch sein. Wir haben gesehen, dass Menschen in einem sehr frühem Stadium ihrer mentalen Entwicklung mit der Fähigkeit und dem Streben ausgestattet sind, mit Anderen Kontakt aufzunehmen und ihnen zu helfen, obwohl dies ein großes Risiko bedeutet und keine offensichtliche Belohnung bringt. Mehr noch, wir haben dafür eine erstaunliche biologisch angelegte Fähigkeit, unsere animalische, prärationale Angst vor dem Unbekannten zu überwinden.

Im Licht einiger Aspekte dieses neuen Denkens über die biologischen Grundlagen von Vertrauen und altruistischem Helfen machte sich Paul Zak, Inhaber des Lehrstuhls für Wirtschaftswissenschaften an der Universität Claremont und Gastprofessor für Neurologie an der School of Medicine der Loma Linda Universität, daran, ein für allemal herauszufinden, ob maximaler Profit tatsächlich aus dem Verfolgen von Eigennutz resultiert, wie wir lange Zeit annahmen. Zak ist der Gründer des Zentrums für neuroökonomische Studien und führender Kopf auf dem aufkeimenden Gebiet der Neuroökonomie, dem Fachgebiet, bei dem Wirtschaftswissenschaft und Hirnforschung zusammentreffen. Die Neuroökonomie greift auf Bereiche der Neurologie zurück, Endokrinologie, Psychologie, sowie auf Wirtschaftstheorie und experimentelle Wirtschaftswissenschaften, um die Entscheidungsfindung in der Wirtschaft besser zu verstehen.

Auf Basis eines Spiels mit dem Titel »Das Vertrauensspiel« führte Zak ein Experiment durch, das 1995 erstmalig von Joyce Berg, John Dikhaut und Kevin McCabe eingesetzt wurde.[8] Er machte dabei faszinierende Entdeckungen, die unser konventionelles Denken über Eigennutz buchstäblich auf den Kopf stellen:

Die Grundzüge des Vertrauensspiels sind folgende: je zwei willkürlich ausgewählte Teilnehmer werden zu Partnern an Computern an unterschiedlichen Orten bestimmt, sodass sie sich nicht sehen können. Jeder bekommt zehn Dollar als Startkapital. Die ersten Entscheider (E1) können nun so viel von den zehn Dollar, wie sie wollen, an den Partner schicken (E2) und der gesandte Betrag wird sich auf dem Konto von E2 verdreifachen. Wenn E1 also vier Dollar an E2 sendet, erhält E2 zwölf Dollar. Die E2-Spieler können jede mögliche Summe davon zurück an den Partner schicken, auch alles oder gar nichts. Somit ist das Geld, das E1 an E2 sendet, ein Ausdruck von Vertrauen. Die Summe, die E2 zurücksendet, ist ein Ausdruck von Vertrauenswürdigkeit.

Das zu dieser Zeit vorherrschende wirtschaftliche Denken, wie sich die einzelnen Spieler bei diesem Vertrauensspiel verhalten sollten, um optimalen Gewinn zu erzielen, entstammt der Arbeit von John Nash, dem bekannten Mathematiker. Er wurde in dem Oscarprämierten Film *A Beautiful Mind* von Russell Crowe dargestellt (nach der Biographie von Sylvia Nasar)[9]. Seine berühmte Formel – genannt das Nash-Gleichgewicht – stellt mathematisch gesehen die korrekte Handlungsweise für maximalen Profit in einer Welt vollkommenen Eigennutzes dar.[10] Für Zaks Spiel bedeuten Nashs Überlegungen, dass, wenn jeder aus vollkommenem Eigennutz handelt, keiner überhaupt irgendjemand Geld schicken sollte. E1 sollte kein Geld schicken, weil er keinen Grund zu der Annahme hat, dass ihm sein anonymer Partner etwas zurückschicken wird. Es trotzdem zu tun wäre eine Investition ohne garantierten Gewinn. Und E2 sollte kein Geld zurückschicken, weil er dadurch nichts gewinnt.

Zak ließ dieses Experiment sehr oft sowohl in den USA als auch in Entwicklungsländern laufen, wobei er unterschiedlich hohe Geldsummen verwendete, die manchmal einen beachtlichen Prozentsatz des monatlichen Einkommens der Testperson ausmachten (um sicherzustellen, dass die Höhe der Summe nicht das Ergebnis beeinflusste). Erstaunlicherweise sandten im Schnitt 75 Prozent der E1-Gruppe Geld an ihre unbekannten Partner, und ein sogar noch höherer Prozentsatz der E2-Gruppe sandte etwas zurück.[11] Ich sprach mit Zak über dieses unerwartete Ergebnis. »Das Vertrauensspiel findet im Umfeld sozialer Interaktion statt,« sagte er mir, »und das Nash-Gleichgewicht berücksichtigt das nicht.« Zak weist darauf hin, dass Nash unter Schizophrenie litt, einer neuropsychiatrischen Störung, die sich unter anderem in sozialer Isolation äußert. Zak glaubt, Nashs Krankheit habe in gewisser Weise seine Wirtschaftstheorien beeinflusst. »Der Preis ist nicht der einzige Grund, aus dem Menschen Produkt A statt Produkt B kaufen«, sagte Zak. »Es gibt eine beliebige Anzahl von menschlich-sozialen Gründen, die mit eine Rolle spielen, und Nash hat diese niemals in seine Gleichungen einkalkuliert.«[12]

Zaks Theorie ist, dass wir anderen vertrauen, weil dies die Mechanismen sozialer Bindung aktiviert; mit anderen Worten: es erscheint uns einfach als richtig. Vertrauen scheint eher von einem *Sinn* für das Richtige ausgelöst zu werden als durch bewusste Entscheidung darüber, was das Profitabelste ist. Um diese Theorie zu belegen, führte Zak bei seinen Testpersonen Bluttests durch, nachdem sie das Vertrauensspiel gespielt hatten, und machte eine phänomenale Entdeckung: Je mehr Geld die E2-Spieler von den E1-Spielern erhielten, desto höher war ihr Oxytozin-Spiegel, und umso mehr schickten sie den E1-Spielern zurück. Anders ausgedrückt, wenn Sie jemandem vertrauen, reagiert dessen Gehirn mit vermehrter Oxytozin-Produktion, was ihm wiederum ermöglicht, Ihnen zu vertrauen. *Reziprozität – Anderen zu tun, wie sie uns tun – scheint also ein biologischer Prozess zu sein. Vertrauen erzeugt Vertrauen.* (Interessant ist auch, wie Zak erwähnte, dass etwa zwei Prozent innerhalb der Gruppen das Geld mit niemandem teilten, eine Zahl, die in etwa mit dem Prozentsatz von Soziopathen in der Gesellschaft korrespondiert.[13])

Des Weiteren erinnern wir uns, dass Oxytozin direkt die Hirnregionen mit Gedächtnisfunktion beeinflusst. Wenn Sie jemandem vertrauen, was manchmal auch unbewusst geschieht, überschwemmen Sie nicht nur diese Region mit Wohlfühl-Stoffen, Sie schaffen auch die Erinnerung daran. Diese parallele Aktivität ließ Zak schlussfolgern, dass es möglich sei, vertrauensvolles Verhalten mit der Zeit immer wieder zu stimulieren und zu verstärken. Anders gesagt, Vertrauen baut mehr Vertrauen auf – ebenfalls auf biologischer Basis.

Wie überträgt man diese Erkenntnis nun auf den modernen Markt? Wenn Vertrauen, wie Zak erklärt, »ein wahrnehmbarer, zielgerichteter Akt ist, bei dem man die Macht über Ressourcen einer anderen Person überlässt«, können beide Seiten das sich ausbreitende Vertrauen als Kooperation für potenziellen Gewinn anerkennen. Wir erzeugen Wohlfühl-Hormone in den Menschen, denen wir vertrauen, und sie beantworten dies wiederum mit Vertrauen zu uns. Im Gegenzug erkennen wir bewusst oder unbewusst das Vertrauen der Anderen mit einer ähnlichen biologischen Reaktion an. Die Angst löst sich auf, Kooperation folgt, und eine Aufwärtsspirale gegenseitiger Verstärkung entsteht und wächst. Anscheinend sind wir in gewisser Weise daraufhin angelegt, Verbindung mit anderen aufzunehmen, biologische Netzwerke aufzubauen und daraus einen höheren Gewinn für unsere Persönlichkeit zu erzielen.

Die Evolution der Werte

Das Überleben des am besten Angepassten ist ein Evolutionskonzept, das wir für selbstverständlich halten. Doch was die Menschheit betrifft: Was definiert den »am besten Angepassten«? Ist es der Stärkste? Als der frühgeschichtliche Mensch in Felle gekleidet herumlief und in Höhlen wohnte, haben da die Größten über die Kleinsten geherrscht? Hatten sie aufgrund ihrer Größe Vorteile bei der Nahrungsbeschaffung oder der Reproduktion? Obwohl dies eine übliche Annahme ist, hält man dies nach neuesten Ergebnissen der Anthropologie für unwahrscheinlich. Wenn der moderne Mensch so viel mehr ist als rohe Gewalt und die Fähigkeit, Werkzeuge zu benutzen, müssen wir dann irgendwann in der Evolution nicht andere Auswahlkriterien gehabt haben? Und wenn nun die größte Stärke der Menschheit nicht die Muskelkraft ist, sondern unsere irrational scheinende Fähigkeit, miteinander in Kontakt zu treten und zusammenzuarbeiten – unsere Fähigkeit, Gesellschaften aus ähnlich denkenden Individuen zu bilden? Wie wir bereits gesehen haben, haben wir eine biologische Veranlagung dazu, und, wie sich herausstellt, auch eine evolutionsbedingte. Wie so vieles, das uns ausmacht, beruht unsere Neigung Netzwerke zu bilden und zusammenzuarbeiten sowohl auf biologischen Grundlagen als auch auf Erlerntem.

Betrachten wir einmal, was Gruppen zusammenhält: Eine der hauptsächlichen Arten, wie Gesellschaften und Organisationen die Synapsen zwischen ihren Mitgliedern füllen, ist mit gemeinsamen Überzeugungen oder Werten. Diese können so einfach sein wie »wenn wir zusammen jagen, werden wir mehr zu essen haben«, so grundsätzlich wie »wir halten zusammen, egal, was kommt« oder so psychologisch komplex wie »unser Glaube schreibt uns vor, miteinander in bestimmter Weise umzugehen.« Genau wie Vertrauen sind auch Werte in einem bestimmten Ausmaß in unserem Gehirn fest verdrahtet. Sie resultieren aus dem neurologischen Effekt von Vertrauen auf unsere Fähigkeiten, Aufmerksamkeit auf etwas zu richten, auf Erinnerungsfähigkeit und Fehlererkennung. Sie sind jedoch flexibler und in höherem Maße erlernbar, ein bewussterer Prozess als das automatisch freigesetzte Oxytozin und seine neurologischen Nebenprodukte. Wir lernen Werte wie Wörter, von den Menschen in unserer Umgebung, und ihr Verhalten ist ein Beispiel für die Verhaltensregeln der Gruppe.

Kinder nehmen die Werte ihrer Gesellschaft genauso auf wie sie die Sprache dieser Gesellschaft lernen – ein Kind in Frankreich lernt Französisch, eines in Saudi-Arabien Arabisch und so weiter. Die Kultur übt einen mächtigen Einfluss auf die Bildung von Werten aus. Ein Verhalten, das in der einen Kultur vorgeschrieben ist, kann in einer anderen verboten sein, während es in einer dritten völlig ohne Bedeutung ist. Der Inhalt von Werten ist also weitestgehend kulturell bestimmt und kulturell sensibel. Bei der Studie mit der Geschichte vom Verkehrsunfall in Kapitel 2 zeigte sich, dass sowohl die Kultur der USA als auch die koreanische die Werte »Gesetze respektieren« und »Freundschaft verpflichtet« hochhalten. Aber jede Gesellschaft ordnet ihnen eine andere Priorität in ihrem Wertesystem zu. Ebenso kann ein Kind, das in der einen Gesellschaft aufwächst, moralische Verpflichtungen haben, die sich nicht auf eine andere Gesellschaft übertragen lassen.

Unter der Oberfläche gesellschaftlicher Normen gibt es jedoch noch bestimmte Werte, die auch über soziopolitische Grenzen hinweg gelten. Immer wieder in der Geschichte kam es zu Konflikten zwischen gesellschaftlichen Werten und der evolutionären Entwicklung eben dieser Gesellschaften. So hat etwa der Anthropologe Joseph Shepher Studien mit Menschen durchgeführt, die in Kommunen der israelischen Kibbuzim aufwuchsen, in denen die Kinder die meiste Zeit ihres Tages in Gruppen verbringen. Er entdeckte, dass diese Menschen eine starke Tendenz *dagegen* haben, sich sexuell für Andere zu interessieren, mit denen sie aufgewachsen sind, ungeachtet des Verwandtschaftsgrades.[14] Etwas in der Gruppenerfahrung unterbindet mit der Zeit das biologische Bedürfnis für Fortpflanzung. Shephers Arbeit unterstützte die Hypothese von Edward Westermarck aus dem 19. Jahrhundert, dass diese Tendenz ein Mechanismus zur Vermeidung von Inzest ist. In den frühgeschichtlichen menschlichen Gesellschaften war jemand, den man schon von Kindheit an kannte, wahrscheinlich ein Cousin oder eine Cousine, und damit kein optimaler Reproduktionspartner. Somit rührt die kulturell bedingte Aversion gegen Inzest von unserer physischen Veranlagung her.

Anscheinend sind Kultur und Werte also nicht *ausschließlich* erlernt. Die Evolution legte den Keim dafür bereits in unserer Biologie. Dr. Richard Joyce von der Australian National University, Autor von *The Evolution of Morality*, nennt dies »Fitness-Survival«.[15] Joyce ist ein bemerkenswerter Denker, was jedem sofort klar wird, der sich einmal mit ihm unterhält. Sein Werk kombiniert evolutionäre Anthropologie mit Moralphilosophie und liefert so ein Modell, das weitreichende Bedeutung für die Funktionsweise von Organisationen und Netzwerken hat. »Moralisches Denken [die Fähigkeit, soziales Verhalten in Begriffe von Werten zu fassen] kann man in jeder Kultur und in jeder geschichtlichen Epoche finden, bis hin zum Epos von Gilgamesch oder altägyptischen Schriften,« schreibt er.[16] Laut Joyce wirft diese Allgegenwart von moralischem Denken eine wichtige Frage auf: »Gibt es eine biologische Grundlage für auf Werten basierendes Denken,« fragt er, »oder sind wir nur kluge, rationale und soziale Geschöpfe, die auf natürliche Weise Moral erfinden, um als soziale Wesen zurecht zu kommen?«

Mit anderen Worten: Wenn wir unsere natürlichen Stärken nutzen wollen, welche Stärken sollten das sein?

Joyces Schlussfolgerung: Moralisches Denken geht auf unsere frühesten Vorfahren zurück und ist durch den Prozess natürlicher Selektion Teil der Struktur unserer Biologie geworden. Joyce erklärt, dass es zwei Denkrichtungen über die evolutionären Vorteile von auf Werten basierendem Verhalten gibt: das Modell »Vorteil für die Gruppe« und das Modell »Vorteil für das Individuum«. In dem Gruppenmodell hat unser fiktionaler Höhlen-Vorfahr – nennen wir ihn Ook – zusammen mit seinen Stammesfreunden irgendwie eine kooperative, altruistische und auf Werten basierende Gesellschaft entwickelt, die besser funktionierte als die ihrer Nachbarn. Sie konnten besser Ackerbau betreiben, jagen oder sich besser verteidigen beziehungsweise sich so schützen, dass ihr Stamm wuchs. Ihr Nachbarstamm zwei Hügel und drei Höhlen weiter hatte keinen Sinn für Werte und war daher viel weniger organisiert und weniger fähig zu Zusammenarbeit, Vertrauen und Teilen. Schließlich löschten Hunger und Kälte oder andere Faktoren diesen anderen Stamm aus, weil er nicht in der Lage war, eine gut funktionierende Gesellschaft aufzubauen. Dieses Szenario vom »Überleben der am besten angepassten Gruppe« hat offensichtliche Analogien mit heutigen Gesellschaftsgruppen – wie Unternehmen –, doch es lässt einen Aspekt aus: Wie wurden wir zu einer Gruppe moralischer Denker, wenn wir nicht so geboren wurden?

»Dem Individuum können Vorteile entstehen, wenn es in moralischer Weise handelt und in moralischen Begriffen denkt«, erklärt Joyce. Mit anderen Worten, indem Ook altruistisch und opferbereit handelte – indem er teilte, zusammenarbeitete und anderen half – erzeugte er Vertrauen, welches, wie wir aus Professor Zaks Arbeit wissen, bei seinen Stammesmitgliedern spontanes Gegenvertrauen erzeugte. Ook erntete den Lohn dafür in Form von geteilter Ernte, gegenseitigem Schutz und Rückendeckung und errang dadurch einen Reproduktionsvorteil gegenüber den Gruppenmitgliedern. Er zeugte eine Bande kleiner Ooks und verbreitete seine Gene in seiner Kultur, was mehr moralische Denker bedeutete. Laut Joyce stellt diese Idee von individueller Selektion eine sehr wahrscheinliche Erklärung dar für unsere Fähigkeit über Verhalten und Zusammenarbeit in Form von Werten zu denken.

Natürlich sind biologische Faktoren nicht die einzige Quelle von Ooks Werteorientierung. Als Gruppenführer spricht Ook mit seinen Kameraden, sie beobachten ihn, und er übt einen Einfluss auf sie aus. Seine Freunde Nook und Took sehen, dass Ook sich ein ziemlich gutes Leben aufbaut: er hat viel zu essen, eine warme Höhle zum Schlafen und viel Glück bei den Frauen. Wenn sie schlau genug sind, zu beobachten, was er tut, werden seine Freunde ihn imitieren. Also könnte auf Werten basierendes Denken nicht nur eine biologische Anpassung sein, denn die Menschen in diesem Stamm sprechen miteinander und teilen ihre Ideen. Sie können ihr Verhalten gegenseitig beeinflussen. Also entwickeln Nook und Took moralische Fähigkeiten, und ebenso ihre Kinder. Der Stamm wird größer und kompetenter als der Stamm zwei Hügel weiter – und zwar nicht weil seine Mitglieder stärker sind, sondern weil sie besser zusammenarbeiten. Wie genau die frühgeschichtlichen Menschen von der Moral zur Produktion von mehr Nachwuchs kamen, kann sich auf viele verschiedene Arten zugetragen haben, führt Joyce aus, aber es scheint klar, dass Werte sich entwickelten, weil sie Vorteile für die Reproduktion boten.

Was ich an dieser Theorie interessant finde, ist, wie auch sie die Idee vom »Überleben des am besten Angepassten« auf den Kopf stellt. Ook war vielleicht nicht der stärkste oder schnellste Höhlenbewohner auf dem Berg, aber seine Fähigkeit, mit Anderen gut zusammenzuarbeiten und sie dafür zu begeistern, dasselbe zu tun, hat ihn vielleicht sehr beliebt gemacht, nach dem Motto »der nette Höhlenmann kriegt das schöne Mädchen«. Je mehr Nachwuchs Ook produzierte, desto größer wurde die Chance, dass er über die Epochen hinweg seine Neigung für auf Werten basierendes Denken mit seinen Genen weitergab. Der nette Kerl machte – genetisch gesprochen – das Rennen.

Und jetzt kommt der Sprung: Unsere biologische Veranlagung für auf Werten basierendes Denken führt direkt zu Adam Smiths Vision eines idealen kapitalistischen Unternehmens: die Entwicklung eines freien und gerechten Marktsystems, das sich auf gegenseitigem Vorteil gründet.

Eine weit hergeholte Behauptung? Überlegen Sie einmal.

Seitdem Smith *Der Wohlstand der Nationen* geschrieben hat, das Buch, das die Idee von Kapitalismus und freier Marktwirtschaft hervorbrachte, wurden seine Theorien oftmals falsch angewandt oder interpretiert, um verschiedene Versionen von Business-ist-Krieg oder einen Kapitalismus des Laisser-faire zu rechtfertigen. Der Schlüsselgedanke, den viele übersehen, ist jedoch das Konzept des *gegenseitigen* Vorteils, das im Zentrum seiner Vision steht. Grundlage für jede Marktwirtschaft ist die Idee, dass Waren, Geld oder Arbeit gegen andere Waren, Geld oder Arbeit eingetauscht werden können, und dass beide Parteien aus diesem Austausch Vorteile ziehen. Dies kann nicht ohne moralische Werte stattfinden, denn, um zu tauschen, müssen beide sich einig sein, dass nicht einer einfach vom anderen nehmen kann, ohne etwas dafür herzugeben. Ein Mammut-Stoßzahn, zum Beispiel, könnte Ook oder seinem ganzen Stamm gehören. Natto, der Schamane vom Stamm zwei Hügel weiter, könnte den Stoßzahn haben wollen. Er kann ihn ohne Ooks Wissen oder Erlaubnis nehmen, oder er kann etwas von seinem Mais (oder dem seines Stammes) für den Zahn tauschen. Etwas als »meines/unseres« zu betrachten, ist eine Zuordnung, die auf Werten basiert und impliziert ein Bewusstsein für Rechte. Das heißt, wenn jemand etwas verdient/geschaffen hat, müssen die Anderen es als sein Eigentum anerkennen. Das Konzept des Eigentums erzeugt Rechte, Pflichten und Verbote. Um einen Markt zu schaffen, müssen beide tauschenden Parteien zu solchem auf Werten basierenden Denken fähig sein und den gegenseitigen Vorteil des Tauschs erkennen. Der Aufstieg und Erfolg der Marktwirtschaft hätte deshalb vielleicht niemals stattgefunden ohne den biologischen Erfolg von kollaborativem, auf Werten basierendem Denken.

Der Glaube

Es gibt noch ein letztes Puzzleteil, um die Betrachtung unseres Gehirns komplett zu machen: der Glaube. Der Glaube nimmt einen sehr speziellen Platz im menschlichen Intellekt ein: Er kann auch ohne jeden objektiven Beweis vorhanden sein, oft sogar angesichts direkten Widerspruchs. Wir alle haben so etwas wie einen Glauben. Die Geschichten und Überzeugungen in religiösen Doktrinen, von Kulturen überlieferten Mythen, ja sogar in mündlich tradierter Geschichte entbehren oft jeglicher tatsächlicher Grundlage. Manche Menschen sind trotzdem sogar davon abhängig. Leute, die überzeugt sind, die Erde sei flach, wissen aus der Schule, dass die Erde eine Kugel ist, glauben aber dennoch, sie sei flach. Und viele Menschen lassen ihre Kinder an den Weihnachtsmann glauben, obwohl sie niemals in seinem fliegenden Schlitten mitgefahren sind.

Es macht einen großen Teil unseres Menschseins aus, dass wir sowohl faktisches Wissen als auch Glauben gleichzeitig im Bewusstsein aufrechterhalten können. Im Fall des Weihnachtsmannes messen manche unserer bloßen Fähigkeit zum Glauben Nutzen und Kraft bei. Die andere Seite der Glaubens-Medaille kann jedoch das Negieren von Tatsachen sein. Wir können eine Tatsache kennen, uns aber trotzdem weigern, sie anzuerkennen, und um diesen Konflikt zu lösen, beschließen wir, dass das widersprechende Wissen falsch sei. Manche Menschen glauben an Geister und Seelenwanderung, und ihre Hingabe an diesen Glauben – richtig oder falsch – lässt sie einen substanziellen Beweis ins Gegenteil verkehren. Ich möchte hier nicht irgendjemandes persönlichen Glauben in Frage stellen oder widerlegen, aber es ist für unsere Ausführungen wichtig, zu verstehen, dass *glauben* und *wissen* zwei verschiedene Definitionen haben und zwei verschiedene Regionen unseres Gehirns in Anspruch nehmen.

Der Glaube kann einen machtvollen, unkontrollierten chemischen Effekt auf unsere Art zu denken und Information zu verarbeiten bewirken. Das beste Beispiel hierfür ist der sogenannte Placebo-Effekt. Bei einer Studie an der University of California, Los Angeles, sagte man zwei Gruppen von Testpersonen, dass sie ein Anti-Depressivum verabreicht bekämen. Eine Gruppe erhielt das Medikament, die andere stattdessen ein Placebo-Mittel. Die Placebo-Gruppe erlebte dieselbe physiologische Wirkung wie die Gruppe mit dem echten Medikament.[17] Obwohl ein Medikament und ein Placebo jeweils eine eigene spezifische Hirnregion betreffen könnten, wirkt das Medikament doch direkt. Placebo-Effekte werden normalerweise allein durch den Glauben aktiviert. Der Glaube lässt das Gehirn so arbeiten, als ob Tatsachen vorlägen. In einem anderen Experiment an der Universität Michigan injizierten Wissenschaftler jungen Männern so viel Salzlösung in den Kiefer, dass ein schmerzhafter Druck erzeugt wurde, während man über Positronen-Emissions-Tomographie (PET) die Auswirkungen auf das Gehirn maß. Während des Messvorgangs erzählte man den Probanden, dass man ihnen gleichzeitig ein Schmerzmittel verabreichte, obwohl es nur ein Placebo war. Üblicherweise imitieren Schmerzmittel den Effekt von Endorphinen oder setzen diese frei und blockieren so den Schmerz. Weil die Testpersonen glaubten, ein Schmerzmittel zu bekommen, reagierte der unbewusste Teil des Gehirns, der die Freisetzung von Endorphinen steuert, in diesem Fall so, »als ob«. Sofort produzierte das Gehirn der Testpersonen mehr Endorphine und sie fühlten sich besser.[18]

Diese Testergebnisse unterstützen vorangehende Untersuchungen, die zeigten, dass Erwartungen eine wichtige Rolle bei Placebo-Effekten spielen. *Erwartungen beeinflussen im Allgemeinen die Emotionen betreffenden Gedanken über das gegenwärtige und zukünftige Erleben.* Mit anderen Worten: unsere Erwartungen können unsere Erlebnisse beeinflussen; Überzeugungen können unsere Wahrnehmung von Information beeinträchtigen und manchmal wirken diese Überzeugungen *unbewusst,* jenseits unserer bewussten Denkprozesse. Kinder, die ihre Eltern im Wohnzimmer beim Einpacken der Geschenke am Weihnachtsabend gesehen haben, erfinden außergewöhnliche Phantasiegeschichten, um zu erklären, warum dieser Anblick ihren Glauben an den guten alten Weihnachtsmann nicht entkräftet und betrachten dieses Vorgehen nicht als unlogisch oder ungewöhnlich. Ebenso werden Zyniker, die glauben, jeder sei durch Eigennutz motiviert, Geschichten über egoistische Interessen für fast alles, was sie sehen, erfinden – *sogar für altruistisches Helfen* – und sind sich oft nicht klar über den Einfluss, den der Glaube auf den Geist ausübt. Das erste Beispiel betrifft lediglich die Märchenträume eines Kindes; das zweite jedoch die Fähigkeit zum Erfolg. Man kann neue Information aufnehmen und dadurch seine Überzeugungen verändern. *Und* man kann seinen Glauben verändern und dadurch neue Information aufnehmen.

Kehren wir für einen Moment zurück zu Paul Zaks Vertrauens-Experiment. Es ergab noch ein weiteres interessantes Ergebnis: *Diejenigen, die anderen Vertrauen schenkten, gewannen mehr Geld dadurch, als diejenigen, die dies nicht taten.* Im Schnitt gewannen E1-Spieler, die Geld verschickten, 14 Dollar und E2-Spieler, die Geld zurückschickten, 17 Dollar (diejenigen, die gar nichts verschickten, gingen mit ihren zehn Dollar nach Hause). Die einzige Art, mehr Geld zu bekommen, war, ein Risiko einzugehen und es herzugeben. In Zaks Spiel fungierte Geld als Metapher für Vertrauen. Am Ende ist die Aussage des Spiels: wenn man die richtige Vorstellung vom Wesen des Menschen hat – dass Menschen im Grunde gut und vertrauenswürdig sind – kann man mehr Vertrauen verbreiten und mehr Geld verdienen. Und hier kommt nun der Glaube ins Spiel. Wenn Sie *glauben*, dass die Menschen gut und vertrauenswürdig sind, fühlen die Anderen dies bei Ihnen (denn, wie Kirsch und Esslinger gezeigt haben, sind die Menschen darin richtig gut). Sie fällen eine schnelle Beurteilung über Ihre Vertrauenswürdigkeit und sie geben das Vertrauen noch leichter zurück. Der *Glaube* an das Vertrauen schafft die Voraussetzungen für Vertrauen und den Gewinn, der daraus resultiert.

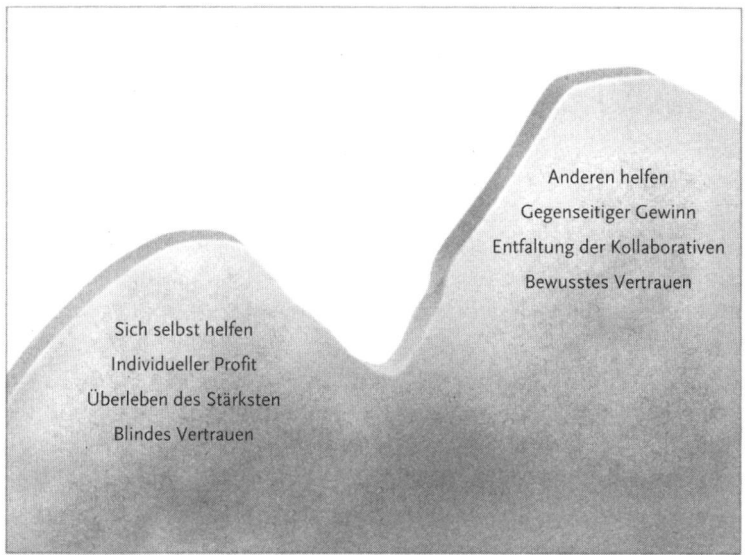

Anderen helfen
Gegenseitiger Gewinn
Entfaltung der Kollaborativen
Bewusstes Vertrauen

Sich selbst helfen
Individueller Profit
Überleben des Stärksten
Blindes Vertrauen

Abbildung: Natürliche Stärken nutzen

Der Glaube ist eine machtvolle Quelle von Inspiration und Energie, aber er kann auch den Blick verstellen. Glaube und Wahrnehmung sind eng miteinander verknüpft. Für die Reise zum Hügel A und zu neuer Erkenntnis müssen Sie bereit sein, Ihre Überzeugungen zu hinterfragen und sich deren enormen Einfluss auf die Art, *wie* Sie denken – positiv wie negativ – eingestehen.

Die Evolution hat uns mit einem komplexen Gehirn und einer ganzen Sammlung von Peptiden und Hormonen ausgestattet, die in einer Symphonie zusammenspielen, um das Überleben unserer Art zu sichern. Dieses Überleben wird heute nicht wie vor abertausenden von Jahren ermöglicht – nur durch Angst-Impulse, die das Herz rasen lassen, den Magen zusammenziehen und das Gesicht erröten lassen –, sondern vielmehr durch unser Wohlbefinden miteinander und mit uns selbst. Altruistisches Helfen, Vertrauen, gegenseitiger Vorteil, auf Werten basierendes Handeln, Glaube – solches Verhalten hat die Kraft, unsere zwischenmenschlichen Synapsen auszufüllen und scheint bis zu einem gewissen Grad in unserer DNA festgeschrieben zu sein. Ihre Aufmerksamkeit auf diese Bereiche zu konzentrieren, heißt, dass Sie nur Ihre biologisch angelegten Stärken nutzen müssen, was eigentlich der Weg des geringsten Widerstands ist. Ein Theoretiker nannte es einmal »tun, was natürlich kommt«. Wie die vorsprachlichen Kleinkinder, die einem Fremden helfen, streben auch wir von Natur aus, instinktiv und unbewusst danach, unseren Mitmenschen zu helfen. Wer diese natürliche Neigung versteht, gelangt natürlicherweise dazu, die Welt der *Welle* zu erforschen.

Dies ist schließlich der Grund, warum mich *Verschollen* so tief berührte. Trotz seiner einsamen Reise war die Figur, die Tom Hanks spielte, ein Mensch, der Versprechen einlöste und der in seine Verbundenheit mit Anderen investierte. Wir fühlen, dass solches Einlösen von Versprechen und die Verbundenheit mit Anderen unserem Leben Sinn verleihen, und die meisten von uns suchen nach Sinn in ihrem Leben. Diese Beziehungen geben unserem Leben Bedeutung. Genau deshalb ist sowohl der biologische als auch der kulturelle Weg, durch die richtige *innere Haltung* und das richtige *Verhalten* bessere interpersonelle Synapsen mit den Menschen in unserem Umfeld aufzubauen, so eng verknüpft mit dem Erfolg, den wir heute haben. Wenn wir heute in einer Welt leben, die enger vernetzt ist als je zuvor, sollten wir alle nicht Möglichkeiten finden, um besser in Kontakt zu sein?

Kapitel 5
Vom Können zum Sollen

Es ist ein Unterschied, ob man tut,
wozu man das Recht hat, oder tut,
was Recht ist.

Potter Stewart, Richter am Obersten
Gerichtshof der Vereinigten Staaten

Jeder liebt die Zeit der Steuererklärung, diese besondere Zeit im Jahr, wenn wir mit unseren Lieben zusammensitzen und unsere finanziellen Verpflichtungen gegenüber der Gesellschaft bemessen. Überall auf der Welt werden fröhliche Steuer-Partys veranstaltet, bei denen wir mit Hingabe feiern, dass wir eine faire, gerechte und ehrbare Gesellschaft unterstützen dürfen. Feste werden gefeiert, Weinflaschen entkorkt und die Menschen tanzen selbstvergessen und voller Freude über die Wohltaten der Gesellschaft.

Naja, vielleicht auch nicht.

Ich zahle Steuern in den USA, das ist also das System, das ich am besten kenne. Nach Schätzungen des Finanzamts verbringen Steuerzahler in den USA jedes Jahr im Schnitt ca. 45 Stunden pro Steuererklärung mit dem Papierkrieg, und ganz sicher sehr wenige davon in Feierstimmung.[1] Jede Stunde davon erfordert einen kleinen Disput mit sich selbst. So ungern Sie es auch tun mögen, erinnern Sie sich einmal kurz: Sie betrachten jede Rechnung. Kann man das absetzen? Soll man das versteuern? Kann man das weglassen? Und wenn man die Zahl ein wenig zum eigenen Vorteil verändert? Während Sie die Zahlen biegen und runden, wägen Sie im Stillen die Wahrscheinlichkeit einer Steuerprüfung gegen den potenziellen Gewinn einer kleinen Unkorrektheit ab? Addiert der Stress potenzieller Entdeckung zusätzliche, nicht monetäre Kosten zu dem Ganzen? Tragen Sie die Sorge mit sich herum, auch wenn Sie gerade nicht damit beschäftigt sind? Was ist mit den emotionalen Kosten? Streiten Sie sich mit ihrem Lebens- oder Ehepartner oder gibt es Spannungen wegen der Geldsumme, die Sie ausgegeben haben, anstatt sie für die Steuer zurückzulegen? Wie viel Zeit verbringen Sie aktiv damit, *nicht* die Steuer zu machen und sie aufzuschieben, weil Sie so einen Widerwillen dagegen haben? Während Sie sie nicht machen, haben Sie sie nicht doch im Hinterkopf? Tragen Sie die unangenehme Pflicht mit sich herum, auch wenn Sie sie meiden?

Jetzt betrachten Sie einmal die so genannte Einheitssteuer. Stellen Sie sich vor, wie wenig Gedanken, Energie und Zeit Sie jedes Jahr für Ihren gesellschaftlichen Beitrag an die Regierung aufwenden würden, wenn Sie nur eine einzige Zahlung vornehmen müssten. Sagen wir einmal, 20 Prozent der Bruttoeinnahmen, egal wie hoch die Nettoeinnahmen wären, ohne Absatzmöglichkeiten oder Schlupflöcher. Darf ich raten? Etwa eine halbe Stunde. Die Ersparnisse des Landes durch weniger Bearbeitungsaufwand? Milliarden Dollar. Dieses Argument, das von den Fürsprechern der Einheitssteuer mit Nachdruck propagiert wird, würde nicht nur objektiv die Zeit für die Bearbeitung von Steuervorgängen sparen, sondern würde auch die inneren Konflikte beseitigen, die Aufmerksamkeit und Konzentration von anderen Dingen abziehen. Es scheint idiotisch, doch natürlich ist es nicht ganz so einfach. Regeln wie das Steuerrecht fungieren als Platzhalter für die Bedürfnisse einer Gesellschaft. Sie geben einen Wert oder Standard wieder, den eine Gesellschaft für wichtig befindet, und stellen den Versuch dar, diesen klar und eindeutig umzusetzen. Ein abgestuftes Steuerrecht – in dem die besser Verdienenden prozentual mehr von ihrem Einkommen an Steuern zahlen – ist ein Versuch, die Vision von der gerechten Verteilung des Wohlstands und die Verantwortung der Reicheren gegenüber den ärmsten Mitgliedern der Gesellschaft in Regeln zu fassen. Mit anderen Worten, das Steuerrecht ist dazu da, die Vision von Gerechtigkeit gesetzlich zu regeln. Wenn Nutzen, Wirtschaftlichkeit und einfache Handhabung die einzigen Ziele des Steuerrechts wären, würde uns alles andere als die Einheitssteuer verschwenderisch und haltlos erscheinen. Wenn man jedoch die Platzhalter-Funktion des Steuerrechts betrachtet, wird die Sache sehr viel komplizierter.

Es ist schwierig, eine Bevölkerung mit Werten wie Gerechtigkeit und Respekt zu durchdringen, die so zahlreich und verschiedenartig ist wie die der meisten Länder. Und doch ist Gerechtigkeit eine mächtige Idee, und die meisten Menschen würden zustimmen, dass sie allen Vorteile bringt. Also schaffen die Gesetzgeber eine Reihe von verschlungenen und wenig effizienten Regeln, von denen sie glauben, dass sie die vorherrschende Auffassung von Gerechtigkeit umsetzen. Dies erzeugt Widersprüche. Fast jeder hat ein Argument dafür, dass aus seiner Perspektive der eine oder andere Teil des Steuerrechts ungerecht ist. Ob nun Schlupflöcher für Unternehmen den Mächtigen Vorteile gegenüber Einzelnen bringen, das Absetzen des Hypothekenzinses die Mittelklasse gegenüber der Arbeiterklasse bevorzugt oder die Einkommensteuer die Geringverdiener gegenüber den Kleinunternehmern bevorzugt, jede Zeile des Steuergesetzes, die für die eine Gruppe gerecht ist, bewirkt sofort für eine andere eine ungerechte Benachteiligung. Eine Regelung im US-Steuerrecht beispielsweise, die Kleinunternehmen einen Steuernachlass gewährt, um einen Kleinlaster oder Transporter anzuschaffen, kommt unbeabsichtigt auch extrem Reichen zugute, die Benzin verschlingende Nobel-Pickups zu ihrem privaten Vergnügen anschaffen.[2]

Regeln sind die eine Seite, doch unser Gehirn ist für das Streben nach Kontakt mit Anderen und die Neigung zu auf Werten basierendem Denken gemacht, nicht für Regeln. Regeln sind ein soziales Phänomen.

Als Kinder wachsen wir in einer Welt äußerlicher Regeln auf – »fass nicht an den Herd« oder »lauf nicht auf die Straße«. Diese Regeln werden von den Eltern beschlossen und umgesetzt und wir akzeptieren sie aufgrund von Vertrauen. Wenn wir etwas größer sind, integrieren wir das Formulieren von Regeln in unser Spiel. Zunächst dienen Regeln ausschließlich unserem Eigennutz. »Also, die Regel ist, du darfst mich nicht fangen.« Wir formulieren Regeln oft so, wie wir sie selbst erleben – als Ausdruck von Grenzen, die Andere setzen, mit anderen Worten, was Mama und Papa wollen. Sehr bald merken wir jedoch, dass unsere Freunde Regeln, die Andere ihnen aufzwingen, genauso wenig mögen wie wir selbst, und so werden die Regeln neutraler, weil wir mit den Anderen auskommen wollen. Wir lernen, fair zu spielen. Noch später im Leben bedeutet es für die meisten von uns Spaß und Herausforderung, innerhalb von Regeln zu spielen. Das Damespiel macht Spaß, weil bestimmte Steine nur bestimmte Züge zu bestimmten Zeiten machen können, Kartenspiele sind noch komplexer, Spiele wie Schach und Go sind fast unendlich komplex, und Sport verknüpft spezifische Parameter mit physischer Aktivität. Die Beziehung zu Regeln, die wir als Erwachsene verinnerlicht haben, ist tief geprägt durch diese frühen Erfahrungen mit Regelbildung und Gruppenspiel.

Die Zivilisation selbst entwickelte sich entlang ähnlich organischer Linien, indem Erwachsene aufgrund der Erfordernisse des Zusammenlebens immer komplexere Regeln aufstellten. Es begann mit kleinen Horden, und als die Horden immer größer und die Beziehungen immer komplexer wurden, erfand man Regeln, um einander zu führen, zu organisieren und manchmal auch zu kontrollieren. Regeln wurden als Gesetze niedergeschrieben, wie das Steuergesetz, und wurden als Struktur der bürgerlichen Gesellschaft von einer kleinen Gruppe von Anführern gestaltet und aufrechterhalten. Bis heute beherrschen Regeln auf die eine oder andere Art den Raum zwischen uns und sind uns, wie wir bereits gesehen haben, auf manchen Gebieten nützlich. Doch für das neue Denken, das wir brauchen, um in einer Welt der richtigen inneren Haltung und des entsprechenden Verhaltens erfolgreich zu sein, müssen wir unsere Beziehung zu Regeln genauer ergründen, uns vor Augen führen, wie unser Denken über diese Regeln uns hilft und manchmal auch hemmt.

Regeln als Platzhalter

Warum lassen wir uns von Regeln steuern? Weil Regeln effizient erscheinen, und die moderne Gesellschaft (sowie der Kapitalismus des Industriezeitalters) auf der Grundlage der Effizienz aufgebaut ist. Zum Beispiel verleihen die meisten demokratischen Gesellschaften das Wahlrecht aufgrund des Alters. In den USA gilt es mit 18, in Japan mit 20 und in vielen anderen Ländern mit 21.[3] (Das Wahlrecht mit 21 hat seinen Ursprung ebenfalls in lange vergessenen feudalen Gebräuchen – es war in England das Alter für Ritterschaft.) Das Alter korreliert jedoch nicht unbedingt mit der Intelligenz, der Reife oder dem bürgerlichen Verantwortungsbewusstsein einer Person, mit Eigenschaften also, die unbestritten eine viel deutlichere Aussage treffen würden über die Qualifizierung einer Person zur Wahl. Wenn man mit einer Wahl das bestmögliche Ergebnis für eine Gesellschaft erzielen will, gemessen an der Möglichkeit, das größtmögliche Wohl für die größtmögliche Anzahl von Menschen zu bringen, würde man nur reife, verantwortungsvolle Bürger wählen lassen. Stattdessen wählen wir eine stellvertretende Größe – das

Alter – als objektiven, leicht quantifizierbaren Ersatz für Intelligenz und Verantwortungsbewusstsein und hoffen, dass dieser in gewisser Weise willkürlich gesetzte Platzhalter genügend qualifizierte Wähler mit einschließt, um eine gute repräsentative Regierung zu bekommen. Es gibt jedoch viele 25-jährige Wähler, die nur wenig Vorstellung davon haben, was eine gute Regierung ausmacht, und dagegen viele 15-Jährige mit einem hoch entwickelten Sinn für bürgerliche Verantwortung. Indem wir uns eher auf einen Platzhalter als auf einen Wert verlassen, schließen wir viele mit ein, die, vom Standard der bestmöglichen Wahlen aus gesehen, nicht mitwählen sollten, und wir schließen viele davon aus, die wählen sollten. Regeln wie das Wahlalter, die so funktionieren, sind damit sowohl über- als auch unterinklusiv.

Obwohl eine Wahl von ausschließlich qualifizierten Wählern eine viel bessere Wahl wäre, wäre sie extrem schwierig durchzuführen. Es ist relativ einfach, eine Wahl durchzuführen, wenn die Regel sagt, dass man 18 sein muss, um zu wählen. Man kontrolliert das Alter und die Wahlkreiszugehörigkeit, wenn die Wähler sich registrieren lassen. Dann kommen sie mit ihrer Wahlkarte und wählen, und die ganze Wahl überall im Land dauert nur einen Tag. Würde man andererseits Qualifikationen wie Reife und Verantwortungsbewusstsein bestimmen, wäre das Verfahren viel komplizierter und zeitaufwändiger, und natürlich subjektiv. In einer Gesellschaft, die auf Regeln beruht, wählen wir oft Effizienz vor Wert, aber während auf Regeln basierende Gesellschaftssysteme oft gut den Werten von Gerechtigkeit und Repräsentation entsprechen, verbirgt sich hinter ihrer scheinbaren Effizienz ein tiefer und wichtiger Makel: *Wir verlassen uns oft auf Regeln, auch wenn sie eigentlich nicht die effizienteste oder effektivste Lösung sind, um das angestrebte Ergebnis zu erhalten.* Diesen Makel zu verstehen, ist von entscheidender Bedeutung für den Erfolg in der Welt der *Welle.*

Ein weiteres Problem hinsichtlich Regeln liegt in der Tatsache begründet, dass sie nicht auf sehr effiziente oder systematische Weise entstehen. Vielmehr formulieren sie gewählte Gremien, die durch den politischen Prozess geprägt sind. Das bedeutet, diejenigen, die Macht über Andere ausüben oder ausüben wollen, militärisch oder beruflich, formulieren die Regeln. Unternehmensinhaber oder Vorstandsgremien oder von einer berufsspezifischen Leistungsgruppe dafür bestimmte Personen formulieren sie. William F. Buckley sagte einmal im Scherz, er würde lieber von den ersten 2 000 Leuten aus dem Bostoner Telefonbuch regiert als vom Lehrkörper in Harvard – und die Leute in Harvard sind ziemlich gescheit.[4] Entgegen der besten Absichten werden Regeln auf verschiedenste Weise geschaffen und oft als Reaktion auf Verhaltensweisen, die als inakzeptabel für die höheren Ziele der Gruppe gelten. Deshalb müssen wir oft die Regeln überarbeiten, wenn neue Umstände ihre Schlupflöcher aufdecken. Lassen Sie mich dies wieder an einigen Beispielen erläutern:

1991 gab der Kongress bundesweite Richtlinien heraus, um gutes Unternehmensverhalten zu fördern.[5] Zu dieser Zeit stellte der Kongress eine Reihe von Schritten und Programmen zur Verfügung, die Unternehmen einsetzen konnten, um ihre Haftbarkeit einzuschränken, sollten sie einer Gesetzesübertretung für schuldig befunden werden. Eine Lösung, die auf Regeln beruhte – aufgestellt von einer Organisation, die selbst auf Regeln beruht: der Regierung der USA. Als Reaktion darauf investierten die Unternehmen enorm in Programme für Gesetzestreue (*die* Platzhalter für gutes Verhalten schlechthin) und entwickelten eine breit angelegte und kostenintensive Bürokratie, in der Absicht sich gegen zukünftige Strafen zu wappnen. Dieser Ansatz im Geist von Zuckerbrot und Peitsche beseitigte aber nicht das Problem. Die Unternehmen bekamen mehr Zwänge auferlegt, mehr Strafen für Nichterfüllung und mehr Incentive-Leistungen für die Einhaltung der Richtlinien, und trotzdem entwickelte sich nicht wirklich mehr Gesetzestreue. Trotz dieser gigantischen Investition in mehr Programme für Gesetzestreue gab es seit 1991 immer mehr Unternehmen, die mit dem Gesetz in Konflikt gerieten. 2003 kam das Überwachungskomitee der Strafzumessungskommission nach Untersuchung der Programme für Gesetzestreue zu dem Ergebnis, dass diese »keine effektive Gesetzestreue« bewirkt hätten.

Nach einer übermäßigen Anzahl von Unternehmensskandalen um den Jahrhundertwechsel schrieb der Kongress eilig einen neuen Satz Regeln, um das Verhalten von Unternehmen zu steuern, die Sarbanes-Oxley-Bill (umgangssprachlich SOX genannt) und überarbeitete die Richtlinien, um auf die vergangenen Übertritte und Umgehungen zu reagieren. Die Unternehmen investierten erneut

Milliarden, um herauszufinden, wie sie den neuen Regulierungen entsprechen können, genau wie zwölf Jahre zuvor.[6]

Betrachten wir dieses kleinere Beispiel desselben Phänomens: Ein Abteilungsleiter stellt ein Schild im Gemeinschaftsraum seiner Firma auf, auf dem steht »Bitte die Mikrowelle nach Gebrauch sauber hinterlassen«; dann noch eines mit »Bitte nicht die Füße auf den Tisch legen«; dann ein drittes mit »Bitte nicht essen, was Anderen gehört«. All diese Regeln und die Myriaden weiterer Regeln und Verbote für den Gemeinschaftsraum, die der Abteilungsleiter wie ein Verrückter ausdruckt und überall aufstellt, drücken nur einen einzigen Wert aus: Respekt. Anstatt gleich einen gemeinsamen Wert zu formulieren, wie »Bitte respektieren Sie unsere Gemeinschaftsräume«, verbringen die meisten Regelmacher ihre Zeit damit, hinter dem menschlichen Erfindungsgeist herzulaufen, der im Allgemeinen mit den Regeln mitläuft, um sie zu erfüllen und sich gleichzeitig fröhlich neue Verhaltensweisen anzueignen, die außerhalb der Regeln stattfinden.

Was haben der pingelige Abteilungsleiter und seine Schilder gemeinsam mit der Regierung der USA und Sarbanes-Oxley? Beide enthüllen eine beunruhigende Wahrheit über Regeln: Regeln reagieren auf Verhalten. Sie steuern es nicht. *Regeln beherrschen nicht den Fortschritt des Menschen; sie beherrschen seine Vergangenheit.* Diese essenzielle Wahrheit formt unser Denken über Regeln: um erfolgreich zu sein, müssen wir anscheinend lernen, um die Regeln herumzutanzen.

Der mit den Regeln tanzt

Ich glaube an die Regel namens Gesetz und ich glaube, wir brauchen Regeln und Gesetze. Bestimmte Gesetze funktionieren und Gesetze haben viel bewirkt, wenn es um die Regulierung leicht quantifizierbarer menschlicher Handlungsweisen geht. Umweltgesetze, Gesetze für öffentliche Sicherheit und gegen Kinderarbeit – dies sind Bereiche, in denen die Gesellschaft zweifellos von jenem festen Boden profitiert, der unsere Handlungsweisen reguliert. Wir suchen uns ein Mineralwasser nicht danach aus, wie wenige Menschen es schon vergiftet hat, noch kaufen wir das Auto, das am wenigsten wahrscheinlich spontan in Flammen aufgehen wird. Wenn es umfangreiche und verlässliche Forschungsergebnisse darüber gibt, wie man ein Haus baut, das Erdbeben und Hurrikans optimal standhält, dann ist ein Gesetz, das diese Bauweise vorschreibt, ein Vorteil für die Gesellschaft. Wir sollten Bauherren nicht vier mögliche Bauweisen lassen, wenn wir wissen, dass nur eine bestehen wird. Bitte halten Sie sich vor Augen, dass dieses Buch nicht von kriminellem oder soziopathischem Verhalten handelt noch darauf aus ist, die bürgerliche Gesellschaft zu unterminieren. Es geht um eine geistige Haltung und ein Verhalten, das zu nachhaltigem Erfolg in unserem hypervernetzten, hypertransparenten Informationszeitalter führt.

Ebenso bin ich der Überzeugung, dass wir es alle schaffen sollten, innerhalb der Regeln gut zu leben. Die Regeln einzuhalten ist eine B-Hügel-Leistung. Es ist sicher, klar definiert und grundlegend. Wie alles grundlegende Wissen ist dies eine notwendige Stufe auf dem Weg zu wahrer Erkenntnis. Doch allzu viele bleiben auf dem Hügel B stehen.

Wir leben in einer Gesellschaft der gesetzlichen Regulierungen, und aufgrund unserer historischen Entwicklung hin zu immer weiter verbesserten Regelungen haben wir uns an diese Regeln sehr stark gewöhnt. Tatsächlich ist die Tatsache, dass wir uns so stark auf sie verlassen, selbst zum Teil des Problems geworden. Zu oft greifen wir auf Gesetze zurück, um Dinge zu regeln. Wenn das Gesetz sagt, etwas sei erlaubt, dann tun wir es. Wir sind sehr gut im Denken in Kategorien von »zulässig« und »nicht zulässig«. Unsere Geisteshaltung darin ist so gefestigt, dass wir darüber ganz starr geworden sind, wie ein Bodybuilder, der vergeblich versucht, seine Zehen zu berühren – stark, aber unflexibel. Wir überrespektieren die Regeln, was uns in einen Sumpf führt, in dem alle unsere Handlungen nur noch im Spektrum von gesetzlicher Zulässigkeit stattfinden. Darin sind wir so stark, dass wir allmählich glauben, wir können alles Mögliche tun, solange wir dabei im Rahmen des Gesetzes bleiben. Wir werden so wie Microsoft in den 1990ern, als man glaubte, man könne den Wettbewerb vernichten, solange man sich an den Buchstaben des Gesetzes hält.

Der Richter am Obersten Gerichtshof der Vereinigten Staaten Potter Stewart drückte es folgendermaßen aus: wir haben die gesetzliche Zulässigkeit verwechselt mit der moralischen Erlaubnis. Wer mit den Regeln tanzt, verliert über lange Sicht oft den Sinn dafür, was Recht ist. Da Regeln oft den wechselnden Windrichtungen politischer Zweckmäßigkeit unterliegen, liefern sie keine verlässliche Orientierung, um einen konstanten Kurs zu halten, besonders wenn die See rau und die Strömungen wechselhaft sind. Microsoft hatte niemals Schwierigkeiten, weil es ein Monopol-Unternehmen war. Es gibt in den USA tatsächlich kein Gesetz gegen die *Existenz* von Monopol-Unternehmen. Niemand hatte etwas dagegen, dass Microsoft ein Bulle war – im Business sind Bullen beliebt –, doch niemand konnte es ertragen, dass sich das Unternehmen aufführte wie ein Tyrann. Als Microsoft seine Position als virtueller Monopolträger ausnutzte, um sich unfair und aggressiv am Markt zu benehmen, wurde es vom US-Justizministerium und der Europäischen Kommission dafür belangt.[7] Microsoft bekam niemals Schwierigkeiten aufgrund dessen, *was* die Firma tat. Sie bekam Schwierigkeiten aufgrund dessen, *wie* sie es tat.

Nach all den Ausführungen über die Beschränktheit von Regeln könnten Sie nun annehmen, ich sei ein Fürsprecher davon, sie zu brechen. »Regeln sind dazu da, um gebrochen zu werden«, sagt ein beliebtes Sprichwort und ist eine geläufige Auffassung von Unternehmern. »Ich glaube an Regeln«, bekräftigt der legendäre Baseball-Coach Leo Durocher. »Ich glaube aber auch, ich darf die Regeln austesten, indem ich probiere, wie biegsam sie sind.«[8] Wenn wir Regeln umgehen, fühlen wir uns frei von Zwängen, doch das ist eine gefährliche Illusion.

Mein hauptsächlicher Konflikt mit Regeln liegt in unserer Grundhaltung ihnen gegenüber. *Regeln existieren außerhalb von uns.* Deshalb verwenden wir viel Zeit und Mühen darauf, uns mit ihnen auseinanderzusetzen und suchen nach genialen Wegen, sie zu umgehen oder kreativen Arten, innerhalb der Regeln zu leben. Niemand verinnerlicht das Steuergesetz, nicht einmal die Steuerberater, die davon leben, es zu interpretieren. Menschen sind von Natur aus Problemlöser und lieben die Herausforderung von Rätselaufgaben. Wir werden immer neue Schlupflöcher finden, und keine Regel der Welt kann absolut wasserdicht sein.

Die Zeit, die wir mit dem Tanz um die Regeln verbringen, trainiert unseren Geist in Beweglichkeit, Schläue und Erfindungsreichtum –

Just-do-it-Eigenschaften, doch die Zeit des Just-do-it ist vorbei. Der Tanz um die Regeln macht die Menschen zu Gesetzes-Technikern, die ständig nach Schlupflöchern Ausschau halten. Manche halten das Brechen von Regeln sogar für kreatives Denken, doch es ist genau das Gegenteil. *Entgegen der Regeln zu handeln ist einfach nur das negative Abbild des Handelns innerhalb der Regeln.* Nur in Begriffen zu denken, was eine Regel ausschließt, ist genauso begrenzt wie sich darauf zu beschränken, was sie einschließt. Zu viel Zeit, die man im Reich der Gesetze verbringt, schränkt wirklich kreatives Denken ein.

Exzessive Regulierung schafft eine Umgebung, in der wir weniger Rechtsempfinden haben. Wir werden abhängig vom Regelbuch, um unser Verhalten zu steuern. Wo es keine Regeln gibt – in jenen Grauzonen, denen wir täglich begegnen – fühlen wir uns, als könnten wir tun, was wir wollen. »Wenn es schaden würde«, denken wir, »hätte man dagegen eine Regel geschaffen.« Übermäßiges Vertrauen auf Regeln führt Menschen auch in Versuchung, sich nah am Abgrund zu bewegen. »Wie weit kann ich gehen?« fragen wir uns. Wir konzentrieren uns darauf, wo die Grenze der Regel verläuft und setzen unseren Fuß genau an die Linie, ohne sie zu übertreten. Wenn jedoch der Wind weht und sich die Umstände ändern, können wir uns schnell auf der falschen Seite befinden und einen hohen Preis dafür zahlen. Als die Verwaltungsrats-Vorsitzende von Hewlett-Packard (HP), Patricia Dunn, nach dem Skandal zurücktrat, den sie durch ihre Entscheidung verursacht hatte, andere Vorstandsmitglieder elektronisch überwachen zu lassen, berichtete die *Los Angeles Times*, sie sei »nicht besorgt gewesen, dass sich irgendetwas Illegales abspielen könnte, weil HP-Anwälte die Untersuchung überwachten.«[9] In der Zwischenzeit fand folgender E-Mail-Dialog statt zwischen Kevin Husaker, HP-Verteidiger und Ethik-Beauftragter, und dem HP-Sicherheitsbeauftragten Anthony Gentilucci, der ein Team von Privatdetektiven überwachte, die die Untersuchung durchführten:

Von: Kevin Hunsaker
An: Anthony Gentilucci

Hi Tony, wie bekommt Ron die Daten von Handys und
Festnetz-Telefonen? Hält sich alles im Rahmen der Legalität?

Von: Anthony Gentilucci
An: Kevin Hunsaker

Die Methode, die wir anwenden, heißt »Social Engineering«.
Die Detektive rufen den Mitarbeiter an und entlocken ihm mit
einem Trick die Daten. Der Mitarbeiter darf sie eigentlich nicht
herausgeben, und er kann dafür auch haftbar gemacht werden.
Ich denke, es ist an der Grenze, aber im legalen Bereich.

Von: Kevin Hunsaker
An: Anthony Gentilucci

Warum frage ich überhaupt.[10]

Führungskräfte müssen sich streng an die Wahrheit halten, aber
Dunn und ihre Kollegen von HP verhedderten sich derart darin, was
sie tun oder nicht tun *durften*, dass sie aus den Augen verloren, was
sie tun oder nicht tun *sollten*. Sie verloren den »HP-Stil« aus den
Augen, die Werte, die das Unternehmen aufgebaut hatten und die es
stark und einzigartig gemacht hatten.

Das menschliche Verhalten ist komplizierter, als die Sprache des
Gesetzes es beschreiben kann. Menschliches Verhalten trotzt jeglicher Einschränkung durch seine unendliche Variabilität und Kreativität. Es hat viel mit Streben und Absichten zu tun, mit vor- und
zurücklaufenden Interaktionen. Unsere zwischenmenschlichen Synapsen sind Bahnen in beide Richtungen, und die Interaktionen, die
über sie laufen, sind dynamisch. Weil Regeln nur reagieren können,
können sie oft nur schwer mit den unendlichen Veränderungen und
zahlreichen Bedeutungsnuancen mithalten, die zwischen Menschen
im Verlauf des Lebens ablaufen.

Nachteile von Regeln

Regeln sind äußerlich.
Sie werden von Anderen gemacht.
Sie sind für uns wie eine Rätselaufgabe, die wir lösen
und zu der wir Schlupflöcher finden.

Wir stehen Regeln ambivalent gegenüber.
Wir wissen, wir brauchen sie und wir wollen, dass Andere sich daran halten,
doch wir sagen:»Regeln sind dazu da, gebrochen zu werden«.

Regeln sind reaktiv.
Sie reagieren auf vergangene Ereignisse.

Regeln sind über- und unterinklusiv.
Weil sie Platzhalter sind, können sie nicht präzise sein.

Zu viele Regeln lähmen das System.
Nur wenige Menschen können sich alle Regeln merken.
Wir verlieren an Produktivität, wenn wir ständig Regeln nachschlagen.

Regeln sind im Allgemeinen Verbote.
Sie definieren, was man *darf* und *nicht darf.*
Wir betrachten sie als Einschränkung und Zwang.

Regeln müssen durchgesetzt werden.
Bei zu lockerer Handhabung verlieren sie an Glaubwürdigkeit
und Wirkung.
Sie erfordern teure Bürokratie, um ihre Einhaltung zu kontrollieren.

**Regeln beschreiben Grenzen und Grundlagen, schaffen aber auch
unbewusste Beschränkung nach oben.**
Wir können nicht gesetzlich festlegen »Es gibt keine Grenzen nach oben«.

Die einzige Art, Regeln zu respektieren, ist, ihnen genau zu folgen.
Sie üben Zwang und Motivation aus.
Die Inspiration zu hervorragender Leistung muss von einer
anderen Quelle kommen.

Zu viele Regeln schaffen geistige Abhängigkeit.
Wir denken »wenn es schaden würde, gäbe es eine Regel dagegen.«

Dies konfrontiert uns mit einer Frage: Gibt es in einer sich schnell ändernden Welt eine Möglichkeit, menschliches Verhalten so zu steuern, dass Veränderungen von vorn herein mit einbezogen sind? Trotz Winston Churchills Spöttelei, dass die Demokratie die schlechteste Regierungsform ist außer allen anderen, so funktioniert sie doch. Sie funktioniert als gesellschaftlicher Vertrag, denn demokratische Länder gründen nicht auf einer Sammlung von Regeln, sondern vielmehr auf einer Sammlung gemeinsamer Werte: auf Verfassungen. Verfassungen sind mächtige Dokumente, weil sie voller Werte und Prinzipien des Volkes, das sie regieren, stecken, wie beispielsweise freie Meinungsäußerung, Freiheit, Wahlrecht, Gerechtigkeit, Gleichheit, das Recht auf Selbstverwirklichung und das Gesetz. Diese innersten, grundlegendsten Werte können auf neue Situationen interpretiert und angewendet werden, wenn sie auftauchen. Je grundsätzlicher das Dokument ist, desto dauerhafter kann es für sich ändernde Zeiten gelten. *Der Schlüssel zu nachhaltigem, konstantem Erfolg liegt nicht darin, alle Regeln zu brechen; er liegt darin, über die Regeln hinauszuwachsen und die Kraft von Werten zu nutzen.*

Was uns auf der Zunge liegt

Um voll und ganz zu verstehen, wie beschränkt wir sind, wenn wir uns übermäßig auf Regeln verlassen, untersuchen wir kurz die Art und Weise, wie wir denken. Dazu müssen wir zunächst den Sprachprozess betrachten: Wenn man sich in eine Beziehung zu Regeln begibt, nimmt man auch deren Sprache an, und Sprache hat einen gewaltigen Einfluss auf unser Denken. Die meisten Menschen denken, die Sprache folge dem Gedanken: Etwas fällt Ihnen ein, und dann finden Sie Worte, um dies auszudrücken. Tatsächlich haben Studien gezeigt, dass das genaue Gegenteil der Fall ist: Wir denken in Sprache. Je umfangreicher unser Wortschatz und unsere Fähigkeit zum Satzbau werden, umso detaillierter und nuancierter wird auch unser Denken. Wenn Sie beispielsweise nur zwei Wörter kennen würden, um eine Oberfläche zu beschreiben, hart und weich, würden Sie wahrscheinlich Oberflächen einer von zwei Klassifizierungen zuordnen. Die ganze Welt wäre hart oder weich, und sämtliche Abstufungen von Härte – fest, starr, steif, tragend – sowie alle verschiedenen Arten von Weichheit – schwammig, samtig, flauschig, seidig – würden Ihnen eher nicht auffallen. Sie erfassen diese Qualitäten meist, weil Sie die Worte dafür kennen, oder, um genauer zu sein, gemäß den Sprachwissenschaftlern, *ist es wahrscheinlich, dass Sie aufgrund der Sprache, die Sie sprechen, bestimmte Arten von Bewertungen vornehmen.* Obwohl der indische Philosoph Bhartrihari diese Idee bereits im 5. Jahrhundert erörterte, wird sie in der Sprachwissenschaft die »Sapir-Whorf-Hypothese« genannt, abgeleitet von der Arbeit des Linguisten und Anthropologen Edward Sapir und seinem Kollegen und Schüler Benjamin Whorf.[11] Sie postulierten einen systematischen Zusammenhang zwischen den grammatikalischen Kategorien der Sprache einer Person und der Art und Weise, wie diese Person die Welt versteht und sich in ihr verhält. Wie Sapir es ausdrückte, »Wir sehen, hören und erleben weitestgehend so, wie wir es tun, weil der Sprachgebrauch unserer Gemeinschaft bestimmte Auswahlmöglichkeiten an Interpretation von vorn herein zur Verfügung stellt.«[12]

Um den Einfluss von Sprache auf unser Problemlösungsverhalten zu verstehen, betrachten Sie die folgenden zwei Beispiele und wie die Prägung durch eine bestimmte Sprache das jeweilige Ergebnis formte:

In den 1970er und 1980er Jahren, während des Kalten Krieges, gewannen ostdeutsche Athleten, proportional zur Bevölkerungszahl gesehen, eine übermäßige Menge olympischer Medaillen. Nach dem Fall des Kommunismus wurde schnell bekannt, was die Welt bis dahin weitgehend vermutet hatte: Ihr Erfolg beruhte auf dem erzwungenen Gebrauch leistungssteigernder Medikamente, besser bekannt als Anabolika.

Diese Medikamente schädigten später die Gesundheit der Athleten, die diese unter Zwang einnehmen mussten, und 2005 schloss sich eine kleine Gruppe dieser früheren ostdeutschen Olympioniken zusammen, um Schadenersatz- und Schmerzensgeldzahlungen für ihre fortschreitenden gesundheitlichen Probleme und die Ausgaben dafür einzuklagen.[13] Da die ostdeutsche Regierung nicht mehr existiert, verklagten sie JVE Jenapharm, die Firma, die die Medikamente hergestellt hatte, auf 4,1 Millionen Dollar für Behandlungskosten.[14] Jenapharm ist ein traditionelles Familienunternehmen, das im 19. Jahrhundert gegründet wurde und heute dem Pharma-Giganten Bayer Schering Pharma AG angehört. Der Konzern ist heute für seine Fachkompetenz auf dem Gebiet der Reproduktionsmedizin bekannt und stellt eine Reihe oraler Kontrazeptiva sowie Hormonersatzpräparate für die Therapie in der Menopause her. Die Antwort von Jenapharm auf den Prozess war klar, prompt und unzweideutig. Das Unternehmen argumentierte, dass es im Zuge der Planwirtschaft der DDR vom Staat gezwungen wurde, die Medikamente herzustellen und ohne Warnung oder Hinweise an die Athleten auszugeben. Mit der Aussicht auf eventuell den Bankrott verursachende Forderungen von den nahezu 10 000 anderen Athleten, die ähnliche Schäden davontrugen, war die Aussage von Jenapharm im Wesentlichen:»Es ist nicht unsere Schuld und wir sehen uns vor Gericht.« Vor dem Hintergrund internationaler und deutscher Präzedenzfälle hatte diese Haltung potenziell günstige Voraussetzungen, und den Prozess durchzustehen war eine klare Option, etwas, so scheint man sich gesagt zu haben, das man tun *konnte*.

Auf der anderen Seite des Globus besteht das Universitätsklinikum von Michigan und das dazu gehörige Gesundheitszentrum (UMHS) in Ann Arbor aus drei Krankenhäusern, einer medizinischen Fakultät und zahlreichen weiteren medizinischen Einrichtungen. 2001 litt das UMHS wie viele ähnliche Einrichtungen unter der budgetsprengenden Last von Prozessen wegen ärztlichen Versagens, deren Anzahl im ganzen Land in den vorangegangenen 10 Jahren exponentiell in die Höhe geschossen war. Aufgrund der zunehmenden Transparenz von Behandlungsmethoden, besser informierten Patienten und opportunistischen Anwälten für Schmerzensgeldklagen wurde man sich klar, dass man in einem gewissen Prozentsatz der Fälle die Haftung übernehmen musste, obwohl man alles Mögliche getan hatte, um Fehler im System zu vermeiden. In diesem Jahr gewann UMHS viele Klagen und Prozesse wegen ärztlichen Versagens vor Gericht, doch verlor auch in über 260 Fällen und hatte dadurch Kosten von 18 Millionen Dollar zu tragen.[15]

Als die Verwaltung des UMHS nach Wegen suchte, um seine potenzielle Haftbarkeit einzuschränken, zeigte sich, dass man bei Prozessen wegen katastrophaler Fehler, die den Tod des Patienten oder den Verlust einer Extremität zur Folge hatten, wenig tun konnte. Also konzentrierte man sich auf Prozesse, bei denen es um weniger ernste Konsequenzen ging, wie bei einem Patienten, der unter Epilepsie litt und operiert wurde. Sein Arzt vergaß, ihm die nötigen Antiepileptika nach der Operation zu verschreiben. Als der

Patient auf der Toilette einen Anfall hatte und sich den Kopf aufschlug, was mit ein paar Stichen genäht werden musste, folgte wie erwartet prompt ein Prozess. Die Verwalter fragten sich, was sie in solchen Fällen für die Patienten tun *sollten*.

Weiterhin Prozesse wegen ärztlicher Kunstfehler vor Gericht auszufechten blieb eine Möglichkeit, doch man schlug einen anderen Kurs ein. Man ermutigte die Ärzte, sich zu entschuldigen. Man griff auf das bewährte Lernprogramm für Arzt-Patienten-Kommunikation zurück und entwickelte Szenarien, durch die die Ärzte verstanden, wie sie vorgehen mussten und lernten, es sofort zuzugeben, wenn sie einen Fehler gemacht hatten. Wenn man heute einen Fehler wie die versäumte Verschreibung für den epileptischen Patienten entdeckt, entschuldigt sich der Arzt unverzüglich. Als UMHS diese Strategie bekannt gab, die völlig anders war als die von Jenapharm, wurde sie allgemein für lächerlich und als rechtlicher Selbstmord befunden.

Es ist von entscheidender Bedeutung zu verstehen, dass in einer hypervernetzten Welt, in der Informationen über die Handlungsweisen jedes Einzelnen sofort zu jedem Interessierten gelangen, die Menschen, die Sie beobachten, nicht nur beurteilen werden, *was* Sie tun, sondern auch *wie* Sie es tun. Sie werden sich nicht zurücklehnen und abwarten, ob Sie gewinnen oder verlieren. Sie werden beobachten, wie Sie mit dem Fall umgehen. Wenn diese zwei Unternehmen Menschen wären – Ihre Kollegen oder Geschäftspartner –, würde die Meinung, die Sie über sie haben, sicherlich die Art bestimmen, wie Sie mit ihnen umgehen. Lassen Sie mich also fragen: Ausgehend davon, was Sie über diese beiden ähnlichen Rechtslagen wissen, welches Urteil haben Sie sich über den Charakter dieser beiden Unternehmen gebildet? Finden Sie, dass Jenapharm eine vernünftige, vorausschauende und rechtlich vertretbare Haltung eingenommen hat, eine legitime Strategie, das Unternehmen vor dem Bankrott zu schützen? Und dass UMHS rechtlich gesehen verrückt ist, seine Haftbarkeit sofort nach dem Fehler zuzugeben? Oder finden Sie, dass Jenapharm aufgrund abstrakter legaler Gegebenheiten siegte und durch das Handeln streng innerhalb der gesetzlichen Grenzen eventuell Kunden vergraulte, während UMHS sich an seine Werte hielt, die Interessen der Patienten zuerst und erst an zweiter Stelle das Risiko höherer Prozesskosten berücksichtigte?

Und so ging es weiter: Ende 2006 stimmte Jenapharm zu, 184 von den Tausenden betroffenen Athleten je 9 250 Euro zu zahlen und

170 000 Euro an Organisationen zu spenden, die die Opfer des DDR-Doping unterstützen.[16] Noch immer gab Jenapharm jedoch kein Fehlverhalten zu und Jenapharm-Vorstand Isabel Rothe erklärte in einer Stellungnahme, dass »diese Einigung einen sich lange hinziehenden Rechtsstreit vermeiden wird.« Die Langzeitwirkung auf das Ansehen und die Beziehungen am Markt für Jenapharm sind unbekannt. (Interessanterweise gaben eine Woche vor der Erklärung von Jenapharm der Deutsche Olympische Sportbund und die Bundesregierung bekannt, dass sie eine ähnliche Summe an 167 Opfer bezahlen würden. Indem er einen völlig neuen Tonfall anschlug, bekräftigte Thomas Bach, Präsident des Sportbundes: »Wir übernehmen die moralische Verantwortung und wollen sicherstellen, dass etwas Ähnliches nie wieder passieren kann.«) In den drei Jahren nach der Entscheidung von UMHS, sich zu entschuldigen, sank dagegen die Anzahl der Klagen und Prozesse wegen ärztlichen Versagens um fast 50 Prozent, und die Prozesskosten bei den verbleibenden Verfahren fielen ebenfalls um 50 Prozent, was UMHS einige Millionen Dollar sparte. Das Beispiel zeigt, wie ein Unternehmen versuchte, den durch Entdeckung erlittenen Schaden zu begrenzen, indem es sich allen Herausforderungen verschloss, während das andere sich für die Herausforderung öffnete und damit seinen Schaden reduzierte.

Wie kam UMHS zu einer so völlig unkonventionellen Lösung wie der Entschuldigung, einer Entscheidung, die in dieser Zeit allgemein als rechtlicher Selbstmord angesehen wurde? UMHS greift auf seine Werte zurück, um Unternehmensziele zu verfolgen. Respekt, Mitgefühl, Vertrauen, Integrität und Führungskultur – die offiziellen Werte – durchdringen alles – von der Art, wie Patienten behandelt werden bis zu der Art, wie man mit Mitarbeitern umgeht – und man führt diese Werte in den sieben strategischen Prinzipien des Unternehmens auf.[17] Als Organisation, die in ihrem Kern auf der Sprache von Werten begründet war, ging man hier an das steigende Problem der Haftbarkeit heran, nicht, indem man sich fragte »was *können* wir tun?«, sondern »aufgrund unserer Werte, was *sollten* wir tun?« Dieser Gedankengang führte zu der Einsicht, dass medizinische Versorgung grundsätzlich eine Interaktion zwischen zwei Menschen ist – dem Arzt und dem Patienten –, genau wie jede andere Geschäftsbeziehung auch, und man untersuchte, woran es in den Fällen »krankte«, die mit einem Prozess endeten. Schnell lernte man, dass die überwältigende Mehrheit der Kläger im Allgemeinen den eigentlichen Fehler gut verzeihen konnte – Ärzte sind auch nur Menschen. Doch die Ärzte, die das Vertrauen der Patienten enttäuscht hatten, indem sie die Schuld abstritten, machten diese wütend. Die wahre »Krankheit« in diesen Fällen liegt in der zwischenmenschlichen Synapse zwischen Arzt und Patient. Ausgestattet mit dem Wissen, dass zerstörtes Vertrauen zu Vergeltungsmaßnahmen für unvermeidbare Fehler führte, suchte UMHS nach Wegen, diese grundsätzliche Störung zu heilen. Und Heilen ist ihre Kernkompetenz. Die neue Herangehensweise brachte auch unerwartete zusätzliche Vorteile mit sich. Da die Arbeitsatmosphäre nun frei von Angst vor Strafen war, hörten die Ärzte auf, sich zu drehen und zu winden, um ihre Schuld zu verbergen, wenn sie einen Fehler machen. Sie gehen freier an die Untersuchung heran, was falsch lief, und erarbeiten neue Lösungen, um in Zukunft solche Fehler auszuschließen. Die Kultur der Transparenz, die durch die neue Offenheit bei UMHS entstand, senkte die Fehlerquote im gesamten Klinikum und verbesserte messbar die Qualität der Patientenversorgung.[18]

Jede organisierte Gruppe braucht eine Art Führung (Unternehmen, Gesellschaften und sogar Familien sind sich darin ähnlich), und die meisten Führungssysteme benutzen dabei zumindest einige Regeln. In unserer Metapher »Arbeitsgemeinschaft als Stadion«, dürften wir der einhelligen Meinung sein, dass beispielsweise jeder ein Ticket braucht, um hineinzukommen, jeder auf seinem Platz sitzt und das Spiel um 9 Uhr beginnt. Ohne ein paar solcher Regeln herrscht Anarchie. Fans stürmen die Tore und setzen sich irgendwo hin, und die Menschen erscheinen zur Arbeit, wann es ihnen passt, ohne Rücksicht auf die Planungen Anderer. So findet das Spiel niemals statt. Die meisten Gruppen bringen ihr Führungssystem in Form von Verhaltensregeln zum Ausdruck. Einige dieser Regelungen lesen sich wie das Steuergesetz, eine Sammlung von Regeln, die bestimmte Verhaltensweisen voraussehen, beschreiben und vorschreiben. »Reinigen Sie Ihren Arbeitsplatz am Ende jedes Arbeitstages.« »Tragen Sie immer blaue Hosen.« Sie scheinen, wie alle Regelsammlungen, auf den ersten Blick ein effizienter Weg zu sein, den festen Boden für menschliches Verhalten über die Hierarchien eines Unternehmens hinweg zu definieren und zu kommunizieren. Andere Verhaltensregelungen lesen sich eher wie eine Verfassung und sind voll von den Werten und Prinzipien, die das Unternehmen antreiben. Die Verhaltensrichtlinie des

Bekleidungsherstellers Levi Strauss besagt:»Wir sind ehrlich und vertrauenswürdig. Wir halten, was wir versprechen. Unsere Integrität schließt den Willen mit ein, das Richtige für unsere Mitarbeiter, Marken, Unternehmen und die Gesellschaft als Ganzes zu tun, auch wenn wir mit persönlichen, beruflichen und sozialen Risiken oder wirtschaftlichem Druck konfrontiert sind.«[19] Diese allgemeine Darstellung von Prinzipien kann auf den ersten Blick vage und nicht unmittelbar oder leicht anwendbar auf die verschiedenen alltäglichen Entscheidungen erscheinen, die ein Mitarbeiter treffen muss. Die Art der Sprache, die eine Gruppe wählt, übt jedoch einen bemerkenswerten und mächtigen Einfluss auf das Verhalten aus, das daraus resultiert.

Die Sprache von Gesetzen und Regeln ist die Sprache des *Dürfens/Könnens* und *nicht Dürfens/Könnens*, des *Richtig* gegen *Falsch*. Sie ist eine binäre Sprache mit wenig Raum für Nuancen oder Bedeutungsschattierungen. Genau deshalb ist sie nicht geeignet, den ganzen Reichtum menschlichen Verhaltens zu beschreiben. Unser Menschsein enthält so viel mehr als nur *richtig* oder *falsch*. Wenn man in der Sprache von Zulässigkeit und Verbot (*darf/kann* gegen *darf/kann nicht*) verhaftet bleibt, bleibt man auch im regelbezogenen Denken verhaftet, anstatt in der Größenordnung von wahrem menschlichem Potenzial zu denken. Das eigene Vorgehen kann man zwar vor Gericht in Begriffen von Nutzen diskutieren – «*Können* wir das tatsächlich vor Gericht durchsetzen?« –, doch es ist etwas völlig anderes, dies in Begriffen von Werten zu besprechen – »Angesichts dessen, woran wir glauben, *sollten* wir dies vor Gericht durchsetzen?« Die erste Herangehensweise erzeugt das Denken in Regeln und Vorschriften; die zweite öffnet das Denken für das, was für die Kernwerte einer Organisation oder eines Individuums und dessen langfristigen Erfolg am wichtigsten ist. In diesem Unterschied – dem zwischen *Dürfen/Können* und *Sollen* – liegt ein außergewöhnlich wichtiger Schritt hin zur Entfaltung in einer Welt der *Welle: Wahre Freiheit liegt nicht in der Abwesenheit von Zwang; wahre Freiheit liegt in der Transzendenz des auf Werten basierenden Denkens.*

Das Denken in der Sprache von *Dürfen/Können* gegen *nicht Dürfen/ Können* versetzt Sie in eine Sichtweise, durch die Sie Herausforderungen auf eine bestimmte Weise wahrnehmen und darauf mit engstirnigen Lösungen reagieren. Ein Denken und eine Sprache, die von Werten geprägt sind – die Sprache des *Sollens* und *nicht Sollens*, anstatt des *Dür-*

fens und *nicht Dürfens* – eröffnet Ihnen ein weites Spektrum von möglichen Gedanken, ein Spektrum, das die komplette Farbpalette menschlichen Verhaltens umfasst, entgegen der Schwarz-weiß-Antworten von Regeln. Dieses Spektrum erst kann zu wirklich kreativen und innovativen Lösungen für Herausforderungen führen.

In Werten denken

Ich führe hier die rechtlichen Auseinandersetzungen von Jenapharm und UMHS an, weil sie ein ziemliches Schwarz-Weiß-Bild vom Unterschied zwischen dem Denken im *Dürfen/Können* und dem Denken im *Sollen* zeichnen. Ein Prozess ist normalerweise viel schlimmer als unsere alltägliche Konfrontation mit Regeln und Vorschriften. Unsere Reaktionen in der Realität des Lebens sind jedoch in vieler Hinsicht dieselben. Jeden Tag versuchen wir, Regeln so elegant wie möglich zu umgehen oder zu erfüllen. Der Chef erteilt Ihnen ein Lob für eine Aufgabe, von der Sie wissen, dass sie einer der Mitarbeiter in Ihrem Team erfüllt hat. Werden Sie ihn unterbrechen und die Anerkennung dem zukommen lassen, der sie verdient hat? Sie *können* natürlich einfach nichts sagen und den Moment vorbeigehen lassen. Es gibt keine *Regel*, die Ihnen vorschreibt, einen Ihnen unterstehenden Kollegen zu belohnen. Tatsächlich erlaubt Ihnen das ungeschriebene Gesetz des Business, Anerkennung für die Leistungen der Ihnen unterstehenden Mitarbeiter entgegenzunehmen. Also lassen Sie den Augenblick verstreichen. Dies ist ein Beispiel für Regeldenken in seiner heimtückischsten Form.

Ich würde sagen, die meisten Menschen halten es für unrecht, unverdientes Lob anzunehmen, auch wenn man es nicht herausgefordert hat. So etwas sollten wir einfach nicht tun, es entspricht keinem Wert, den wir anerkennen. Und doch würde ich auch vermuten, dass Ihnen, wenn Sie ein wenig nachdenken, ein ähnlicher Moment einfällt, in dem Sie, entweder, weil es gerade keine spezielle Regel gab, oder weil die Regel zweideutig war, Ihre Handlungen von einer Regel leiten ließen, und nicht davon, was Sie, wenn Sie darüber nachdenken, hätten tun *sollen*, um konform mit Ihren Werten zu handeln. Wer die Regelsprache des *Könnens* mit all ihren Fallgruben überwindet und die werteinspirierte Sprache des *Sollens* verinnerlicht, dem eröffnen sich die Pfade zu wirklich innovativen Lösungen wie der von UMHS oder auch einfachere Dinge wie die Anerkennung im speziellen Fall zu teilen. UMHS erreichte eine dramatische Senkung seiner Gerichtskosten.

Wenn Sie die Anerkennung an den Ihnen unterstellten Mitarbeiter weitergeben, gewinnen Sie seine Loyalität und sein vermehrtes Engagement, und das nächste Mal, wenn Ihr Team eine besondere Leistung vollbringen muss, wird er sich melden und gerne die nötige Wochenend-Arbeitszeit dafür opfern. Um sich in einer Welt der *Welle* zu entfalten, müssen Sie die Muskeln der Regelumgehung im Zaum halten – so stark sie auch ausgebildet sein mögen –, und zwar mit der Fähigkeit, in der Sprache der Werte zu denken, in Begriffen des *Sollens*.

Im Rahmen von Regeln gibt es nichts, das inspirierend wäre. Schon ihre Definition verlangt danach, dass man sie nur erfüllt. Um eine Regel zu achten, muss man nichts weiter tun als sie befolgen. Regeln schaffen eine Kultur der Ergebenheit, in der sich jeder an ihnen orientiert und einen Weg findet, mit ihnen zu leben oder sie zu umgehen – mit anderen Worten, innerhalb oder außerhalb der Regeln zu leben. Während »brich alle Regeln« ein schrecklicher Rat ist, den man jemandem erteilen kann, zeigt sich auch das Gegenteil, der alte Spruch »halt dich einfach an die Regeln«, heute als nicht viel besser. Er führt zu einem Leben von äußerlicher Unterwürfigkeit und einer willfährigen Geisteshaltung. In einer werteorientierten Sprache zu denken befreit von der Tyrannei der Regeln und von der Illusion der Freiheit, die ein Leben entgegen der Regeln vorgaukelt.

Um Wellen erzeugen zu können, braucht man ein inspirierenderes und zwingenderes Organisationsmittel als Regeln. Sie können keine Welle erzeugen, indem Sie die Regel aufstellen, dass es jeden Dienstag nach dem Mittagessen eine Welle gibt. Und selbst wenn, was für eine Art Welle wäre das schon? Das Denken und Kommunizieren in der Sprache des *Sollens* – der auf Werten basierenden Sprache – ist an sich schon eine Inspiration. Das Feld der Werte ist weit und unbeschränkt und schafft einen echten Freiraum für Kreativität, in dem Sie neue Wege erkennen, um Ihre Ziele zu erreichen. Werte sind uns wichtig, und sie sind auch Anderen wichtig, und damit erfüllen sie die Synapsen zwischen uns und Anderen mit mehr Bedeutung. Werte liefern einen festen Boden plus Motivation, weil sie uns wichtig sind, und weil wir dazu neigen, unsere Energie für das einzusetzen, was uns am meisten bedeutet: *Gerechtigkeit. Treue. Ehrlichkeit. Integrität.* Werte haben Struktur. *Fairness. Bescheidenheit. Dienst am Anderen.* Die Sprache der Werte inspiriert uns, weil Werte von sich aus ein Antrieb sind. Sie bringen uns auf eine höhere Ebene. Wir glauben nicht an Regeln, doch wir alle glauben an unsere Werte. Sie gehören zum Kern unseres Menschseins. Werte wirken in zweifachem Sinn. Sie inspirieren uns dazu, *mehr als nötig* zu tun, und hindern uns gleichzeitig daran, *weniger als nötig* zu tun. Sie zu hintergehen käme einem Selbstbetrug gleich. Sie schaffen natürlichen, festen Boden, ohne unabsichtlich Grenzen nach oben zu setzen. Wir alle haben eine Kernsammlung von Werten, die wir mit der Zeit gebildet haben, entweder durch den Einfluss Anderer – Eltern, Lehrer, Mentoren, Freunde – oder durch Lebenserfahrung. Während Regeln als Platzhalter fungieren für die Dinge, die uns wichtig sind – so wie das Mindestalter für das Wahlrecht Reife und Verantwortung repräsentiert –, sind Werte kein Mechanismus oder Mittel, das sich dem Wichtigen annähert, oder das zwischen uns und dem Wichtigen vermittelt. Werte stellen selbst das Wichtige dar und kehren unsere Stärken als Mensch hervor. Parallel dazu wird alles, was wir tun, von mehr Bedeutung durchdrungen, wenn wir darüber in Begriffen von Werten denken. Wenn zwei Maurer für einen Tag Arbeit gleich bezahlt werden, welcher geht dann abends reicher nach Hause: der, der als Mauerbauer eingestellt und behandelt wurde, oder der, den man wie einen Kathedralenbauer begeistert und miteinbezogen hat?

Es gibt unzählige Gründe, warum es heute mehr denn je wichtig ist, unsere Einstellung gegenüber Regeln zu überdenken. Zunächst erhebt das 21. Jahrhundert Kreativität und Innovation über fast alles andere, und indem Sie sich von den Zwängen des regelbasierten Denkens befreien, eröffnen sich Ihnen neue Entdeckungen und Möglichkeiten. Was noch wichtiger ist: In einer transparenten Welt werden wir ebenso sehr durch den Prozess, *wie* wir die Dinge handhaben, beurteilt wie durch die Ergebnisse, die wir erzielen. In einer Welt, in der wir einer unbegrenzten Zahl von tatsächlichen oder potenziellen Wettbewerbern gegenüber stehen, unterscheiden wir uns von den Anderen zunehmend durch die Art, *wie* wir tun, was wir tun. Es gibt kaum eine Branche, die nicht unter dem »Lebensmittelladen-Syndrom« leidet, das heißt, wir haben die Auswahl zwischen den verschiedensten Lebensmittelläden, und jeder bietet vergleichbar günstige Preise. Nach dem Preis richtet sich die Wahl des Ladens üblicherweise danach, wie man als Kunde behandelt wird, also nach der Qualität der menschlichen Interaktion, die wir dort erleben. Wir möchten gern einkaufen, wo wir uns wohl fühlen, wo die Ware gut zu sehen und leicht zu bekommen ist und wo die Angestellten positiv auf uns reagieren. Um diesen Eindruck in allem, was Sie tun, zu erwecken, um Wege zu entdecken, den Wettbewerb durch Ihr Verhalten hinter sich zu lassen, müssen Sie ein Denken entwickeln, das Ihre beste Leistung hervorbringt, ein Denken in der Sprache des *Sollens*.

Wer wagt, gewinnt

In der Sprache von Werten zu denken setzt mächtige Möglichkeiten für Wachstum und Handeln frei, doch auf den ersten Blick kann es manchem gefährlich erscheinen. Für die Führungsebene in manchen Unternehmen bringt der Wandel vom Führen durch Regeldenken hin zum Führen durch Wertedenken mitunter die Angst vor Kontrollverlust mit sich. Führen durch Regeln leitet weniger Macht die Hierarchieebenen hinunter, was bei denen, die oben sind, den Eindruck erweckt, sie könnten leicht kontrollieren, was die unter ihnen tun. Diese Geisteshaltung stammt noch aus den Tagen des Festungs-Kapitalismus und des Feudalismus. Führen durch Werte dagegen dezentralisiert die Macht und legt die Verantwortung für Entscheidungen in die Hand von Mitarbeitern aller Ebenen. Werte sind weder schwarz-weiß noch quantifizierbar. Werte sind wie Vertrauen. Werte geben anderen die Macht, Sie zu achten oder Sie zu betrügen. Sie eröffnen Wege und Möglichkeiten und lassen Raum für Interpretation.

Überraschenderweise besitzt das Führen durch Werte einen enormen Vorteil. In dem Maße, wie Unternehmenseinheiten sich auf der ganzen Welt ausbreiten und zunehmend Interaktion zwischen gleichrangigen Mitarbeitern in der Organisation stattfindet, verlieren Führungsstrategien der steilen Hierarchien an Wirksamkeit. Der Trend in der Geschäftswelt des 21. Jahrhunderts hin zu flachen Hierarchien schafft einen fruchtbaren Boden für Führungsstrategien, die ihre Wirkung in einem dezentralisierten Umfeld entfalten. Während das Führen durch Werte durch diese Verlagerung der Macht für Unternehmen aller Größen gefährlich zu sein scheint, verleiht es ihnen letztlich mehr Macht. Die neuen Bedingungen in der Welt der *Welle* verlangen nach genau dieser Denkweise. Werteorientiertes Denken ermöglicht dem Individuum echte Freiheit im Handeln für das Unternehmen.

Als Harry C. Stonecipher, Präsident und Vorstandsvorsitzender von Boeing, vom Boeing-Vorstand zum Rücktritt aufgefordert wurde, nachdem er eine außereheliche Affäre mit einer Mitarbeiterin hatte, hätte das Unternehmen beispielsweise damit reagieren können, in seine Verhaltensrichtlinien ein Verbot oder Einschränkungen bestimmter Beziehungen zwischen Mitarbeitern aufzunehmen. Stattdessen tat man bei Boeing etwas weitaus Interessanteres: Man formulierte und etablierte einen Wert. Leitender Direktor und ehemaliger Boeing-Aufsichtsrat Lewis Platt berichtete: »Der Vorstand ist zu dem Ergebnis gekommen, dass die Tatsachen gegen Harry sprechen und seine Fähigkeit, in der Firma eine Führungsposition einzunehmen, beeinträchtigen. [...] Der Vorstand muss den Standard setzen für unantastbares geschäftliches und persönliches Verhalten, und hat darum beschlossen, dass diese Entscheidung unter den gegebenen Umständen richtig und nötig war. Wir haben hart darum gekämpft, unseren guten Ruf wieder herzustellen. Jeder sollte wissen, dass wir dagegen vorgehen werden, sollten wir irgendwelche unangebrachten Verhaltensweisen feststellen.«[20] Boeing vermittelte die Botschaft, dass das Verhalten seiner Angestellten nicht von einer Sammlung von Regeln abhängt, sondern von einem viel höheren Anspruch: dem *guten Ruf*. Mit einem Schlag verstanden die Boeing-Mitarbeiter, dass es ein Teil ihrer Aufgabe war, dem Unternehmen einen guten Ruf zu verschaffen, und diese Integrität war von so zentraler Bedeutung für Boeing, dass sogar die allerhöchsten Vorstände dadurch ihren Job verlieren konnten. Indem Boeing jetzt einen Wert hochhält anstatt Regeln aufzustellen, gewinnt das Unternehmen viel mehr Nähe zu seinen Arbeitskräften. Jeder Mitarbeiter muss diesen Wert verinnerlichen und sich mit ihm ständig und individuell auseinandersetzen – durch das tiefe Tal C hindurch – und entwickelt dadurch eine weitaus aktivere Beziehung zu den Bestrebungen des Unternehmens und eine höhere Identifikation mit seinen Zielen. Obwohl der Wert weniger direkt als die Regel erscheint, erzielt er ein höherwertiges Resultat.

Sogar bei dem wenig ausgebildeten Servicepersonal des Fastfood-Giganten McDonald's führen Werte zu stärkerer Identifikation mit den Unternehmenszielen. »Die gesamte Erfahrung, die der Kunde mit McDonald's macht, konzentriert sich auf den Moment der Wahrheit an der Verkaufstheke oder am Drive-in, jene Interaktion von 30 Sekunden,« erzählte mir Vorstand Jim Skinner, als wir uns im Hauptsitz des Unternehmens in Oak Brook, Illinois, trafen. Skinner baute seine Karriere darauf auf, dass er diesen Moment kannte. Er begann seine Karriere 1971 als Trainee zum Restaurant-Manager bei McDonald's in Carpentersville, Illinois. »Die Entwicklung dieser Beziehung zwischen unseren Mitarbeitern und den Kunden ist wahrscheinlich das Schwierigste, was wir tun. Bei Hunderttausenden von Angestellten, die über 50 Millionen Kunden am Tag in 119 Ländern bedienen, sind gemeinsame Werte unerlässlich. Und sie funktionieren. Sie bilden die Verbindung zwischen all unseren beweglichen Teilen und machen jedem, der für die Marke McDonald's arbeitet, klar, was es heißt, in diesem Augenblick der Wahrheit mit einem Kunden erfolgreich zu sein.«[21]

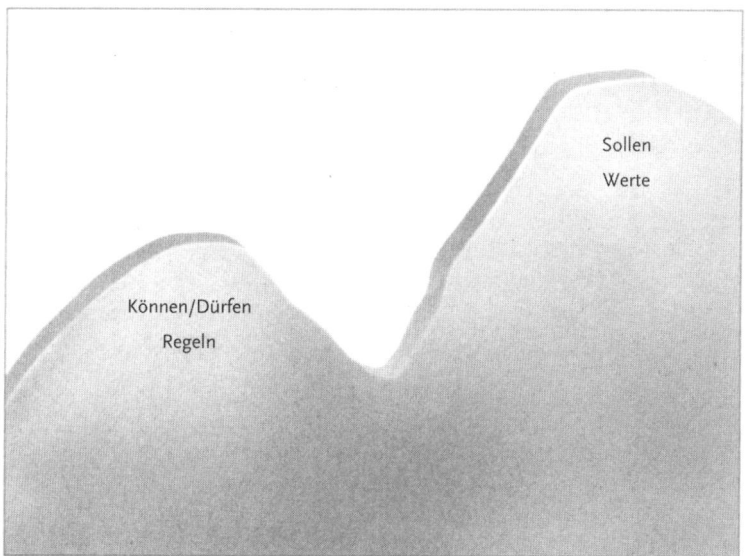

Abbildung: Vom Können zum Sollen

Das Denken in den Kategorien von *können/dürfen* oder *nicht können/dürfen* entzieht uns die Zeit, die wir mit der Betrachtung des richtigen Verhaltens in einer Situation verbringen könnten (*Wie* kann ich meinen Kunden am besten erfreuen? *Wie* kann ich dem Unternehmen mehr Ansehen einbringen? *Wie* kann ich dieses Meeting erfolgreicher gestalten?) und schafft eine passive Einstellung gegenüber Interaktionen mit Anderen (*Was* muss ich laut Handbuch tun? *Was* steht in meiner Aufgabenbeschreibung? *Was* steht auf der Agenda?). In dieser Denkweise glauben Sie, Sie können tun, was Sie wollen, solange Sie mit dem Vertrag oder den Regelungen konform sind. Wenn Sie in der Sprache der Werte denken, müssen Sie jedoch jede Situation neu überdenken. Werte fördern Aktion in Richtung Anderer. Dies schafft eine Energie, die sich darauf konzentriert, *wie* Sie das tun, *was* Sie tun, und diese Energie wird zum Motor, der eine Welle der Aktion auf Andere überträgt. In einer Informationswirtschaft, in deren Netzwerk mehr Macht liegt als im Individuum, macht nach außen gerichtete Energie als Motor für Erfolg Sinn.

Vom *Können* zum *Sollen*. Von Regeln zu Werten. Dieser fundamentale Wandel in der Sprache übt einen grundlegenden Effekt auf Ihre Denkweise aus, auf die Art, wie Sie Ihre Energien einsetzen, Entscheidungen treffen und dadurch Leistungen vollbringen. Diese neue Sprache mag zunächst ungewohnt erscheinen, so ähnlich, wie wenn man lernt, in einer anderen Sprache als der Muttersprache zu kommunizieren. Doch Menschen, die eine Fremdsprache lernen, entwickeln darin oft eine bessere Grammatik als Muttersprachler, weil sie sie bewusst und willentlich anwenden. Die Wechselwirkung zwischen Regeln und Werten zu verstehen und sich von der Tyrannei des *Könnens/Dürfens* oder *nicht Könnens/Dürfens* zu befreien sind grundlegende Schritte dahin, sich die Grammatik der neuen Welt der *Welle* anzueignen.

Kapitel 6
Konzentration auf das Spiel

> Der kürzeste und sicherste Weg
> zu einem ehrenhaften Leben
> in der Welt ist, wirklich zu sein,
> was wir scheinen wollen.
>
> *Sokrates*

Die British Open, die jeden Sommer in Großbritannien abgehalten werden, sind das älteste und wohl prestigeträchtigste Turnier im Profi-Golfsport. 2005 fand es am Geburtsort des Golfsports, dem Royal and Ancient Golf Club of St. Andrews in Schottland statt. Der frühere Champion der Golfer's Association (PGA) David Toms gehörte mit einem Sieg und sechs Top-10-Finishes in der Saison bis zu diesem Zeitpunkt zu der Gruppe von Spielern mit einer großen Chance auf den Sieg. Doch dann passierte etwas Ungewöhnliches:

Am Morgen der zweiten Runde kam Toms in das Schiedsrichter-Zelt und erklärte den erstaunten Richtern (und später auch der Presse), dass er tags zuvor wahrscheinlich – er war sich nicht ganz sicher – etwas getan hatte, wofür er Strafschläge hätte bekommen müssen. Am berühmten 17. Loch, dem Road Hole, schlug er einen Putt von mittlerer Länge daneben, stellte sich dann vor das Loch und schob den Ball hinein. Er war jedoch unsicher, ob der Ball sich durch den Wind leicht bewegt haben könnte, als er das tat. Es ist gegen die Regel im Golf, einen Ball zu schlagen, während er sich noch bewegt, und weil er nicht sicher war, disqualifizierte sich David Toms selbst von den British Open.[1]

Sich selbst in einem bedeutenden Turnier zu disqualifizieren ist ein außergewöhnlicher Akt von Sportsgeist; so etwas zu tun wegen etwas, das vielleicht passiert ist oder auch nicht, und das sonst niemand gesehen hat, ist wirklich bemerkenswert. Toms war schon immer bekannt als einer der fairen Spieler der PGA. Seine gemeinnützige Stiftung nimmt sich missbrauchter, vernachlässigter und benachteiligter Kinder im ganzen Land an und war maßgeblich beteiligt an den Hilfsmaßnahmen vor Ort für die Opfer des Hurrikans Katrina 2005. Er ist ein unkomplizierter und direkter Mensch, und kaum jemand könnte ein schlechtes Wort über ihn sagen. Als ich von seiner sportlichen Handlungsweise hörte, merkte ich, dass in Toms' Kopf etwas vorging, das der Schlüssel zu höchstem Leistungsniveau und Erfolg ist. Also rief ich ihn auf seinem Mobiltelefon an, während er durch das Hinterland nach Hause, nach Louisiana, fuhr. Ich fragte ihn kurz und knapp: »Was haben Sie sich dabei gedacht?« Hier ist seine Antwort:

David Toms: Als ich an diesem Abend nach der ersten Runde in mein Hotelzimmer zurückkehrte und mein Kopf langsam wieder etwas klarer wurde, dachte ich über das 17. Loch nach. Ich dachte: wenn der Ball sich noch bewegt hat, als ich ihn hinein schob, hätte das Strafschläge bedeutet. Ich konnte mich einfach nicht genau erinnern, ob der Ball wackelte oder nicht, und ich hatte niemanden, den ich anrufen und fragen konnte. Außerdem hatte ich auch schon die Scorekarte unterschrieben, also wusste ich, wenn herauskäme, dass es passiert war, würde ich disqualifiziert werden.

Am nächsten Morgen wachte ich früh auf, ging zum Schiedsrichter-Zelt und erzählte dem obersten Schiedsrichter die Geschichte. Er sah sich das Ganze nochmals auf der Videoaufnahme an und sagte, er könne wirklich nichts entdecken. Schließlich sagte er, es hänge von mir selbst ab. Ich könnte sagen, ob es ein Foul war oder einfach in die zweite Runde vorrücken. Für ihn wäre es völlig in Ordnung, wenn ich weiter spielen würde.

Aber dann fragte er mich, ganz privat: »Wenn Sie nun Sieger würden, wie würden Sie sich dann fühlen?« Er wollte nur meine gefühlsmäßige Reaktion wissen. Und ich erwiderte, dass das für mich wäre, als hätte ich mich durchgemogelt, und ich würde lange Zeit noch so fühlen, egal wie ich sonst spielen würde. Wenn ich das Golf-Turnier gewinnen würde, wenn ich das Siegertreppchen besteigen würde oder was auch immer, wäre das nicht gerecht gegenüber den anderen Spielern, und auch nicht gegenüber mir selbst, denn ich müsste damit für immer leben.

Sie konnten das Turnier einfach nicht weiterspielen?

David: Nein.

Warum nicht?

David: Weil ich noch länger vorhabe, Golf zu spielen. So etwas geht eben nicht einfach vorbei. Wie würde denn die Entscheidung beim nächsten Mal ausfallen, wenn eine ähnliche Situation auftritt? Ich hätte mich damit nicht wohl gefühlt, besonders dann nicht, wenn ich den Claret Jug (die Gewinnertrophäe) gerade in Händen gehalten hätte, und dann wäre es mir plötzlich wieder eingefallen. So ist Golf eben nicht. Und ich auch nicht. Die Organisatoren des Turniers waren gar nicht glücklich, als das passierte, aber ich war wirklich der Einzige, der eine Meldung machen konnte, also ...

Also machten Sie Meldung über sich selbst?

David: Genau. Wissen Sie, es gibt Dinge, die nur der Golfer selbst sehen kann. Ob es nun ein Regelverstoß war oder nicht, ich hatte einen Zweifel, mit dem ich einfach nicht leben wollte. Ich beschloss, mich selbst zu disqualifizieren und flog nach Hause. Ich fühlte, dass ich das Richtige getan hatte.

Glauben Sie, dass Ihr Gefühl Ihre Fähigkeit zum Golfspielen beeinflusst?

David: Sicher. Meine Handlungsweise beeinflusste mich und den Rest der Spieler in diesem Turnier, das ist genau so, wie wenn man zusammen arbeitet, ob es nun im Sport ist, am Arbeitsplatz oder in welcher Hinsicht auch immer.

Ja, das verstehe ich. Aber die Anderen sind ja Ihre Konkurrenten. Ihre Aufgabe ist es, sie zu besiegen.

David: (Lacht) Im Golf nennen wir das Verstoß gegen uns selbst. Wir versuchen nicht zu tricksen und zu schummeln, bis die Schiedsrichter uns zurückpfeifen, wie im Basketball. So funktioniert unser Spiel nicht. Ich meine damit nicht, dass in anderen Sportarten kein Sportsgeist herrscht, aber im Golf ist er auf einem anderen Niveau. So bin ich einfach erzogen worden. Sich so zu verhalten lernt man beim Golf.

Als ich nach Hause kam, gab es eine Menge Presserummel, aber als das vorbei war, ging es mir gut. Es ist so ähnlich wie seine Sünden zu beichten, wissen Sie. Man fühlt sich einfach besser, wenn alles gesagt und erledigt ist.

Wirkt sich diese Klarheit in Ihnen auch auf Ihr Spiel aus? Oder vielleicht sollte ich anders herum fragen: Glauben Sie, dass ein gefühlter Konflikt sich auf Ihr Spiel auswirken würde?

David: Es ist sehr schwierig, ohne klaren Kopf oder reines Gewissen Leistung zu bringen. Man muss geistig und körperlich im Reinen und bereit zum Spielen sein.

Warum?

David: Ich glaube, es geht um die Kraft des Geistes. Man kann sich nicht auf einen Punkt konzentrieren, wenn der Kopf vollgestopft ist mit einem Haufen anderer Sachen. Ich weiß, das trifft auch für viele andere Gebiete zu, aber es ist mit Sicherheit in unserem Sport besonders wichtig. Es geht darum, sich auf einen Punkt konzentrieren zu können, egal in welcher Situation. Ich denke, die Bounce-back-Statistik – die Fähigkeit, nach einem Bogey einen Birdie zu schlagen und so wieder vorzuspringen – ist im Golf die wichtigste. Sie zeigt wirklich den Mut und die Einstellung des Spielers.

Jemand sagte mir einmal, Golf sei mental gesehen die schwierigste Sportart. In jedem anderen Ballsport reagiert man auf den Ball – man läuft quer über die Spielfläche, pariert einen Pass und so weiter – aber der Golfball liegt unbewegt im Gras, bis die Hölle zufriert oder bis man ihn schlägt.

David: (Lacht) Genau.

Und mir scheint, das Brillante am Golfsport und warum er so sehr den Charakter eines Spielers zeigt, ist die Tatsache, dass die Art, wie man dem Ball gegenübertritt, fast wichtiger ist als was man tut, wenn man dort ist.

David: Ja, ganz sicher. Es kommt darauf an, was einem auf diesem Weg durch den Kopf geht. Der Sportpsychologe Bob

Rotella erinnert mich jedes Mal daran, wenn ich mit ihm spreche. Er sagt:»Wir wissen, dass du dir einen schlechten Schlag einreden kannst. Warum kannst du dir dann nicht auch einen guten Schlag einreden?«
Ich weiß nicht, was genau das Geheimnis ist. Ich weiß nur, dass die wirklich erfolgreichen Leute, ob auf dem Golfplatz oder anderswo, in dieser Richtung etwas Besonderes haben, eine Art inneren Frieden. Man kann Techniken lernen und trainieren und alles. Aber es gibt noch etwas im Inneren eines Menschen, was die Guten, die wirklich Guten, und die Großartigen von den Mittelmäßigen unterscheidet. Wenn wir das in Flaschen abfüllen könnten, würden wir ganz schön reich damit werden (lacht).

Welche Rolle spielt Integrität dabei?

David: Sie bedeutet hier zu wissen, dass man das Richtige tut und dass es einem mit den eigenen Handlungsweisen gut geht. Es hat mir immer sehr viel Freude gemacht, anderen Menschen zu helfen und zu versuchen, ihnen ähnliche Chancen zu geben wie ich sie hatte. Mir ist es immer wichtig, der Gesellschaft etwas zurückzugeben, ob durch meine Integrität oder das Beispiel, das ich gebe oder durch Spenden oder was auch immer. Ich kann nicht für jeden sprechen, aber für mich ist es so, wenn ich weiß, dass ich ein kleines Zeichen setze, ist das wie eine kleine Sprungfeder bei jedem Schritt.

Wenn Sie heute zurückdenken an St. Andrews, gingen Sie vom Platz mit einer Sprungfeder bei jedem Schritt?

David: Ich ging mit dem Gefühl, das Richtige zu tun, und sagen zu können »ich habe das Richtige getan« bedeutet viel für das nächste Mal, wenn ich einen Ball auf die Abschlagstelle lege. Es heißt, mein Kopf wird frei von dieser Ablenkung sein. Es ist mir auch sehr wichtig, ein gutes Beispiel abzugeben. Wenn es in diesem Club einen Jungen gibt, der immer Probleme damit hatte, seine Scorekarte korrekt zu führen, aber nie groß darüber nachgedacht hat, möchte ich gern, dass er sagt:»Sieh mal an, was Toms getan hat. Vielleicht sollte ich aufhören zu tricksen.«

Ich finde, Sie sind ein außergewöhnlicher Mensch, David. Golf ist ein Individualsport. Das heißt Sie gegen den Rest der Welt. Trotzdem sagen Sie, Sie seien permanent mit jedem auf der Tour verbunden, mit Ihrer Gemeinde, Ihren Fans und den Leuten, die vielleicht zu Ihnen aufschauen. Tragen Sie diese Verantwortung mit sich in allem, was Sie tun?

David: Die Menschen beobachten einen. Wie man handelt, was man sagt, und sogar wie man es sagt, wird nicht immer richtig interpretiert. Jeder möchte gern sagen, was er denkt und seine Meinung ausdrücken. Aber gleichzeitig wird es auch danach beurteilt, wie es nach außen wirkt und wieweit es andere betrifft. Der Eindruck, den Sie bei Anderen erwecken wollen, hat viel damit zu tun, wie Sie handeln, auf dem Golfplatz und anderswo. Wenn Sie dafür leben, um ein gewisses Beispiel zu geben, müssen Sie immer danach leben. Sie müssen dann so leben, dass andere darauf stolz sein können.

Es besteht immer ein Leistungsdruck und ein Druck, etwas Bestimmtes zu sein. Und wir versagen jeden Tag. Sie werden immer hinter Ihren Erwartungen herhinken. Sogar in einer 61er-Runde werden Sie sich fragen, »warum habe ich nicht 59 gemacht?« Doch am Ende haben Sie es verinnerlicht. »So ist eben mein Leben. So muss ich rund um die Uhr sein. Ich tue das Richtige gegenüber meiner Familie und meinen Freunden und den Menschen, die mich unterstützen.«

Wenn Ihre echte Persönlichkeit die eine Seite wäre und Ihre Golfplatz-Kamera-Persönlichkeit eine völlig andere, müssten Sie sich dauernd verstellen. Für mich ist das alles eins, das ist nicht so schwierig.[2]

Leute wie David Toms, die tagein, tagaus an der Spitze spielen, die bedeutende Meisterschaften gewinnen, die sich immer unter den Top 10 ihrer selbst gewählten Beschäftigung bewegen, und die jedes Jahr an der Spitze der Einkommenslisten stehen, wissen, wie sie auf das Spiel konzentriert bleiben. In den vorangegangenen zwei Kapiteln haben wir betrachtet, was der Geist als »biologische Maschine« leisten kann, und den mächtigen Einfluss der Sprache auf unsere Art, Ereignisse einzuordnen, wie sie unser Denken, unsere Kreativität und unseren Erfolg gleichermaßen freisetzen und einschränken kann. Im folgenden Kapitel betrachten wir etwas anderes, das der Geist sehr gut kann: Stören. Am Ende kehren wir nochmals zurück zu dem bemerkenswerten Gespräch mit David Toms, um zu sehen, wie all diese Ideen zusammenlaufen.

Ablenkung

Obwohl die meisten von uns nicht schizophren sind, haben wir alle Stimmen im Kopf. Jede davon steht für einen Teil unserer Persönlichkeit oder Erfahrung – wie Integrität, Unsicherheit, Widerstand oder Sicherheitsgefühl gegenüber Autorität oder Mitleid – und zu verschiedenen Anlässen übt jede Stimme Herrschaft über oder Einfluss auf unsere Handlungen aus. Ihr Chef bittet Sie zum Beispiel in abfälligem Ton, etwas ziemlich Einfaches zu erledigen, aber weil seine Art zu sprechen Sie auf unbestimmte Weise an die eines Lehrers erinnert, den Sie in der sechsten Klasse hatten, nörgeln Sie und machen ein Theater um die Kränkung, obwohl Sie erwachsen sind und es besser wissen sollten. Sie haben eine laute Konversation mit der Stimme in Ihrem Inneren, die diesem Lehrer noch immer böse ist.

Einige dieser Stimmen sprechen permanent lauter als andere, manche sind von Natur aus still oder wir vertrauen ihren Hinweisen nicht. Oft arbeiten sie zusammen, und dann ist alles ruhig im Kopf und unsere Gedanken laufen wie eine wohlgeordnete Konversation unter Freunden ab: Unser Ziel ist klar, unsere Konzentration stark und wir arbeiten optimal. Doch bei den meisten von uns versucht manchmal die eine oder andere Stimme, die anderen zu übertönen. Dann hören sie sich eher an wie Geschwister, die beim Abendessen herumzanken. Sie lenken uns ab, behindern unsere Fortschritte und Effizienz und ruinieren die Casserole, für die unsere Mutter eine Stunde in der Küche gestanden hat. Diese Ablenkung ist Teil der normalen, alltäglichen Erfahrung jedes Menschen.

Ablenkung kommt von innen, aber auch von außen, in gleichem Maße jeden Tag. Oft nehmen wir gar nicht wahr, wenn wir wieder abgelenkt werden. Um Ihnen dies zu demonstrieren, machen Sie mit mir einen kleinen Test: Während Sie weiter lesen, schummeln Sie bitte nicht, indem Sie weiter unten schon die Lösung lesen.

Können Sie den meist gesuchten Begriff auf Google im Jahr 2005 erraten?

Es war ein ereignisreiches Jahr. Der Hurrikan Katrina hinterließ New Orleans und weite Teile der amerikanischen Golfküste in Trümmern. Ein Tsunami beeinträchtigte das Leben von Millionen Menschen in Asien. Ein vielgeliebter Papst starb, und ein neuer wurde gewählt. Terroristen verübten Anschläge in der Londoner U-Bahn. Wir hatten vieles im Kopf und viel Wichtiges zu tun, doch keines dieser Themen stand ganz oben auf der Liste.

Hier ein Hinweis: Erinnern Sie sich, wer 2004 im NFL Super Bowl spielte? Es war eines der aufregendsten, spannendsten Spiele in der Geschichte des Super Bowl, das in den letzten Sekunden durch ein Field-Goal entschieden wurde. Erinnern Sie sich, ob Sie das Spiel verfolgten? Erinnern Sie sich, wer gewann?

Wenn Sie kein ausgesprochener Football-Fan sind, würde ich sagen, Sie erinnern sich nicht. Aber ich wette, Sie erinnern sich, was zur Halbzeit passierte.

Der meistgesuchte Begriff auf Google im Jahr 2005 war »Janet Jackson«, die Sängerin, deren Fehltritt im Jahr zuvor im Januar 2004 noch jedem über das ganze Jahr 2005 hinweg präsent war.[3] Wenige erinnern sich, wer das Spiel gewonnen hat, doch noch Jahre später geistert der Begriff »Materialfehler« (wardrobe mal function) um die Welt. Hunderte von Athleten hatten ein Jahr lang geschuftet, um in ihrem Sport die Besten zu werden und lieferten einen dramatischen Showdown zwischen den beiden allerbesten Teams, den New England Patriots und den Carolina Panthers. Überall in der Welt schalteten sich Millionen zu, um den Kampf zu sehen, ein Spektakel, das in Amerika ein nationales Ritual geworden und üblicherweise das meistverfolgte Sportereignis des Jahres ist. Doch alles, woran sich die meisten Leute erinnern können, ist der zwei Sekunden lange Anblick eines sternförmigen Schmuckstücks. Janet Jacksons Verfehlung stellte die Leistungen derer auf dem Spielfeld in den Schatten (die Pats schlugen die Panthers mit 32 zu 29 durch ein 41-Yard-Field-Goal in den letzten vier Spielsekunden).[4] Warum erinnern wir uns an einen Fehltritt von zwei Sekunden in der Halbzeit, aber nicht an die enormen Anstrengungen und Leistungen im Meisterschaftsspiel selbst?

Haben Sie geschummelt?

Zu unserem Test: Er hat nichts zu tun mit Janet Jackson. Aber, nachdem Sie eben die inspirierende Geschichte von David Toms bei den British Open gelesen haben, wie ging es Ihnen, als ich Sie bat, nicht zu schummeln und weiter hinten die Antwort nachzulesen? Kam Ihnen das in den Sinn, während Sie weiter lasen? Waren Sie beleidigt durch meine Annahme, Sie könnten schummeln? Haben Sie die Passage oberflächlicher gelesen? Haben Sie den Faden verloren und mussten Sie sie teilweise nochmals lesen? Oder haben Sie sogar langsamer gelesen, um sicher zu gehen, dass Sie nicht schummeln, indem Sie voraus lesen? Menschen sind empfindlich, was das Schummeln betrifft, und zu Recht. Jemandem explizit zu sagen, er solle nicht schummeln, erweckt sofort Zweifel am Vertrauensverhältnis. »Was denkt der von mir, dass ich *schummle*?« Wenige Momente, nachdem Sie diese kleine Bemerkung gelesen haben, werden die Stimmen in Ihrem Kopf aktiv, und Sie werden abgelenkt, ohne es unbedingt zu merken.

Janet Jacksons Materialfehler löste rund 500.000 Beschwerden bei der Federal Communications Commission (FCC) aus und die höchste Geldstrafe, die bis dahin jemals von der FCC über einen Fernsehsender verhängt wurde, und egal, ob Sie das Ganze als unbedarft, daneben aber harmlos, unangebracht oder beleidigend beurteilen, die Summe der Produktivität sank, während die Menschen die Affäre am Wasserspender diskutierten (oder per E-Mail, Instant Message oder Blog), wahrscheinlich um hunderte Millionen Dollar.[5] Die Handlungen jedes einzelnen Individuums können einem Unternehmen wichtige Ressourcen abziehen und sich auf das Vermögen vieler auswirken. Schwerwiegendes Fehlverhalten kann den Niedergang einer Firma bedeuten oder sie Millionen Bußgeld, Strafgebühren und verlorene Geschäfte kosten. Doch noch weitaus bedeutender sind die Millionen kleiner Ereignisse – wie meine Bemerkung über das Schummeln –, die unsere Aufmerksamkeit täglich belegen, unsere inneren Stimmen aktivieren und unseren Geist vom Spiel ablenken.

Kleine Störung, große Kosten

Natürlich setzt das Spiel nicht aus, wenn Sie mit dem Kopf woanders sind. Es geht munter ohne Sie weiter, und Sie müssen später wieder aufholen. Wenn die Leidenschaft und Integrität von Krazy George eine positive Welle auslösen können, die Innovation und Erfolg vorantreibt, können die Janet Jacksons des Business eine negative auslösen, eine Welle von Ablenkung und Verirrungen. Sowohl die positive als auch die negative Welle erhalten ihre Kraft und Macht aus der Art, wie wir miteinander umgehen. Unser Experiment zeigt die vielen Arten, durch die uns kleine Fehler im Umgang miteinander auf beträchtliche Weise schädigen können.

Der Unternehmensberater Stephen Young prägte ein neues Management-Schlagwort über diese kleinen Momente. Er nennt sie *Micro-inequities* (kleinste negative Impulse).[6] Negative Körpersprache in einem Meeting, eine in spöttischem Tonfall geäußerte Frage, ein niveauloser Witz zum unpassenden Zeitpunkt – all diese Störungen in den Zwischenräumen zwischen Ihnen und denen, mit denen Sie arbeiten –, können auf subtile Weise jedem Unternehmen die Produktivität absaugen. Wenn Sie Ihre SMS abrufen, während Sie mit Kollegen sprechen, werten Sie deren Zeit ab, und damit die Kollegen selbst. Auf die Uhr zu sehen, während jemand eine Präsentation hält, würdigt dessen Bemühungen herab. Man kann eine Leistungsbeurteilung so formulieren, dass Kollegen mit schwächerer Leistung voller Inspiration, sich zu verbessern an ihren Arbeitsplatz zurückkehren, oder so, dass sie demoralisiert sind und beginnen ihre Bewerbungsunterlagen zu überarbeiten. Diese kleinsten negativen Impulse säen Zwietracht, indem sie zwischenmenschliche Beziehungen mit Zweifel und Angst infizieren. Zweifel und Angst vergrößern die Sicherheitslücke zwischen uns und Anderen. Energie, die auf die bevorstehende Aufgabe oder ein gemeinsames Ziel verwendet werden sollte, verpufft für Sorgen über Unternehmenspolitik und Überleben. Ein Einzelner oder ein Team, das derartig abgelenkt ist und den Faden verloren hat, wird fast immer verlieren.

Lassen Sie mich noch etwas fragen (diesmal nicht als Test). In den letzten ein oder zwei Wochen, wie viele Male haben Sie eine E-Mail geöffnet und hatten folgende Reaktion darauf:

- So hatten wir das nicht vereinbart.
- Das nervt jetzt aber!
- Warum schickst du das in cc an meinen Chef?
- Versuchst du, mich vor anderen schlecht zu machen?
- Das verletzt mich.
- Ich finde das alles gar nicht so lustig.
- Warum vermüllst du meinen E-Mail-Eingang mit solchem Zeugs?

Haben Sie diese Mail an jemanden weitergeleitet? Haben Sie jemand, der Ihnen nahe steht, angerufen und gesagt, »hallo, wie läuft's denn so, Liebes? Ich muss dir etwas über die E-Mail erzählen, die ich gerade bekommen habe.« Oder kam der Ärger beim nächsten Mal, als Sie diese Person sahen, wieder in Ihnen hoch und störte Ihre Beziehung? Solche Dinge passieren zu häufig im Geschäftsalltag. Sie erzeugen negative Gefühle, und diese Gefühle stauen sich auf und fordern ihren Tribut. Im Geschäftsleben stören Ablenkungen durch schlechten menschlichen Umgang überall Konzentrationsfähigkeit und Arbeitsfluss. Es ist schon hart genug, im Wettbewerb der Globalisierung erfolgreich zu sein, doch wenn man sich nicht auf sein Ziel konzentrieren kann, hat man keine Chance. Eine einzige ablenkende E-Mail oder ein Telefongespräch kann Ihre Konzentration auf die bevorstehende Aufgabe zunichte machen.

Solche Ablenkungen passieren dauernd. Ein unpassender Kommentar von einem Mitarbeiter zu einer Kollegin während der Mittagspause eskaliert zu einer Klage wegen sexueller Belästigung. Dadurch werden das gesamte Team und die Konzentration der Führungskräfte unverzüglich durch eine Untersuchung abgelenkt. Beziehungen, die einfach und herzlich waren, werden plötzlich angespannt und formell, und die Produktivität leidet schnell.

Ablenkung kann auf alle möglichen Arten stattfinden, manche in Form von Anekdoten – wie der leicht vorstellbare Produktivitätsverlust, der auf den »Materialfehler« folgte – und manche sind wissenschaftlich nachgewiesen. So haben Studien beispielsweise bewiesen, dass das Telefonieren mit dem Handy während des Autofahrens stärkere negative Auswirkungen auf das Fahrverhalten hat als Alkohol im legalen Mengenbereich. In einer Studie erkärten sogar manche Fahrer, es sei leichter, unter diesem geringen Alkoholeinfluss zu fahren als währenddessen zu telefonieren. Ein eindrucksvolles Zeugnis, wie viele geistige Ressourcen für den Ausgleich von Ablenkung beim Verfolgen eines Ziels nötig sind.[7]

In Kapitel 5 betrachteten wir Jenapharm und das Gesundheitszentrum der Universitätskliniken von Michigan, und ihre unterschiedlichen Herangehensweisen an gerichtliche Verfahren. Die Zeit, das Geld und die Konzentration im Unternehmen, die für das Ausfechten von Gerichtsverfahren verwendet werden, sind nichts anderes als Ablenkung. Menschen gehen zur Arbeit, um Dinge zu produzieren, Dienste zu leisten, echte Probleme zu lösen, mehr Effizienz zu erreichen oder sogar die Menschheit zu verbessern. Niemand geht zur Arbeit, um bessere Prozesse zu führen. Ein Freund erzählte mir die Geschichte von dem Geschäftsmann, der eine Karriere mit extrem hohem Gehalt als Vertriebsmann für hoch bezahlte Unternehmens-Software für große Unternehmen aufgab, um sich selbstständig zu machen.[8] Mit seiner Frau und seinem Schwager eröffnete er in einem trendigen Viertel von Los Angeles eine Eisdiele für italienisches Feinkost-Eis mit Geschmacksrichtungen wie Limoncello mit Basilikum oder Schokolade-Martini. Der Laden war sofort ein Erfolg und die erwarteten Einnahmen verdreifachten sich von Anfang an. Doch als ich ihn fragte, wie der erste Monat gelaufen sei, sagte er mir, sie hätten fast ihren gesamten Gewinn für Gerichtskosten mit dem streitsüchtigen Eigentümer einer Bäckerei in der Nachbarschaft verbraucht, und zwar über die Frage, ob das Schinken-Käse-Croissant, das sie anboten, rechtlich als »Sandwich« oder als »Gebäck« eingestuft werden müsse, und ob es als solches gegen ihre Genehmigung verstößt und mit dem Bäckereisortiment kollidiert. Das war zu der Zeit alles, woran er denken konnte. Große Unternehmen erleiden dasselbe Schicksal in einem weitaus größeren Rahmen. Auch für den lächerlichsten Rechtsstreit kann der Untersuchungsaufwand ein Unternehmen Millionen Dollar kosten und, was noch entscheidender ist, Tausende von Arbeitsstunden, die durch Ablenkung verloren gehen.

Menschen haben gute und schlechte Tage, Ablenkung in der Arbeit und Ablenkung zu Hause geschieht einfach. Materialfehler passieren. Dies zu erkennen und zu lernen, die Ablenkungen zu reduzieren, die Sie aus dem Spiel werfen, kann Sie einen Schritt schneller machen als Ihren Wettbewerber, es kann Sie konzentrierter machen und Ihnen helfen, Ihre Energien produktiver einzusetzen. Immer auf das Spiel konzentriert zu bleiben – zu lernen, sowohl die Stimmen im Kopf als auch störende Verhaltensweisen von Anderen zu erkennen und in den Griff zu bekommen – bedeutet eine konstante Herausforderung, ist aber wichtiger denn je, in einer Zeit, in der kleine Störungen große Kosten verursachen können.

Dissonanz

Stellen Sie sich vor, Sie betreten eine Bäckerei und wollen ein Brötchen kaufen. Hinter der Verkaufstheke befindet sich gut sichtbar ein Bereich zur Zubereitung von Sandwiches, und darauf liegt ein großes Brotmesser. Sie bestellen Ihr Brötchen, und als die Verkäuferin es Ihnen in einer Tüte reicht, fragen Sie sie, ob sie es für Sie aufschneiden und mit Butter bestreichen könnte. Sie blickt Sie freundlich an und sagt:»Es tut mir leid, aber wir schneiden keine Brötchen auf.« Sie blicken zurück und weisen sie genauso freundlich darauf hin, dass Sie sehr genau ein Brotmesser da liegen sehen, das offensichtlich dazu dient, Brot zu schneiden. Wieder lehnt sie ab und erklärt Ihnen, dass es gegen die Bäckerei-Grundsätze verstoße, Brötchen aufzuschneiden. Dann überreicht sie Ihnen eine Plastik-Gabel und ein Stück Butter. Wie geht es Ihnen damit?

Eine Bäckerei mit einem Brotmesser, die Sandwiches verkauft, sollte keinen Grund haben, ein Brötchen für einen Kunden nicht aufzuschneiden. Sie steht für einen Wert – Dienstleistung rund ums Brot – und macht trotzdem einen Grundsatz geltend, der im krassen Gegensatz dazu steht. Vielleicht dachte der Geschäftsführer, es gebe einen guten Grund für diese offensichtlich haltlose Regel – eine Angestellte hat sich einmal verletzt, während sie ein solches Brötchen aufschnitt, ein Kunde mit einem Plastik-Messer könnte jemanden als Geisel nehmen und den Laden ausrauben, oder der Geschäftsführer – ein Brot-Gourmet – ist fest davon überzeugt, dass man Brötchen stets von Hand zerreißen und niemals mit einem Messer berühren sollte. Doch keine vernünftige Erklärung könnte jemals die grundlegende Diskrepanz dieser Situation lösen. Also reagieren Sie. Vielleicht werden Sie ärgerlich, fühlen sich auf den Arm genommen oder missachtet. Sie könnten die Verkäuferin anschreien und eine Szene machen. Oder Sie brummeln still vor sich hin, während Sie dasitzen, Ihr Brötchen essen und Tee dazu trinken. Diese emotionale Reaktion nennt man *Dissonanz*, oder präziser, *kognitive Dissonanz*.[9] Sie entsteht, wenn der Geist gefordert ist, neue Ideen zu akzeptieren, die zu bereits bestehenden Überzeugungen im Konflikt stehen.

So dumm die Bäckerei-Geschichte auch klingen mag, sie passierte wirklich einem meiner Kollegen, und sie veranschaulicht gut die Wirkung von Dissonanz auf das Denken. Trotz bester Absichten werden wir manchmal mit unvermeidlichen Botschaften konfrontiert, deren Widersprüchlichkeit Spannungen erzeugt, die wiederum eine emotionale Reaktion aktivieren. Die Stimmen in unserem Kopf spielen verrückt. Das ist nicht nur ein psychologischer Effekt. Es findet auch eine Veränderung in der Art statt, wie unsere Synapsen senden. Studien haben gezeigt, dass, wenn man mit Situationen wie dieser konfrontiert wird, die vernünftig denkenden Teile des Gehirns – normalerweise für effektive Entscheidungsfindung und Geräuscheinschätzung zuständig – sich momentan ausschalten und die emotionalen Teile des Gehirns aktiviert werden. Dissonanz behindert physisch die Fähigkeit, klar zu denken, vernünftig zu handeln und gute Entscheidungen zu treffen.[10]

Der Geschäftsalltag sendet ständig konfliktgeladene Botschaften aus, und niemand ist sich bewusst, dass die daraus resultierende Dissonanz negative Ergebnisse verursacht. Wie viele Führungskräfte sagen, sie ermutigten die ihnen unterstellten Mitarbeiter, eigene Ideen einzubringen, unterbrechen sie aber während der Besprechung, indem sie drei Telefongespräche nebenbei entgegennehmen, inklusive einem von einem Golf-Freund? Wie fühlt sich das an, in diesem Büro zu sitzen, zunächst mit der Zuversicht, dass die wohlüberlegten Vorschläge erwünscht sind, und dann unterminierende und gegenteilige Signale zu bekommen? Der Mitarbeiter wird von seinem Gedankengang abgelenkt, über die eigenen Worte stolpern oder mitten im Satz den Faden verlieren – egal wie wichtig ihm die Sache erschien, als er das Büro betrat. Beim nächsten Mal, wenn er eine Idee hat, wird er sie wohl eher für sich behalten. Wie viele Firmen sprechen von Vertrauen und mehr Verantwortung für den Einzelnen, und verlangen von ihren Angestellten dann doch die Gegenzeichnung des Chefs auf jedem Spesenzettel oder mehrere Unterschriften auf einer Bestellung? Wenn man sagt, man vertraut Ihnen, sollte man es Ihnen dann nicht auch zeigen? Wie fühlt man sich, wenn man ein Formular ausfüllen muss, es vom Chef unterschreiben und dann von der Buchhaltung bestätigen lässt, bevor man ein Geschäftsessen für zehn Dollar erstattet bekommt? Wenn man von einem System zu solchen Extremen gezwungen wird, verursacht das nicht Murren, absichtliches Verzögern der Arbeit und Wut? Hält man da nicht Ausschau nach Wegen, um seine Umstände bezahlt zu bekommen, vielleicht, indem man ein oder zwei private Rechnungen darunter mischt?

Kennen Sie auch so einen Laden, in dem man mit einem Lächeln und einem Schwupp Ihrer Kreditkarte Ihr Geld in Sekunden einstreicht, in dem Sie aber dafür zehn Minuten an der Kasse anstehen, ein Formular ausfüllen und persönliche Daten angeben müssen, und in dem dann bei Rückgabe der Ware erst der Geschäftsführer sein Einverständnis geben muss? Lächelt man dort dann immer noch? Beeinflusst das Ihre Entscheidung, in welchem Laden Sie das nächste Mal einkaufen? Die Botschaft, die Geschäftsführer hier ihrem Verkaufspersonal vermitteln, ist genauso dissonant: »Wir vertrauen Ihnen genug, dass Sie das Geld der Kunden entgegennehmen, aber nicht genug, dass Sie es zurückgeben.« Man mag diese Dissonanz damit erklären, dass der Einzelhandel mehr Kontrolle in Sachen Bargeld braucht, weil dieser Bereich ja auch ein höheres Potenzial für Vertrauensmissbrauch und Betrug birgt. Doch Vertrauen erzeugt Vertrauen, wie wir wissen. Angestellte, die fühlen, dass man ihnen ehrlich vertraut, neigen weniger dazu, dieses Vertrauen zu hintergehen, weil sie intuitiv verstehen, dass es zu ihrem Vorteil ist. Angestellte, die fühlen, dass ihre Vorgesetzten und Unternehmen sie nicht respektieren oder ihnen gar misstrauen, neigen eher dazu, auf subtile Weise zurückzuschlagen – etwa durch Betrug bei der Spesenerstattung oder mit dem Griff in die Kasse –, um einen Ausgleich zu bekommen für die Last, die ihnen nach ihrem Gefühl zu unrecht aufgebürdet wird. Zusätzliche Vorschriften führen allenfalls dazu, dass man sie durch Tricksen umgeht.

Das Gegenteil von Dissonanz ist *Konsonanz*, ein Gefühl, dass alles zusammenspielt. Konsonante Botschaften wecken in den Menschen Ihrer Umgebung den Eindruck, auf eine gemeinsame Sache ausgerichtet zu sein. Dies schafft starke Synapsen und bringt mehr Wellen hervor. Auf lange Sicht ist es gewinnbringender, Angestellten Signale von Vertrauen zu vermitteln. Wenn sie Spesenzettel vorlegen, prüfen Sie diese stichprobenartig und sorgfältig und bestrafen Sie diejenigen hart, die dieses Vertrauen missbrauchen. Das ist besser als Prozeduren einzuführen, die die Botschaft vermitteln, dass Sie überhaupt niemandem vertrauen. Wenn die Mitarbeiter dissonanten Botschaften ausgesetzt sind, die sich offensichtlich widersprechen – wie die Bäckerei, die keine Brötchen aufschneidet – verlieren sie das Gefühl der Verpflichtung gegenüber dem, der sie aussendet, und kümmern sich um ihre eigenen Angelegenheiten, physisch oder mental. Sie blicken Ihrer Welle mit Zweifel und in abwartender Haltung entgegen; dann stehen sie vielleicht nur langsam und ohne Begeisterung auf, oder sie verlassen das Stadion ganz.

Noch verheerender ist die tiefe, zerstörerische Wirkung von Dissonanz auf die Lernfähigkeit der Menschen und die Fähigkeit, neue Informationen zu verarbeiten. Der französische Entwicklungspsychologe Jean Piaget entwickelte spezifische Fachbegriffe, um dieses Phänomen zu beschreiben. Die *Akkomodation* – die Fähigkeit, sich widersprechende Ideen in Einklang zu bringen – ist schwieriger als die *Assimilation* – die Fähigkeit, eine neue Idee im Ganzen als wahr zu akzeptieren.[11] Mit anderen Worten, wenn jemand etwas lernen soll, das einem bereits vorhandenen vermeintlichen Wissen widerspricht – besonders, wenn er an dieses erste Wissen emotional gebunden ist –, neigt der Lernende dazu, das Neue abzulehnen. Studien der Gehirnforschung haben gezeigt, dass Testpersonen die neue Botschaft nicht nur ablehnten, sondern sich erstaunlicherweise auch noch gut dabei fühlten. Ihr Gehirn *belohnt* sie tatsächlich dafür.

Professor Drew Westen von der Universität Emory zeigte, wie dies funktioniert:[12] Er setzte als Testpersonen selbst erklärte Anhänger verschiedener politischer Parteien unter ein Messgerät für Gehirnströme und bat sie, negative Informationen über verschiedene Kandidaten zu bewerten. Beide Gruppen identifizierten schnell Unstimmigkeiten und Scheinheiligkeit bei den Kandidaten, *aber nur bei den gegnerischen*. Als Westen sie mit negativer Information über den eigenen Kandidaten konfrontierte, schaltete sich der Teil des Gehirns für rationales Denken und Lernen aus und die Teile, die für starke Emotionen verantwortlich sind, wurden aktiviert. Diese starken emotionalen Reaktionen ermöglichten es ihnen, die für dissonant befundene Information abzulehnen. Dann passierte etwas wirklich Interessantes: Ihr Gehirn setzte Endorphine frei, die natürlichen Opiate des Körpers, und durchflutete sie mit einem Gefühl von Geborgenheit und Glück. Mit anderen Worten, die Testpersonen *belohnten sich selbst* dafür, die Dissonanz aufgelöst zu haben, ohne ihre Überzeugung dafür ändern zu müssen.

Jedes Jahr ändern sich die Voraussetzungen für Unternehmen in der vom Internet geprägten Welt schneller und die Bedingungen des Marktes belohnen Organisationen und Teams, die sich am besten an die Veränderungen anpassen können. Firmen, die ihre Angestellten widersprüchlichen Botschaften aussetzen, wiederholten Richtlinienänderungen und inkongruenten Praktiken, riskieren damit, dass die Arbeitskräfte sich gegen Anpassung und Veränderung sperren, anstatt, wie so sehr gewünscht, wendig und anpassungsfähig zu bleiben. Wenn wirklich alles aus dem Ruder läuft, landet man in der kafkaesken Welt der Bäckerei, die nichts aufschneidet. Andere Studien über kognitive Dissonanz haben gezeigt, wenn ein Lernprozess schwierig, unbequem oder sogar demütigend genug war, neigen die Menschen noch weniger dazu, das Gelernte als nutzlos, sinnlos oder wertlos zu erkennen, denn sonst würden sie damit zugeben, dass sie in die Irre geführt wurden.[13] So kann die Verkäuferin in der Bäckerei Ihnen mit einem netten und ehrlichen Lächeln erklären, dass es gegen die Richtlinien ist, ein Brötchen aufzuschneiden, egal wie lang oder stimmgewaltig Sie versuchen, sie vom Gegenteil zu überzeugen. Für sie wäre die Tatsache, Ihre Logik anzuerkennen und zuzugeben, wie idiotisch die Richtlinie ist, gleichbedeutend damit, zuzugeben, selbst eine Idiotin zu sein, was sie natürlich niemals tun würde.

Obwohl Unternehmen um jeden Preis wollen, dass ihre Mitarbeiter konzentriert arbeiten, stellt sich heraus, dass sie für die Angestellten nur sehr selten die nötigen Voraussetzungen schaffen. Eine Studie über drei Jahre unter etwa 1,2 Millionen Angestellten von Unternehmen der Forbes-1000-Liste, durchgeführt von Sirota Survey Intelligence, kam zu folgendem Schluss: Bei Antritt einer neuen Arbeitsstelle ist die überwältigende Mehrheit der Mitarbeiter voller Begeisterung. Doch in 85 Prozent der Unternehmen sinkt die Moral nach sechs Monaten dramatisch, und in den folgenden Jahren noch weiter.[14] Die Forschungen von Sirota führen dies direkt auf das Management und dessen Unfähigkeit zurück, Richtlinien und Prozesse zu schaffen, die den drei Ansprüchen der großen Mehrheit von Angestellten an ihre Arbeitsstelle gerecht werden:

1. *Gleichbehandlung*: respektiert zu werden und fair behandelt zu werden, was Bezahlung, Vergünstigungen und Arbeitssicherheit betrifft.
2. *Leistungsanerkennung*: Stolz zu sein auf die eigene Arbeitsstelle, auf den eigenen Erfolg und den Arbeitgeber.
3. *Kollegialität*: gute, produktive Beziehungen zu den anderen Angestellten zu haben.

Diese Statistik beleuchtet den ultimativen Preis der Dissonanz: Zynismus. Wenn ein Unternehmen das Vertrauen bricht und darin versagt, so zu sein, wie es sich darstellt, und wie die Werte, die es verkündet, verpufft die Begeisterung neuer Mitarbeiter im Unternehmen, bis nichts mehr übrig bleibt als die blanken Knochen des Zynismus. Zyniker glauben, dass Menschen allein vom Eigennutz angetrieben werden, und nicht aus ehrbaren oder selbstlosen Gründen handeln. Sie schaffen eine Distanz aus Misstrauen zwischen sich und den Handlungen Anderer – eine permanente und unüberbrückbare Sicherheitslücke – und werden gewohnheitsmäßig immer fragen, ob etwas stattfinden wird oder ob es sich überhaupt lohnt. Nicht immer ist es kontraproduktiv, Dinge in Frage zu stellen. Skeptizismus kann unter den entsprechenden Voraussetzungen eine gesunde Haltung sein. Doch ein Infragestellen aus Reflex, aus einer unbewussten inneren Haltung heraus, anstatt aus ehrlichen Erwägungen, schafft eine Distanz zu den Geschehnissen in der Umgebung.

Zynismus behindert mehr als nur das nicht Fassbare im zwischenmenschlichen Umgang. Er wirkt sich viel tiefer aus. Studien zeigen, dass sehr zynische Angestellte schnell dazu neigen, Beschwerden gegen das Unternehmen vorzunehmen, dass sie sich dem Unternehmen weniger verpflichtet fühlen, und dass sie weniger daran glauben, das Management würde gute Arbeit belohnen.[15] (Diese letzte Tatsache ist besonders relevant für Unternehmenskulturen, in denen vor allem mit Zuckerbrot und Peitsche motiviert wird. Wenn die Kraft des Zuckerbrots nachlässt, bleibt nur noch die Peitsche als Mittel, um Leistung und Fortschritt zu erreichen.) Zynismus verbraucht Energie wie ein Geländewagen Kohlenwasserstoff. Man kann in einem Stadion voller Zyniker keine Welle auslösen. Egal, wie leidenschaftlich und transparent Sie versuchen, die

Leute zu überzeugen, oder wie viel Integrität Sie bei Ihrer Initiative mitbringen, die Zyniker werden sich nicht rühren, in der Überzeugung, dass Ihr Wunsch, der Mannschaft beizustehen, nichts anderem dient als Ihrem eigenen Ruhm. Sie können sie umwerben, bis Sie blau im Gesicht werden, die zersetzende Kraft des Zynismus wird Sie letztlich bis auf den Stumpf wegätzen. »Zynismus kann ein Unternehmen vergiften«, erläuterte John Wanous, Professor für Management und Human Resources an der Staatlichen Universität von Columbus, Ohio. Seine Studie über drei Jahre an über 1 000 Arbeitskräften hatte zu dem Schluss geführt, dass »Zynismus die gesamte Sichtweise von Angestellten über ihre Firma und ihre Arbeitsstelle eintrübt.«[16]

Konsonanz ist möglich

Sie müssen kein passives Opfer von Dissonanz sein. Sie können eine neue Haltung im Denken lernen, die Ihnen hilft, Dissonanz kommen zu sehen und bewusste Strategien einsetzen, die verhindern, dass Dissonanz Ihr Gehirn blockiert. Natürlich ist der erste Schritt, sich bewusst zu machen, wie Dissonanz den Geist und die Gefühle beeinträchtigt, was wir soeben getan haben. Der zweite Schritt ist, diese emotionale Reaktion zu durchbrechen, und dann durch eine von mehreren Strategien zu ersetzen, um den Konflikt zu lösen.

Die bekannteste Lösungsstrategie ist die *Veränderung* einer bisher hochgehaltenen Vorstellung.[17] Sagen wir zum Beispiel, Sie sind überzeugt, dass man im Allgemeinen Zulieferern nicht trauen kann und man sie ständig genau beobachten muss. Plötzlich bemerken Sie, dass einige Ihrer Zulieferer kürzlich Bestellungsfehler feststellten und, anstatt sie zu ihrem eigenen Vorteil zu nutzen, Ihnen diese Fehler mitteilten, damit sie korrigiert werden konnten. Um Ihre eventuelle Scham über die Fehleinschätzung der Situation zu mildern, könnten Sie beispielsweise das Kontrollverfahren im Hinblick auf Ihre neue Erkenntnis überarbeiten. So wandeln Sie Emotion in bessere Entscheidungsfindung.

Eine weitere Technik ist das *Verstärken* der neuen Idee, um ihr so im Verhältnis zur vorherigen Überzeugung mehr Gewicht zu verleihen. Ein Versuch demonstrierte dies ganz eindeutig: Die Forscher erzählten einer Testgruppe einen sexistischen Witz. Nachdem sie darüber gelacht hatten, wurde ihnen die Diskriminierung darin bewusst gemacht. Dann ließ man sie einen Test machen um ihre Haltung gegenüber der Gleichberechtigung von Frauen festzustellen und verglich die Ergebnisse mit denen einer Gruppe, denen man keinen Witz erzählt hatte, und die man auch nicht über die zweifelhaften Hintergründe solcher Witze aufgeklärt hatte. Die Gruppe mit dem Witz tendierte dazu, Antworten mit einer übertriebenen Sensibilisierung für Gleichberechtigung zu geben. Indem die neue Idee verstärkt wurde, war die Gruppe mit dem Witz leichter in der Lage, ihre frühere sexistische Haltung mit ihren neu sensibilisierten Vorstellungen von Gleichberechtigung beider Geschlechter auszugleichen.

Wenn der Wille etwas zu erreichen stark genug ist, *trivialisiert* man manchmal eine entgegenstehende Idee, die ein Handeln verhindert. Ein Bergsteiger, der mit Höhenangst konfrontiert ist, könnte einen Weg finden, sich über seine Angst lustig zu machen und darüber zu lachen, um sein Ziel zu erreichen. Wenn das Ziel einmal erreicht ist, verschwinden die Emotionen aus den beiden dissonanten Ideen oft. Wenn die Herausforderung an tief verwurzelte Überzeugungen starke emotionale Reaktionen auf neue Informationen hervorruft, kann *emotionaler Ausdruck* ebenfalls den vernebelnden Effekt der Dissonanz aufheben. Über die Emotionen zu sprechen, hilft, diese zu normalisieren, was ihren ablenkenden Einfluss minimiert. Wenn man die Quelle von dissonanten Störungen identifizieren kann, kann manchmal einfach das *Vermeiden* von deren Ursache eine effektive Strategie sein, den Kopf bei der Sache zu behalten.

All diese Techniken zur Reduktion von Dissonanz können die Entscheidungs- und Lernfähigkeit verbessern und helfen Ihnen, aktiv den inneren Lärm zu reduzieren, den Dissonanz mit sich bringt.

Reibungsverluste

Stellen Sie sich eine dynamische und erfolgreiche junge Geschäftsfrau vor, mit Universitätsabschluss und glänzenden Aussichten vor sich. Ihr Chef hat sich seit einiger Zeit in seiner Position verschanzt. Eines Tages erhält sie eine anscheinend harmlose E-Mail von ihrem Chef mit einer Stellenausschreibung bei einer anderen

Firma. Dazu schreibt er so etwas wie »Ich habe von diesem tollen Stellenangebot erfahren. Kennen Sie vielleicht jemanden, der Interesse haben könnte?« Das Stellenangebot entspricht verdächtigerweise ihrem Profil bis ins Detail. Eines der Dinge, die man an den großen Colleges in den MBA-Studiengängen lernt, ist, dass ein Vorgesetzter, der sich durch einen jungen Aufsteiger bedroht fühlt, oft versucht, seine eigene Position zu sichern, indem er die Bedrohung beseitigt. Eine Stelle bei einer anderen Firma zu empfehlen, passt perfekt in dieses Muster. Könnte die E-Mail vom Chef – getarnt als harmlose Geste – tatsächlich ein heimlicher Versuch sein, seine vermeintliche Konkurrentin zu unterminieren?

Was die junge Frau nun auch versucht, sie kann nicht aufhören, an die E-Mail und ihre möglichen Hintergründe zu denken. Das bringt sie von ihrer Arbeit ab und wirkt sich allmählich negativ auf ihre Produktivität aus. In ihrer Unsicherheit leitet sie die E-Mail an Andere weiter, um deren Meinung zu hören. Sie spricht darüber mit Freunden und macht sich Gedanken um ihre Position und was sie unternehmen müsste, um sich zu schützen: alle klassischen Anzeichen von Ablenkung. Die Dissonanz, die daraus entsteht, wirkt ebenso destruktiv. Statt der ruhigen Selbstsicherheit und dem Vertrauen auf ihre Position, die sie früher empfand, sind ihre Arbeitstage jetzt voller Unsicherheit und Spannung. Sie hinterfragt ihre Entscheidungen, braucht dafür mehr Zeit und opfert dafür einen Teil der wendigen Agilität, die sie für die Firma so wertvoll gemacht hatte.

Schließlich machen es ihr diese Emotionen unmöglich, ihrem Chef frei und unbelastet gegenüberzutreten. Ihr Verhältnis wird angespannt, was auch der Rest des Teams bemerkt. Was einst eine geschmeidig laufende Abteilung war, gerät ins Wanken. Anstatt die Synapsen zwischen ihnen mit Vertrauen und Unterstützung zu füllen, hat dieser Chef die Arbeit lahm gelegt. Die Kommunikation bricht zusammen, weil sich die Zwischenräume, die zuvor mit Vertrauen angefüllt waren, nun mit Zweifeln vernebeln. Abteilungsinterne Spannungen kommen auf, die Menschen fangen an sich zu zanken, und die Arbeitsmoral sinkt in den Keller. Die Reibungsverluste werden umso größer, je mehr die Menschen verärgert oder beleidigt sind, dann werden weitere Menschen mit hineingezogen, die ihrerseits aggressiv werden und die Synapsen weiter mit echten Konflikten vernebeln.

Es ist schwer festzustellen, wer bei diesem politischen Manöver schlimmer geschädigt wird (wenn es sich tatsächlich um ein Manöver handelt), die Frau, deren Produktivität leidet oder ihr Chef, der den Zusammenhalt der gesamten Abteilung auf dem Altar seiner eigenen Unsicherheit geopfert hat. Vielleicht war die E-Mail tatsächlich völlig harmlos und die ganze Situation hätte vermieden werden können, wenn der Chef eine direktere und transparentere Art des Kommunizierens gefunden hätte, wenn er die richtige innere Haltung gezeigt hätte. In jedem Fall wird absolut deutlich, wie destruktiv diese Kräfte sein können. In einer transparenten Welt, in der Ihre innere Haltung ebenso hinterfragt wird wie Ihr Handeln, ist es von existenzieller Bedeutung, die zwischenmenschlichen Synapsen zwischen Ihnen und Ihren Mitarbeitern in optimalem Zustand zu halten, um Wellen zu produzieren. Das verlangt ständige Pflege und Aufmerksamkeit. Wenn Ablenkung, Dissonanz und Zynismus die Grenzen des Geistes überschreiten und sich in Verhalten manifestieren, infizieren sie diese Zwischenräume. Daraus resultiert Reibungsverlust.

In der Mechanik ist Reibung die Kraft, die auftritt, wenn sich zwei Oberflächen, die sich berühren, in entgegengesetzte Richtungen bewegen. In Organisationen tritt sie auf, wenn die Kräfte der Ablenkung und Dissonanz die zwischenmenschliche Atmosphäre von Menschen, die versuchen zusammenzuarbeiten, infizieren. Wir wissen von den Gesetzen der Mechanik, dass Reibung das Fortschreiten verlangsamt. Reibung entzieht dem System Energie und schafft ein Nebenprodukt: Hitze – verschwendete Energie, die in die Atmosphäre entweicht. Bei übermäßiger Hitze fühlen sich Menschen nicht mehr wohl. Dann benötigt man mehr Energie – in Form von Klimaanlagen – um alles wieder herunterzukühlen. Ich möchte diese Metapher nicht überstrapazieren, doch wir alle wissen, was mit der Produktivität einer Arbeitskraft passiert, wenn es den Menschen zu heiß ist. Und wir wissen auch, wie viel zusätzliche Führungsenergie man benötigt, um ein überhitztes Arbeitsklima angenehm kühl zu halten.

Obwohl Ablenkung, Dissonanz und Reibungsverlust sich unabhängig voneinander in einem Unternehmen entwickeln können, wirken sie oft zusammen, wie in der eben beschriebenen Situation, und setzen eine eigendynamische Spirale der Zerstörung in Gang. Kleinere oder größere Ablenkungen lösen mächtige Dissonanzen aus und diese führen zu offener Reibung. Wenn sich die Situation immer weiter verschlimmert, führt die Überhitzung, die die Reibung verursacht, zu offenem Feuer. Plötzlich wird Ihre Energie von der eigentlichen Aufgabe abgezogen oder es arbeiten zwei Teams an Aufgaben, an denen ursprünglich eines zusammenarbeiten sollte. Um sich in einer Welt der richtigen inneren Haltung zu entfalten, muss man die Bedingungen, die Ablenkung, Dissonanz und Reibungsverluste verursachen, erkennen und vermeiden. Man muss lernen, diese Kreisläufe zu durchbrechen, wenn sie auftreten, bevor sie außer Kontrolle geraten. Und Wege finden, die Situationen wieder herzustellen, in denen diese Kreisläufe bereits außer Kontrolle waren.

Wie alles zusammenwirkt

Es ist eine Sache, über das Reduzieren von Ablenkung, das Auflösen von Dissonanz, das Vermeiden von Reibung und das Ausmerzen von Zynismus aus Ihrem Leben zu sprechen, und eine andere Sache, es tatsächlich jeden Tag zu tun. Deshalb habe ich dieses Kapitel mit meinem außergewöhnlichen Gespräch mit David Toms begonnen. Toms sitzt stolz auf dem Hügel A über diesem Gebiet, Meister über die Kräfte und Ereignisse, die seinen Geist vom Spiel ablenken könnten. Er kämpft mit den Stimmen in seinem Kopf und ihm wird es heiß, wenn er von seiner Leistung enttäuscht ist, doch auf einer tieferen Ebene erkennt er die potenzielle Falle dahinter, die seine größeren Ziele behindern würde. Er wählt also entweder eine Handlungsweise, die diese zersetzenden Kräfte aus dem empfindlichen Mechanismus des Geistes heraushält oder er bezwingt sie, wenn sie doch durchdringen.

Wovon lässt er sich leiten? Zunächst macht er sich klar, dass Regeln und ihre Hüter nur die Basis dessen sind, was er tut, nicht der Maßstab. Die Schiedsrichter des Royal and Ancient Golf Club of St. Andrews, dieselben Schiedsrichter, die die Regeln des Golfsports aufstellten und sie Jahrhunderte lang überwachten, hätten Toms erlaubt, weiter im Turnier zu bleiben, wenn er es gewollt hätte. Nach den Regeln beurteilt, hatte er nichts Falsches getan. Doch durch den Hinweis eines weisen Schiedsrichters, der zweifellos ebenfalls verstanden hatte, dass Regeln Grenzen haben, begriff Toms, dass er nicht weitermachen sollte. Er kannte die Regeln, wusste, was erlaubt ist und was nicht, und hielt sich daran, wenn sie angewandt werden. Doch er lebt mit einer Vorstellung davon, was er tun *sollte*. Seine Werte – Ehrlichkeit, Verpflichtung gegenüber Anderen, Führungsverantwortung und Integrität – gehen über die Regeln hinaus. Regeln erreichen den Geist des Golfsports, seine Liebe zu diesem Spiel oder die Reinheit in seinem Streben nach Vortrefflichkeit. Diese Werte halten ihn auf seiner Spur zu höheren Zielen.

Es erstaunt mich auch, dass Toms selbst bei einem solchen Individualsport wie Golf seinen eigenen Erfolg nicht getrennt von dem Umfeld sieht, in dem er sich bewegt. Er sieht sich verpflichtet und verantwortlich nicht nur sich selbst gegenüber und zu seinem eigenen Vorteil, sondern gegenüber seiner Familie, seinen Fans, seinen Sportskameraden im Wettbewerb und sogar gegenüber dem jungen Menschen, der gerade dabei ist, den Sport zu lernen, und der vielleicht gegen die Versuchung ankämpft, eine Abkürzung zu nehmen und ein paar Putts auszulassen. Er weiß, dass in einer transparenten Welt alles, was man tut, registriert wird und während einer gesamten Laufbahn präsent bleibt. Toms scheint von sich aus zu verstehen, dass sein Verhalten im privaten wie im öffentlichen Bereich nicht trennbar ist, und dass jede andere Art zu leben bedeuten würde, die Voraussetzungen für Dissonanz zu schaffen. Das würde die Entwicklung seiner Persönlichkeit verhindern.

Jene innere Ruhe, die für ihn so wesentlich für die Grundhaltung von Gewinnern ist, ist nichts anderes als Konsonanz, die Fähigkeit, mit sich selbst in Einklang zu handeln. Dissonanz schafft innere Spannungen, die Andere wahrnehmen können, und diese Spannungen können nicht völlig verborgen oder kontrolliert werden, ebenso wenig wie der freie Informationsfluss in der transparenten Gesellschaft. Er ist ein lebendiges Beispiel dafür, dass äußerliche Kongruenz aus innerer Konsonanz entsteht.

Insgesamt scheint David Toms etwas Größeres als Erfolg anzustreben, mehr als nur Turniere zu gewinnen: Er strebt jeden Tag danach, die Synapsen zwischen sich und allen Anderen in seiner Umgebung mit Vertrauen, Integrität und Konsonanz zu füllen, um *Bedeutung* zu erlangen in den Augen derer, die ihm zusehen und von seiner Handlungsweise beeinflusst werden. Und genau dieses Streben nach Bedeutung führt und leitet ihn auf seiner Reise durch das Leben.

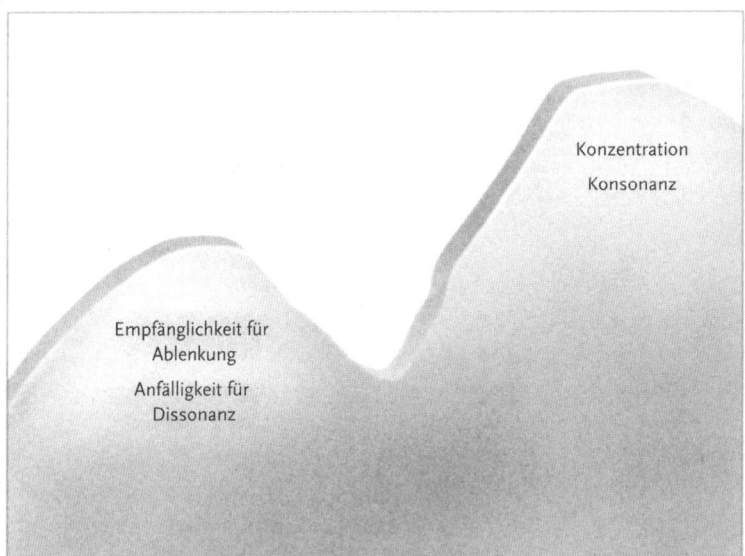

Konzentration
Konsonanz

Empfänglichkeit für
Ablenkung
Anfälligkeit für
Dissonanz

Abbildung: Konzentration auf das Spiel

Wir alle werden, wie David Toms, mehrmals täglich vor die Wahl gestellt. Um langfristigen, konsistenten Erfolg aufzubauen, müssen auch wir lernen, Wege einzuschlagen, durch die wir Ablenkung und Dissonanz reduzieren und unsere zwischenmenschlichen Synapsen rein halten. Wir können auf unsere Vorbilder und Mentoren blicken, und sie können uns anleiten, doch am Ende des Tages sind wir, metaphorisch gesprochen, ganz allein in unserem Hotelzimmer in tiefster Nacht, und es ist niemand da außer uns selbst, der entscheidet, was das Richtige ist. Hier müssen wir nun Konsonanz zwischen unseren unterschiedlichen inneren Stimmen herstellen, uns von denen leiten lassen, die uns helfen, und uns von denen abwenden, die unsere Konzentration vom Spiel ablenken. Die Anleitung, die wir brauchen, ist nicht auf die Situation bezogen (was kann ich jetzt tun?), sondern vielmehr grundsätzlicher Art (was glaube ich?), und dieses grundsätzliche Wissen resultiert aus Werten, Beziehungen und dem Streben nach etwas Höherem als kurzfristigem Erfolg.

Die Fähigkeit, sich auf das Spiel zu konzentrieren, ist eng verknüpft mit der Fähigkeit, die richtige innere Haltung zu entwickeln, starke Synapsen zwischen sich selbst und Anderen aufzubauen, und sie rein und unbefleckt zu halten, in allem, was Sie tun. Wir können der Forderung der vernetzten Welt, intensive Beziehungen zu Anderen aufzubauen, nur dann nachkommen, wenn wir uns zuerst der Herausforderung stellen, eine konsistente Harmonie in uns selbst herzustellen.

Teil III
Wie wir uns verhalten

Einführung: Wie wir tun, was wir tun

Einer meiner Freunde aus der Schulzeit, David Ellen, ist Senior Vice-President und oberster Rechtsberater für Kabel, Telekommunikation sowie Programmgestaltung bei der Cablevision Systems Corporation, einem führenden US-amerikanischen Unternehmen für Telekommunikation und Unterhaltung. 2005 sprachen David und ich einmal darüber, was wir bei LRN tun, und daraufhin stellte ich für ihn ein persönlich zugeschnittenes Info-Paket mit Lösungsvorschlägen zusammen, die meiner Einschätzung nach Cablevision auf seinem Weg unterstützen könnten. Ich schickte es ihm und legte die Visitenkarte eines unserer Sales-Verantwortlichen bei, der für Davids Bereich zuständig war. Mitte 2006 stellte Cablevision einen neuen Senior Vice-President für die Rechtsabteilung ein, Adam Rosman, um eine neue Initiative für Gesetzestreue zu entwickeln und einzuführen. Um sich schneller und besser einarbeiten zu können, nahm Adam mit David Kontakt auf. »David hatte wichtige Tipps über das Unternehmen im Allgemeinen«, berichtete Adam, als wir drei uns trafen, um die Geschichte nochmals Revue passieren zu lassen, »und er erzählte offen und ehrlich von seiner Freundschaft zu Dov.«[1] Während des Gesprächs erklärte David Adam unsere Arbeit bei LRN, und er gab Adam das Paket, das ich ihm im Jahr zuvor geschickt hatte.

Auf Davids Empfehlung hin rief Adam mich an und hinterließ eine Nachricht bei meinem damaligen Assistenten, die ich aus irgendeinem Grund niemals erhielt. »Als ich keinen Rückruf erhielt, dachte ich, das wirft ein schlechtes Licht auf das Unternehmen«, sagte Adam und ließ keinen Zweifel, dass das noch sehr gelinde ausgedrückt war. Trotzdem war er beeindruckt von dem Material, das ich eigens für das Unternehmen zusammengestellt hatte, und es gab ja auch noch die Empfehlung durch David, also nahm er einen zweiten Anlauf und hinterließ eine Nachricht bei dem Mitarbeiter,

How Dov Seidman
Copyright © 2013 WILEY-VCH Verlag GmbH & Co. KGaA, Weinheim

dessen Visitenkarte dem Paket beilag. »Niemand, der bei Verstand ist, würde so etwas tun«, sagte Adam. »Ohne Davids zusätzliche Empfehlung hätte ich wahrscheinlich nicht noch einmal angerufen.« Viele sind an Geschäften mit Cablevision interessiert und Adam ist es daher gewohnt, dass er zurückgerufen wird.

Doch wieder rief niemand zurück. In dem Zeitraum zwischen der Paketsendung an David und Adams zweitem Anruf hatte der verantwortliche Sales-Mitarbeiter unser Unternehmen verlassen. Durch einen technischen Fehler war seine Mailbox jedoch niemals abgeschaltet und die Anrufe nicht weitergeleitet worden (ein weiteres Beispiel dafür, wie uns Technik zusammenbringt oder voneinander fern hält).

Ein paar Monate später traf David Adam zufällig und fragte im Vorbeigehen, was aus seinen Gesprächen mit uns geworden sei. Zu seiner großen Überraschung erzählte Adam ihm, dass er keinen Rückruf erhalten hatte, obwohl er mehrere Nachrichten hinterlassen hatte, und dass er sich ehrlich wunderte. »Das war unglaublich für mich«, erinnerte sich David. »Es war völlig untypisch. Ich sagte Adam ›Da stimmt etwas nicht. Das ist nicht Dov, wie ich ihn kenne. Du solltest ihnen eine zweite Chance geben.‹«[2] Der Nachdruck in Davids Reaktion beeindruckte Adam. Ein paar Wochen später traf er bei einer Konferenz auf Chris Kartcher, einen meiner Kollegen bei LRN. Wegen Davids Kommentar ging er auf Chris zu und erzählte ihm die Geschichte. »Es tat ihm schrecklich leid«, sagte Adam. »Ein paar Tage später ging er der Geschichte nach und erklärte, dass sie die unbeantwortete Nachricht gefunden hatten, die in der toten Mailbox gesteckt hatte. Er nahm meine Spötteleien darüber gutmütig hin.«

Als ich davon hörte, rief ich David sofort an und entschuldigte mich. Adam Rosman hatte im Grunde LRN abgeschrieben, als sein Anruf nicht beantwortet wurde, und das kann man ihm nicht vorwerfen. Wie befremdend muss das gewesen sein, von einer Firma ignoriert und vernachlässigt zu werden, deren Aufgabe es war, anderen Unternehmen richtiges Verhalten beizubringen. Obwohl mein erstes Gespräch mit David Ellen eine Welle des Interesses ausgelöst hatte, die Adams erster Anruf weiterführte, hatten unsere Versäumnisse sie zunichte gemacht. Wir hatten nicht das richtige Verhalten gezeigt.

Jede mögliche Zusammenarbeit zwischen uns hätte hier beendet sein können, doch es gab da noch ein paar mächtige Kräfte, die bei diesem kleinen, aber gewöhnlichen Ereignis mit im Spiel waren: Die erste war der gute Ruf und das Vertrauen, die ich mir bei David über die Jahre hinweg aufgebaut hatte. Er wusste, dass es für mich erste Priorität hatte, mich richtig zu verhalten. Dieser Ruf brachte uns eine zweite Chance. »Das war nicht unsere normale Vorgehensweise bei Zweifeln über eine Firma«, erzählte mir David. »Normalerweise macht man einen Anruf oder zwei und geht dann weiter zum Nächsten. Zu viele wollen mit uns ins Geschäft kommen, als dass wir Zeit mit solchen verschwendeten, die das offenbar nicht wollen.« Die zweite Kraft war Davids Verhalten gegenüber Adam. Er sprach offen über unsere frühere Zusammenarbeit, und er empfahl uns Adam beim ersten Gespräch als ein Unternehmen, das er unbedingt kennen lernen sollte. Und ebenso nachdrücklich war er bei seiner spontanen Antwort, nachdem er von unseren Versäumnissen erfahren hatte. Adam spürte Davids ehrliche Überzeugung, dass Cablevision mehr über uns als Unternehmen erfahren sollte. Die dritte Kraft war natürlich Adams Beharrlichkeit und Gründlichkeit bei der Suche nach dem richtigen beratenden Partnerunternehmen für Cablevision.

Als Adam bei dieser Konferenz auf Chris traf, war er beeindruckt von der Art, wie Chris sofort die Situation in die Hand nahm, Missverständnisse aufdeckte und klarstellte, dass dies völlig untypisch für das war, woran wir als Unternehmen glauben. Chris konnte so unser beschädigtes Ansehen wieder herstellen. In den darauf folgenden Monaten führte Cablevision ein Auswahlverfahren durch, während dessen man dort offen und ehrlich die Wertschätzung dafür ausdrückte, was wir anzubieten hatten. Am Ende wählten sie einen unserer Wettbewerber, der aus ihrer Sicht die momentanen Bedürfnisse besser abdeckte. Doch ich glaube, dass wir eine starke und vertrauensvolle Beziehung aufgebaut haben, und wenn ihre Bedürfnisse sich weiter entwickeln, so glaube ich, wird unser Dialog fortgesetzt werden.

Ein kurzer Augenblick. Ein technischer Fehler. In einer hypervernetzten Welt, in der der Antwort-Erwartungs-Faktor bei fast null Verzögerung liegt, können solche kurzen Augenblicke den entscheidenden Unterschied ausmachen zwischen stabilem, andauerndem Erfolg und der Suche nach dem nächsten Auftrag. Ich zu David, David zu Adam, Adam zu David, Adam zu Chris: um sich heute im Geschäftsleben zu entwickeln, sind dies die Art zwischenmenschlicher Synapsen, die wir verstärken und ausweiten müssen. Solche Wellen müssen wir jeden Tag auslösen. Unsere Welle geht trotz der

»Materialfehler« weiter, weil in unseren Synapsen starke Kräfte wirkten.

Muster des Verstehens fangen im Geist an, in den chemischen Prozessen, die die Synapsen zwischen den aktiven Neuronen in unserem Gehirn füllen, in der von uns gewählten Art, Ereignisse und Interaktionen zu sehen, und in der von uns gewählten Sprache, mit der wir unsere Gedanken formen. Während wir langsam die Verbindungen und Vernetzung der Welt um uns herum im Licht der richtigen inneren Haltung erkennen, beginnen wir nach Wegen zu suchen, auf diese Verbindungen einzuwirken, sie auf kraftvolle und produktive Weise zu beeinflussen. Dieser Teil des Buches beleuchtet das richtige Verhalten und seine verschiedenen Wege in einer vom Internet durchdrungenen Welt: Transparenz, Vertrauen und guter Ruf.

Kapitel 7
Aktive Transparenz

Sonnenlicht ist das
beste Desinfektionsmittel.

Louis Brandeis, Richter am
Obersten Gerichtshof der USA

Jahrelang betrachtete die Gemeinde der Fahrradfahrer die Schlösser von Kryptonite, heute ein Tochterunternehmen von Ingersoll Rand, als obersten Standard für Fahrradsicherung. 2001 erklärte das Magazin *Bicycling* das Schloss »New York 3000« zur Empfehlung der Redaktion, indem man versicherte: »Die Firma, die das U-Schloss erfand, hört einfach niemals auf, dem Diebstahl einen Riegel vorzuschieben. (...) Wenn Sie ganz beruhigt sein wollen bei der Sicherung Ihres Stolzes und Ihrer Freude, dann gibt es nichts Besseres.«[1] Kryptonite vermarktete zuversichtlich die U-förmigen Schlösser als »harte Schlösser für eine harte Welt.«[2] Dann kam 2004 Chris Brennen daher.

Brennen, ein 25-jähriger Fahrrad-Fan, stellte regelmäßig Beiträge in ein kleines Online-Portal für leidenschaftliche Biker. Am 12. September stellte er eine kleine Notiz ein, in der er behauptete, die berühmten nicht aufbrechbaren Kryptonite-Schlösser könne jeder mit einem Kugelschreiber für 10 Cent in ein paar Sekunden öffnen.[3] Vierzehn Stunden nach Brennens erster Nachricht stellte ein anderer User ein Video ein, in dem er mithilfe von Brennens Anweisungen zeigte, wie schnell und leicht er Kryptonites Star-Produkt aushebeln konnte. Die Auswirkungen waren erstaunlich. Die Details des Produktfehlers waren binnen Stunden über den Globus verbreitet. Innerhalb von zwei Tagen nach Brennens erster Nachricht hatten über 11 000 Menschen das Diskussionsforum angeklickt und 40 000 hatten sich das Video heruntergeladen. Frühzeitig in dieser Krise hatten besorgte User des Forums sich an den Public Relations Manager bei Kryptonite gewandt, um das Unternehmen auf diesen ernsthaften Produktfehler aufmerksam zu machen; Kryptonite hatte im Laufe der Jahre phantastische Kundenbeziehungen aufgebaut, und die Besitzer von Kryptonite-Schlössern wollten der Firma helfen, ihre Fahrräder zu schützen, bevor findige Diebe hinter den Trick kämen. Was unternahm Kryptonite? Nicht viel. Das waren ja alles in allem doch nur ein paar Online-Freaks. Doch weitere Online-Foren setzten Links auf die Nachrichten, und Blogger posaunten den Fehler lauthals aus. Nach einer Woche sprang die Zahl der Besucher der Seite auf 340.000 und drei Millionen Downloads.[4] Noch schlimmer: der *Boston Globe*, die *New York Times* und die Nachrichtenagentur *Associated Press* (AP) griffen die Story auf und verwandelten ein Vorkommnis, das vor Jahren noch eine stille, aber zu bewältigende Peinlichkeit gewesen wäre, beinahe auf der Stelle in einen Multimillionen-Dollar-Schlag gegen den guten Ruf von Kryptonite. Als Kryptonite zehn Tage später seine offizielle Stellungnahme abgab, war das bereits mitten in einem der ersten groß angelegten und durch das Internet verbreiteten PR-Desaster, die bis dahin verzeichnet wurden. Das gesamte Markenversprechen von Kryptonite – eine Arbeit von Jahren – lag in Trümmern.

Patricia Swann, Assistenz-Professorin für Public Relations am College von Utica, untersucht dieses Phänomen, genannt *Themen-Infektion*, und veröffentlichte einen Bericht über das Kryptonite-Debakel. »Die Entscheidung bei Kryptonite, nicht zu reagieren, motivierte die User in dem Biker-Forum nur noch mehr, da die Befürchtung wuchs, dass das Unternehmen ihre Besorgnis ignorieren würde, wenn sich nicht sehr viele Menschen beschweren würden«, sagte Swann. »Das Internet hat die Spielregeln völlig verändert. Man hatte bis dahin ein paar Tage, oder zumindest einige Stunden Zeit, um eine Stellungnahme auf so etwas vorzubereiten. Heute gelangt die Nachricht überall hin – so schnell wie ein Buschfeuer. Die Story lässt sich nicht mehr kontrollieren.«[5]

Die Gesellschaft der Massenmedien des 20. Jahrhunderts war auf einem weitschweifigen, hierarchisch strukturierten Kommunikationsmodell aufgebaut. Die Information floss durch zentralisierte Kanäle und konnte leicht eingedämmt und abgeschirmt werden. Wie Swann es ausdrückte, man hatte Zeit, die Geschichte zu kontrollieren. Mächtige Organisationen, mächtige Gesellschafen und mächtige Personen wurden durch diese vertikale Informationsstruktur aufgebaut. Betrachten Sie nun den folgenden Bericht, eine beredte Zusammenfassung der Welt, wie wir sie jetzt kennen, vom Mai 2006 von Kevin Kelly im *New York Times Magazine*:

Von der Zeit der Tontafeln der Sumerer bis heute haben Menschen mindestens 32 Millionen Bücher »veröffentlicht«, 750 Millionen Artikel und Essays, 25 Millionen Lieder, 500 Millionen Bilder, 500.000 Filme, drei Millionen Videos, Fernsehshows und Kurzfilme sowie 100 Milliarden öffentliche Websites. (...) Wenn dies alles digital erfasst wäre, könnte es (bei heutigem technischem Stand) auf 50 1-Petabyte-Festplatten komprimiert werden. Mit der Technologie von morgen wird das alles auf Ihren iPod passen.[6]

Wissen ist Macht. Dieses alte Sprichwort ist heute noch genauso wahr wie damals, als der Philosoph Francis Bacon es im 17. Jahrhundert zuerst formulierte. Als das Wissen – heute ermöglicht durch einen nie da gewesenen Zugang zur Information – kontrollierbar war, erwuchs denen, die es kontrollierten, Macht daraus und sie wurden Anführer. Heute, da die Information praktisch unkontrollierbar ist, ist die Macht auf die übergegangen, die sie teilen. Um diese neuen Realitäten zu nutzen, müssen wir uns anpassen.

Wir haben gesehen, wie sich die Geschäftswelt im 21. Jahrhundert neu strukturiert, um die Stärken und die Effizienz der vom Internet und vom freien Informationsfluss geprägten Welt zu nutzen. Mehr Menschen an mehr Orten können frei zusammenarbeiten und bringen Innovation und Neuentwicklungen voran. Die funktionale Ungleichheit zwischen der oberen und unteren Ebene in Unternehmen ist nicht mehr so groß, sodass immer mehr Geschäftsbeziehungen eine Zusammenarbeit von Gleichberechtigten auf gleicher Ebene bedeuten. Fähigkeiten und Verhaltensweisen, die uns in steilen Hierarchien von Nutzen waren, haben in kollaborativen Netzwerken weniger Bedeutung. Der stille, aber strenge Vorgesetzte, der kriecherische Jasager und der knallharte Verkäufertyp werden alle schnell zu Relikten der alten Welt. Man kann nun nicht mehr eine Welle auslösen – dieses mächtige Abbild von frei ins Unternehmen fließender Initiative – nur aufgrund der höchsten Position im Stadion. Dies erfordert nun eine Reihe anderer Fähigkeiten, die Fähigkeit, starke zwischenmenschliche Synapsen zu bilden, die durch diese horizontalen Netzwerke nach außen wirken und Menschen rund um Ideen und Initiativen herum zusammenbringen.

Während die Welt sich in ein Seite-an-Seite-Modell mit flachen Hierarchien wandelt, in dem jedes Individuum zum freien Ideenfluss beitragen kann, öffnet sie sich und wird transparenter. Eine Informationsgesellschaft ist eine Gesellschaft des Dialogs, eine Gesellschaft, die auf dem interaktiven Teilen von Information zwischen gegenseitig interessierten Parteien aufgebaut ist. Gleichberechtigter Zugriff auf Information erlaubt es mehr Menschen, informiert zu handeln, eine Lektion, die Kryptonite hart zu spüren bekam. Und obwohl es eventuell möglich gewesen wäre, den beschädigten Ruf durch einen Produktrückruf und eine Überarbeitung der Funktionsweise wieder herzustellen, machte Kryptonite die Erfahrung, dass es schwieriger ist, sich in einer Welt der Information vor der Wahrheit zu verstecken. Alles was wir tun, sagen oder darstellen, kann leicht und relativ billig nachgeprüft oder widerlegt werden. Während Kryptonites Unterschätzung der Situation und Lethargie ein großes, öffentliches Spektakel war, ist es gleichzeitig ein Beispiel für Millionen kleiner Interaktionen, die jeden Tag im Geschäftsleben vorkommen. Ein Verkäufer erzählt einem potenziellen Kunden in Chicago etwas, und einem anderen in Phoenix etwas anderes, weil er glaubt, dass die Information niemals verglichen oder ausgetauscht wird. Sie erzählen Ihrer Chefin etwas über Ihre letzte Geschäftsreise und vergessen, dass der einfache Zugriff auf Ihre Spesenbelege ihr etwas anderes sagt. Ein Bewerber gibt einen Universitätsabschluss an, den er niemals erreichte, und wird ganz einfach durch einen Personen-Check für zehn Dollar entlarvt.

Transparenz – diese neue Voraussetzung in der Welt, die uns ermöglicht, hinter das Medium zu blicken und zum Kern der Botschaft vorzudringen – verändert fundamental fast jede Art, wie wir unser Leben in der Öffentlichkeit (und im Privaten) führen, und verlangt eine Reihe neuer Verhaltensweisen, wenn wir uns wirklich weiterentwickeln wollen. Um diese Veränderungen zu verstehen, müssen wir zwei Arten von Transparenz unterscheiden: Technologische und zwischenmenschliche. *Technologische Transparenz* beschreibt den sich dauernd entwickelnden Zustand der Netzwerk-Welt, die Transparenz, die von außen auf uns trifft – Transparenz als Substantiv, wenn Sie so wollen. Diesem Umstand fiel Kryptonite zum Opfer. *Zwischenmenschliche Transparenz* findet im Bereich unseres Verhaltens statt, in der Art, *wie* wir tun, was wir tun. Transparenz als Handlungsweise, als eine Lebensart, als Verb *transparent sein*. Das ist die aktive Transparenz, die wir in unsere Interaktionen mit anderen einbringen. Diese beiden Formen von Transparenz existieren in einer Symbiose und nähren einander in Synergie. Die Frage, die sich uns stellt, wenn wir betrachten, was wir brauchen, um uns in einer vom Internet geprägten Welt weiterzuentwickeln, ist: *Wie* überwinden wir unsere Angst davor, allen Blicken ungeschützt ausgesetzt zu sein, und wandeln diese neuen Realitäten in neue Fähigkeiten und Verhaltensweisen? Wie können wir im Hinblick auf die Transparenz proaktiv werden?

Jenseits von Platzhaltern und Stellvertretern

Ich verfolgte gerade die Nachrichten auf CNN, als die Geschworenen im Mordprozess gegen Scott Peterson, einem der meistpublizierten Prozesse gegen eine bekannte Persönlichkeit in den letzten Jahren, sich für das Urteil der Todesstrafe aussprachen. In der Nachbesprechung des Urteils stieß ich auf ein Interview mit einem der Geschworenen. Als er gefragt wurde, wie die Geschworenen zu ihrer Entscheidung kamen, sagte der Geschworene, dass die Zeugenaussage von Amber Frye, Petersons Geliebter, über ihre billige außereheliche Affäre, zwar wenig damit zu tun gehabt hätte, ihn der Schuld am Mord der Ehefrau und des ungeborenen Kindes zu überführen, doch alles damit, die Todesstrafe über ihn zu verhängen. Ihre Aussage offenbarte das meiste über seinen Charakter und seine Absichten.[7] Dieses Statement machte mich betroffen. In der US-Gesetzesterminologie verwies Fryes Zeugenaussage auf »böswillige Absicht« und »seelische Verderbtheit«, und diese amorphen, nicht nachweisbaren Begriffe dienten als Schlüsselinformation, die die Geschworenen für ihre Abwägungen brauchten. Als man den Geschworenen-Vorsitzenden Steve Cardosi fragte, ob es Peterson geholfen hätte, wenn er selbst zum Fall ausgesagt hätte, sagte er etwas ebenso Bemerkenswertes: »Wissen Sie, bei seiner Vergangenheit und seinem Grad an Ehrlichkeit hätte es ihm wahrscheinlich mehr Schaden als Nutzen gebracht, zu uns zu sprechen, denn ich glaube nicht, dass wir ihm geglaubt hätten, auch wenn er ehrlich gewesen wäre.«[8]

Dies brachte mich auf weitere Gedanken über andere berühmte Fälle der letzten Jahre. In dem Prozess gegen die medienwirksame Martha Stewart wegen Meineids, Verschwörung und Behinderung der Justiz erwog Richterin Miriam Goldman Cedarbaum bei ihrer Entscheidung, wie die Strafe bemessen werden sollte, ob Stewart Reue zeigte, nachdem man ihr nachgewiesen hatte, dass sie die Untersuchungsbeauftragten angelogen hatte. Doch ihr Flirt mit sozialen Award Shows und Parties in den Hamptons nach der Überführung brachte ihr wenig für die eigene Sache.[9] Hotelbesitzerin Leona Helmsey zeigte eine negative Haltung gegenüber dem Gericht. Ihre berühmte Aussage »nur kleine Leute zahlen Steuern« machte eine unerhörte Missachtung deutlich, die auch ein Faktor in ihrem Urteil wurde.[10]

Charakter ist schwer zu beurteilen, und doch beurteilen wir den Charakter von Menschen tagein, tagaus, entweder, wenn wir im eigenen Interesse entscheiden oder im Extremfall, wenn wir über das Schicksal eines Anderen entscheiden. Das ist eine tief sitzende, weit zurückreichende Tradition, die darüber Auskunft erteilt, wer wir im tiefsten Inneren sind. Die Wichtigkeit des Ergebnisses, von trivial bis katastrophal, ändert nichts an den Kriterien, die wir dabei ansetzen. Ob wir die schlimmste Strafe verhängen oder einem Obdachlosen auf der Straße einen Dollar geben, der Charakter, dieser weiche Faktor in der Bewertung einer Person, spielt eine enorme Rolle in unserem Umgang mit Anderen.

Als 2006 die öffentlich-rechtliche Federal National Mortgage Association, genannt Fannie Mae, wegen finanzieller Unregelmäßigkeiten mit einer Geldstrafe von 400 Millionen Dollar belegt wurde, was ich in den Nachrichten hörte, wurde mir klar, wie sich die Welt verändert hatte.[11] Reuters berichtete, dass die enorme Summe der Geldbuße viel damit zu tun hatte, dass »Fannie Maes arrogante und unethische Unternehmenskultur Angestellte dazu verleitete, ihr Einkommen aufzurunden,« und dass »Fannie Maes Schuld sich nicht auf Verstöße gegen Abrechnungs- und Unternehmensstandards beschränkte, sondern auch das Eingehen exzessiver Risiken bei gleichzeitig schlechtem Risikomanagement mit einschloss.«[12] James B. Lockhart III, Direktor des Office of Federal Housing Enterprise Oversight (*der US-Aufsichtsbehörde für Wohnungsbauunternehmen, Anm. d. Übers.*) machte dies sehr deutlich, als er in den Nachrichten auf PBS erschien. »Die Kultur dieses gesamten Unternehmens muss verändert werden«, bekräftigte er. »Wir fordern nachdrücklich eine Art Durchleuchtung dieser Firma.«[13] Mir kam der Gedanke, dass er noch drei Jahre zuvor etwas gesagt hätte wie »Es fehlte ihnen an geeigneten internen Kontroll- oder Regelüberwachungs-Mechanismen.« Jetzt sagte er, man habe tief in die Seele von Fannie Mae geblickt und sei zu dem Schluss gekommen, dass dort etwas im Kern faul war, dass die Verstöße von einer »arroganten und unethischen Unternehmenskultur« kämen. Gewohnheitsmäßig beurteilen wir den Charakter von Menschen, doch bei Unternehmen war dies bis vor Kurzem noch nicht der Fall. Wir bewerteten den »Charakter« eines Unternehmens nicht, weil wir ihm keinen Charakter beimessen konnten.

In der Zeit, bevor die Transparenz der Information beinahe alles Wissen der Allgemeinheit zur Verfügung stellte, war alles, was wir wirklich über den »Charakter« eines Unternehmens wissen konnten, die Programme und Vorgänge, die als Platzhalter dafür standen. Als Unternehmen noch Festungen sein konnten, besaßen sie viel größere Kontrolle über das, was man von außen sehen konnte. Die Mauern waren hoch und es zeigte sich als äußert effektiv, Signale wie Flaggen auf die Brüstungen zu setzen, die man von Weitem sehen konnte. Ein Geschworener, der den Schuldanteil des Unternehmens beurteilte, wenn einer seiner Mitarbeiter gegen das Gesetz verstieß, musste annehmen, dass es ehrlich und gewissenhaft sein muss, weil es zum Beispiel entsprechend intensiv in eine Kontroll-Hotline zur Gesetzestreue investiert hatte. Die Hotline diente als Platzhalter für Selbstkontrolle. Da die Menschen nicht tief in die wahren, täglichen Verhaltensweisen des Unternehmens hineinblicken konnten, mussten sie sich einen Ersatz suchen, einen Platzhalter, etwas, das anzeigen würde, ob es gut war. Oft waren dies Programme oder Abteilungen, die mit Aufgaben wie Gesetzestreue oder Sicherheit betraut waren. Wenn ein Unternehmen wie Fanny Mae in einen Skandal verwickelt oder wegen unkorrekten Verhaltens angeklagt worden wäre, hätten wir seine Schuldhaftigkeit an den Programmen gemessen, die dort eingesetzt wurden. Das Denken ging in die Richtung: Wie jede Stadt ein paar Kriminelle hat, hat jede Organisation ein paar faule Äpfel. Man beurteilt eine Stadt anhand ihrer Gesetze und Bemühungen, das Verbrechen auszurotten, und man beurteilte ein Unternehmen anhand der Programme und der Unternehmensgrundsätze, die es einsetzt, um seine Leute auf der rechten Bahn zu halten. Stadtgesetze und Unternehmensprogramme dienten im Großen und Ganzen genau demselben Zweck: als Platzhalter für die Bemühungen der Führungskräfte, dem Verbrechen Einhalt zu gebieten. Man verhaftet nicht den Bürgermeister oder verhängt eine Strafe über ein Unternehmen wegen der Verfehlungen eines seiner schlechten Elemente. In der Fachterminologie heißt dies Due-Diligence-Standard: Die Handlungsweise eines Unternehmens zu beurteilen mit Fokus auf die Frage, ob es vernünftige präventive Maßnahmen getroffen hatte, um das, was schließlich passierte, zu verhindern. Hatte das Unternehmen Due Diligence gezeigt?

In Kapitel 5 untersuchten wir das Wesen von Regeln als Platzhalter für die angestrebten Werte einer Organisation oder Gesellschaft. Der Kapitalismus des Industriezeitalters entwickelte viele solcher Platzhalter und Stellvertreter, die für alle möglichen Dinge standen. Ein Lebenslauf diente als Platzhalter für Berufserfahrung. Ein Programm zur Gesetzestreue signalisierte der Wall Street und den Prüfern, dass man wachsam mit Regelungen umging. Das Gehalt, das Sie an Ihrer letzten Arbeitsstelle verdienten, stand stellvertretend für Ihren Wert am Arbeitsmarkt. Im vortransparenten Zeitalter waren Platzhalter und Stellvertreter eine effiziente Art, Anderen Informationen zu präsentieren. Als beste Indikatoren für unseren Wert legten wir diese unserer Umgebung selektiv vor. Sowohl Unternehmen als auch Einzelpersonen, die im Zeitalter des Festungs-Kapitalismus erfolgreich waren, hatten guten Grund, anhand von Platzhaltern und Stellvertretern zu arbeiten und zu organisieren: Sie lieferten effiziente und anschauliche Führungsindikatoren. Indem man den Indikator verfolgte, konnte man leicht auch den Fortschritt verfolgen. Ein Unternehmen, das seinen Customer Service Response verbessern wollte, konnte ein Traningsprogramm einrichten, um eine Reihe von Regeln und Standards einzuführen. Da das Beobachten und Verfolgen der tatsächlichen Leistung jedes der Tausenden von Mitarbeitern, die dieses Programm erfolgreich absolviert hatten, teuer und zeitraubend war, wurde die Quote der bestandenen Prüfungen zum effizienten Maßstab für Erfolg. Und Effizienz stellte, wie wir wissen, das Opium für das Industriezeitalter dar. Weite Teile des 20. Jahrhunderts hindurch verließ sich die Kultur der damaligen Zeit auf Platzhalter und Stellvertreter als Behelfsmittel, weil es so schwierig oder teuer war, tiefer gehende Informationen in Echtzeit zu bekommen. Diese Zeiten sind offenbar vorbei. Bedenken Sie, wie einfach es ist, die inneren Arbeitsvorgänge eines Unternehmens heute im Vergleich zu vor ein paar Jahren zu durchschauen. Chatrooms, Online-Foren, sofortiger Zugang zu Finanzberichten und Transaktionen, Nachrichten von überall auf der Welt – fast nichts geht ohne Bericht oder unbemerkt irgendwo online, wo es schnell abgerufen werden kann. Ich kenne einen Anwalt, der mit Unternehmen daran arbeitet, die Risikobereiche im Bereich Human Resources und im Arbeitssicherheitsbereich zu reduzieren, und um zu erklären, wie er vorgeht, sagte er spontan: »Wissen Sie, wie viele Festplatten ich jeden Monat einstampfe? Das ist das Erste, was ich mache. Wir sammeln sie nur ein und lassen alles, was über den Fall gesagt oder gedacht wurde, durchlaufen. Die innere Arbeitsweise eines Unternehmens zu offenbaren ist schon fast gleichbedeutend mit einer Vorladung.« Auf jeder Gesellschaftsebene hat heute die leichte Verfügbarkeit von Information sowohl die Art verändert, wie wir Unternehmen sehen, als auch unsere Erwartungen ihnen gegenüber. Einfach nur eine Hotline zu haben, genügt nicht, wenn wir ganz leicht die Mitarbeiter befragen können, um herauszufinden, ob die Leute Angst haben, dort anzurufen, oder nicht sicher sind, dass es vertraulich bleibt. In zunehmendem Maße können wir an einem Unternehmen einen Charakter entdecken und ihm zuordnen, um seine Normen, Werte und Praktiken zu bewerten.

Verbraucher, Kunden, Prüfer, Richter und Geschworene sehen nun allmählich Unternehmen vom charakterlichen Standpunkt aus. Sie widmen den inneren Vorgängen und dem Charakter der Unternehmen, mit denen sie Geschäfte machen, mehr Aufmerksamkeit und nehmen sie wichtiger. Sie fragen sich nun, ob das Unternehmen integer ist. Hat es Charakter? In einem solchen Umfeld genügen Programme und Stellvertreter nicht länger. Diejenigen in unserem neuen, transparenten Zeitalter, die Urteile sprechen, sehen an Programmen und Platzhaltern vorbei, tief in die Kultur des Unternehmens hinein. Das geschieht schon fast jeden Tag, bei fast jeder geschäftlichen Transaktion. Globale Unternehmen durchleuchten die Arbeitsweise potenzieller Partner, weil Vertrauen lebenswichtig wird für die Transparenz, die sie fordern, um sich für neue Formen der Zusammenarbeit zu öffnen. Die besten und hellsten College-Abgänger erklären, sie würden auf beträchtliche Beträge bei der Vergütung verzichten, um bei Unternehmen zu arbeiten, die den Ruf haben, einen fairen Geschäftsumgang und eine Kultur zu pflegen, die den Einzelnen wertschätzt. Einer neuen LRN-Studie zufolge sagt eine überwältigende Mehrheit der Angestellten (94 Prozent), es sei wesentlich, dass das Unternehmen, für das sie arbeiten, stark an Werten orientiert ist. Tatsächlich erklärten sogar 82 Prozent, sie würden lieber weniger bezahlt bekommen und für solch ein an Werten orientiertes Unternehmen arbeiten, als einen höheren Lohn bei einem Unternehmen mit fraglicher Ausrichtung zu bekommen.[14] Die Geschäftswelt ist im Allgemeinen heute sehr viel präziser und konkreter mit Faktoren wie Verhalten, Charakter und Ruf, die sie früher als »weiche Faktoren« betrachteten.

Bald werden diese Beurteilungen alles durchdringen und unerlässlich werden, und jede Evaluation über die Aussichten eines Unternehmens und seine Fähigkeit, Leistung am Markt zu erbringen, beeinflussen. Man wird für gewöhnlich fragen: Hat dieses Unternehmen eine Kultur, die flexibel und reaktionsfähig ist, oder eine, die von Reibung und Dissonanz geprägt ist? Sind seine Mitarbeiter frei, um kreativ und leistungsfähig in ihrer Bestform zu arbeiten, oder werden sie von einem Führungssystem und einer Kultur unterdrückt, die sie entmutigt, so sehr sie sich auch bemühen? Ist es ein Unternehmen, in dem Talent mit gemeinsamen Überzeugungen zusammenwirkt, mit einer gemeinsamen Haltung und hohen Zielen, oder eines, wo Konkurrenzdenken und Wettkampf um den eigenen Vorteil herrschen? Due Diligence wird neue und zusätzliche Dimensionen bekommen, und die früheren »weichen Faktoren« werden in dem Mix ebenso schwer wiegen wie Bilanzen und Vermögensmasse.

Das Stadion steht jedem offen

Die technologische Transparenz hat den Schleier von Platzhaltern und Stellvertretern genommen und setzt Einzelpersonen und Organisationen wie nie zuvor den direkten Blicken der Allgemeinheit aus. Diese neue Angreifbarkeit hat tiefe Auswirkungen auf die Art, wie wir tun, was wir tun. Um den Einfluss von Transparenz auf das Verhalten in der Geschäftswelt zu quantifizieren, betrachtete Professor James A. Brickley von der William E. Simon Graduate School of Business Administration an der Universität Rochester einen typischen Vorgang zwischen Käufer und Anbieter. Der Anbieter verpflichtet sich, ein bestimmtes Produkt, sagen wir ein chemisches Präparat, von einer bestimmten, hohen Qualität zu liefern. Es ist teurer für den Anbieter, ein Präparat von hoher Qualität zu produzieren als eines von minderer Qualität. Wenn die Verhältnisse in der Welt es ermöglichen, die Reinheit des Präparates leicht und billig vor der Transaktion zu testen, wird der Käufer das wahrscheinlich tun, also hat der Anbieter unter diesen Bedingungen wenig Anreiz, bei der Qualität zu betrügen. Der Anbieter würde leicht entdeckt werden und das Geschäft wäre geplatzt. Wenn ein solcher Test jedoch schwierig oder teuer ist, wird es komplizierter. Für den Anbieter besteht eine starke Versuchung, bei der Qualität zu betrügen, besonders, wenn der Gewinn durch den Betrug die erwarteten Kosten für eine Lieferung in vereinbarter Qualität überschreitet.[15] Mit anderen Worten, wenn es zehn Dollar kostet, ein Produkt mit der versprochenen Qualität herzustellen und fünf Dollar eines von minderer Qualität, gewinnt der Anbieter fünf Dollar, wenn er ganz sicher ist, dass er nicht erwischt wird, bevor der Handel abgeschlossen ist.

In diesem Beispiel steht das Testen für die Information, und einfacher Zugang zu Information verändert alles. In einer nicht transparenten Welt war es im Allgemeinen sehr viel einfacher für einen Anbieter, jedes Geschäft als einzelne Transaktion zu betrachten, mit wenig Auswirkungen auf zukünftige Verkäufe. Für Käufer war es viel schwieriger für die rechte Hand zu wissen, was die linke tat (z. B. Information über den Anbieter oder das Produkt zu bekommen). So blieben die Kosten für Betrug niedrig und leicht kalkulierbar. Je schneller, weiter und billiger Information über ein Produkt verbreitet werden kann, desto höher sind nun jedoch die Langzeitkosten für Betrug. Der Betrug wird schnell entdeckt und verbreitet und führt auf lange Sicht zum Verlust von Ruf und Verkaufszahlen. Außerdem schafft eine Kultur der High Information die Erwartung von High Information. Wenn Anbieter keine vernünftigen und begründeten Garantien für ein Produkt geben können, werden die Käufer weniger bezahlen wollen, um sich gegen das höhere Risiko abzusichern. *Allein die Präsenz in einem Markt der billigen und leichten Informations-*

beschaffung verändert die Kosten, die bei jeder Transaktion entstehen und gibt dem Anbieter einen hohen Anreiz, rechtschaffen zu handeln.

Obwohl Brickleys Analyse Qualität als Variable einsetzt, ist Qualität hier nicht der entscheidende Faktor. Vielmehr sind es Vertrauen und Transparenz sowie das richtige Verhalten. Ob bei der Suche nach den besten Talenten, beim Verhandeln mit einem potenziellen Kunden oder bei der Verteidigung von Entschädigungsansprüchen eines Angestellten, Unternehmen müssen heute mehr denn je für ihre Kultur geradestehen, sei es vor Gericht oder vor dem Urteil der öffentlichen Meinung. Heute wird ein Unternehmen nicht mehr nur aufgrund der Qualität dessen, was es tut, beurteilt, sondern auch danach, wie es handelt. Es ist nicht genug, einen guten Tennisschuh zu produzieren, wenn man dazu Arbeiter in Vietnam ausbeutet. Es ist nicht genug, ein gutes Gehalt zu zahlen, wenn man Unternehmensgrundsätze aufstellt, durch die sich die Mitarbeiter herabgewertet fühlen. Es ist nicht genug, Versprechen zu 80 Prozent zu halten, wenn der Wettbewerber sie zu 100 Prozent einlöst.

Wenn das Unternehmen ein Stadion ist und seine Arbeitskräfte die Reihen füllen, dann wurden jetzt die Eingänge zum Spielfeld weit aufgestoßen, und jeder kann jetzt hineingehen, aufblicken und zusehen, wie Sie die Welle machen. Man kann sehen, wer führt, und wie man führt, wer mitmacht und wer nicht, wie Block 38 mit Block 52 kommuniziert und was sie sagen. Die Art, wie die Welt von außen jetzt ein Unternehmen betrachtet, hat sich unwiderruflich verändert, und dieses neue Verständnis ist von tiefer Bedeutung für die Art, wie Geschäfte im 21. Jahrhundert geführt werden. Heute zählt am meisten, *wie* Sie tun, *was* Sie tun.

Die Macht des Marktes

Nirgends in unserer vom Internet bestimmten Welt wird unsere sich wandelnde Beziehung zu Platzhaltern und Stellvertretern besser beleuchtet als in der Welt der Werbung. Werbung und Marketing fungieren ebenfalls als Platzhalter, sind Darstellungen der besten Bemühungen eines Unternehmens, seine Kunden zu erreichen. In den frühen Tagen von Radio und Fernsehen, als sich die Werbeleute von der gedruckten Seite emanzipierten und begannen, Bild und

Ton einzusetzen, da bestand Werbung vor allem in langen, wortreichen Ansprachen an den Konsumenten, ein Versuch, die Erfahrung des täglichen Lebens nachzustellen. Menschen sprachen miteinander über etwas, und wer aufrichtiger, volksnäher und bodenständiger erscheinen konnte, war oft am erfolgreichsten. Ronald Reagan zum Beispiel, der damals ein Schauspieler für B-Movies war, war dann im Radio zu hören und erzählte in seinem gelassenen Tonfall, wie der wasserlose Handreiniger Boraxo alles von Farbe bis zu Schmiere von den Händen löst. »Die ganze Mannschaft schwört drauf«, lobte er, »und Sie werden das auch.«[16] Die Botschaften waren einfach, informativ und direkt.

Als das Fernsehen immer populärer wurde, verstand man die Macht der Bilder und manipulierte sie entsprechend. Jahrzehnt für Jahrzehnt wurden über die folgenden 40 Jahre hin die Werbespots immer glatter, die Bilder immer mehr poliert und manipuliert, und die Spots wurden häufiger und überpräsent, während die Marketing-Leute versuchten, die Methoden zur Definition ihrer Produktidentität zu perfektionieren. Die Ära der volksnahen Figuren entwickelte sich zu einer Welt von abstrakten Ikonen. Der Marlboro Mann, Colonel Sanders, Joe Camel und sogar echte Persönlichkeiten wie Michael Jordan für Nike wurden hoch entwickelte und stilisierte Symbole für die Gefühle und Sehnsüchte der Konsumenten. Ein mächtiges »Markenimage« wurde zum Ziel der Marketingverantwortlichen, und »Markenbewusstsein« folgte auf dem Fuß. In den 1990er Jahren wurden die Markenbotschaften so abstrakt und raffiniert, dass das Produkt selbst oft weniger wichtig wurde als das Image oder die Assoziationen, in denen unsere hoch talentierten Marketer sie verpackten.

Die vernetzte Welt verändert all das. Der leichte Zugang zu Informationen macht die Konsumenten von heute schlauer. Sie können leicht hinter das Image blicken und die Wahrheit über das Produkt eines Unternehmens herausfinden. In den USA waren die Marketingverantwortlichen der Filmbranche eine der ersten Gruppen, die dies zu spüren bekamen. Vor 25 Jahren wurden die größten Filme des Jahres auf ein paar Leinwänden in New York und Los Angeles zuerst vorgeführt, und dann, gestützt von positiver Mundpropaganda und dem Lob der Kritiker (auch sie Stellvertreter für das Publikum), rollten sie Woche für Woche über das Land, und die ausländischen Märkte folgten. Der *Los Angeles Times* zufolge machten die Kassenschlager nur zwölf Prozent ihres gesamten Umsatzes in der ersten Woche, in der sie gezeigt wurden.[17] Mit der Zunahme der Cineplex-Kinopaläste und der Einführung der weltweiten Verbreitung war es den Studios möglich, den Markt mit ihrem Produkt zu überschwemmen, indem sie es von Anfang an auf tausenden von Leinwänden in der ganzen Welt an einem einzigen Tag zeigten. Da nur ein paar Kritiker und eine Hand voll Testzuschauer im Land einen Film sahen, bevor er verbreitet wurde, konnten die Marketingleute die Markenbildung eines Films fast vollständig kontrollieren, und keine andere Branche wurde besser darin, sein Produkt für den Markt zu definieren. Die Macht in Hollywood ging von den Filmemachern auf diejenigen über, die die Filme vermarkteten. Große Filme machen heute im Allgemeinen ein Drittel ihres gesamten Umsatzes am ersten Wochenende, und fahren ihre hauptsächlichen Gewinne ein, bevor irgendeine Kritik deren Wahrnehmung am Markt korrigieren kann.

Doch dann kamen Websites wie aintitcool.com (oder Ain't It Cool News) daher, begleitet von Blogs und Plattformen für die Bedürfnisse derer, die gerne über Filme sprechen. Mitglieder eines Testpublikums in New Jersey, die einen Preview eines Films gesehen hatten, der noch in Produktion war, konnten online mitteilen, was sie gesehen hatten. Sogar Filme, die gerade erst anliefen, konnten plötzlich in weiten Kreisen diskutiert werden. Die Marketer verloren die Kontrolle über die Botschaft. »Die Technologie der unverzögerten Kommunikation hat die Rolle der Mundpropaganda völlig verändert«, sagte Nancy Utley, COO von Fox Searchlight Pictures, kürzlich gegenüber der *Los Angeles Times*.[18] »Mundpropaganda beschränkte sich bisher auf Städte. Heute überquert sie dank E-Mail und SMS ganze Kontinente. Die Bedeutung von Mundpropaganda wurde dadurch revolutioniert.« Eine neuere Umfrage der *Los Angeles Times* unterstützt diese Feststellung, indem sie offenbart, dass fast 40 Prozent der Teenager und jungen Erwachsenen (mit dem größten Anteil an Kinogängern und die am meisten vernetzte Generation) ihre Meinung austauschen, während sie einen Film sehen, gleich danach oder am selben Tag des Kinobesuchs. Elektronische Kommunikation kann einen fast sofortigen, landesweiten Konsens über einen Film bilden und einen sofortigen Hit daraus machen oder ihn zu einer schnellen DVD-Produktion verdammen, beinahe noch bevor das erste Wochenende vorbei ist. Mit anderen Worten: Sie definieren sich nicht mehr am Markt. Der Markt definiert Sie.

Dieser Trend zeichnet sich auch in anderen Bereichen der Gesellschaft ab. Yelp, eine Website, die »Echte Leute. Echte Berichte.« verspricht, baut eine Community aus nicht professionellen Berichterstattern auf, die sich einloggen und ihren spontanen Eindruck über alles Mögliche mitteilen, vom Hot-Dog-Stand über das fünf-Sterne-Restaurant bis hin zum Computerladen an der Ecke. Als die Website in San Francisco Ende 2004 online ging, schlug sie beinahe sofort ein. Ganz anders als die anonymen Berichterstatter von Zagat und Guide Michelin stellen »Yelper« detaillierte Profile von sich selbst ein und sind durch gemeinsame Interessen verbunden. Diese Transparenz erzeugt spontanes Vertrauen, und eine gute Besprechung auf Yelp.com kann die Kassen beinahe über Nacht klingeln lassen. »Heute ist nicht mehr jede Kundentransaktion eine Einzelaktion«, erklärte der Medienanalyst Ken Doctor von der Outsell Incorporation gegenüber der *Los Angeles Times*.[19] »Jeder Kunde, der etwas Großartiges oder Schreckliches erlebt hat, verfügt heute, sobald er zur Tür hinaus geht, über ein Megaphon, um der Welt mitzuteilen, dass er dieses Großartige oder Schreckliche erlebt hat, ob es nun wahr ist oder nicht.« Kluge Geschäftsleute nutzen dieses Feedback zu ihrem Vorteil und verbessern unverzüglich ihre Produkte, anstatt passive Nutznießer oder Opfer dieses neuen Trends zu sein. »Das hat meine Art der Geschäftsführung verändert, weil ich immer gleich ein Feedback bekomme«, sagte der Besitzer und Chefkoch Ola Fendert des Restaurants Oola. »Man fand es bisher immer zu spät heraus, wenn das Geschäft zurückging. Jetzt erfährt man es fast sofort. Etwas ist passiert, man liest es auf Yelp am nächsten Tag und man kann es wieder gut machen.« (Was noch mehr darauf hinweist, dass wir ein kritisches Niveau dieser Trends erreichen: Interessanterweise erschienen diese beiden Beiträge in der *Los Angeles Times* – der über Filmmarketing und der über Yelp – in derselben Ausgabe vom 25. August 2006, in völlig unterschiedlichen Sparten und von verschiedenen Autoren.)

Eine einfache Erklärung für den Trend zur höheren Effizienz der Mundpropaganda wäre die Behauptung, dass die Menschen einfach übersättigt sind von den Unternehmensbotschaften und den großen Medien und darüber zynisch werden. Denn warum sollte jemand Joe aus Berkeley eher glauben als einem Reporter des *San Francisco Chronicle* oder seinem eigenen Eindruck von einem Film-Trailer? Doch wenn man genauer hinsieht, setzt die Erklärung tiefer an. Platzhalter funktionieren als Botschafter nur dann, wenn ihre Empfänger ihnen vertrauen und keine andere Informationsquelle haben, mit der sie sie vergleichen können. In einer Welt, in der jeder vernetzt ist und ständigen Zugriff auf eine Flut von Information hat, können die Menschen hinter die Platzhalter sehen und zur Wahrheit durchdringen. Warum sollte man sich mit einer Aussage von Hasbro begnügen, wie sehr ein Kind sein neuestes Spielzeug mögen wird, wenn man online Berichte von anderen Eltern lesen kann, die es schon gekauft haben und die die tatsächliche Reaktion ihrer Kinder beschreiben? In einer Zeit, in der die Sicherheitslücke groß ist, sehnen sich die Menschen nach einer unmittelbareren und authentischeren Aussage, bevor sie sich von ihrem schwer verdienten Geld trennen.

Unternehmen, die heute auf der Höhe der Zeit sind, wissen dies und investieren ihr Marketing-Budget dort, wo die Menschen sich unterhalten. Jedes Jahr geben sie weniger für große Fernseh-Werbekampagnen aus und immer mehr für eine direkte Ansprache über die neuen Medien. 2005 gaben Anzeigenkunden in den USA etwa 47,4 Milliarden Dollar für Zeitungsanzeigen aus, berichtet die Newspaper Association of America. Dem gegenüber stehen 46,2 Milliarden Dollar für Fernsehbeiträge und 52,2 Milliarden für Direkt-Mailing. Diese Massenmedien-Kanäle weisen ein mageres Jahreswachstum von ca. fünf Prozent auf. Im Vergleich dazu rechnet man bei den jährlichen Ausgaben für gezielte interaktive Werbung – Dialog-Marketing – mit einem Wachstum von ca. 30 Prozent, also von 9,7 Milliarden Dollar auf über 12,5 Milliarden, wie die Branche schätzt.[20] Kluge Unternehmen zielen mehr und mehr darauf ab, das Marketing-Budget in Projekte zu stecken, die sie mit ihren Märkten näher in Kontakt bringen – Projekte wie Mundpropaganda-Marketing, das von der Word of Mouth Marketing Association (WOMMA) damit definiert wurde, »den Menschen einen Grund zu geben, über Ihre Produkte und Services zu sprechen, und die Voraussetzungen zu schaffen, dass diese Konversation stattfindet«. WOMMA wendet die neuesten Methoden an, um »die Kunst und Wissenschaft zu perfektionieren, aktive, gegenseitig vorteilhafte Consumer-to-Consumer- und Consumer-to-Marketer-Kommunikation aufzubauen.«[21]

Neue und innovative Strategien, um den Markt zu erreichen, scheinen geradezu jeden Tag aus dem Boden zu schießen: *Virales Marketing* konzentriert sich darauf, Kunden mit unterhaltsamen oder informativen Botschaften zu »infizieren«, die sich dann exponentiell ausbreiten, oft elektronisch oder per E-Mail. *Evangelist Marketing* setzt Fürsprecher oder Freiwillige ein, die darin gefördert werden, eine Führungsrolle einzunehmen und aktiv die Unternehmensbotschaft zu verbreiten. *Cause Marketing* bedeutet die Unterstützung von sozialen Angelegenheiten, um Respekt und Unterstützung von Menschen zu erhalten, die darin stark emotional engagiert sind. *Mobiles Marketing* benutzt Handys, um eine Vielzahl von Zielen zu erreichen – von SMS-Gewinnspielen über Sofort-Antwort, Customer Service Management bis zu Markenbildung – um einen Dialog mit neuen oder bestehenden Kunden aufzubauen und »die Marke bis in die Jackentasche zu verbreiten«.[22]

Interessanterweise sind diese direkteren, persönlicheren Vorgehensweisen in vieler Hinsicht ein Rückgriff auf die frühen Tage der Medien, als die Menschen ihre Botschaften von Menschen bekamen, denen sie vertrauten, wie Ronald Reagan.

Massenmedien-Werbung verliert ihre Wirkung, weil die Menschen ihr nicht glauben (das Informationszeitalter hat ihnen umfangreichen Zugang zu objektiven Tatsachen verschafft, die Werbebotschaften widerlegen), und weil, was noch wichtiger ist, sie diese für ihre Kaufentscheidung einfach nicht mehr so sehr brauchen. Die jährliche Gallup-Studie 2005 ergab, dass »(nur) die Hälfte der Amerikaner sagten, sie vertrauen den Massenmedien, was die vollständige, genaue und neutrale Berichterstattung in den Nachrichten betrifft«. Das ist ein bedeutender Abfall seit dem höchsten Wert von 1976, als fast drei Viertel ihr Vertrauen den Massenmedien gegenüber erklärten.[23] Eine neuere Studie von Intelliseek berichtete, dass 88 Prozent der Konsumenten einer Empfehlung durch Mundpropaganda vertrauen, doch nur 56 Prozent äußerten, Zeitungsanzeigen seien vertrauenswürdig, und 47 Prozent bestätigten dies für Fernsehen und Radio (27 Prozent vertrauen »Experten« und acht Prozent berühmten Persönlichkeiten).[24] »Diese Wandlung vollzieht sich, weil Konsumenten und Kunden ziemlich zynisch sind«, erklärte mir kürzlich Linda Wolf, ehemalige Aufsichtsrätin und CEO des Werbegiganten Leo Burnett Worldwide, bei einem Frühstück in Chicago.

Während ihrer Tätigkeit bei Burnett war sie für globale Transaktionen verantwortlich, bei denen über 80 Länder und über 200 Abteilungen beteiligt waren. Sie gilt in weiten Kreisen als eine der einflussreichsten Führungspersönlichkeiten in der Welt der Werbung. »Die Menschen sind anspruchsvoller, was Marken und Produkte betrifft. Aufgrund ihrer Erfahrung können sie jede Falschheit durchschauen. Sie sind echte Kenner von Authentizität, wirklich kompetent und erfahren, und ich glaube, die Menschen verlangen nach mehr Authentizität.«

Die neue Herausforderung für Marketingverantwortliche ist es, Wege zu finden, ihren potenziellen Konsumenten einen *Eindruck von Authentizität* zu vermitteln. Der Eindruck von Authentizität entsteht durch menschliche Interaktionen, bei denen die Beteiligten die richtige innere Haltung und das entsprechende Verhalten zeigen, und nicht versuchen, die Botschaft oder den Markt zu manipulieren. »Die Welt ist heute so transparent, dass in dem Moment, in dem Sie nicht ehrlich und authentisch sind mit dem, wofür Sie stehen, sehr schnell ein Schaden eintreten kann«, erläuterte Wolf. »Ihre Kunden fühlen sich an der Nase herumgeführt oder ausgetrickst. Sie fühlen sich absolut betrogen. Wenn ein Unternehmen zuerst gute, vertrauensvolle Kundenbeziehungen aufgebaut hat und dann etwas tut, das dieses Vertrauen bricht, ist das Gefühl, betrogen worden zu sein, einfach übermächtig.«

Marketing bedeutet heute, am Markt Wellen zu erzeugen, indem man direkt, transparent und im Dialog mit den Konsumenten kommuniziert. Dies ist das neue Verhalten im Bereich der Markenbotschaft. Sie denken vielleicht, dass es doch wieder manipulativ wirkt, seine bewusst formulierte Botschaft anzubringen, indem man bezahlte Promoter in Nachtclubs schickt, die für ein Produkt werben sollen. Doch erstaunlicherweise zeigte eine neuere Studie, dass *Evangelist Marketers*, die sich ihren Kontaktpersonen als solche bezahlten Promoter zu erkennen gaben, einen stärkeren Eindruck hinterließen als diejenigen, die ihre Zugehörigkeit verheimlichten. Mit anderen Worten: Selbst in der Werbewelt der bewusst formulierten Botschaften profitieren diejenigen, die mit dem Markt persönlich und transparent kommunizieren, mehr, als diejenigen, die versuchen, ihn verdeckt zu manipulieren. Wenn die Botschaft der Platzhalter ist, gewinnt ein aktiv transparenter Platzhalter.

Der massenhafte Zugang zur Information hat auf fundamentale Weise unsere Wahrnehmung von Botschaften verändert. Die durch die

Technologie ermöglichte Transparenz hat ein Leben, Regieren und eine Selbstdarstellung durch Platzhalter und Stellvertreter obsolet gemacht. »Kundengewinnung bedeutet heute, authentische und bedeutungsvolle Beziehungen aufzubauen«, stellte Wolf fest. »Die extreme Aufsplitterung der heutigen Medienwelt schafft eine Möglichkeit, unterschiedliche Kunden mit ihren Interessen und Wünschen zu erreichen und mit ihnen Beziehungen aufzubauen. Wir leben in einer sehr spannenden Zeit. Man kann viel persönlichere, reichhaltigere Kundenbeziehungen pflegen, eine viel stärkere Beziehung zu denen aufbauen, die am meisten an eine bestimmte Marke glauben, und mit ihnen arbeiten.«

Am Markt aufzutreten bedeutet nicht mehr nur ein Markenimage zu verkünden oder Markenbewusstsein zu schaffen. Es bedeutet vielmehr, ein *Markenversprechen* zu geben, eine direkte Beziehung zwischen dem Unternehmen und dem Markt. Markenversprechen geht tiefer als Markenimage, es zeigt auf, wofür ein Unternehmen steht, die Erwartungen, die es an sich selbst hat und wie es dieses Versprechen durch sein Handeln und sein Verhalten achtet. »Es bedeutet Vertrauen«, bekräftigte Wolf. »Vertrauen ist der Schlüssel, und Marken, die konsequent für etwas stehen, bauen entsprechendes Vertrauen, Glaubwürdigkeit und Beziehungen auf. Solche Beziehungen sind felsenfest und können nur schwer erschüttert werden.«

All dies weist auf eine einfache Schlussfolgerung hin: Was Sie über sich selbst sagen, ist weniger bedeutend als die Art, wie Sie Ihren Kunden die Erfahrung von Erfüllung ihrer Erwartungen und von Verlässlichkeit vermitteln. Und der Schlüssel dafür? »Wir müssen alle sehr klar und transparent darin sein, wofür wir selbst stehen und wofür wir mit unserem Unternehmen stehen«, sagte Wolf abschließend. »Diese Klarheit wird sich unmittelbar jedem beliebigen Kunden mitteilen. So einfach ist das.«

Verantwortung übernehmen

Die Angst davor, dem Blick der Öffentlichkeit ungeschützt ausgesetzt zu sein, ist eine ernstzunehmende Sorge in einer transparenten Welt. Transparenz ist jedoch nicht nur etwas, das Ihnen von außen widerfährt, sondern sie ist eine innere Haltung, die jede Gruppe und jeder Einzelne sich aneignen und leben kann.

Um dies zu veranschaulichen, nehmen wir einmal den Satz: »Es tut mir leid«.

Solche Worte bringen die meisten Menschen nur schwer über die Lippen, besonders im Geschäftsleben. Und doch hat es schon viele Entschuldigungen dieser Art gegeben. Im Juni 2005 veröffentlichte die Wachovia Corporation in Charlotte, North Carolina, die viertgrößte Bank der USA, eine Entschuldigung an alle Amerikaner, besonders jedoch an die schwarzen Amerikaner, weil Nachforschungen über die Geschichte des Unternehmens ergeben hatten, dass zwei seiner Vorgängerbanken vor dem Bürgerkrieg Sklaven besessen hatten.[25] »Wenn wir auch die Vergangenheit nicht wieder gut machen können, so können wir doch davon lernen, und wir können weiterhin ein besseres Verständnis der afro-amerikanischen Geschichte fördern, mit all ihren Kämpfen, Triumphen und Beiträgen von Afro-Amerikanern und ihrer wichtigen Rolle in Amerikas Vergangenheit und Gegenwart«, ließ die Bank verlauten.[26] Ebenfalls Anfang 2005 tat eine weitere große Bank in den USA das Gleiche, JPMOrgan Chase & Co., indem man zugab, dass zwei Vorgängerunternehmen tausende von Sklaven als Sicherheit für Kredite akzeptiert hatten. Die Bank entschuldigte sich dafür, zu »einer brutalen und ungerechten Institution« beigetragen zu haben.[27] Als der Skandal wegen Rückdatierung von Aktienoptionen Mitte 2006 ausbrach, führte Apple Computer eine dreimonatige interne Untersuchung durch und veröffentlichte die Ergebnisse auf seiner Website. Sie enthielten auch eine Entschuldigung von Mitbegründer und CEO Steve Jobs, der die volle Verantwortung für die Affäre übernahm. »Ich entschuldige mich bei den Aktionären und den Mitarbeitern von Apple für diese Vorkommnisse, die unter meiner Verantwortung passierten. Sie sind völlig untypisch für Apple«, sagte Jobs. »Wir werden jetzt daran arbeiten, die verbleibenden Probleme so schnell wie möglich zu lösen und die geeigneten Maßnahmen ergreifen, um sicherzustellen, dass so etwas niemals wieder geschieht.«[28]

In einer dramatischen Geste, die sein Feingefühl für die Werte anderer Kulturen unterstrich, reiste Charles Prince, Aufsichtsrat und Vorstand der Citigroup, nach Japan, wo rituelle Entschuldigungen tief in der Kultur verwurzelt sind, und verbeugte sich in der Öffentlichkeit, um sein Bedauern für die Verfehlungen des Unternehmens dort auszudrücken.[29] Als er einige Tage später in New York vor der

Japanischen Gesellschaft sprach, erklärte er: »Wir hatten hier einige Beispiele, bei denen Menschen sehr kurzfristig dachten, ohne Rücksicht auf die Notwendigkeit, das Vermächtnis unseres Unternehmens zu verbreiten. (...) Dies ist nicht Art der Citigroup, und es spiegelt nicht unseren Stil in anderen Bereichen wider. (...) Die Art und Weise, wie wir unsere Geschäfte führen, ist mindestens so wichtig wie der Umfang unserer Geschäfte.«[30]

Sich zu entschuldigen ist an sich eine gefährliche Handlungsweise, doch auch eine latent sehr mächtige. Sich zu entschuldigen bedeutet, die Verantwortung zu übernehmen, das wissen wir alle, doch es bedeutet auch, die Macht der Partei zu überlassen, die gekränkt wurde. Sie legen ihr die Entscheidung in die Hände, Ihnen zu vergeben oder nicht. Eine Entschuldigung erfordert frei gewählte Verwundbarkeit. Sie ist der ultimative Akt der Transparenz, was sie zu einem extrem interessanten Beispiel dafür macht, wie man die neuen Realitäten der hypertransparenten Welt zu seinen eigenen Gunsten nutzt. Entschuldigungen folgen stets auf Fehlverhalten, und das heißt einen Mangel – der Mangel an Respekt, an Glaubwürdigkeit, an Vertrauen. Entschuldigungen tragen durch ihr Wesen zu einer Heilung bei. Durch sie möchte man den Schaden eindämmen, der bereits entstanden ist. Da das Zugeben eines Fehlverhaltes eine Organisation beträchtliche Summen kosten kann oder für den Einzelnen den Verlust seiner Arbeitsstelle, seines Lebens oder seiner Freiheit bedeuten kann, ist die Versuchung, diese Geste zu vermeiden, enorm. Wenn der Schaden schon entstanden ist, so denkt man: Warum sich noch weiterer Verantwortung aussetzen, indem man den Fehler zugibt? Der alte Spruch der CIA kommt uns in den Sinn: »Gib nichts zu. Streite alles ab. Erhebe Gegenanklage.«[31] (Dies ist ein weiteres Relikt der Festungs-Mentalität und kommt von einer Organisation, deren Hauptaufgabe die Kontrolle von Information ist.) Die Gesetzesstruktur in höchst streitsüchtigen Gesellschaften bremst jedoch Entschuldigungen. Die Regeln wurden mit der Annahme geschrieben, dass beide Seiten die Verantwortung abstreiten und dann vor Gericht gehen, wo jeder dann den anderen zwingt, die gegenseitige Schuld nachzuweisen. Das ist die Position, die Jenapharm einnahm bei seinem Prozess mit den früheren ostdeutschen Olympioniken.

In einer transparenten Welt wird die Wahrheit siegen. »Wir alle müssen erkennen, dass jetzt hunderttausende von Wachhunden da draußen sind, die Zugang haben zu allem, was wir schreiben und was wir sagen«, erklärte Robert Steele vom Poynter Institute, einer journalistischen Denkfabrik in Florida, kürzlich gegenüber dem *San Diego Union-Tribune*. »Wir alle werden schneller und einfacher zur Verantwortung gezogen aufgrund des Umfangs und der Reichweite des Inernet.«[32] Dies verlagert das Gewicht auf die Fähigkeit, den Strom der Verluste, der aus einem Fehler entsteht, einzudämmen, und angesichts von möglichen Fehlern proaktiv zu handeln. In Kapitel 5 haben wir gesehen, wie die Universitätskliniken und das Gesundheitszentrum von Michigan, eine der angesehensten medizinischen Einrichtungen in den Vereinigten Staaten, sich entschlossen, ihre Ärzte darin zu schulen, sich zu entschuldigen und so die Kosten für Prozesse und Kunstfehler senkten. Diese Kosten bilden zwar eine wichtige und mächtige Größe, doch sie sind nur dann das wichtigste Ergebnis, wenn man glaubt, die Aufgabe einer Organisation sei es allein, den eigenen Wert zu steigern. Doch weit wichtiger für den nachhaltigen Erfolg dieser Organisation war die Wiederherstellung des Vertrauens, die sie mit der Gemeinschaft erreichte. Die gesenkten Kosten sind nur ein leicht quantifizierbarer Indikator für die weit größeren Gewinne, die in der Beziehung mit der Gemeinschaft, der die Organisation dient, erzielt wurden. Wie viel mehr erwächst der Organisation durch den Ruf, den sie für ihre aktiv-transparente Haltung gewinnt!

2002 wurden bei der Krankenversicherung TriWest, die vornehmlich aktives Personal aus dem Militär versicherte, zwei Laptops aus der Zentrale des Unternehmens gestohlen. Es waren jedoch nicht einfach nur zwei Laptops. Sie enthielten die Personendaten von 550 000 TriWest-Kunden. Namen, Adressen, Geburtsdaten, Sozialversicherungsnummern, und in einigen unglücklichen Fällen sogar die Kreditkartennummern – im Wesentlichen alles, was man für besonders erfolgreichen Identitätsdiebstahl braucht – ging einfach zur Tür hinaus. Zu der Zeit, als er geschah, war dies der größte Diebstahl von Informationen, der jemals in den Vereinigten Staaten stattgefunden hatte.[33] Der Schlag gegen TriWest hatte die Wucht, das Unternehmen zu vernichten. Was ist eine Versicherung ohne Vertrauen wert?

Dave McIntyre, Präsident und Vorstand von TriWest, tat damals etwas Bemerkenswertes:»Das Erste, woran ich dachte, war: wie kann ich am schnellsten 550 000 Menschen mitteilen, dass etwas Furchtbares passiert ist?« Er beschloss, sofort die betroffenen Kunden zu informieren und startete dann ein 2-Millionen-Dollar-Programm, um den Fehler wieder gut zu machen. TriWest nahm mit den betroffenen Kunden Kontakt auf und richtete eine Informations-Hotline ein, bei der die Menschen mit ihren Fragen und ihrer Besorgnis anrufen konnten. Dann ging McIntyre noch einen Schritt weiter und unterrichtete persönlich sowohl die Öffentlichkeit als auch andere Unternehmen darüber, wie man zukünftig Sicherheitslücken dieser Art korrigieren und verhindern kann. Dies machte er tatsächlich so gut, dass er einen monumentalen Fehler in einen Preis für hervorragende Leistungen verwandelte, der ihm von der Public Relations Society of America für die Kampagne gegen Identitätsdiebstahl verliehen wurde.[34]

Öffentliche Entschuldigungen wie diese stellen natürlich ein leichtes Ziel für Zyniker dar. Zyniker glauben, dass Menschen fast ausschließlich aus Eigennutz handeln. Zweifellos ist eine Entschuldigung der Versuch, einen Fehler wieder gut zu machen, idealerweise mit dem Resultat, dass die Kränkung des Geschädigten dadurch Linderung erfährt. In einem Fall wie diesem kann das Einräumen und der Versuch einer Wiedergutmachung leicht als Versuch gesehen werden, die Illusion bestehender Due-Diligence zu schaffen. Der Zyniker könnte sagen»Wo war denn die Due-Diligence, als die Festplatten zur Tür hinauswanderten? Warum bewahrte man die Personendaten dieser Kunden an einem Ort auf, der nicht frei von Sicherheitslücken und sicher vor Diebstahl war?« Eine Entschuldigung ist mit Sicherheit ein vorausschauender Akt. Sie beantwortet die Fragen:»Wie können wir von hier aus am besten weitermachen? Wie können wir das Vertrauen wieder aufbauen, das wir verloren haben?« Studien zeigen, dass hier eine Entschuldigung nicht nur das ist, was man tun sollte, sondern es ist sogar das Klügste, was man tun kann. Roy Lewicki, Professor für Management und Human Resources am Fisher College of Business der Staatlichen Universität Ohio, führte eine Studie durch, die 2004 im *Journal of Management* veröffentlicht wurde. Sie legt nahe, dass»die Bereitschaft, Verantwortung zu übernehmen und Wiedergutmachung anzubieten (...) nötig sein könnte, um das verlorene Vertrauen in einer Geschäftsbeziehung wiederherzustellen.«[35] Zynismus existiert in allen möglichen zersetzenden Spielarten, doch diese Art proaktiver Transparenz ist ein Schlag ins Gesicht der Zyniker, gerade weil seine Authentizität sie entwaffnet. Durch den Satz «*Es tut mir leid*» ging McIntyre aus dem Spiel als Sieger hervor. Indem er sich nicht fragte »Was können wir tun?,« sondern »Was *sollten* wir tun?«, war McIntyre in der Lage, geschickt und transparent zu handeln und so sein Unternehmen zu retten.

Sicher enthält auch eine Entschuldigung ein gewisses Maß an Eigennutz, doch offen angeboten enthält sie dasselbe Maß an Mitgefühl mit Anderen, und ihre Eigenschaft, Macht auf den Empfänger zu übertragen, lässt das Urteil zu ihren Gunsten ausfallen. In Kapitel 6 behandelten wir die Studie der Staatlichen Universität Ohio, die die zersetzende Wirkung von Mitarbeiter-Zynismus beleuchtete, und wie dieser Zynismus für die Zerstörung der ungeheuren Motivation verantwortlich war, die neue Angestellte in ein Unternehmen einbringen. Doch die Studie zeigte auch Mittel auf, wie Unternehmen und Führungskräfte diesen destruktiven Trend umkehren können, nämlich, indem sie gegenüber ihren Mitarbeitern offen und ehrlich sind, was die eigenen Erfolge, aber auch die Misserfolge betrifft. »Wenn die Pläne fehlschlagen, muss das Management gegenüber den Mitarbeitern glaubwürdige und nachprüfbare Gründe dafür angeben«, erläuterte der Autor der Studie, Professor John Wanous. »Wenn das Management einen Fehler gemacht hat, dann müssen sie es auch zugeben.«[36] Mit anderen Worten, Transparenz kann als *Gegengift* zu Zynismus wirken. Und weil eine Entschuldigung Vertrauen verbreitet, ist die natürliche Reaktion darauf, dieses mit Gegenvertrauen zu beantworten, genau wie die Testpersonen in Paul Zaks Vertrauensspiel-Versuchen dies altruistisch weitergaben. Es wird nicht jeden erreichen – die Festungsmauern mancher Leute sind einfach zu hoch –, aber diejenigen, die es erreicht, können den Grund legen für ein neues, wiederaufbauendes Vertrauen, das Sie in die Zukunft führen wird.

Eine Entschuldigung im geschäftlichen Kontext zeigt, wie sehr unser gegenwärtiger Erfolg mit der Fähigkeit verknüpft ist, gegenüber unseren Mitmenschen aktive Transparenz zu üben. Transparenz baut starke Synapsen auf, indem sie Vertrauen stärkt und die zersetzenden Faktoren reduziert, die sie schwächen. Doch aktive Transparenz bedeutet nicht nur, die eigenen Haftungsbedingungen zu verbessern oder potenziell explosive Regelübertretungen zu entschärfen. Sie lässt Sie aus einer Menge Situationen als Sieger hervorgehen.

Zwischenmenschliche Transparenz

Als ich in Boston Jura studierte, war ich mit einem Burschen in der Rudermannschaft, den ich in Oxford kennen gelernt hatte, ein kluger Junge namens Sig Berven. Ich erinnere mich an ihn als einen lustigen Kerl, einen sportlichen Studenten. Er war ganz gut im Studium, war sehr vielseitig, aber keineswegs Klassenbester. Eines Tages erzählte er mir die bemerkenswerte Geschichte von seinem Zulassungsgespräch für die Medizinische Fakultät in Harvard, wo er damals studierte.»Ich ging in das Büro des Dekans und setzte mich«, erzählte er.»Man hatte um dieses Interview solches Aufhebens gemacht, und die Atmosphäre im Raum war zum Schneiden. Der Dekan saß da, hinter seinem Schreibtisch, mit meinem Zeugnis in der Hand und sagte erst einmal gar nichts. Endlich blickte er mir direkt in die Augen, hielt mein Zeugnis hoch und sagte: ›Wissen Sie, ich habe schon bessere Noten als diese hier gesehen.‹ Ich hielt die Luft an, blickte ihn ebenfalls direkt an und sagte: ›Ja, ich auch ... ich auch.‹ Dann sprachen wir weiter.«

Zu dieser Zeit verstand ich nicht, warum Sig so offen zum Dekan gewesen war. Es erschien verrückt, bei seinem Notendurchschnitt. Später erkannte ich allmählich, wie außergewöhnlich diese einfache Geste gewesen war. Sig wurde aufgenommen und ist heute ein ausgezeichneter Assistenz-Professor an der University of California, in der Abteilung für orthopädische Chirurgie in San Francisco. Er bestand das Zulassungsgespräch in erster Linie, weil er einfach ehrlich war, als die Situation und die Erwartungen im Raum danach schrien, anders zu handeln. Er sagte nicht»Also, es war nämlich so, meine Mutter war krank, also pausierte ich ein Semester und mein Bewertungsschnitt sank.« Er hatte keine Ausrede, keinen Trick und keine Lüge, sondern gab einfach zu, dass er auch schon bessere Noten gesehen hatte.

Die meisten Menschen in Sigs Situation – wenn man sich für eine neue Position bewirbt, ob an einer Fakultät oder bei einer Firma – stellen sich selbst als etwas dar, was sie nicht sind. Entweder unterliegen sie dem Druck der Situation, im Rampenlicht zu stehen und das Richtige sagen zu müssen, um dem Vorgesetzten zu gefallen, oder dem Druck der alten Mentalität des Vorankommen-Müssen-egal-wie. Das kann man leicht verstehen. Nirgends im Geschäftsleben ist man so verwundbar, wie wenn man sich um einen neuen Job bewirbt. Eine neue Arbeitsstelle zu beginnen bedeutet eine Beziehung einzugehen, die einen existenziellen Einfluss auf das Leben eines Menschen hat. Die Mehrzahl seiner wachen Stunden wird er hier verbringen, ein beträchtlicher Anteil seiner physischen und mentalen Fähigkeiten wird dafür aufgewandt, das Geld, das ihm die restlichen Lebensaktivitäten ermöglicht, wird von hier kommen, und die Zeit, die er hier verbringt, wird ein Teil des Lebensweges in Richtung seines Zieles sein, worin auch immer seine Vorstellung von Erfolg besteht. Es ist ein wenig, wie einen Elefanten zu heiraten: Sie müssen denen genug vertrauen, um in ihre Gesäßtasche zu klettern, können aber nur hoffen, dass sie nicht vergessen, dass Sie dort sind, und sich auf sie setzen. Die falsche Wahl könnte Sie vom Weg zum Erfolg abbringen. Eine Umgebung, die Kreativität und Wachstum erstickt, könnte Sie davon abhalten, Ihr volles Potenzial zu entwickeln. Eine schlechte Beziehung könnte wertvolle Brücken abbrechen oder einen unauslöschlichen Schandfleck auf Ihrem Lebenslauf hinterlassen (die Geschäftswelt glaubt nicht an schuldlose Trennungen und Elefanten haben ein hervorragendes Gedächtnis). Es ist ein Prozess, der Risiko und Belohnung birgt, aber auch die talentiertesten und gefragtesten Kandidaten fühlen sich hier verwundbar.

In den Tagen vor der Hypertransparenz konnte man den Bewerbungsprozess als sorgfältig choreografierten Tanz zwischen Unternehmen und Bewerber beschreiben, in dem jeder versuchte, die Information über sich selbst zu kontrollieren und so zu kanalisieren, dass das gewünschte Ergebnis erzielt würde. Die Bewerber konstruierten auf Papier ein Bild von sich in Form eines Lebenslaufes, und dann kleideten sie sich entsprechend, setzten ihr bestes Gesicht auf und kehrten ihre Stärken hervor, während sie hofften, dass ihre Schwächen gut verborgen waren. Viele erfanden ganz einfach

Dinge. Eine kürzlich durchgeführte Studie über den Stellenmarkt eines Teams der *New York Times* ergab, dass ein erstaunlicher Anteil von 89 Prozent der Stellensuchenden seinen Lebenslauf fälscht. Typisch sind übertriebene Beschreibung der Verantwortung an vorherigen Stellen, gefälschte Anstellungszeiträume und erfundene Gründe für die Kündigung einer Stelle.[37] Laut einem kürzlich erschienenen Artikel des *Time Magazine* schätzt die Firma InfoLink Screening Services, die Hintergrund-Recherchen über Bewerber durchführt, dass 14 Prozent der Bewerber bezüglich ihrer Ausbildung lügen. Die Unternehmen hingegen führen ihren eigenen Tanz auf, indem sie ihre größten Erfolge hervorkehren und ein Bild von sich zeichnen, von dem man hofft, dass es den Bewerber reizt.[38]

Diese Art der Verdunkelung funktioniert nicht mehr in einer Welt, in der alles, was man sagt, leicht nachgeprüft werden kann. Die Informationstechnologie hat die Kosten für das Aufdecken von Bewerberbetrug auf ein Minimum heruntergeschraubt. Volle 96 Prozent der Unternehmen führen heute routinemäßig Hintergrund-Recherchen über potenzielle Angestellte durch. Die Branche des Firmen- und Personen-Screenings, die Mitte der 1990er Jahre nur eine Handvoll Firmen umfasste, zählt 2007 etwa 700 Firmen, die zwei Milliarden Dollar Umsatz im Jahr erzielen. Auf der anderen Seite der Medaille kann beinahe jeder Kandidat Blogs, Foren und Chatrooms durchsuchen, tiefe Einblicke in ein Unternehmen gewinnen und so exakte Informationen nicht nur über dessen Perspektiven erhalten, sondern auch darüber, wie dort die alltäglichen Arbeitsbedingungen gestaltet sind.

In jeder Geschäftsbeziehung resultiert Erfolg aus der gemeinsamen Ausrichtung der beteiligten Parteien. Je ähnlicher sich die jeweiligen Zukunftsvisionen von Organisation und Mitarbeiter sind, desto produktiver und zufriedenstellender wird diese Beziehung sein. In der neuen, sensiblen Welt des Business, in der Innovation und Wachstum vom Einfluss jedes Stakeholders abhängen, kann das Erreichen von Synchronismus, gemeinsamer Ausrichtung und einer Definition gemeinsamer Ziele eine Beziehung zementieren, die enormen Wert für beide Parteien schafft. Stellen wir uns also folgende Frage: auf welche Vision hin können wir uns wirklich ausrichten? Aufgabenbeschreibung? Gehalt? Nutzen? Produktionsziele? Können wir uns auf der Basis dieser *Erfolgs*maßstäbe wirklich so ausrichten, dass es uns dazu inspiriert, Leistung auf unserem höchsten Niveau zu bringen?

Paradoxerweise ist *Erfolg* die schlechteste aller möglichen Antworten. Menschen, die sich ihren nächsten Job auf der Basis dieser äußerlichen Maßstäbe suchen, bleiben in der Firma nur so lange, wie ihre Karriereziele und -bestrebungen mit dem Weg der Firma übereinstimmen. Ihre Identifikation ist zufällig und nicht tief gehend. Sie arbeiten so lange hart für die Ziele des Unternehmens, wie diese Ziele in ihren Lebenslauf passen. Auf diese Weise stellt Erfolg nur ein kurzfristiges Ziel dar, und im Laufe jeder geschäftlichen Entwicklung ändern sich die kurzfristigen Ziele. Wenn jedoch Ihre beruflichen Entscheidungen von dem Wunsch genährt werden, ein Vermächtnis aufzubauen, für Andere Werte zu bilden und ihnen diese Werte zu vermitteln – kurz, etwas *Bedeutsames* zu tun –, dann öffnen Sie die Türen für eine tiefere Form der Ausrichtung, die Ausrichtung nach einer inneren Haltung. Menschen und Unternehmen richten sich auf gemeinsame Werte aus, auf die Art, wie sie ein Ziel verfolgen, nicht auf persönlichen Erfolg oder das Erreichen kurzfristiger Ziele. Werte motivieren und bleiben noch gültig, nachdem kurzfristige Ziele längst vergangen sind. Nachhaltige Identifikation kann am besten erreicht werden, wenn sich der Einzelne und die Organisation gleich ausrichten und beide dieselbe innere Haltung einnehmen, die das Unternehmen vorantreibt. Nach einer Studie von Watson Wyatt Worldwide Work USA fahren Unternehmen, deren Mitarbeiter die Unternehmensbotschaft, -ziele und -werte verstehen und verinnerlichen, um 29 Prozent höhere Gewinne ein als andere Firmen.[39]

Das ist das Paradox des Erfolgs. Man erreicht ihn nur, indem man etwas Höheres anstrebt: *Sinn*.

Wenn die volle Entfaltung am Arbeitsplatz von Ihrer innigen Identifikation mit den Werten des Unternehmens, für das Sie arbeiten, abhängt, dann müssen Sie sich so präsentieren, wie Sie wirklich sind. Bei jenem Zulassungsgespräch in Harvard verstand Sig instinktiv, was die meisten von uns noch lernen müssen: zwischenmenschliche Transparenz ist die beste Art, sich in der Welt authentisch darzustellen. Sig bekam seinen Platz teilweise deshalb, weil er im entscheidenden Augenblick in der Lage war, sich transparent zu zeigen. Seine Ehrlichkeit ließ die Leute in Harvard seine gesamte

Persönlichkeit sehen, eine vertrauenswürdige und integere Persönlichkeit, trotz der Tatsache, dass seine Noten für dortige Verhältnisse eher mittelmäßig waren. Ich habe selbst Gespräche mit Dutzenden von hoch qualifizierten Bewerbern für Positionen bei LRN geführt, und oft bitte ich sie, mir eine ihrer Schwächen mitzuteilen. Allzu oft höre ich dann etwas wie »Ich habe zu wenig Distanz zur Arbeit« oder »Ich bin ein Workaholic«, übliche Antworten in Bewerbungsgesprächen, die dazu dienen, eigentliche Stärken als Schwächen zu tarnen. Selten höre ich eine ehrliche Auskunft über mangelnde Fähigkeiten, die noch zu verbessern wären. Wenn so etwas kommt, macht es Eindruck. Das Zeitalter der Transparenz bietet die beste Gelegenheit, die es je gab, dem Druck zu widerstehen, Abkürzungen zu nehmen und die Wahrheit zu verschleiern, nicht nur, weil man wahrscheinlich erwischt wird, sondern weil Transparenz heute ein Zeichen von Verantwortung, Stärke und gegenseitigem Verständnis ist. Man muss kein Superman-Kostüm mehr tragen. Stärke heißt heute nicht mehr, zu versuchen, für jeden und in allem Superman zu sein. Schwäche zu verbergen oder Information zu kontrollieren geht gegen die Strömung des Business im Zeitalter der Transparenz.

Nie zuvor gab es eine bessere Zeit, um Ihre Schwächen in Stärken zu wandeln, wie Sig das tat, denn Stärke geht heute Hand in Hand mit Schwäche. Anstatt sich beim Bewerbungsgespräch aufzuplustern und zu versuchen, etwas darzustellen, das Sie nicht sind, sagen Sie doch einfach: »Ich kann diese beiden Dinge eigentlich nicht so gut, aber in jenen beiden anderen Bereichen bin ich ziemlich gut.« Ist es wahrscheinlicher, dass Sie bei dieser Firma einen Job bekommen? Arbeitgeber suchen nach Leuten für ihre Anforderungsprofile, das stimmt, aber noch wichtiger ist ihnen, jemanden zu finden, der sich mit ihren Zielen identifizieren kann. Yvon Chouinard, der Gründer von Patagonia, einem führenden auf Werte ausgerichteten Unternehmen, sagte kürzlich in einem Interview in der Sendung *Marketplace* auf NPR: »Wenn wir Leute einstellen, suchen wir nach einer Leidenschaft. Diese Leidenschaft sagt mir, dass sie lebendig sind, und dann gibt es Potenzial.«[40] Da sich die IT-gestützten Anforderungen am Arbeitsplatz zwischen den Branchen und Aufgaben immer mehr angleichen, legen die Unternehmen auf der Suche nach den besten Talenten weit weniger Wert auf bestimmte Fachkompetenz – das, *was* der Kandidat kann – und weit mehr Wert auf die Art und Weise, *wie* er es umsetzt. Ein potenzieller Arbeitgeber, der merkt, dass Sie ehrlich sind, denkt »Hey, diese Kandidatin scheint sich selbst und das, was sie einbringen kann, wirklich gut einschätzen zu können. Ich kann jemanden gebrauchen, der sich seiner Fähigkeiten und Grenzen bewusst ist.«

Schwäche ist Stärke

Es ist heute nicht mehr möglich, eine Welle auszulösen und aufrechtzuerhalten, indem Sie den Leuten neben Ihnen sagen, dass sie sie fürs Mitmachen bezahlen werden, den Leuten zwei Reihen weiter hinten erklären, dass es dem Team zum Sieg verhelfen wird, und dem kleinen Kerl direkt vor Ihnen, dass Sie ihm eine reinhauen, wenn er nicht aufsteht. Der freie Informationsfluss ist ein gefährliches Spielfeld für diejenigen, deren Spiel im Verschleiern der Wahrheit besteht. Wenn die Menschen miteinander verbunden sind – wenn sie Nachrichten austauschen und miteinander auf gleicher Ebene kommunizieren können – verschwindet die Möglichkeit, Informationen zu verdrehen oder zu manipulieren. Mitarbeiter, Kunden, Lieferanten und strategische Partner sitzen alle mit Ihnen gemeinsam in einem Stadion – untereinander vollkommen vernetzt. Information wird zur Macht, wenn man alle auf eine gemeinsame Webseite bringt, und sie ist das mächtigste aller Instrumente, wenn man eine konsistente Botschaft an immer mehr Menschen verbreitet. Die einzige Art, eine mächtige Welle zu produzieren, die an einem Ort beginnt und dann eigendynamisch durch das gesamte Stadion läuft, ist, jeden erreichbaren Menschen dazu zu bringen, sich auf das gemeinsame Ziel auszurichten. In einer vernetzten Welt gleichberechtigter Individuen erreicht man einheitliche Ausrichtung auf ein gemeinsames Ziel am schnellsten durch aktive Transparenz. Tatsächlich ist es ohne diese Transparenz fast unmöglich, sie zu erreichen.

Transparenz in seiner aktiven Form hat eine bemerkenswerte Wirkung auf Menschen. Sie bringt sie mit Ihnen auf der Basis gegenseitiger Offenheit zusammen und beschleunigt und fördert Vertrauen und Zusammenarbeit, und – das ist das Überraschende – sie ist unglaublich entwaffnend. Ich spreche hier von mehr, als nur die Wahrheit zu sagen. Die neuen Bedingungen in der Welt können das

Ende des Wettbewerbs bedeuten, wenn Sie die Transparenz aktiv und in ihrer verbalen Form verinnerlichen: *transparent sein.* Wenn Business nicht mehr Krieg bedeutet, dann muss man Techniken anwenden, die den Krieg aus dem Business nehmen. Und genau das macht aktive Transparenz so wirkungsvoll. Wie wir gesehen haben, schaffen Sie, indem Sie dem Anderen aktiv Ihre Schwächen zeigen, die Voraussetzung dafür, dass er Ihnen auch seine Schwächen zeigt. Vertrauen schafft Vertrauen, auf biologischer wie auf geschäftlicher Ebene, und mit dem Ergebnis gegenseitigen Nutzens. Auf diese Weise ist Schwäche eigentlich Stärke.

Letztes Jahr erlebte ich einen ähnlichen Augenblick wie Sig damals. Ich war beim Geschäftsessen mit Alan Spoon, einem leitenden Manager bei Polaris Venture Partners, einem Venture-Capital-Unternehmen, das in wachsende Unternehmen in der ganzen Welt investiert, und früheren Präsidenten der Washington Post Company. Er war daran interessiert, in LRN zu investieren, und ich war daran interessiert, dass er Teil des Teams würde. Während des Essens fragte Alan mich ganz offen, was mein Vorstand von einem bestimmten Aspekt meiner Leistung hielt. Ohne zu zögern (danke, Sig!) sagte ich: »Ich glaube, da würden sie mir eine ziemlich schlechte Note geben – C-minus oder so.«

Er war offensichtlich sehr überrascht.

Ich sagte ihm das nicht, weil er es sowieso herausgefunden hätte. Ich war so offen zu ihm, weil ich ihn dazu anregen wollte, ebenso offen zu mir zu sein, damit er sehen könnte, dass ich die Aufgabe, die uns bevorstand, verstand und darüber offen sprechen konnte, was funktioniert und was nicht. Ich nutzte die Kraft der Transparenz, um eine engere Zusammenarbeit zu schaffen und schneller zu einer gemeinsamen Ausrichtung zu kommen. Jede Wahrheit, die ich verschleiern würde, würden wir irgendwann später besprechen müssen, und das würde das Vertrauen für unsere zukünftige Zusammenarbeit untergraben. Außerdem würde es ihm jede Lust nehmen, mit mir zusammenzuarbeiten – und zwar für immer. Ich hätte es auf die sechs Monate ankommen lassen können, die er gebraucht hätte, um zur Wahrheit vorzudringen, doch indem ich es einfach so zugab, machte ich ihm ein starkes Angebot. Dies wirkte langfristig zu meinem Vorteil.

Einige Monate später war Alan bei einem Meeting, bei dem auch einige Mitglieder meines Vorstandes anwesend waren. Bald darauf rief er mich an. Er hatte sie tatsächlich über das Thema befragt, über das ich ihm gegenüber so offen war, erzählte er mir, und war nun im Endeffekt noch mehr beeindruckt über meine Offenheit. Der Vorstand war mit mir weniger kritisch als ich selbst. Natürlich kann man sich vorstellen, dass jemand mit so etwas Spielchen spielt. Der machiavellische Planer in uns könnte sagen: »Bereite ihn für deinen Zweck vor. Sag ihm etwas Negatives, denn du weißt, er wird etwas Besseres herausbekommen, wenn er es überprüft.« Aber glauben Sie mir eines: *Man kann nicht aus den falschen Beweggründen das Richtige tun.* Das rächt sich später unausweichlich. Die Menschen merken es, wenn man versucht, sie oder das System auszutricksen, und sie reagieren mit Misstrauen. Die Macht dieser Art von Offenheit liegt genau ihn ihrer Arglosigkeit. Sie können sich vorstellen, wie viel negativer jemand reagieren würde, der zuvor durch Arglist und Täuschung in Sicherheit und Vertrauen gewiegt worden wäre. Von diesem Punkt gibt es keine Umkehr mehr. Ein altes amerikanisches Sprichwort sagt: »Hältst du mich einmal zum Narren, ist es deine Schuld. Beim zweiten Mal ist es meine.« Einem potenziellen Investor zu sagen: »Also, der Vorstand würde mir dafür eine schlechte Note geben«, ist schwer. Doch wenn man sich über die Macht von Ehrlichkeit und Transparenz klar ist, ist man motiviert, noch ehrlicher zu sein.

Für mich gab es noch einen stärkeren Grund, meinen Superman-Anzug auszuziehen und offen zu Alan zu sein: Schwäche schafft wahre Gelegenheit für intensive Zusammenarbeit, für eine viel lohnendere Beziehung als nur eine, mit der man Geld verdient. Indem ich ihm gegenüber transparent war, machte ich deutlich, dass ich fand, Alan war mehr wert als das Geld, das er vielleicht investieren würde. Genauso, wie ich will, dass meine Reise und die Reise von LRN einen höheren Sinn hat als nur Gewinne zu erzielen, genauso will auch Alan mehr sein als nur ein Mensch, der Geld macht. Durch meine Offenheit sah er eine Möglichkeit, seine eigene Reise zur Sinnerfüllung zu verfolgen, und sein Wissen und seine Weisheit auf substanziellere Weise mitzuteilen. Anstatt ihm ein glattes, glänzendes Rad zu zeigen, zeigte ich mich ihm als Zahnrad, mit kräftigen Zähnen, doch auch mit Zwischenräumen, in die er sich einklinken konnte. Meine Transparenz gab ihm eine Vision davon, was wir erreichen konnten, wenn wir uns zu einer Maschine zusammen-schlossen: eine intensive Zusammenarbeit, die das Potenzial hatte, eine Aufwärtsspirale von bedeutungsvoller Arbeit in Gang zu setzen. Nicht lange danach investierten Alan und Polaris tatsächlich in LRN, und ich bat ihn, Teil meines Vorstandes zu werden, in dem er bis heute einen wichtigen Teil dessen ausmacht, was wir sind.

Was bedeutet es, ehrlich zu sein? Offen zu sein? Eher aus Prinzip zu handeln als für eine gewünschte Wirkung? Einerseits ist es einfacher. Wie Mark Twain einmal schrieb, »Wenn Sie die Wahrheit sagen, müssen Sie sich nichts merken.«[41] Noch wichtiger: in einer Welt, die an Falschheit und Täuschung gewöhnt ist, in der wir täglich hunderte von Werbebotschaften bekommen, die uns zu der einen oder anderen Handlung überreden wollen, kann Transparenz und Geradlinigkeit unheimlich erfrischend sein. Niemand kann Ihre innere Haltung kopieren, und in dem weiten Spektrum des menschlichen Verhaltens kann eine Haltung von aktiver zwischenmenschlicher Transparenz ein mächtiges Mittel zur Differenzierung werden.

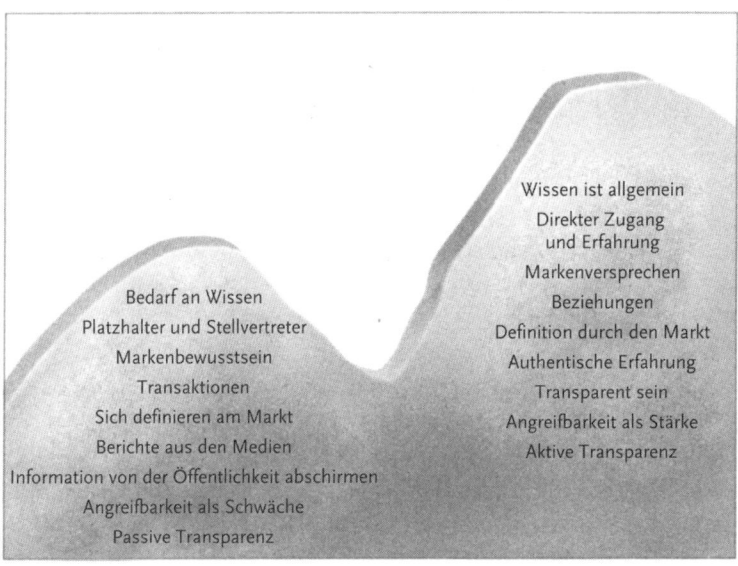

Abbildung: Aktive Transparenz

Die Sicherheitslücke beschreibt nicht nur einen Umstand in der Welt. Sie beschreibt auch unsere Beziehung zu unseren Mitmenschen im Geschäftsleben. Es gibt auch eine Sicherheitslücke zwischen Menschen. Geschäftsbeziehungen sind formale Beziehungen und benutzen genau wie Unternehmen Programme oder Werbung als formale Schichten zwischen sich selbst und ihrem Markt, die Menschen verlassen sich auf ihre eigenen Platzhalter und Stellvertreter beim täglichen Umgang mit Anderen. Wenn ein Käufer bei Geschäftsverhandlungen dem potenziellen Anbieter erzählt, »Wir stehen mit Ihren Wettbewerbern in Kontakt«, und das ist nicht wahr, benutzt der Käufer die Illusion einer vorgetäuschten Aktion, um einen besseren Preis zu erzielen. Wenn ein Chef sagt, »Bringen Sie es mir bis 16 Uhr«, ohne die Gründe und den Nutzen dafür zu nennen, verlässt sich der Chef auf seine Position als Platzhalter, um etwas zu veranlassen. Wenn die Welt vernebelt ist und man nicht hinter die persönlichen Platzhalter der Menschen blicken kann, dann gibt es eine Sicherheitslücke bei den Interaktionen zwischen ihnen. Doch wenn aktive Transparenz im Raum steht und die Menschen sich offenbaren, was hinter dem Vorhang ist, wird die Lücke kleiner, und es entstehen die Voraussetzungen für das Vertrauen, das die Sicherheitslücke schließt. Die allgemein herrschende Unsicherheit in der Welt macht Transparenz – sowohl technologische, wenn man sie zum Vorteil wenden kann, als auch zwischenmenschliche, wenn man sie einbringen kann – zu einer der einflussreichsten inneren Haltungen und Verhaltensweisen.

Kapitel 8
Vertrauen

Denn gegenseitiges Vertrauen,
mehr noch als gegenseitiger Nutzen,
hält die menschliche Gemeinschaft
zusammen. Unsere Freunde bringen
uns selten Gewinn ein, doch durch
sie fühlen wir uns sicher.

H. L. Mencken

Vor ein paar Jahren, als das Phänomen des Bloggens noch ganz neu war, erzählte ein Web Designer aus New York namens Jason Kottke auf seinem Blog, Kottke.org, eine faszinierende Geschichte über seine Beobachtungen bei einem Straßenverkäufer für Kaffee und Donuts, den er Ralph nannte.

»Ich trat vor an sein Budenfenster, bestellte einen Donut mit Zuckerglasur (75 Cent)«, schreibt Kottke, »und als er ihn mir gab, gab ich ihm meinerseits einen Ein-Dollar-Schein durchs Fenster. Ralph deutete auf den Haufen Kleingeld, der auf dem Tresen lag, und beeilte sich, den nächsten Kunden zu bedienen, indem er ›Nächster!‹ über meine Schulter rief. Ich legte den Schein hin und nahm mir einen Vierteldollar von dem Haufen.« Kottke war fasziniert von diesem Verhalten, und so beschloss er, es weiter zu beobachten. »Ich ging ein paar Schritte weiter und wandte mich dann wieder um, um die Interaktionen zwischen diesem Verkäufer und seinen Kunden zu beobachten. Fünf Minuten lang warf jeder entweder das genaue Kleingeld hin oder nahm sich selbst sein Wechselgeld, ohne dass Ralph sich darum kümmerte. Er war einfach zu beschäftigt damit, Kaffee einzuschenken oder Donuts auszugeben, um sich um die Bezahlung zu kümmern.«[1]

Während er beobachtete und abschätzte, was bei dieser ungewöhnlichen Vorgehensweise gewonnen oder verloren würde, bemerkte Kottke, dass Ralph eine außergewöhnlich große Anzahl von Kunden bediente. Um diese Vermutung zu bestätigen, ging er los und beobachtete noch zwei weitere vergleichbare Verkäufer in der Nähe. Im Schnitt brauchten beide doppelt so viel Zeit für jeden Kunden und bedienten halb so viele in einer bestimmten Zeitspanne.

Kottke ist kein Wirtschaftswissenschaftler, doch es war ihm sofort klar, »dass Ralph seinen Kunden vertraut und dass beide Seiten dieses Vertrauen schätzen und erwidern (ich tue das zumindest).« Er bemerkte auch etwas, das uns oft entgeht: »Wenn eine Umgebung von Vertrauen geschaffen wird,« schreibt er, »geschieht plötzlich viel Positives. Ralph kann doppelt so viele Kunden bedienen. Die Leute bekommen ihren Kaffee doppelt so schnell. Durch diese Zeitersparnis werden sie zu Stammkunden. Stammkunden geben Ralphs Geschäft Stabilität, einen guten Ruf, und sie sind Kunden, die sich im eigenen Interesse das korrekte Wechselgeld nehmen (damit die Schlange vorankommt und damit Ralph weiterhin im Geschäft bleibt). Viele Kunden, die korrektes Wechselgeld nehmen, erhöhen Ralphs Gewinnmarge, etc., etc.«

Kottke beobachtete aus erster Hand und in Form einer Anekdote die Quantifizierung von aktivem Vertrauen. Weil Ralph seinen Kunden so weit vertraut, dass sie beim Wechselgeld ehrlich sind, kann er weit mehr von ihnen bedienen als seine Wettbewerber. In der Wirtschaftsterminologie ausgedrückt: Ralph reduzierte seine Transaktionskosten, indem er den Arbeitsaufwand des Geldwechselns durch Vertrauen ersetzte. Eine Kosten-Nutzen-Analyse würde wahrscheinlich ergeben, dass seine Verluste durch Unehrlichkeit und Irrtum mehr als wettgemacht werden durch das Brutto-Absatzvolumen. Hinzu kommt, dass Ralphs Kundenbindung sich in der Geschichte anscheinend erhöht hat, obwohl höhere Verkaufszahlen zu weniger Zeit für die Bedienung der Kunden führt, und man meinen könnte, diese Zeit wäre nötig, um Kundenbindung aufzubauen. Die Einführung von Vertrauen hatte eine unbeabsichtigte Konsequenz für sein Geschäft: Die Kunden neigten eher dazu, ihre tägliche Donut-Ration bei ihm zu kaufen, als bei seinem Konkurrenten an der nächsten Straßenecke.

Vertrauen ist ein komisches Phänomen, eine dieser weichen Eigenschaften, die wir oft gar nicht bemerken. Was nicht so komisch ist, ist seine oft zentrale Rolle bei unserer Aufgabenbewältigung und unseren Möglichkeiten. »Vertrauen ist wie die Luft zum Atmen«, sagte Warren Buffet einmal. »Wenn es da ist, bemerkt es niemand so recht. Doch wenn es fehlt, merkt es jeder.«[2] Das kommt daher, dass Vertrauen es uns ermöglicht, auch in Zeiten der Unsicherheit weiter unsere Aufgaben zu erfüllen. Wenn die Sicherheitslücke – die

Diskrepanz zwischen der Unberechenbarkeit der Welt und unserem Idealbild von Stabilität – größer wird, suchen wir nach etwas, womit wir sie stopfen können. Dieses Etwas ist *Vertrauen*. Vertrauen besänftigt die Ängste, die aus der Unsicherheit entstehen. Deshalb schenken wir in Zeiten starker Unsicherheit der Quelle des Vertrauens mehr Aufmerksamkeit: dem menschlichen Verhalten – *wie* wir tun, was wir tun. Vertrauen wird, lebenswichtiger denn je, zur Währung für zwischenmenschlichen Umgang.

In der Geschäftswelt weiß man schon lange von den Vorteilen des Vertrauens. Doch da es weder messbar noch erfassbar ist, sah man sich nicht in der Lage, irgendetwas damit anzufangen. Ebenso streben wir als Einzelpersonen instinktiv nach vertrauensvollen Umfeldern und Beziehungen, um unser Leben wertvoller zu machen, obwohl wir uns oft wenig Gedanken darüber machen, wie man diese Umfelder und Beziehungen schafft.

Weicher Faktor – harte Fakten

Wir haben zwei Möglichkeiten, den Wert von Vertrauen zu kalkulieren: subjektiv (wie wir uns damit fühlen) und objektiv (in Dollars und Cents). Subjektiv bewertet würden wir fast alle lieber in einer Welt leben und arbeiten, in der die Sicherheitslücke mit Vertrauen gefüllt ist, die Berechenbarkeit hoch ist und wir uns sicher und geschützt fühlen. Also sind wir uns von vorn herein einig, dass Vertrauen für unsere Lebensweise eine wichtige Rolle spielt. Mit Vertrauen fühlen wir uns sicher. Wir können dadurch auch in einer unsicheren Welt arbeiten und uns verwirklichen. Um den Wert von Vertrauen im Geschäftsleben ganz zu verstehen, müssen wir es jedoch objektiv quantifizieren, es vom Bereich der Gefühle in den des messbaren Nutzens bringen. Vertrauen ermöglicht es uns beispielsweise, uns aufeinander zu verlassen, Arbeit aufzuteilen und Teams zu bilden, in denen man weiß, dass jede oder jeder ihren oder seinen Teil leisten wird, und Vertrauliches mit Anderen zu teilen. Wie könnte man ohne Vertrauen eine vertrauliche E-Mail über die geplante Strategie an einen Partner senden und wissen, dass sie vertraulich bleiben wird? In der Wirtschaft hat man lange vermutet, dass Vertrauen tatsächlich objektiv quantifizierbar sei, doch erst vor kurzem haben Forscher dies getan. Deren Ergebnisse enthüllen eine verblüffende Tatsache: Es ist das alte Klischee – Vertrauen macht Geld *und* Sinn.

In einer bahnbrechenden Studie von 2002 konnten die Professoren Jeffrey H. Dyer von der Marriott School an der Young University von Brigham und Wujin Chu vom College für Unternehmensverwaltung an der National University von Seoul empirisch nachweisen, was der Blogger Jason Kottke in den Straßen von New York beobachtete. Dyer und Chu untersuchten fast 350 Käufer-Zulieferer-Beziehungen bei acht Automobilherstellern in den USA, Japan und Südkorea und fanden einen direkten und dramatischen Zusammenhang zwischen Vertrauen und Transaktionskosten. Der Käufer, dem man am wenigsten vertraute, hatte *sechsmal* höhere Beschaffungskosten zu tragen wie der, dem man am meisten vertraute. Die gleichen Teile; die gleiche Art von Transaktionen; sechsmal so teuer. Diese zusätzlichen Kosten kamen von dem zusätzlichen Aufwand für Auswahl, Verhandlungen und Absicherung für die Durchführung des Geschäfts. Dyer und Chu verweisen auf den Nobelpreisträger für Wirtschaftswissenschaften Douglass C. North, der herausfand, dass diese Art Transaktionskosten für mehr als ein Drittel aller Geschäftsaktivitäten gilt. Sie fanden auch heraus, was vielleicht keine Überraschung ist, dass die Firmen, denen man am wenigsten vertraute, auch die am wenigsten Gewinn bringenden waren.

Doch Dyer und Chu hörten hier nicht auf. Sie untersuchten auch den Zusammenhang zwischen Vertrauen und bestimmtem wertschöpfendem Verhalten, besonders die Bereitschaft, wichtige Information mit Geschäftspartnern zu teilen. Obwohl es unklar war, welches zu welchem führte, ähnlich wie bei der Henne und dem Ei, zeigen ihre Aufzeichnungen klar, dass das Vertrauen, das eine Firma einer anderen entgegenbringt, wertschöpfendes Verhalten fördert, wie das Teilen von Information, was im Gegenzug zu einem gesteigerten Vertrauensniveau führt. Eine Führungskraft, die sie befragten, drückte es so aus:

> »Wir präsentieren unsere Vorschläge für einen neuen Produktentwurf lieber (dem Automobilhersteller A, dem man stark vertraut) als (Automobilhersteller B, dem man wenig vertraut). Der Grund dafür ist einfach. Von (Automobilhersteller B)

wissen wir, dass er unsere Entwürfe an unsere Mitbewerber schickt, um zu sehen, ob sie das Teil billiger herstellen können. Sie behaupten, dass sie nur versuchen, sich an die Regeln der Ausschreibung im Wettbewerb zu halten. Doch weil wir ihnen nicht vertrauen können, dass sie uns fair behandeln, bieten wir ihnen unsere neuen Entwürfe nicht an. Wir bieten sie (Automobilhersteller A) an, mit dem wir eine sicherere, nachhaltige Zukunft sehen.«[3]

Genau wie bei der Oxytozin-Reaktion zwischen zwei Personen führt Vertrauen zwischen zwei Unternehmen zu mehr Vertrauen. Es setzt eine Aufwärtsspirale aus kooperativem, wertschöpfendem Verhalten in Gang. »Dieses Phänomen macht Vertrauen zu einem einzigartigen Führungsinstrument«, schlussfolgern Dyer und Chu, »weil die Investitionen, die Handelspartner tätigen, um Vertrauen aufzubauen, oft gleichzeitig wirtschaftlichen Wert in der Geschäftsbeziehung schaffen (über die Minimierung von Transaktionskosten hinaus).«

Ich war beeindruckt von diesen Beispielen von sowohl kleinen Transaktionen, wie Ralphs Donuts, als auch mittelgroßen, wie in Dyer und Chus Studie. Doch ich fragte mich, ob dieselben Prinzipien auch auf den höchsten Ebenen der Wirtschaft und für die größten Transaktionen galten. Es erinnerte mich an eine Geschichte, die mir Mike Fricklas erzählte, stellvertretender Vorsitzender, oberster Rechtsberater und Generalsekretär von Viacom, einem der größten Medienkonglomerate der Welt, als wir uns kürzlich in der Zentrale von Viacom am Times Square trafen. Nach einer erfolgreichen Karriere im Bereich Fusionen und Übernahmen (Mergers & Acquisitions) kam Fricklas zu Viacom, um ihre Übernahme von Paramount und Blockbuster abzuwickeln, zwei der größten Übernahmen im Medienbereich in den 1990er Jahren. Seitdem spielt er eine zentrale Rolle beim Wachstum und den Übernahmen von Viacom. Mike und ich haben viele Jahre lang zusammengearbeitet, und ich finde nicht nur, dass er ein erstklassiger Anwalt ist, sondern auch ein aufrichtiger Berater für die Verantwortlichen auf höchster Wirtschaftsebene. Also fragte ich ihn nach der Bedeutung von Vertrauen bei seiner täglichen Arbeit. »In großen wirtschaftlichen Transaktionen sind die Transaktionskosten nicht so bedeutend«, erklärte er mir. »Strategisch sehr viel wichtiger ist vor allem die Frage, ob die Menschen mit einem ins Geschäft kommen wollen.«[4] Bei diesem Gespräch gestand mir Mike, dass Viacom derzeit eine Strategie der Übernahmen in gemäßigter Größe verfolgte, aber betonte, was seiner Ansicht nach ein bedeutender Vorteil war, den Viacom aufgrund seines geradlinigen und offenen Geschäftsverhaltens genoss. »Man vertraut uns so weit, dass wir zu Beginn einer Beziehung, wenn wir ersten Kontakt aufnehmen mit potenziellen Übernahmezielen, eine Reihe von Privilegien bekommen – Vertrauensbeweise – wo sich Unternehmen selbst vom Markt nehmen, weil sie uns entgegenkommen wollen.«

Dies ist ein Beispiel dafür, wie bestehendes Vertrauen die Sicherheitslücke zwischen zwei Unternehmen füllen kann, besonders, wenn eines davon das Ziel für eine Übernahme ist und vielleicht viel zu verlieren hat. Offensichtlich bedeutet die alleinige und erste Gelegenheit, eine Transaktion zu tätigen, einen bedeutenden Vorteil am Markt. Dies ist ein weiteres anekdotisches Beispiel für den Wert von Vertrauen, und ich wollte wissen, ob Mike einen direkten Zusammenhang herstellen konnte zwischen Vertrauen und Gewinn auf den höchsten Wirtschaftsebenen. »Absolut«, antwortete er sofort. »In der Wirtschaft ist Vertrauen wichtig für die Kosten von Kapital. Wenn man Geld braucht, um ein größeres Projekt zu finanzieren, kann man den Markt oft nicht genau über seine Pläne informieren, ohne den eigenen Wettbewerbsvorteil zu verlieren. Also verlässt sich der Markt auf das Vertrauen und die Verlässlichkeit aufgrund der Vergangenheit eines Unternehmens. Mit Vertrauen leiht man Ihnen Geld zu günstigeren Konditionen. Also wird man eine Multimilliarden-Dollar-Transaktion zu einem günstigeren Preis abschließen können, wenn man ein bevorzugter Partner ist, als wenn man auf den Aktienmarkt zurückgreift und dort unter den gleichen Bedingungen antritt wie jeder andere auch.«

Derselbe Zusammenhang zwischen Vertrauen und wirtschaftlichem Vorteil gilt auf der Ebene der Makroökonomie. Studien zeigen, dass wirtschaftliches Wachstum und Wohlstand in einer Gesellschaft ein gewisses Mindestniveau von allgemeinem Vertrauen erfordern. Ohne dieses Vertrauen gehen die Investitionen zurück und die wirtschaftlichen Aktivitäten kommen zum Stillstand. Diese Hypothese stellte als Erster Francis Fukuyama in seinem grundlegenden Buch *Trust* von 1995 auf. Der Wohlstand einer Nation, »ebenso wie seine

Fähigkeit, im Wettbewerb zu bestehen,« schrieb er,»wird bestimmt von dem Maß an Vertrauen in der Gesellschaft.«[5] Der Neuro-Ökonom Paul Zak führte Fukuyamas Gedanken über den Zusammenhang von Vertrauen mit allgemeinem Wohlstand weiter.»Unsere Analyse zeigt auch, dass, wenn das Vertrauen entsprechend niedrig ist«, so Zak im *Journal of Financial Transformation*,»die Investitionsrate so niedrig wird, dass das Einkommen stagniert oder sogar zurückgeht.«[6] In der Wirtschaftswissenschaft nennt man dies die »Armutsfalle«, und wenn eine Gesellschaft einmal in eine solche hineingerutscht ist, entsteht daraus eine Abwärtsspirale von weiterem Vertrauensverlust.»Wir zeigen, dass der hauptsächliche Grund für die Armutsfalle in unwirksamen Gesetzesstrukturen liegt, die wiederum im niedrigen allgemeinen Vertrauensniveau resultieren, und in dementsprechend wenig Investitionen«, sagt Zak.»Außerdem ist das Mindestmaß an Vertrauen, das für ein positives wirtschaftliches Wachstum nötig ist, reziprok abhängig vom Pro-Kopf-Einkommen; das heißt, je ärmer ein Land gegenwärtig ist, desto mehr Vertrauen ist nötig, um ausreichende Investitionen zu generieren, um den Lebensstandard zu heben. Dies macht es sehr schwierig, aus der Armutsfalle des mangelnden Vertrauens herauszukommen.« Mit anderen Worten: wenn die soziale Sicherheitslücke zu groß wird, wird es fast unmöglich, sie aufzufüllen.

Gesetze erfüllen viele wichtige Aufgaben, und eine davon ist die Schaffung eines ausreichenden Maßes an allgemeinem Vertrauen, das für wirtschaftlichen Wohlstand nötig ist. Dies ist ein Aspekt des »festen Bodens«, von dem ich sprach. Zaks Forschungen zeigen, dass das allgemeine Vertrauen in skandinavischen und ostasiatischen Ländern hoch ist, und niedrig in Südamerika, Afrika und den früheren kommunistischen Staaten. In einer weltweiten Umfrage zur Bemessung der allgemeinen Fähigkeit zweier zufällig gewählter Personen in einer Gesellschaft, einander zu vertrauen, sagen nur drei Prozent der Befragten in Brasilien und fünf Prozent in Peru, dass ihre Landsleute vertrauenswürdig seien, während 65 Prozent der Norweger und 60 Prozent der Schweden dies glauben. Die Vereinigten Staaten liegen hier bei 36 Prozent, im Vergleich zu 50 Prozent 1990. Großbritannien hält sich konstant mit 44 Prozent seit Mitte der 1990er Jahre.

Zak fand auch direkte und quantifizierbare Zusammenhänge zwischen Vertrauen und Wohlstand. Die Investitionen in einer gegebenen Gesellschaft spiegeln direkt das Maß des Vertrauens wider. Wo das allgemeine Vertrauen hoch ist, ist auch die nationale Investitionsrate – Brutto-Investitionen geteilt durch Bruttonationaleinkommen – entsprechend hoch, und umgekehrt. Derselbe direkte Zusammenhang besteht auch zwischen Vertrauen und Wachstum des Bruttonationaleinkommens. Pro 15 Prozent Steigerung des Anteils von Menschen, die Andere vertrauenswürdig finden, erhöht sich das Pro-Kopf-Einkommen um ein Prozent. Wenn das Vertrauen in den USA zum Beispiel von 36 auf 51 Prozent steigen würde, würde sich das durchschnittliche Einkommen für jeden Mann, jede Frau und jedes Kind pro Jahr um 400 Dollar erhöhen, was sich aus der parallelen Steigerung der Investitionen und Schaffung von Arbeitsplätzen ergibt. Dies summiert sich im Verlauf eines Arbeitslebens auf etwa 30 000 Dollar.

Es gibt etwas wie ein Paradox in dieser Beziehung zwischen Vertrauen und Wohlstand. Wer Adam Smiths Prinzipien des auf gegenseitigem Vorteil beruhenden Kapitalismus falsch gelesen hat, fordert oft wirklich unregulierte Märkte des Laisser-faire. Man gibt sich der Illusion hin, dass man, wenn man frei von Regulierungen wäre, alles erreichen könnte, was einem in den Sinn kommt. Dies ist nur wieder eine Form von regelgebundenem Denken: die eigenen Fähigkeiten zum Erfolg in Abhängigkeit zu Regelkonstrukten zu definieren. Doch tatsächlich unterstützen die Sicherheit und Berechenbarkeit, die durch starke gesetzliche Systeme und Regelapparate geschaffen werden, den Erfolg. Betrachten wir Verkehrsampeln als Metapher. Sie ermöglichen uns, so schnell, effizient und sicher wir können, herumzufahren. Sie helfen bei der Schaffung eines ausreichenden Maßes an Sicherheit, dass andere Fahrer und Fußgänger sich auf vorhersehbare Weise verhalten werden. Genau wie die Rufer nach dem Freien Markt wünschen wir uns alle hin und wieder, wenn wir fahren, dass die Verkehrsregeln für uns nicht gelten würden. Manchmal nehmen wir sogar das Gesetz sozusagen in die eigene Hand und überfahren ein Stoppschild oder fahren schneller als erlaubt, damit wir schneller am Ziel sind. Doch interessanterweise, wenn das Gesetz zusammenbricht – wie bei einem Stromausfall, wenn die Ampeln nicht mehr funktionieren – rasen die Menschen nicht auf einmal mit halsbrecherischer Geschwindigkeit los.

Tatsächlich wird der Verkehr langsamer. Die Abwesenheit von Vorhersehbarkeit macht jeden vorsichtiger. Die Menschen neigen dazu, Sicherheit wichtiger zu nehmen als Geschwindigkeit. In der Abwesenheit von Gesetzen genießt niemand das Fahren, weil plötzlich die Risiken gegenüber den Vorteilen sehr schwer wiegen. Das Gleiche gilt auch für die weitaus weniger kontrollierbare Sphäre der menschlichen Beziehungen und, in Erweiterung, für den Markt. Wenn wir einen Zustand von hoher Unsicherheit erleben, werden alle langsamer, ebenso wie die wirtschaftlichen Aktivitäten. Unser Umkreis der Vertrauenswürdigkeit schrumpft zusammen wie unsere Neigung, Risiken einzugehen, interessanterweise auch dann, wenn diese vielleicht zu größeren Gewinnen führen würden.

Dr. Peter Kollock, Professor und stellvertretender Inhaber des Lehrstuhls für Soziologie an der University of California in Los Angeles, führte Mitte der 1990er Jahre eine Studie durch, die dies zeigte. Er erfand ein Tauschspiel, in dem die Teilnehmer in zwei verschiedenen Umgebungen Waren tauschten. In einer Umgebung (wenig Unsicherheit) kannten die Teilnehmer den Wert dessen, was sie tauschten, und in der anderen (hohe Unsicherheit) nicht. Kollocks Studie erbrachte zwei interessante Ergebnisse: 1. Menschen entwickeln in einer Umgebung mit hoher Unsicherheit eine größere Neigung dazu, zwischenmenschliche Abmachungen zu treffen, und 2. sie neigen dazu, zugunsten von Tauschgeschäften mit Partnern, die ihre Vertrauenswürdigkeit in vorherigen Transaktionen gezeigt haben, auf potenziell gewinnträchtigere Tauschgeschäfte mit unbekannten Partnern zu verzichten. Kurz: die wirtschaftliche Aktivität in Zeiten hoher Unsicherheit verlangsamt sich und die Händler sind weniger risikofreudig.[7]

Wann ist das Ideal erreicht?

Wenn die Sicherheitslücke die Diskrepanz zwischen unserem Idealzustand von Sicherheit, Verlässlichkeit und Berechenbarkeit und dem tatsächlichen Zustand der Welt ist, und das Zusammenwirken von destabilisierenden Faktoren in der heutigen Welt den festen Boden der Verlässlichkeit herabgesenkt hat, wo läge dann die Obergrenze der Sicherheitslücke? Wie definieren wir den Idealzustand von Verlässlichkeit?

Eigentlich ist das eine Fangfrage, denn ich glaube, es gibt keine Obergrenze. Wenn wir genügend Vertrauen schaffen, um Risiken einzugehen, Innovationen und Fortschritt innerhalb der bestehenden Bedingungen in der Welt oder am Markt zu schaffen, warum sollten wir dann damit aufhören? Warum nicht immer mehr Vertrauen schaffen? Sicherheit und Verlässlichkeit sind keine hochgesteckten Ziele, nach denen wir uns strecken müssen, sondern eher ein Phänomen, das sich horizontal um den Einzelnen ausbreitet. Stellen Sie sich eine Zielscheibe vor, die auf einem Tisch liegt, und Sie stehen im Zentrum der Scheibe. Um Sie herum ziehen sich Kreise um Kreise, immer weiter, bis zum Horizont. Jeder davon steht für eine Sicherheitslücke, die gefüllt werden will – rot, blau, grün, weiß und so weiter. Je mehr Ringe um sich herum Sie füllen können, desto sicherer können Sie sein. Der Horizont hat nur in Ihrer Vorstellung eine Grenze. Bleiben Sie nun bei demselben Bild und ersetzen Sie die Zielscheibe durch ein Fußballstadion, in dessen Mitte Sie stehen. Um Sie herum sind die Menschen, mit denen Sie arbeiten, spielen, leben und die Sie lieben. Anstatt Ringen stellen Sie sich Beziehungskreise vor, zwischenmenschliche Synapsen, die mit Vertrauen gefüllt sind, die sich immer weiter bis zum Rand des Stadions ausbreiten. Je stärker Sie mit dieser ausgedehnten Menschenmenge verbunden sind, desto sicherer sind Sie, und, noch wichtiger für Ihre Entfaltungsmöglichkeiten, desto mehr Wellen können Sie im Stadion auslösen.

Es ist einfach, Bilder zu entwerfen und zu zeichnen, aber viel schwieriger für viele von uns, ihre Bedeutung im täglichen Leben umzusetzen. Wer langfristige und befriedigende Erfahrungen mit vertrauensvoller Umgebung gemacht hat, kann sich ein sehr hohes Maß an Vertrauen vorstellen, während Andere, die vielleicht unter einer Umgebung von Verrat und Eigennutz zu leiden hatten, sich nur Misstrauen vorstellen können. Doch jeder hat die Fähigkeit, seine Vorstellung von einer Welt voller Vertrauen auszuweiten. Wie auf jeder Reise zum Wissen können wir nicht einfach vom Hügel B zum Hügel A springen. Wir müssen unsere Fähigkeit, uns Vertrauenskreise vorzustellen, Schritt für Schritt aufbauen, eine Beziehung nach der anderen, eine Gruppe nach der anderen. Manchmal werden wir im Tal C stecken bleiben, wenn wir den falschen Leuten vertraut haben und betrogen wurden. Doch wir können von unserem Standpunkt aus weitergehen, egal, welche Erfahrungen mit Vertrauen wir vorher gemacht haben, und bis an unsere

Grenzen gehen. Vielleicht schaffen Sie nur einen Ring, vielleicht auch drei. Doch wenn Sie an den Rand dieses Rings kommen, und nur dann, erkennen Sie plötzlich den nächsten Ring, der gefüllt werden will. Wie beim Bergsteigen müssen Sie erst den einen Hügel erklimmen, bevor Sie den nächsten sehen. Vertrauen ist kein Schalter, den man an- oder ausknipsen kann, wie man will. Doch die Kraft, es sich als Ziel zu setzen, ist eine Stärke, die Sie mit der Zeit entwickeln können.

TRIP – die Reise

Was wissen wir also über Vertrauen? Wir wissen, dass es das Gehirn mit mächtigen chemischen Stoffen füllt, die zwischenmenschliche Verbindungen verstärken, indem sie die Angst reduzieren. Wir wissen, dass es die Sicherheitslücke füllt, und damit die hemmenden Kräfte von Unsicherheit und Scheu besiegt, die uns bremsen, wenn wir schneller sein müssten, um uns zu entfalten. Wir wissen, dass Vertrauen Gegenvertrauen zwischen Menschen und Unternehmen erzeugt, und dass es im Lauf der Zeit und mit steter Wiederholung noch mehr Vertrauen aufbaut. Wir wissen, dass es eine Aufwärtsspirale von Kooperation und Werten in Gang setzt. Wir wissen, dass Vertrauen Wellen anschiebt, die Menschen und Organisationen näher zusammenbringen. Es gibt so viel Energie zurück, wie es für seine Erzeugung braucht, wenn nicht mehr, und befähigt zu risikobereitem Verhalten. Kurz, wir wissen, dass Vertrauen eine aktive und vorantreibende Kraft ist. Und dass es stark motivierend wirkt.

Es ist eine Reise, sich Vertrauen zu vergegenwärtigen und darüber zu lernen, doch Vertrauen besitzt auch eine Eigendynamik, einen eigenen *Trip*. Ein Buch dieser Art wäre nicht vollständig ohne ein inspirierendes Akronym, und, um auch hier mithalten zu können, möchte ich Ihnen eines anbieten, von dem ich fand, dass es viele unserer Ideen über Vertrauen ausdrückt:

TRIP

Trust – Vertrauen
Risk – Risiko
Innovation
Progress – Fortschritt

Trust – Vertrauen

Das »T« in TRIP steht für *Trust* – Vertrauen. Wenn wir uns gerade kennen gelernt haben und ich beschließe, Ihnen mein Vertrauen entgegenzubringen, wer ist der Tugendhafte: ich, weil ich Ihnen vertraue, oder Sie, weil Sie vertrauenswürdig sind? Aristoteles sagt, dass der Tugendhafte der ist, der Vertrauen entgegenbringt. Wenn ich Ihnen vertraue, obwohl ich Sie gerade erst kennen gelernt habe, gebe ich Ihnen die Macht, mich zu enttäuschen oder zu bestätigen. Ich bin der, der angreifbar ist, der ein Risiko eingeht. Jemandem zu vertrauen, heißt in gewissem Sinne etwas wegzugeben und die Macht Anderen zu überlassen, ein wesentlicher Schritt dazu, sich nach außen zu orientieren, eine Orientierung, die in der hypervernetzten Welt vonnöten ist. Vertrauen gibt Anderen Macht. Doch weil es eine Tugend ist, gibt es auch dem eigenen Selbst Macht. Vertrauen bezieht in seinem innersten Wesen das Risiko mit ein und bildet den Motor auf diesem TRIP.

Risk – Risiko

»R« steht für Risiko. Wir wissen, dass im Geschäftsleben wie im Leben Risiko direkt proportional ist mit Gewinn. »Wer nicht wagt, der nicht gewinnt«, sagt ein Sprichwort. Je mehr vernünftiges Risiko man auf sich nehmen kann, desto mehr kann man erreichen. In einem Umfeld von hoher Unsicherheit wird das Bilden von Vertrauenskreisen sehr schwierig. Peter Kollacks Studie demonstrierte dies sehr klar. Wir suchen uns in unserer unmittelbaren Nähe unsere Partner aus und beschränken unsere Offenheit auf diejenigen, mit denen wir bereits in der Vergangenheit Geschäfte gemacht haben, auf die, mit denen wir bereits in Beziehung stehen, oder solche, bei denen wir das Vertrauen auf persönliche und direkte Mittel wie guter Ruf oder Empfehlungen stützen können. Ohne Vertrauen sieht die Sicherheitslücke aus wie der Grand Canyon. Wir fahren langsamer, handeln vorsichtiger, verkleinern den Kreis unserer Freunde und Geschäftspartner und geben ganz allgemein eher konservativen Impulsen nach. Wenn jedoch Vertrauen im Raum steht, werden all diese Tendenzen umgekehrt. Wir fühlen uns sicher und können damit auch kühn handeln. Wir wagen es zum Beispiel, einen neuen Prozess zu entwerfen, ohne Angst zu haben, unser Chef wird böse auf uns sein, weil wir uns an den Status Quo gewagt haben. Wir experimentieren mehr, im Vertrauen dass, selbst wenn es schief geht, wir etwas Wertvolles gelernt haben und uns dies voranbringt. Wenn das innerste Wesen von Vertrauen Risiko mit einschließt, dann können wir mehr Risiken eingehen, je mehr Vertrauen herrscht. Studien haben gezeigt, dass Teams, die viel Vertrauen haben, mehr leisten, als Teams, die kein Vertrauen haben.[8] Wenn man der Vision der Menschen vertraut, eine Welle zu machen, steht man mit ihnen auf. Wenn man ihr nicht vertraut, isst man weiter seinen Hotdog. Wenn man Risiken eingehen will, muss also die Sicherheitslücke mit Vertrauen gefüllt sein.

Vertrauen ermöglicht Risiko. Wenn ich Sie auf einen Sandstrand stellen würde und Sie bitten würde, so hoch wie möglich zu springen, würden Sie nicht sehr hoch kommen, egal, wie sehr Sie sich anstrengen würden. Wenn ich Sie auf einen festen Untergrund stellen würde, wie ein Basketball-Feld, könnten Sie höher springen. Es ist schwierig, von Sand abzuspringen. Deshalb haben wir so viel Respekt vor Beach-Volleyball-Spielern. Wir wissen intuitiv, dass ihre Sprünge schwieriger sind. In der Bautechnik können einem Wolkenkratzer umso mehr Stockwerke hinzugefügt werden, je solider das Fundament ist. Dasselbe gilt für Fortschritte im Business: Je fester der Untergrund ist, desto mehr Innovation kann daraus entspringen. Die dynamischen Beziehungen zwischen lebenden Organismen – wie Kollegen, Partnern oder Unternehmen – sind wie der weiche Sand an einem Strand. Doch Vertrauen bildet Stabilität. Es stabilisiert Beziehungen und schafft den festen Untergrund, von dem aus man gehen oder springen kann. Dieser »weiche« Faktor namens Vertrauen ist im Grunde der härteste von allen. Wenn es da ist, kann man ein Risiko eingehen und höhere Sprünge machen.

Innovation

In einer hypertransparenten, hypervernetzten Welt sind wir exponierter und leichter zu entdecken. Sich zu öffnen und Information frei fließen zu lassen bedeutet mehr Risiko, weniger Kontrolle und erhöhte Angreifbarkeit, und diese neuen Bedingungen fordern von uns, dass wir uns in einer so hoch riskanten Umgebung wohl fühlen. Eine horizontal ausgerichtete Welt, wo Teams über Distanz und Spezialisierung hinweg zusammenarbeiten, ist unbegrenzt und hat sehr viele Gesichter. Um hier gut zu funktionieren – Risiken einzugehen und Gewinne einzufahren – müssen Sie genügend Vertrauenskreise um sich herum haben, die es Ihnen ermöglichen, nach allen Seiten und in viele Richtungen gleichzeitig zu arbeiten. Sie müssen gut werden in Heterogenität, im Entwickeln von starken Synapsen, die es Ihnen erlauben, viel weitere geographische Räume mit Ihren zwischenmenschlichen Interaktionen abzudecken.

In einer Umgebung von Vertrauen fühlt sich jeder stark genug, um mehr zu riskieren. Man testet das System mehr aus, man versucht Problemlösungen, und man verharrt nicht in einem kleinen Umkreis, vor lauter Angst, neue Gebiete zu betreten und dafür Kritik einstecken zu müssen (von Vorgesetzten oder Kollegen). Innovation entsteht aus diesem kreativen Geist. Im Business geht es um das andauernde Austesten der Grenzen. Es verlangt von uns täglich, auf unbekanntes Gebiet vorzustoßen; mehr Chancen zu nutzen; höher zu springen oder schneller zu laufen; neue, innovative Strategien, Produkte und Systeme zu schaffen; und schließlich fordert es ein tiefgründigeres Denken als das der Mitbewerber. Um Gewinne einzufahren, müssen wir etwas riskieren, und die Umgebung schaffen, in der Andere dies ebenfalls können. Ein paar helle Köpfe im Marketing, die sich in ihrer hoch risikoreichen Umgebung pudelwohl fühlten, erfanden das Virale Marketing. Was könnte riskanter sein oder den intuitiven Befürchtungen mehr entgegenstehen, als eine Marke den Manipulationen der Konsumenten auszusetzen? Sprünge wie dieser finden nur in vertrauensvoller Umgebung statt.

Im Status Quo zu verharren führt zu Statik und Rückentwicklung. Bei allen großen Innovationen ging jemand ein Risiko ein. Man riskierte Kapital; man riskierte Energie; man riskierte die Alternativkosten; und noch wichtiger: man riskierte einen Fehlschlag. Wir können nichts Innovatives schaffen ohne den Glauben, dass es uns gelingen kann, ohne das Vertrauen, dass Andere auf der Reise da sein und uns helfen werden, und die Sicherheit, dass wir nicht bestraft werden, wenn wir unser Ziel nicht erreichen. Eine Welt, die sich schnell vorwärts bewegt, verlangt nach Innovation für nachhaltigen Erfolg. Führungskräfte, die wollen, dass ihre Mitarbeiter etwas riskieren, müssen eine Umgebung schaffen, in der das Risiko gedeihen kann, eine Umgebung des Vertrauens. Vertrauen ermöglicht Risiko, und Risiko führt zu Innovation, dem »I« auf dem TRIP.

Progress – Fortschritt

Was passiert, wenn man Innovationen schafft? Man schafft Fortschritt. »P« steht für *Progress* – Fortschritt – nicht nur Fortschritt bei Waren, Service und Gewinn, sondern auch Fortschritt in der Persönlichkeitsentwicklung. Wir schuften täglich für das Gefühl der Zufriedenheit, indem wir Großes vollbringen, indem wir dem Team helfen und indem wir das Leben der Anderen besser machen. Fortschritt steht somit in engem Zusammenhang mit dem Streben nach Sinn. Wir begeben uns auf die Reise – auf den TRIP –, weil wir Großes vollbringen wollen. Wir begeben uns auf die Reise, weil wir echte Probleme lösen wollen und weil wir bleibende Werte schaffen wollen. Wir machen auch Fortschritte, wenn wir etwas riskieren und damit Erfolg haben. Wenn wir uns durch das Tal C kämpfen und den Hügel A erklimmen, wissen wir, dass wir in unserer Persönlichkeit gewachsen sind, dass wir stärker sind und größere Fähigkeiten besitzen, und, was das Wichtigste ist: dass wir die Kraft haben, uns auf die nächste Reise zu begeben, zu einem noch höheren Hügel, und darüber hinaus. Und geht es nicht genau darum auf dieser Reise?

TRIP ist mehr

Vertrauen ermöglicht Risiko, was zu Innovation führt, was wiederum Fortschritt schafft. TRIP – die Reise. Dies ist die grundlegende Formel für Verwirklichung in der hypervernetzten, hypertransparenten Welt des Business im 21. Jahrhundert.

Und TRIP ist noch mehr. Das »T« steht auch für Transparenz, die wiederum Vertrauen schafft. Zwischenmenschliche Transparenz ist eine unabdingbare Kraft für die Entfaltung in einer vernetzten Welt, und nicht durch Zufall schafft sie Vertrauen. Ich sprach über das Phänomen Vertrauen mit Roger Fine, dem früheren stellvertretenden Präsidenten und obersten Rechtsberater von Johnson & Johnson (J&J). Ich hatte das Glück, mit Roger während seiner Zeit bei J&J eng zusammenzuarbeiten, und ich lernte sehr viel von ihm. Als wir uns unterhielten, sprach er dies sofort direkt an. »Die hauptsächliche Art, wie man Vertrauen schafft«, sagte er, »ist durch Transparenz und Ehrlichkeit. Durch Transparenz merken die Menschen, ob jemand die Wahrheit sagt, die ganze Wahrheit und nichts als die Wahrheit, und sie merken das sofort. Deshalb glauben wir an das System der Geschworenen. Geschworene spüren so etwas. Alles, was man dazu braucht, ist eine Menge gesunder Menschenverstand und etwas Menschenkenntnis. Man merkt einfach, ob einen jemand an der Nase herumführt oder ob er wirklich transparent ist. Wir spüren das alle.«[9] Wenn Sie die Kraft der aktiven Transparenz anwenden, spüren die Menschen, dass Sie ihnen alles gesagt haben – das Schlechte wie das Gute, das Negative wie das Positive – und dass Sie eine Person sind, die sie nicht anlügen würde oder etwas verbergen würde, was gegen ihr Interesse wäre. Also gehen Vertrauen und Transparenz Hand in Hand.

»R« steht auch für guten Ruf. Der gute Ruf erwächst aus dem Vertrauen und erzeugt wieder Vertrauen. Die Bedeutung des guten Rufs behandeln wir genauer in Kapitel 9.

Vertrauen setzt auch den Instinkt frei, ein weiteres »I«. Auch als Menschen haben wir noch animalische Instinkte, doch zum Nachteil für unseren Entscheidungsfindungs-Apparat sind die meisten unserer echten, biologisch-animalischen Instinkte entweder verschwunden oder verkümmert. Was die meisten Leute als Instinkt betrachten, ist ein kompliziertes Zusammenspiel von Erfahrung, Beurteilung und Sinneswahrnehmung, das in den Synapsen des Gehirns stattfindet, wenn eine Entscheidung ansteht. Wenn man sich in einer Umgebung des Vertrauens befindet, sind diese Synapsen stark. Die verschiedenen Zentren des Gehirns kommunizieren reibungslos und schnell miteinander, sodass man in der Lage ist, in Bruchteilen von Sekunden Entscheidungen zu treffen, die sich oft auszahlen.

Sportler wissen das sehr wohl. Im Golfsport kann ein Schlag mit aggressiverer Linie mit weniger Schlägen zum Loch führen, doch ist er auch riskanter und geht vielleicht daneben. Wenn Sie einen guten Schwung haben und darauf vertrauen, trauen Sie sich ein solches Risiko zu, also machen Sie den Schlag. Sie wagen es. Wenn Sie weniger Vertrauen in Ihre Schlagtechnik haben, bevorzugen Sie eher eine sicherere Linie zur Mitte des Grüns, als auf einen Flaggenstock gleich hinter einem Bunker zu zielen. Dasselbe Prinzip gilt auch für reaktionsschnelle Sportarten wie Tennis oder Basketball, wo der Verlauf des Spiels so schnell ist, dass man oft keine Zeit für bewusste Entscheidungen hat, bevor man handelt. Wer im Tennis seiner Schlagtechnik vertraut, wagt eher einen gefährlichen Stopball oder einen Passierschlag am Gegner vorbei. Wenn man sich weniger zutraut, wendet man sicherere Schläge an, um den Ball im Spiel zu behalten. All diese instinktiven Entscheidungen geschehen binnen Millisekunden, weil Vertrauen starke Synapsen bildet, und diese instinktiven Entscheidungen oft stärker und erfolgreicher sind als überlegtere Entscheidungen. Vertrauen schafft die Umgebung, wo sich der Instinkt entfalten kann.

Und schließlich, wenn Sie immer auf dieser Reise – diesem TRIP – sind und konsequent voranschreiten, dann steht »P« auch für permanente Prosperität. Sie werden bemerkt haben, dass ich nicht sagte, »P« stehe für Profit. Das Streben nach Fortschritt hängt selten mit dem Streben nach Profit zusammen, sondern eher mit dem Streben nach einem Schaffen, das für Andere von Wert ist.

Aktives Vertrauen

Die 64-Milliarden-Dollar-Frage (früher die 64-Millionen-Dollar-Frage) unserer Zeit ist: wie bekommen wir diesen TRIP zum Laufen? Wo fängt er an? Wie zündet man den Startschuss? Wir haben bereits gezeigt, dass es nicht über Regeln funktioniert, weil Regeln diese Art Gewissheit und Risikobereitschaft nicht erzeugen können. Wenn also nicht durch Regeln, wodurch starten wir dann den TRIP?

Die Antwort liegt natürlich in der richtigen inneren Haltung und dem daraus resultierenden Verhalten. Wir neigen dazu, Menschen zu vertrauen, die diese Haltung und dieses Verhalten zeigen – Menschen, die transparent sind, zuvorkommend, offen und ehrlich; die mit uns Verdienste und Möglichkeiten teilen; und die offen kommunizieren, starke zwischenmenschliche Synapsen bilden sowie ihre Versprechen einhalten. Kurz, Menschen von Integrität. Sie sind bereit zur Zusammenarbeit, sie übernehmen bereitwillig Aufgaben und sind engagiert. Wenn Sie Vertrauen erreichen wollen, müssen Sie Menschen und Unternehmen finden, die um sich herum Vertrauenskreise schaffen. Es ist wie bei den Olympischen Ringen: je mehr verkettete Ringe in einem Stadion sind, desto mehr Wellen kann man dort auslösen. Wir leben in einer Zeit, in der Vertrauen die Währung ist. Vertrauen ist wertvoller als je zuvor, also sollten Sie viel davon produzieren. Wer das meiste Vertrauen erzeugen und damit umgehen kann, wird der Gewinner sein.

Mike Fricklas weiß das aus Erfahrung. »Ende der 1990er Jahre«, erzählte er mir, »verhandelte ich die Bedingungen für ein größeres Joint Venture für Viacom. Es beinhaltete die Akquisition eines Unternehmensbereichs von einer größeren Firma der Unterhaltungsbranche im Austausch für eine Risikobeteiligung. Ich war der Teamleiter, und der Deal hatte einige bewegliche Teile. Die Leute von der anderen Partei standen unter großem Druck, die Transaktion durchzuführen, doch in dem Zeitraum zwischen den Verhandlungen über die Bedingungen und dem tatsächlichen Abschluss hatte sich die Evaluation verschoben. In letzter Minute kam der Verhandlungspartner zu mir und sagte: ›wir müssen jetzt wirklich einen höheren Preis verlangen, weil die Zahlen sich dramatisch verschoben haben.‹ Wir waren nicht darauf vorbereitet, zu diesem Zeitpunkt den Preis noch einmal neu zu verhandeln, denn das hätten wir bei unseren Aktionären nicht durchgebracht.

Wir hatten alle Druckmittel, standen aber selbst unter hohem Druck, die Transaktion abzuschließen, also war die Lage angespannt. Jemand auf der anderen Seite des Verhandlungstisches verlangte ein preisliches Zugeständnis, auf das er nach meiner Sicht keinen Anspruch hatte. Die Situation hätte leicht dazu führen können, dass jemand mit der Faust auf den Tisch donnert und einen harten Kurs einschlägt. Ich meine, in einer solchen Situation sieht man oft nur die Bemühung des Anderen, jedes bisschen der ihm zur Verfügung stehenden Druckmittel geltend zu machen, doch man sieht nicht den großen Zusammenhang. Doch dieser Bursche war wirklich klar und offen mit uns umgegangen, und wenn man mit so jemandem verhandelt, bin ich eher geneigt, zu sagen ›Sie waren anständig zu mir, also lassen Sie uns einen Weg finden, um mit Ihrer Situation umzugehen.‹ Ich schlug ihm eine kreative Lösung vor, nämlich einen Hebel einzubauen, der ihm einen gewissen Grad an zusätzlicher Sicherheit geben würde. Dies ermöglichte es ihm, seinem Team zu berichten, was er erreicht hatte, und stellte seine Leute zufrieden. Ich musste nicht zu meinem Chef gehen und sagen, dass sich der Preis ändern würde, und am Ende ging es so aus, dass uns die Sicherheit, die wir hergaben, überhaupt nichts kostete.

Einige Jahre später,« erzählte Mike weiter, »verhandelte ich die Fusion und Übernahme bei einer komplizierten Transaktion, die einen anderen Teil des Viacom-Kapitals in ein völlig anderes Unternehmen einbrachte. Ein anderes Viacom-Team verhandelte einen anderen Teil der Transaktion, der jedoch damit im Zusammenhang stand. Auf der anderen Seite des Verhandlungstisches unseren Leuten gegenüber saß genau der Mann, von dem ich dir gerade erzählt habe, mit dem ich Jahre zuvor diesen Deal hatte. Aus tausend komplizierten Gründen blieben auch diese Verhandlungen an irgendeinem sperrigen Punkt stecken, der für uns inakzeptabel war, und den ich außerdem unangemessen fand. Weil ich diesen einen Verhandlungspartner kannte, wollte ich ihn schon direkt anrufen, doch entschloss mich stattdessen, unser Team noch einen Versuch starten zu lassen.

Etwas später an diesem Tag rief mich das Team an. Sie hatten mit dem Verhandlungspartner gesprochen und im Verlauf des Gesprächs erklärt, dass ich seine Position für unangemessen halte. Daraufhin änderte er sofort seine Meinung. ›Wir tun das für Mike‹, habe er ihnen gesagt. Einige Monate später traf ich ihn zufällig bei einem Industrie-Event und dankte ihm.«[10]

Ich erklärte Mike, welch ein phantastisches Beispiel dies war für den (Geld-)Wert von Vertrauen, und er wiegelte bescheiden ab. »Wenn man solche guten, vertrauensvollen Beziehungen hat, unterstützt das ganz gewaltig die Fähigkeit, die Dinge geregelt zu bekommen«, sagte er. »Meine Frau sagt unseren Kindern immer, Vertrauen sei wie eine Leiter. Man geht eine Sprosse nach der anderen hinauf, doch wenn man ausrutscht, fällt man wieder herunter bis ganz nach unten. Ich glaube, darin steckt eine Menge Wahrheit, auch für das Geschäftliche. Wenn man jemanden dabei erwischt, dass er einem nicht die Wahrheit sagt oder einen nicht fair behandelt, dann verschwindet der Faktor Vertrauen und kann nur schwerlich wieder aufgebaut werden. Von da an wird alles viel schwieriger.«

Die Verbreitung von Vertrauen kann sowohl bewusst als auch unbewusst stattfinden. Manche Menschen, die Sie treffen, finden

Sie einfach vertrauenswürdig, und irgendwann beschließen Sie, ihnen Vertrauen entgegenzubringen, ohne groß darüber nachzudenken. Dies ist das Vertrauen, das auf der von den Neurobiologen so genannten amygdalischen Ebene gebildet wird, jenes komplexe Zusammenwirken von Oxytozin, Fehlerentdeckung und Entscheidungsfindung im Gehirn. Sie können ein solcher Mensch werden. In der Begegnung mit anderen Menschen können Sie sich so verhalten, dass etwas aktiviert wird, das Paul Zak »soziale Bindungsmechanismen« nennt, Verhaltensweisen, die physiologische Reaktionen hervorrufen, Oxytozin freisetzen und das Vertrauen steigern. Menschen bei wichtigen Anlässen persönlich zu begegnen, sie mit einem herzlichen Händedruck zu begrüßen, häufig Augenkontakt herzustellen, eine Mahlzeit gemeinsam einzunehmen, Interesse für die Familienmitglieder des Anderen oder für dessen Interessen zu zeigen, all dies ruft eine Reaktion des Vertrauens hervor. Auch wenn das jetzt wie eine Moralpredigt klingt, die Wissenschaft hat uns bewiesen, dass aufmerksames und aufrichtiges Verhalten die Vertrauenswürdigkeit steigert (beachten Sie die Worte *und aufrichtig* in diesem Satz; das Unterbewusstsein spürt aufgesetztes Interesse genauso schnell wie echte Aufmerksamkeit).

Auf Unternehmensebene können unbewusste Reaktionen von Vertrauen durch so genannte Arbeitsplatzprogramme aktiviert werden: Programme zur Verbesserung der Lebensqualität wie unternehmenseigene Kindertagesstätten, Gleitzeit, teamfördernde Ausflüge, Trainingsräume für Mitarbeiter und Familienurlaub sind mehr als nur gute PR. Sie erhöhen den tatsächlichen Oxytozinspiegel im Blut und damit auch Vertrauen und Produktivität der Mitarbeiter. Sogar etwas so Unkonventionelles wie Massagen am Arbeitsplatz ist erstaunlich effektiv (was übrigens von einem so persönlichen und warmherzigen Arbeitgeber wie der Regierung der USA eingesetzt wurde).[11] Die Massage sendet nicht nur die Botschaft aus, dass das Unternehmen sich um das Wohlbefinden seiner Mitarbeiter kümmert, sondern übersetzt dies auch noch in menschliche Berührung, ein mächtiges Stimulans der Oxytozin-Reaktion.

Die Stärkung sozialer Bindungen ist ein weiterer Weg, starke zwischenmenschliche Synapsen aufzubauen. Diese Art des Verhaltens funktioniert besonders gut mit Menschen, mit denen Sie direkten Kontakt herstellen. Ich glaube aber, diese Prinzipien lassen sich ebenso auf Teams, Unternehmenseinheiten und Unternehmen als Ganzes anwenden. Diese größeren Gesten können dabei helfen, Ihre Welle durch das Stadion zu tragen, und sogar die Zuschauer hinten im Outfield zu erreichen, denen Sie nie begegnet sind und die Sie nicht kennen.

(Nur um eines hier klarzustellen: Obwohl wir von Vertrauen zwischen Organisationen sprechen, können Organisationen einander natürlich nicht wirklich Vertrauen entgegenbringen. Vertrauen kommt von Einzelpersonen. In ihren Untersuchungen weisen Dyer und Chu darauf hin, dass eine Person einer anderen Person oder einer Gruppe Vertrauen einflößen kann, wie einem Partnerunternehmen. Aber auch eine Gruppe kann eine gemeinsame vertrauensvolle Haltung gegenüber Menschen in einem anderen Unternehmen einnehmen. So beschreibt »Vertrauen zwischen Organisationen die Gesamtheit einer gemeinsamen Haltung von Vertrauen« von einem Unternehmen zum anderen. Obwohl Unternehmen Vertrauen nicht von sich aus verbreiten können, können sie konsistent handeln, sodass sie sich das Vertrauen als Institution verdienen, Vertrauen, das unabhängig vom Personal existiert, das gerade dort beschäftigt sein mag.)[12]

Wie Mike Fricklas' Frau ihn schon erinnerte, ist der Fall von der Leiter des Vertrauens tief und hart. Vertrauen wird zerstört durch den Verdacht, dass eine Person, Gruppe oder Organisation nur für seinen beschränkten Eigennutz handelt, ohne Rücksicht auf Gegenseitigkeit oder gegenseitigen Nutzen. Die Entscheidungen, die man als Einzelner oder als Unternehmen trifft, senden starke Signale an den Markt, und der Markt antwortet auf unzählige Arten, die ebenso leicht quantifizierbar sind wie kurzlebig. Mike verriet mir auch, dass er es zum grundlegenden Teil seines beruflichen Verhaltens gemacht hat, die Rechtsberater der anderen großen Medienkonzerne kennen zu lernen und Vertrauen mit ihnen aufzubauen. »Durch diese Beziehungen«, sagte er, »haben wir einerseits auf freundschaftliche Weise Unterschiede in den Ansichten gelöst, die zwischen unseren Unternehmen aufgekommen waren, und brachten andererseits erfolgreich Themen voran, wo es gemeinsame Interessen innerhalb der Branche gab, wie Anti-Piraterie-Kampagnen oder neue Abfindungsregelungen.«

Vertrauen ist das Heilmittel

Mitte 2006 wurde Jeffrey B. Kindler CEO und später Aufsichtsrat des Pharma-Giganten Pfizer, nach mehreren Jahren, in denen das Unternehmen unterdurchschnittliche Leistungen unter sich schnell verändernden Marktbedingungen erbracht hatte. Man muss sagen, er übernahm ein Unternehmen, das in einer Umgebung von wenig Vertrauen arbeitete, und in der Wahrnehmung der Öffentlichkeit waren »fette Pharmakonzerne« fast vollkommen mit »fettem Profit« assoziiert. »Ich war neulich bei einem Theaterstück, und die Handlung rief allgemeines Gelächter hervor. Es ging um Leute, die sich in einer Wohltätigkeitseinrichtung für die Opfer einer Krankheit engagierten, die von der Pharmaindustrie erfunden worden war«, erzählte mir Jeff. »Ich meine, wenn es schon so weit ist, dass der allgemeine Humor und die gesamte Gesellschaft die Prämisse akzeptieren, dass wir tatsächlich herumsitzen und Krankheiten erfinden, um Behandlungsmethoden dagegen zu schaffen und damit Geld zu machen, weißt du, das erschreckt einen schon.«[13]

Kindler ist seit langem nicht nur für seinen Scharfsinn in geschäftlichen Dingen bekannt, sondern auch für seine Führungskompetenz in den Bereichen pro-bono-Rechtsberatung, Diversity-Management und soziale Verantwortlichkeit von Unternehmen während seiner Zeit bei General Electric und McDonald's. Dass die Wahl des Vorstandes auf ihn fiel, drückte die Überzeugung aus, dass er das Unternehmen in eine neue Richtung führen könnte, es beweglicher, weniger bürokratisch und sensibler für die Bedürfnisse des Marktes machen könnte. In gewissem Sinne suchten sie jemanden, der das nötige Vertrauen wieder herstellte, um Pfizer auf unseren TRIP zu bringen. Jeff hat sich ohne zu zögern dieser Herausforderung gestellt – dies allein muss man ihm schon hoch anrechnen. In seiner ersten öffentlichen Verlautbarung bei Antritt seiner Vorstandsfunktion, versicherte er, dass Pfizer nicht weniger tun würde als »jeden einzelnen Aspekt in der Art, wie wir unsere Geschäfte betreiben, zu verändern.«[14]

Als wir uns unterhielten, fragte ich Jeff, wie er an diese monumentale Aufgabe heranging, das Vertrauen mit den Interessensgruppen von Pfizer und in der breiten Öffentlichkeit wieder herzustellen. »Der erste Schritt ist, den Menschen zuzuhören«, sagte er. »Seit ich diese Aufgabe übernommen habe, habe ich einen enorm großen Anteil meiner Zeit mit Zuhören verbracht: Mitarbeitern, Kunden, Investoren, Analysten, sogar den Medien habe ich zugehört. Mein erstes Ziel ist herauszufinden, was sie denken, was sie an der Branche stört, was sie an der Firma stört, was sie frustriert und ob wir den richtigen Zielen dienen. Ich versuche, die Quelle des Misstrauens vollauf zu verstehen. Dann versuche ich mit meinem Team in unseren Planungen, unseren Aktivitäten und Entscheidungen Wege einzubauen, um auf diese Bedenken zu reagieren, auf große oder kleine. Wie können wir unsere Arbeit mehr auf den Kunden ausrichten? Wie können wir Patienten nicht nur *sagen*, dass wir uns um sie annehmen, sondern *zeigen*, dass wir das tun, mit Aktionen, die sie glaubwürdig finden?

Obwohl Jeffs Herausforderung darin besteht, ein sehr großes Schiff zu wenden, das in stürmischer See segelt, ist seine Reise ähnlich der Herausforderung in jedem Team von jeder Größe, wenn es versucht, sich auf den TRIP zu begeben, und es fängt damit an, zu wissen, wer man ist und wohin man gehen will. Das Zuhören – der erste wesentliche Schritt in Richtung Vertrauen gewinnen – half ihm dabei, stärkere Beziehungen mit denen aufzubauen, die er zu führen hoffte. Indem er zeigte, dass er die Herausforderungen verstand und annahm, von denen jeder wusste, dass sie sich stellten, war es ihm möglich, den Prozess der Bildung starker Synapsen im gesamten Unternehmen zu beginnen. Zuhören brachte ihm den nutzbringenden Zweifel, den ersten Schritt dazu, den Boden zu bereiten, auf dem echte Veränderung wachsen kann. Dann war er in der Lage, seine Vision für ein neues Unternehmen Pfizer zu formulieren: eine Vision, die Ziele und Energien auf die Verpflichtung richtete, Anderen zu dienen. »Ich halte permanent Ausschau danach, wie wir uns zu jeder Zeit konsistent mit unseren fundamentalen Werten repräsentieren, dafür einstehen und uns danach verhalten können, konsistent mit den Werten, die definieren, wer wir sind, von unserer Kultur her und überhaupt«, sagte er.

Ich bat Jeff um ein konkretes Beispiel dafür, wie er das Vertrauen des Marktes in Pfizer wiederherstellen wollte. »Obwohl die Patienten die Endverbraucher unserer Medikamente sind, so werden doch die Kosten für viele, wenn nicht die meisten unserer Produkte, erstattet. Zum Großteil durch Regierungen, Krankenkassen oder andere, kommerzielle Organisationen«, erklärte er. »Früher konnten wir, wenn wir gerade ein wirklich großartiges Medikament hatten, diese Institutionen beinahe dazu zwingen, die Kosten für das Produkt zurückzuerstatten und den Patienten zugänglich zu machen. Wir leben nicht mehr in einer solchen Welt, also müssen wir uns verändern. Wir dürfen die erstattenden Institutionen nicht mehr als Gegner sehen, mit dem wir streiten und auf den wir Druck ausüben müssen, unsere Probleme zu lösen und an den wir unsere geschäftlichen Forderungen stellen, sondern als Partner. Wir müssen verstehen, was ihre Belange und Themen sind, um zu einer Win-win-Situation zu gelangen. Mit der Zeit – nicht über Nacht, sondern mit der Zeit – wenn wir zeigen können, dass wir dafür offen sind, dass wir zuhören, ihre Belange ernst nehmen, und dass wir Schritte unternehmen, um darauf zu reagieren, dann können wir, so glaube ich, Vertrauen schaffen.«

Was Jeff versucht, ist für Führungskräfte ziemlich einfach zu sagen, doch es ist etwas völlig anderes, dies auch zu erreichen. Die Pharmaindustrie muss viele zerstörte Brücken wieder aufbauen. Die Wahrnehmung der Menschen zu verändern und Vertrauen wieder aufzubauen schafft man nicht über Nacht. Es verlangt Selbstreflexion und harte Arbeit, Kämpfe im Tal C, die nötig sind, um ein Team zu bilden, das in einer hypervernetzten Welt wirklich wachsen und gedeihen kann. Jeffs Aufrichtigkeit angesichts dieser Herausforderung ist ein kraftvoller erster Schritt. »Es ist ein langer Prozess«, räumte Jeff ein. »Man muss darum ringen und kämpfen, diese Verhaltensweisen zu ändern, doch wenn man wirklich damit anfängt, zu trainieren und in diesem Bereich Muskeln aufzubauen, hat man bald viel mehr Masse um sich herum, und man wird seine Wettbewerber aus dem Feld schlagen. Ein Eckstein für Vertrauen ist Glaubwürdigkeit. Wenn man glaubt, dass Sie entweder die Wahrheit nicht anerkennen oder dass Sie sie erkennen, aber nicht danach handeln, warum sollte man Ihnen vertrauen? Sie sagen Dinge, die mit der Wirklichkeit, die die Menschen sehen, nicht übereinstimmen. Also ist offenbar ein wesentliches Element der Glaubwürdigkeit – wenn nicht das ganze Wesen der Glaubwürdigkeit – aufrichtig zu sein, offen und realistisch.«

Versprechen einhalten, konsistent agieren, auf der Arbeit Ihrer Vorgänger aufbauen und diese weiterführen (häufige Änderungen der Richtlinien und Prozesse schaffen Unsicherheit bei Anderen und unterminieren die Bildung von Vertrauen), aus Prinzipien handeln, denken in Begriffen von Werten und diese Werte umsetzen, bedeutsame Aktivitäten verfolgen – dies sind alles die weitreichenden Konzepte, die in Anderen Vertrauen wecken. Wenn Sie die zwischenmenschlichen Synapsen zwischen sich und Anderen mit Vertrauen produzierendem Verhalten erfüllen, wird der Gewinn, den Sie aus diesen Beziehungen erhalten, gesteigert, sowohl im menschlichen als auch finanziellen Sinn.

Vertraue, aber prüfe nach

James Paul Lewis Junior war ein Mann, dem man vertraute. Er war ein hingebungsvoller Mormone und Kirchgänger, und fast 20 Jahre lang führte er die Finanzberatungsfirma Financial Advisory Consultants (FAC) von seinem Büro in Orange County in Kalifornien aus, wo er zwei Investmentfonds für Investoren verwaltete, die an hoher Rendite für ihre Altersvorsorge interessiert waren. Seine Werbeunterlagen versprachen bis zu 40 Prozent Jahresrendite im »FAC Growth Fund« und 18 Prozent in seinem »Income Fund«. Wie berichtet wird, akzeptierte Lewis »keine Investitionen von irgendjemandem, der ihm nicht von einem anderen seiner Investoren genannt wurde«, und die meisten dieser Investoren waren Kirchenmitglieder und Geistliche.[15] Er führte ein auf Vertrauen basierendes Unternehmen und man vertraute ihm, obwohl er niemals besonders detailliert darüber sprach, worin seine Fonds investierten, dass sie so spektakuläre Renditen einfuhren. Wenn er dazu gefragt wurde, machte Lewis vage Angaben über Unternehmen in Schwierigkeiten, Leasing medizinischer Ausstattungen, Premium-Finanzierung und andere Aktivitäten. Die Investoren erhielten Newsletter und monatliche Berichte, von denen viele die Renditen zeigten, die er versprochen hatte. Über fast 20 Jahre hinweg erhielt FAC etwa 311 Millionen Dollar an Einzahlungen, von denen nicht ein einziger jemals in irgendeinen Fonds investiert wurde. Die Fonds existierten ganz einfach nicht.

Bevor er 2004 gefasst und zu 30 Jahren Gefängnis verurteilt wurde, betrieb James Paul Lewis Junior, ein Mann, dem man vertraute, das vielleicht größte Schwindelunternehmen in der amerikanischen Finanzgeschichte. Er benutzte das Geld, das er von neuen Investoren bekam, um Renditen an die alten auszuzahlen und räumte Millionen Dollar für den persönlichen Gebrauch ab, dazu gehörte natürlich auch der Unterhalt für die übliche Schar von Ehefrauen und Geliebten. Im Lauf der Jahre betrog Lewis ganze 5000 Investoren um das Geld, das sie für ihre Altersvorsorge zurücklegen wollten. (Ironischerweise wurde er von Barry Minkow entlarvt, der sieben Jahre im Gefängnis verbracht hatte, weil er Investoren als Eigner der Teppichreinigungs-Firma ZZZZ Best betrogen hatte. Minkow ist heute Privatdetektiv für Wirtschaftskriminalität.)[16]

Jemandem Vertrauen entgegenzubringen ist ein rationaler Akt. Wem man es entgegenbringt, unter welchen Umständen, und mit welchem Ziel die Fragen in dem komplizierten System von Zwischenräumen gelöst werden, wo Gewissheit, Berechenbarkeit, Verhalten und Möglichkeit zusammentreffen. Manchmal entscheidet man bewusst, aus analytischer Abwägung: »Dieser Mann hat mich fair behandelt und sich ehrlich verhalten, also vertraue ich ihm.« – »Diese Frau genießt einen einwandfreien Ruf. Man kann ihr sicher vertrauen.« Manchmal kommt die Entscheidung von tiefen, unbewussten Auslösern, ein Gefühl, dass man einer bestimmten Person trauen kann. Das Oxytozin schießt durch das Gehirn und es öffnet sich ein Tor des Vertrauens. Doch sogar diese unbewussten Anfänge müssen durch eine Abfolge von vertrauenswürdigen Handlungen gestützt werden, sonst fallen auch sie von der Leiter.

Betrügerische Systeme wie die FAC-Finanzberatung gedeihen sehr gut auf einem Boden von Vertrauen. Vertrauen ist so eine machtvolle Kraft, dass es das Schlimmste in uns genauso beflügelt wie das Beste. Die Welt ist ein gefährlicher Ort und die Geschäftswelt kann auch in der besten Zeit ebenso rau sein. Ich möchte nicht, dass Sie mich für eine Pollyanna (*Mädchenfigur mit naiv-unerschütterlichem Optimismus und Glauben an das Gute im Menschen aus der US-amerikanischen Kinderliteratur, d. Übers.*) halten, die glaubt, wenn wir uns alle an der Hand nehmen, einander vertrauen und Kumbaya singen, dann wird alles gut. Das wird es natürlich nicht. Es wird immer Menschen geben, die das System unterlaufen, Vertrauen missbrauchen und aus reinem Eigennutz und Opportunismus handeln, und sie denken oft, dass diejenigen, die dies nicht tun, entweder naiv, verrückt oder beides sind. Wir müssen wachsam und klug sein und unsere persönliche Due-Diligence zu jeder Zeit und in jeder Situation anwenden.

Obwohl der Donut-Verkäufer Ralph ein Geschäft betrieb, das auf Vertrauen aufgebaut war, fungierte seine tägliche Anwesenheit als eingebaute Abschreckung gegen größeren Betrug und Vertrauensmissbrauch. Innerhalb großer Organisationen muss jeder wachsam sein bei Fällen von Betrug und Vertrauensmissbrauch, denn egal, wie viel Vertrauen man verbreitet, es wird immer einen kleinen Prozentsatz von Menschen geben, die das System betrügen oder austricksen werden. »Irgendjemand tut heute etwas in Berkshire, das Sie und ich unglücklich machen würde, wenn wir davon wüssten«, schrieb Warren Buffett 2006 in einer Notiz an die Top-Manager von Berkshire Hathaway. »Das lässt sich nicht vermeiden (...) Aber wir können sehr wirkungsvoll eine Minimalisierung solcher Aktivitäten erzielen, wenn wir sofort alles untersuchen, sobald es nur den leisesten Verdacht auf Unregelmäßigkeit gibt. Ihre Haltung gegenüber solcher Vorkommnisse, in Taten und Worten, ist der wichtigste Faktor bei der Entwicklung Ihrer Unternehmenskultur. Und die Kultur bestimmt stärker als jedes Regelwerk, wie sich ein Unternehmen verhält.«[17] Es wäre nicht praktikabel, beispielsweise ein großes Unternehmen ohne jegliche Art von Prüfungs- oder Überwachungssystem zu führen; es würde in Anarchie enden. Aber es kommt darauf an, wie man ein Umfeld von Vertrauen aufrechterhält, während man gleichzeitig Missbrauch aufdeckt und bestraft. Genau dies bedeutet das alte russische Sprichwort *doveryai, no proveryai* – »vertraue, aber prüfe nach.« (Obwohl Präsident Ronald Reagan ihn zu so etwas wie seinem Leitsatz machte, den er regelmäßig auf die diplomatischen Beziehungen mit der damaligen Sowjetunion anwandte, wird sein erster Gebrauch in englischer Sprache dem Schriftsteller Damon Runyon zugeschrieben.)

Auf den ersten Blick scheint »vertraue, aber prüfe nach« widersprüchlich zu sein. Wenn man etwas nachprüft, heißt das dann nicht, man vertraut nicht mehr? Spielen wir es am Beispiel Mitarbeiter-Spesenkonten durch, um zu sehen, ob das so ist. (Nicht jeder von uns hat in diesem Bereich zu entscheiden, doch er liefert ein gutes Beispiel für jeden, der mit einem Team arbeitet.) Sie sind der Leiter des Stadions, Sie haben Menschen eingeladen und Sie haben gesagt: »In diesem Stadion vertraue ich Ihnen.« Dann richten Sie ein Spesen-Kontrollsystem ein, das mit Regeln funktioniert (Formulare, Genehmigungen von Vorgesetzten, Abzeichnung der Buchhaltung, viele Hürden, die man nehmen muss). Wie wir bereits besprochen haben, setzen diese Regeln die vorhersehbaren Anti-Regel-Mechanismen in Gang. Die Menschen fühlen sich überwacht und reagieren entsprechend. Ihre Worte sagen etwas – »Wir vertrauen Ihnen« –, aber Ihr Programm sagt etwas anderes.

Wenn Sie jedoch diese Regeln entfernen, bekommen Sie dann nicht Anarchie? Die Antwort ist nein. Wenn Sie zu Ihren Mitarbeitern sagen »füllen Sie Ihre Formulare ehrlich aus und man wird Ihnen den Betrag erstatten«, sendet Ihre auf Werten basierende Aussage eine mächtige Botschaft. »Wir sind gemeinsam auf dieser Reise«, sagt sie, »und wir kommen schneller und Gewinn bringender voran, wenn wir zusammenarbeiten und einander vertrauen.« Indem man Vertrauen in eine Beziehung einfließen lässt, kann man alle Reaktionen in Anderen hervorrufen, von denen wir wissen, dass sie Kosten senkende Wirkung haben: weniger Transaktionskosten für Erstattungen, höhere freiwillige Regelerfüllung und die soziale Bindung, die zu einem höheren Grad an Identifikation führt. In unserem Donut-Beispiel gesprochen: Sie lassen sie das Wechselgeld selbst nehmen. Man erzielt damit sogar einen Effekt der inneren Sozialkontrolle, indem Mitarbeiter, die die Vorteile dieses Prinzips erkennen, diejenigen im Auge behalten, die etwas Gutes aufs Spiel setzen könnten.

Aber was ist mit dem Drückeberger, dem Schwindler, dem, der nach der Gelegenheit sucht, Sie für ein paar Extra-Dollar zu hintergehen? Sie können vernünftigerweise nicht voraussetzen, dass niemand schummeln wird, wie also schützt man sich gegen Betrug? Man macht Stichproben. Jeder weiß, dass Sie ein berechtigtes Interesse daran haben, wie das Geld ausgegeben wird, also weiß jeder, dass Sie aufpassen werden. Jeder weiß auch, dass die einzige Art, die Leute zu finden, die Ihr Vertrauen missbrauchen, ist, aufzupassen. Aufmerksamkeit ist auch Fürsorge. Der Schlüssel dabei ist, dies so zu tun, dass die Interessen des Unternehmens berücksichtigt werden, ohne dass man das Vertrauen untergräbt. Stichprobenartige Prüfungen ermöglichen dauerhafte Wachsamkeit, ohne unnötige Kontrollleistungen von den Vertrauenswürdigen zu fordern. Dies ist die Bedeutung von »vertraue, aber prüfe nach«.

Wenn man tatsächlich einen Sünder findet, kommt es sehr darauf an, wie man reagiert. In einem auf Regeln basierenden System folgt auf einen Betrug meist unverzüglich eine E-Mail, die besagt:»ab sofort müssen alle Spesenbelege ...« worauf eine Reihe von neuen Regelungen und Vorschriften folgt. Das ist ein typisches Beispiel dafür, wie Regeln unsere Vergangenheit beherrschen. Jemand hat betrogen, und nun muss jeder durch bürokratischen Mehraufwand bezahlen. Das wirft uns zurück auf die Disziplin der Grundschule, wenn der Lehrer sagte:»Weil Johnny nicht still sitzen konnte, muss die ganze Klasse fünf Minuten länger bleiben.« Dieser primitive Versuch, Gruppenverantwortung aufzubauen, hat genau den gegenteiligen Effekt. Dadurch hasst jeder Johnny und die Klassengemeinschaft zerbricht. Ähnliche Reaktionen folgen, wenn Vorgesetzte auf die Verstöße eines Einzelnen mit zusätzlicher Bestrafung für die Gruppe reagieren. Anstatt die Leute bei der Stange zu halten, werden sie dadurch eher dazu gebracht, sich nur noch um sich selbst zu kümmern und ihren eigenen Bereich zu schützen.

Steve Kerr, ehemaliger Leiter der Personalentwicklung bei GE und Goldman Sachs, zeigte mir eine bessere Reaktion auf:»Wenn eine Vorgesetzte, die ihre Mitarbeiter motivieren will, herausfindet, dass einer von den Zehn betrogen hat, kontrolliert und überwacht sie daraufhin jeden Schritt dieser Person. Der Betrüger wird sich jetzt anders behandelt fühlen, aber er hat es auch verdient. Wenn man ihn bittet, seine Vorgesetzte zu beurteilen, sagt er wahrscheinlich ›Sie ist eine autoritäre Person und hat mich immer auf dem Kicker', aber die anderen Neun werden nicht verstehen, wovon er spricht. Ihr Vertrauensverhältnis wird intakt bleiben.«[18] Die Strafe für Vertrauensbruch (vorausgesetzt, er ist nicht so schwerwiegend, dass er die äußerste Strafe, die Entlassung, erfordert) ist der Entzug von Vertrauen. Wenn der erwachsene Johnny dabei erwischt wird, wie er seine Spesenabrechnung fälscht, muss er kontrolliert und überwacht werden, bis das Vertrauen wiederhergestellt werden kann. Dies sendet auch eine mächtige Botschaft an den Rest des Stadions: Vertrauen ist kein Geschenk, das man auf die leichte Schulter nimmt. Wir klettern alle gemeinsam dieselbe Leiter hinauf.

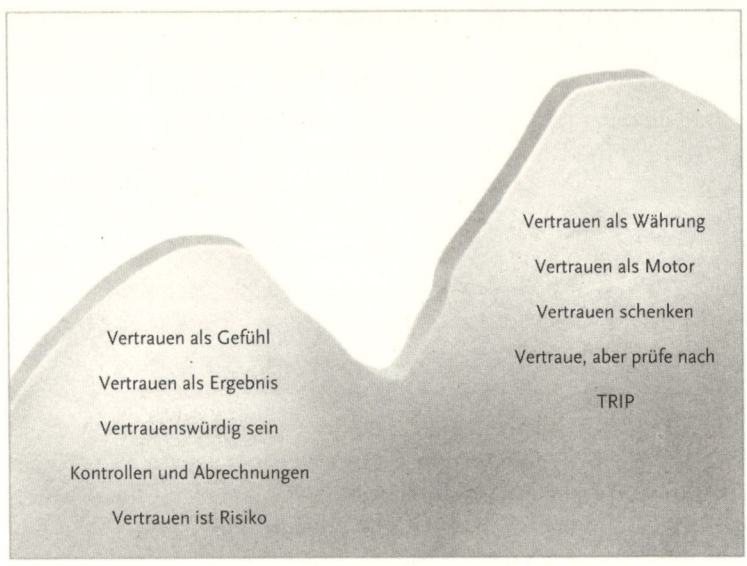

Abbildung: Vertrauen

Die vielleicht wichtigste Erkenntnis auf dem Weg zur richtigen inneren Haltung in unserer vernetzten Welt ist, dass die Bedingungen in der Welt sich auf so dramatische *und spezifische* Weise geändert haben, dass Vertrauen die Währung unserer Zeit und ein mächtigerer Faktor denn je geworden ist. Jeden Tag versetzt uns die neue horizontale Struktur des Business in Beziehungen zu Anderen, Beziehungen, die weniger streng definiert sind von hierarchischen Strukturen. Damit diese Beziehungen produktiv sind und Wellen erzeugen, fordern sie von uns, unsere Aufmerksamkeit intensiver als je zuvor dem zu widmen, was den Raum zwischen uns erfüllt.

Vertrauen ist der Motor für den TRIP, die Reise auf einem neuen Weg, einem Weg, der verlässlicher, produktiver und besser geeignet ist, zu langfristigem, nachhaltigem Erfolg zu verhelfen als der oberflächliche Tanz der Vergangenheit. Menschen, die Vertrauen erzeugen und schenken, die aktiv transparent werden, die ihre Integrität angesichts entgegenwirkender Kräfte behalten, und die die Lücken und Synapsen um sich herum mit Vertrauen füllen, diese Menschen werden zunehmend sehen, dass ihr Vertrauen erwidert wird, dass es zum Motor wird für ihren neuen TRIP zum Fortschritt.

Kapitel 9
Der gute Ruf

Guter Name! Guter Name!
Guter Name! Oh, ich habe meinen
guten Namen verloren! Ich habe
das unsterbliche Teil von mir selbst
verloren, und was übrig bleibt,
ist tierisch. – Mein guter Name,
Jago, mein guter Name!

William Shakespeare, Othello, II, 3

In einer Fußgängerzone in der belgischen Stadt Antwerpen rafft ein Mann seinen langen schwarzen Mantel fester zusammen, um sich gegen den kalten Winterwind zu schützen, der über das Kopfsteinpflaster fegt wie eine Welle, die sich an Felsen bricht. In einer erneuten heftigen Böe greift er schnell nach seinem schwarzen Hut, um ihn auf dem Kopf zu halten, und betritt leicht geduckt den Eingang eines großen Gebäudes. Als er in einen lang gestreckten, hohen Raum tritt, lockert er seinen Mantel und richtet sich den langen ergrauenden Bart, während er den Raum flink an den etwa zwei Dutzend schlichten Holztischen vorbei durchquert, die an der Wand mit den hohen Fenstern aufgereiht sind. »Ich muss mich beeilen«, denkt er bei sich, »sonst bin ich bei Sonnenuntergang noch nicht zu Hause.«

Es ist Freitag, und für praktizierende Juden beginnt der Sabbat mit der Abenddämmerung.

An einem Tisch weiter hinten im Raum begrüßt er einen anderen Mann, der ein weißes Hemd und eine schwarze Weste trägt, und setzt sich schnell auf einen Platz neben ihm. Das Stimmengewirr der Anderen, die an den Tischen sitzen und ruhige Gespräche führen, erfüllt den Raum.

Wie geht es der Frau? *Der kinder*? Sie halten den Smalltalk so kurz wie möglich und beginnen eine angeregte Diskussion in einem Sprachgemisch aus Jiddisch und Englisch. Sie wissen beide, dass es schon spät ist. Der Mann mit der Weste öffnet einen dünnen schwarzen Lederbeutel und holt daraus einen kleinen Papierumschlag hervor, nicht größer als eine Postkarte. Der Besucher legt seinen Mantel ab, öffnet den Umschlag und entnimmt ihm ein gefaltetes Stück weißes Seidenpapier. Er faltet es vorsichtig auf dem Tisch auseinander und greift dann in seine Tasche, um die immer bereite Lupe herauszuholen. Während er durch das Vergrößerungsglas blinzelt, prüft er den kostbaren Inhalt des Umschlags: Diamanten, eine der wertvollsten Waren der Welt.

Die Konversation geht ungebrochen weiter, während der Besucher das Dutzend Steine einen nach dem anderen herauspickt, jeder etwa 20 000 Dollar wert – Einkaufspreis. Mit einem Expertenblick, geschult von lebenslanger Erfahrung, wählt er acht davon aus. Der Mann mit der Weste nennt einen Preis. Der Besucher überlegt einen Moment, befindet ihn für angemessen und überreicht dem Mann mit der Weste einen kleinen, handgeschriebenen Zettel mit einer Adresse. Der Mann mit der Weste steckt sechs der Edelsteine zusammen mit der Adresse in einen Umschlag und lässt beide Umschläge wieder in seinem Beutel verschwinden. Die beiden übrigen Steine wickelt er in ein Tuch und überreicht sie dem Käufer, der sie in die Tasche steckt. Um den Handel zu besiegeln, blicken sich die Männer in die Augen, geben sich die Hand und tauschen die traditionellen letzten Worte für ein Geschäft zwischen Diamantenhändlern aus, *mazel und brucha*, Glück und Segen. Mit den Steinen in der Tasche und nach erteilter Anweisung nimmt der Käufer seine Sachen und macht sich auf den Weg nach Hause zum abendlichen Sabbat-Mahl.

Am nächsten Montag wird der Verkäufer die sechs Steine in dem Umschlag an die genannte Adresse schicken. Die zwei Diamanten in der Tasche des Käufers gehen an einen Händler in einer anderen Stadt und der Verkäufer wird bezahlt werden. Ein Handel von 240 000 Dollar wird mit einem Handschlag und einem *Mazel* vollzogen, der gegenseitigen Verpflichtung, dass Geld und Waren geliefert werden wie versprochen. Das einzige Papier, das zwischen den beiden ausgetauscht wurde: eine von Hand geschriebene Adresse.

Jahrhunderte lang, in ferner Vergangenheit, noch lange bevor es regulierte Märkte gab, wurden ganze Wirtschaftssysteme durch Vertrauen und guten Ruf organisiert und gesteuert. Persönliche Zugehörigkeit, ob familiärer Art oder zu einer religiösen oder sozialen Gruppe, bildete das Rückgrat aller Unternehmung. Innerhalb dieser geschlossenen und halb geschlossenen Kreise verbreitete sich die Kunde von schlechtem Verhalten schnell. Wer jemandes Vertrauen ausnutzte oder missbrauchte, ging das sehr reale Risiko ein, für immer aus seiner Familie ausgestoßen zu werden, von seinem Glauben und seiner Gemeinschaft, und sein guter Ruf – und damit seine Möglichkeit, Geschäfte zu betreiben – war zerstört. Obwohl wir geneigt sind zu denken, diese Art von Wirtschaftsgemeinschaft sei eher feudal geprägt, oder existiere heute nur noch, wo sie durch Armut oder Entbehrung notwendig ist, existiert diese Form der Selbstregulierung tatsächlich bis heute im Diamantenhandel, einem der reichsten bekannten Wirtschaftsmärkte.

Über die Jahrhunderte kam es dazu, dass die sephardischen Juden, die sich nach der Spanischen Inquisition in ganz Europa ausbreiteten, wo sie von den meisten Formen wirtschaftlicher Aktivität ausgeschlossen waren außer Geldverleih, den Diamantenhandel dominierten. Diamanten hatten drei Dinge an sich, die sie für eine Gesellschaft der Flucht, Vertreibung und Auswanderung attraktiv machten: Sie waren äußerst wertvoll, überall gleichermaßen begehrt und konnten leicht am Körper versteckt oder transportiert werden. Wo auch immer Juden vertrieben wurden, sie konnten Vermögen in Form von Diamanten mitnehmen und ganz einfach wieder ein Geschäft eröffnen. Irgendwann fanden die Diamantenhändler den Weg nach Antwerpen, wo sie willkommen waren. Außer der relativ neuen Expansion auf die Zentren in London, Tel Aviv und New York City blieb Antwerpen 500 Jahre lang das Diamanten-Zentrum der Welt.

Da der Diamantenhandel immer außerhalb der Grenzen des traditionellen Handels stattfand, steuerten Vertrauen und guter Ruf, was Verträge und Gesetze nicht taten. Von Anfang an wurden Geschäfte mündlich und damit verbindlich abgeschlossen, und mit Handschlag und dem Ausruf «Mazel!» besiegelt. Zahllose Diamanten von stattlichen Vermögenswerten wechselten allein auf dieser Grundlage den Besitzer.

Diamanten werden heute im Großen und Ganzen genauso gehandelt wie im 14. Jahrhundert. Das Wort ist noch immer ebenso gültig wie ein schriftlicher Vertrag und signalisiert, dass der vereinbarte Preis für die vereinbarten Steine bindend ist und nicht mehr verändert werden kann. Während die Diamantenschleifer auf Computer und Lasergeräte zurückgreifen, mit deren Hilfe sie die Steine formen, verlässt sich der Handel selbst noch immer auf den Ruf und die Ehrlichkeit des einzelnen Händlers, nicht auf IT oder moderne Geschäftsmethoden. Die Händler bewahren Diamanten für einander in Safes auf und vertrauen die Päckchen mit glitzernden Steinen einander an, ohne Vertrag, Inventur oder Empfehlung, und sie schicken Steine an Händler, die einfach eine Karatzahl mit einem bestimmten Reinheitsgrad angeben und diese unbesehen kaufen.

Traditionell war die einzige Möglichkeit, Zugang zu dieser engmaschigen Welt zu bekommen, durch Beziehungen und guten Ruf, doch selbst der Diamantenhandel war nicht immun gegen die Einflüsse der Globalisierung. In den letzten Jahren war der Diamantenmarkt in Antwerpen – wo ca. 90 Prozent der Rohdiamanten der Welt und die Hälfte der geschliffenen Diamanten jedes Jahr verkauft werden – dem starken Einfluss südasiatischer Diamantenhändler aus der Region Gujarat in Indien unterworfen.[1] Obwohl die Mehrzahl dieser Newcomer durch Heirat und Glauben gebunden ist (meist gehören sie dem Jainismus an, einer alten asketischen Religion), haben sich die Inder schnell angepasst. Viele haben Jiddisch und Hebräisch gelernt, sie schließen Geschäfte mit dem traditionellen «Mazel» ab und sie servieren ganz selbstverständlich koscheres Essen bei Versammlungen.

Zwei eng verwobene Gruppen – so unterschiedlich in Gebräuchen, Kultur und Lebensweise wie man es sich nur vorstellen kann – handeln mit kleinen, leicht zu transportierenden Einheiten im Wert von Milliarden Dollar jedes Jahr, Steine, die für das ungeübte Auge fast alle gleich aussehen. Ihre wirkliche Währung ist jedoch Vertrauen und sein tragendes Nebenprodukt: der gute Ruf.

Überlegen Sie einmal, welchen Vorteil es hätte, wenn Sie jeden Handel mit einem Händedruck abschließen könnten. Während Ihre Mitbewerber und deren Anwälte sechs Wochen darauf verwenden, jedes Geschäft auf Papier zu bringen, um sich gegen jeden möglichen Gesetzesverstoß zu schützen, könnten Sie mit Initiative voranschreiten. In Japan, einer hoch entwickelten und regulierten modernen Wirtschaft, erkennt man bei Geschäften noch immer die Unmöglichkeit an, jede Eventualität vorherzusehen, also beinhaltet das System das gegenseitige Einverständnis der Partner, einander ehrenhaft zu behandeln, und die Geschäfte können weitergehen. Wie die Diamantenhändler haben die Japaner eine Geschäftskultur, in der sich die kulturellen Traditionen ihrer Gesellschaft widerspiegeln: enge Gemeinschaften, langfristige Familienwerte und die Bedeutung persönlicher Verantwortung für die Gruppe in einer modernen Welt.

Guter Ruf in der vernetzten Welt

Der gute Ruf ist wiederum solch ein Ding wie Vertrauen, das jeder will, aber über das niemand nachdenkt, und darüber, wie man dazu kommt. In langen Phasen unserer Geschichte war die Bedeutung des guten Rufs weitgehend selbsterklärend. Als die meisten Menschen in kleineren, halbgeschlossenen Gemeinschaften lebten, übte die Nähe und Vertrautheit anderer Menschen sozialen Druck auf den Einzelnen aus, sich innerhalb der herrschenden Normen zu verhalten. Als die Menschen von den Kleinstädten in die Großstädte wanderten und ihre alltäglichen Gemeinschaften größer wurden, behielten sie viele Strukturen der geschlossenen Gemeinschaft bei, die das Verhalten in Schach hielten. Die großen europäischen und amerikanischen Städte des 18., 19. und frühen 20. Jahrhunderts waren noch immer in nachbarschaftlichen Strukturen organisiert, die die Kleinstadt- und Dorftraditionen feudaler Zeiten nachahmten. Mehrgenerationen-Haushalte waren üblich, und die Familien blieben oft über Generationen am selben Ort verwurzelt. Die Menschen betrieben die meisten ihrer Geschäfte auf lokaler Ebene, mit bekannten und vertrauten Händlern. Große Unternehmen profitierten von der Langsamkeit der Welt und bauten mit der Zeit vertrauensvolle Beziehungen auf, auf denen sie wachsen konnten.

Im ausgehenden 20. Jahrhundert erlebten wir bemerkenswerte Veränderungen in den Basisstrukturen unseres Lebens. Zunehmender Wohlstand, erleichterte Transportmöglichkeiten, expandierende multinationale Geschäftsmodelle und die Transformation der Wirtschaftsysteme von produzierend/landwirtschaftlich hin zu informations-/dienstleistungsorientiert, all dies übte gewaltigen Druck auf den inneren Zusammenhalt von Gemeinschaften aus. Familien wurden weit verstreut. Wohnorte, deren Charakter mehr als 100 Jahre gleich geblieben war, erlebten den Zustrom neuer Menschen, neue kulturelle Einflüsse und neuen Reichtum. Ironischerweise ermöglichte die vermehrte Vernetzung durch die Weiterentwicklung der Kommunikationstechnik den Menschen, weiter von einander entfernt zu leben. Obwohl eine neue Arbeitsstelle 2000 Meilen von der Stadt entfernt war, in der die eigene Familie seit drei Generationen gelebt hatte, konnte man immer noch relativ billig »in Kontakt bleiben«.

Diese Veränderungen brachen die Bande von Familie und Tradition auf, die den guten Ruf so wertvoll gemacht hatten. In einer neuen Stadt, an einer neuen Arbeitsstelle konnte man sich neu erfinden. Die Identität wurde fließender und eröffnete neue Möglichkeiten für persönliche Veränderung und Wachstum, und gleichzeitig wurde der äußere Konformitätsdruck gelockert. Mehr Möglichkeiten machten immer noch mehr möglich. Noch bis vor etwa 20 Jahren war es beispielsweise relativ schwierig, den Hintergrund und den Ruf einer Person zu überprüfen. Bis dahin war es möglich, Information zu kontrollieren und, bis zu einem gewissen Grad, zu blockieren. Man konnte oft einen dunklen Fleck in der eigenen Vergangenheit ausradieren, indem man den Ort wechselte und einen neuen Anfang machte.

All dies hat sich verändert. Die Geschäftswelt ist schnelllebiger, weiter verbreitet, flüchtiger und fließender als je zuvor. Die Information fließt. Und doch binden uns paradoxerweise die überwältigenden Möglichkeiten der Technik, in Kontakt zu sein und uns Information billig und ohne Zeitverzögerung zu übermitteln, aneinander wie nie zuvor. Dies schafft Bedingungen von so starker gegenseitiger Abhängigkeit wie in den Zeiten der lokalen Gemeinschaften und ihren verbindlichen Normen. In gewissem Sinne ist die ganze Welt heute ein Dorf (das gängige Kunstwort ist *glocal*, gleichzeitig global und lokal). Was bedeutet das für den Einzelnen und für Unternehmen? Was den guten Ruf betrifft, ist das Alte wieder das Neue. Der gute Ruf – wie Andere von Ihnen denken – ist heute wesentlicher für Ihre Möglichkeiten, langfristigen, nachhaltigen Erfolg aufzubauen als je zuvor.

Der gute Ruf ist die Gesamtsumme Ihrer inneren Haltung und Ihres Verhaltens: Wofür Sie stehen, was man Ihnen zutraut, Ihre bisherigen Leistungen, die Hochachtung, die Sie sich verdient haben, und wie Andere Sie erlebt haben. In einer transparenten Welt ist der gute Ruf die führende Größe. Er betrit einen Raum, bevor Sie ihn betreten, und bleibt noch dort, wenn Sie ihn verlassen haben, entweder verstärkt oder getrübt. Er gibt Auskunft über Ihre Vergangenheit, schafft aber auch Erwartungen für die Zukunft.

In einer Welt, in der geschlossene Gemeinschaften aufgebrochen sind, bedeutet der Ruf auch Kontinuität. Wenn die Menschen früher für eine Firma arbeiteten und die begründete Erwartung hatten, dort bis ins Rentenalter beschäftigt zu sein, war der gute Ruf zwar für Beförderung und Vorankommen förderlich, jedoch nicht so wesentlich für die Karriere. Die Zugehörigkeit zur Firma und die traditionelle Kontinuität der Beschäftigung schirmte den Einzelnen vor der Notwendigkeit ab, sich dauernd den Kräften der Geschäftswelt draußen auszusetzen. Die Aussage »Ich bin ein IBM-Mitarbeiter« lieferte ein Leben lang ausreichendes Kapital für einen guten Ruf. Das ist heute nicht mehr der Fall. Äußerliche Strukturen wie eine Firma bieten keine Garantie mehr für persönliche Kontinuität; das kann nur der Ruf. Der durchschnittliche Arbeitnehmer, der heute sein Arbeitsleben beginnt, wird im Laufe seiner Karriere für durchschnittlich 10,5 Firmen arbeiten.[2] Während immer mehr Arbeitskräfte sich wissensbasierter Arbeit zuwenden, kann eine Karriere immer leichter umdefiniert werden. Die spezifische Branche oder der Spezialbereich ist weniger wichtig. Deshalb verlassen sich Arbeitgeber, wenn sie neue Bewerbungen bewerten, weniger auf branchenspezifische Fähigkeiten als vielmehr auf persönliche Eigenschaften und guten Ruf, um das Potenzial einer Person zu beurteilen. Ihr Ruf und Ihr Rolodex – das Netzwerk aus Kontakten und Helfern – werden zu einem weit wichtigeren Teil Ihres persönlichen Gepäcks als je zuvor. Beide werden im Laufe der Zeit durch Ihre innere Haltung und Ihr Verhalten aufgebaut.

Umgekehrt kann die Firma auch nicht mehr behaupten, ihr Ruf als Unternehmen übertreffe den ihrer Belegschaft. In der transparenten Welt können die Menschen zwischen den Zeilen dessen, was Sie tun, lesen, *wie* Sie es tun. Der feine Unterschied wird aufgedeckt und der gute Ruf erwächst den Unternehmen, dessen Mitarbeiter diesen feinen Unterschied der Welt gegenüber vertreten. In dem Zuge, wie wir stärker vernetzt werden, wird zunehmend Verantwortlichkeit auf das Personal an der Kundenfront verlagert, und immer mehr Personal wird an die Kundenfront geschoben. Sie werden zum Gesicht des Unternehmens; durch ihre Handlungsweise üben sie eine starke Wirkung auf die Art aus, wie das Unternehmen am Markt erlebt wird. So wird der Ruf des Unternehmens zur Summe seiner Einzelteile, und dieser Ruf reagiert empfindlich gegenüber den Handlungen der Einzelpersonen, sowohl im positiven als auch im negativen Sinn. Das Fehlverhalten eines einzigen Mitarbeiters kann ein Unternehmen ruinieren.

Für einen guten und verdienten Ruf müssen Andere Ihnen Eigenschaften zuschreiben, dass Sie ein guter Vorgesetzter sind oder ein guter Vorstand, dass Sie beständig kreativ sind oder zuverlässig und fleißig arbeiten, dass Sie Menschen gut und gerecht behandeln, oder dass Sie aufrichtig sind. Man tut das nur, wenn man Ihnen vertraut, denn *der gute Ruf ist eine Reihe von zwischenmenschlichen Kontakten.* Betrachten Sie deshalb den guten Ruf als die Summe der Vertrauenskreise, die Sie mit der Zeit entwickelt haben, und die von Ihnen ausgehend über Firmen, Branchen und Bereiche hinweg ausstrahlen. Sie bauen sich einen guten Ruf auf, wenn die Menschen, denen Sie begegnen – Mitarbeiter, Geschäftspartner und Kunden – Ihnen vertrauen.

Und wem vertrauen wir? Menschen, die sich beständig zeigen, denen wir Integrität zuschreiben, Menschen, die sagen, was sie meinen, und meinen, was sie sagen und dies dann auch durchhalten. »Die Fähigkeit, im Leben beständig zu sein, ist eine der wertvollsten und mächtigsten Eigenschaften«, erklärte mir der berühmte Unternehmensentwickler und Hotelier Steve Wynn aus Las Vegas. »Franchising beruht auf Beständigkeit, ob es nun um Hamburger geht oder um Menschen.« Im Verlauf der letzten gut 30 Jahre hat Wynn eine Reihe hoch riskanter Projekte hochgezogen – darunter die Hotels Mirage, Treasure Island und Bellagio – eines erfolgreicher als das andere, und alles auf der Grundlage seines persönlichen guten Rufs. Seine Person als Marke ist so gleichbedeutend geworden mit einem unvergesslichen Erlebnis, dass er sein letztes Projekt, das Wynn Las Vegas Resort, nach sich selbst benannt hat. »Ich bin erfolgreich, weil ich den Menschen beständig ein Erlebnis biete, das nicht nur aufregend ist, sondern manchmal sogar einzigartig. Beständigkeit ist ein bestimmtes Maß an Berechenbarkeit und Integrität, und ohne Integrität kommt man nicht aus.« Wenn man Integrität besitzt, sagt Wynn, kann man Vertrauen erwecken, und wenn man Vertrauen hat, kann man sich einen Namen aufbauen.

Um dann diesen guten Ruf auszuweiten – damit Andere durch ihr Lob oder ihre Unterstützung dazu beitragen – müssen Andere im Gegenzug *ihren* Ruf ins Spiel bringen. Wenn ich eine unserer Managerinnen in unserem Büro in New York anrufe und sie um ihre Meinung über jemanden bitte, dem ich eventuell ein wichtiges Projekt anvertrauen möchte, dann spiegelt dies auch meine Wertschätzung für sie wider. Wenn sie die Person hoch lobt, doch diese die Erwartungen nicht erfüllt, erhält auch der Ruf der New Yorker Managerin in meiner Einschätzung einen Rückschlag. Ich werde ihr weniger Urteilsvermögen bei der Bewertung von Talenten zutrauen. Ihr Ruf hängt von der Stärke der von ihr verbreiteten Vertrauenskreise ab. Es mag kein sehr schlimmer Rückschlag sein, doch es wäre ein Rückschlag. Wer im Einklang mit seinem Ruf handelt, erzeugt Vertrauen. Die Menschen, mit denen Sie zu tun haben, beginnen die Beziehung mit Ihnen mit einer Vorstellung aufgrund Ihres Rufes. Wenn die Interaktion mit Ihnen diesen Ruf verstärkt, ausweitet oder wenigstens bestätigt, können sie leichter Vertrauen fassen und verbreiten. So bringt der Ruf in Kombination mit den Erfahrungen, die ihn bestätigen, das Vertrauen voran. Wenn Sie jedoch die aufgrund Ihres Rufes in Sie gesetzten Erwartungen nicht erfüllen, bringen Sie Dissonanz in die Beziehung. Die Diskrepanz zwischen der Erwartung und den Tatsachen schafft Irritation. Dissonanz und Irritation bringen, wie wir wissen, Reibung ins Spiel. Potenzielle Partner, die mit sich widersprechenden Botschaften konfrontiert sind, werden sich zur Verteidigung rüsten und den Prozess, mit Ihnen ins Geschäft zu kommen, verlangsamen, um mehr Zeit zu gewinnen, die Situation einzuschätzen und die richtige Entscheidung zu treffen.

Dave Chiu und Didier Hilhorst, junge Studenten am Interaction Design Institute Ivrea, einer italienischen Non-Profit-Organisation für interaktive Entwicklungen, entwickelten kürzlich ein Phantasieprojekt, das sie »RentAThing« (miete ein Ding) nannten. Dieses kleine, mobile Gerät, das aussieht wie ein iPod, ist »ein Werkzeug für Geschäftsverhandlungen, das zusätzliche Information über den Ruf der beteiligten Partner liefert und so für reibungsfreiere Transaktionen sorgt.« RentAThing bedeutet einen visionären Schritt auf dem Weg zum »Handel mit dem guten Namen« im wörtlichen Sinn.[3] Wenn zwei Menschen einen Handel durchführen wollen – Chiu und Hilhorst benutzen das Beispiel, eine Gartenharke auszuleihen – würde der Besitzer der Harke sein RentAThing konsultieren, um den Ruf der anderen Person bezüglich des Mietens von Gartengeräten zu prüfen. Ausgestattet mit dieser Information könnte der Besitzer den Preis für die Transaktion entsprechend dem relativen Risiko festlegen. Eine weniger gute Bewertung des Mieters wäre an einen höheren Mietpreis gekoppelt und umgekehrt. Die Harkenleih-Bewertung des Mieters könnte mit anderen Bewertungen kombiniert sein – etwa der rechtzeitigen Rückgabe von Büchern aus der Bibliothek oder dem zeitnahen Beantworten von Nachrichten auf der Mailbox –, um einen höheren Vertrauensgrad zu erreichen, der sich in einem niedrigeren Mietpreis äußert.

Chiu und Hilhorst freuen sich auf den Tag in nicht allzu ferner Zukunft, an dem die drahtlose Vernetzung Maschinen und Personen ohne Zeitverzögerung Personen-Bewertungen ermöglicht, nicht viel anders als Kreditwürdigkeits-Bewertungen, und die Information im RentAThing für zahlreiche unterschiedliche Transaktionen eingesetzt wird. »Anstatt säulenartig gesammelter Bewertungen, die von verschiedenen Services, Firmen und Personen isoliert bewahrt werden«, schreiben sie, »liefert RentAThing ein zentralisiertes Mittel, eine einzelne Bewertung zu organisieren und zu entwickeln.«

In seinem Roman von 2003, *Down and Out in the Magic Kingdom*, zeichnet der kanadische Autor und Aktivist für Datenschutz Cory Doctorow eine Welt, die frei von Mangel ist, und in der alles kostenlos ist, man bekommt es aufgrund einer Bewertung seiner Person, die Doctorow »whuffie« nennt. Der »whuffie« füllt oder leert sich entsprechend den guten oder schlechten Taten einer Person und dient als Währung in einer Welt ohne Geld. Jeder kennt sofort den whuffie des Anderen (durch einen Chip, der im Gehirn implantiert ist – das kennt man ja), und jeder hat die Fähigkeit, den whuffie des Anderen augenblicklich zu füllen oder zu leeren. Sie haben gerade eine großartige Symphonie dirigiert? Das Publikum liebt Sie und Sie bekommen whuffie von allen. Sie haben jemanden auf der Straße angerempelt? Der finstere Blick, den er Ihnen zuwarf, hat nun einen Preis. Doctorow stellt sich vor, dass jeder positiver motiviert ist, Sinnvolles und Kreatives zu vollbringen und Anderen Gutes zu tun, weil man whuffie nur durch die Bewertung von Anderen bekommt.[4]

Die beiden fiktionalen Ansätze haben ihre Wurzeln in der real existierenden Schnittstelle zwischen IT und menschlichem Verhalten. Die Vertrauenswürdigkeit eines Menschen kann in der virtuellen Welt, der Welt der Kommunikation in Netzwerken, exakt ermittelt werden. Ingenieure für Computerforschung greifen auf Vertrauens-Bewertungssysteme zurück, um Vertrauen in Online-Communitys mathematisch zu quantifizieren. Alles, von der Website-Sicherung bis zu Handels-Communitys wie eBay, funktioniert über auf Vertrauen beruhenden Systemen, die Verhalten bewerten, Vertrauensskalen errechnen und sie auf alles anwenden, vom gesicherten Datenzugriff bist zur Versicherungs-Einstufung. Während mehr und mehr Information darüber, wer wir sind und was wir getan haben, aus den relativ sicheren Grenzen der persönlichen Beziehungen in halb geschlossenen Gesellschaften in das weit riesigere Netzwerk des Internet fließt, gleicht unser persönlicher Ruf immer mehr jener abstrakten kommerziellen Bewertung. Da die Erinnerung in der Online-Welt eine beispiellose Lebensdauer hat, wird die Art, wie wir tun, was wir tun jeden Tag noch wichtiger und existenzieller für unsere Fähigkeit, uns zu entfalten.

Mathematische Online-Vertrauensbewertungssysteme liefern uns tatsächlich eine interessante Art, den Wert des guten Rufs im Leben festzustellen. Forscher an den Universitäten Michigan und Harvard führten eine Studie durch, die genau darauf abzielte. Zuerst stellten sie fest, dass in natürlichen, mündlich weitergegebenen Bewertungssystemen – die Art, die täglich im Geschäftsleben für oder gegen uns arbeitet – viel Information verloren geht oder weggelassen wird. So perfekt wie Menschen sind, sind sie doch fehlerhafte Kommunikationssysteme (das weiß jeder, der als Kind einmal »stille Post« gespielt hat). Online-Bewertungssysteme wie jenes, das für die bekannteste Anwendung, eBay, verwendet wird, vergessen nichts. Käufer und Verkäufer auf eBay bewerten einander mit einem Feedback und einem kurzen Kommentar. Nicht nur, dass diese Bewertung und der Kommentar unauslöschlich sind, sondern Millionen Menschen können dann auch kostenlos darauf zurückgreifen (Bewertungen im Internet übertragen Ihr Verhalten in Echtzeit bis zu Händlern in Peking und Hausfrauen in Schweden).[5] Um den genauen Wert dieser eBay-Bewertung zu messen, untersuchten die Forscher den Wert des guten Namens bei Verkäufern in einem Online-Markt, wo die traditionellen Signale für die Vertrauenswürdigkeit eines Händlers – Kosten und Erscheinungsbild der Einrichtung, Lebensdauer in einer Gemeinschaft, Verbindung zu Bekannten – wegfallen. In Zusammenarbeit mit einem anerkannten Händler von Sammel-Postkarten boten sie identische Packungen mit Karten über die bekannte Identität mit dem guten Renommee des Händlers an, und über andere, neu geschaffene Identitäten, die niedrige Vertrauensbewertungen hatten. Sie fanden heraus, dass

Käufer im Schnitt bereit waren, einem Verkäufer mit gutem Ruf für genau dieselbe Ware 8,1 Prozent mehr zu bezahlen als einem Verkäufer ohne guten Ruf.

Der Wert des guten Rufs war direkt quantifizierbar. Genau wie das Vertrauen ist er ein weicher Faktor, den wir als selbstverständlich hinnehmen, doch die neuen Bedingungen in der Welt haben ihn plötzlich zum harten Faktor gemacht. Wer von uns könnte nicht eine Gehaltserhöhung von acht Prozent gebrauchen, oder eine acht-Prozent-Prämie auf was immer er verkauft?

Ruf ist Kapital

Guter Ruf tritt in vielen Formen auf. Die naheliegendste Form ist die Mundpropaganda, die andere über Sie bekommen und weitergeben. Es können auch die Platzhalter für Ihre vergangenen Leistungen sein, wie Ihr Lebenslauf oder Ihr letztes Gehalt. Fast jeder kann sich an eine Situation erinnern, in der er erfuhr, wie viel jemand verdient, den man gerade erst kennen gelernt hat, oder welche Position er einmal hatte, und wo man sich dachte »Wow, er sieht gar nicht so aus wie einer, der soundso viel Dollar im Jahr macht.«

Ein Freund von mir produzierte früher Fernseh-Werbespots, das ist eine Branche, in der zumeist Freiberufler zu Tagessätzen beschäftigt werden. Bei jedem Projekt musste er zahllose Leute engagieren, von der Produktionsassistentin bis zum Bildgestalter, die zu sehr unterschiedlichen Sätzen beschäftigt wurden. Man bildete Belegschaften für kurzfristige Projekte mit hohem Budget, irgendwo zwischen einer Woche und einem Monat und mit einem Budget von einer Million Dollar oder mehr – und dann trennte man sich wieder. Das Ganze war wie ein überdrehter Mikrokosmos dessen, was normale Personalleiter durchmachen, wenn sie längerfristig für Unternehmen Personal anstellten. In einer schnell durchlaufenden Situation wie dieser steigt der Wert von gutem Ruf dramatisch. Kein Arbeitsvertrag gilt sehr lange und der Erfolg hängt davon ab, Stammkunden zu halten, Leute, die einen immer wieder beschäftigen.

Bei kreativen Talenten auf höchstem Niveau, wie Bildgestaltern, schaffen die vergangenen Leistungen oft das künstlerische Renommee (das, *was* sie tun). Die Art, wie sie arbeiten – Temperament und menschliche Qualitäten wie Ausgeglichenheit auch unter Druck, Teamfähigkeit und kommunikative Fähigkeiten – ist zwar wichtig, wird jedoch selten wichtig genommen. In den kreativen Leitungsfunktionen regiert das Talent oft über alles. Der Ruf hatte am meisten Bedeutung in den untergeordneten Posten wie dem der Produktionsassistentinnen, die Arbeitsbienen auf unterster Arbeitsstufe, die wesentlich sind für das reibungslose Funktionieren jedes Film-Sets.

»In die Filmbranche vorzudringen und sich dort eine Freiberufler-Karriere aufzubauen ist fast ausschließlich eine Sache von gutem Ruf und persönlicher Empfehlung. Ein Produzent empfiehlt dich einem anderen, und dieser wieder einem anderen, in einem formlosen Netzwerk. Fast niemand wird genommen, wenn nicht eine Empfehlung von jemandem vorliegt«, erzählte mir mein Freund. Wenn Produktionsassistentinnen jedoch ein Angebot für einen Auftrag erhalten, müssen sie mit einer anderen Komponente ihres Rufs umgehen: ihrem Preis, also ihrem Honorar. Die Tagessätze können bei Filmdrehs weit auseinanderklaffen, da kommt es auf Budget, Projektart, Berufserfahrung und anderes an, doch Produktionsassistentinnen können (innerhalb einer bestimmten Bandbreite) jedes mögliche Honorar fordern. »Wenn ich ein normales Budget hatte, vertraute ich der Produktionsassistentin immer, was die Honorarforderung betraf«, sagte er. »Aber die Forderung rechtfertigte auch eine Erwartung an ihre Leistungen. Wenn eine Assistentin 200 Dollar pro Tag (damals ein Top-Tagessatz) von mir verlangte, erwartete ich von ihm oder ihr, beim Set zu erscheinen und wirklich top zu sein: motiviert, selbstständig arbeitend, erfahren in Equipment und Abläufen, und fähig, viele von den zahlreichen Problemen zu lösen, vor denen ein Dreh an jedem einzelnen Tag steht. Wenn sie oder er ein niedrigeres Honorar forderte, vielleicht 125 Dollar, dann wusste ich, dass er oder sie noch etwas Erfahrung sammeln musste. Meine Erwartungen waren dann nicht so hoch.«

Mit Beginn des Drehtags zählte nur diese Erwartung. »Wenn jemand mit niedrigem Honorar ankam und richtig Leistung zeigte, war ich viel mehr geneigt, Zeit und Mühen zu investieren und ihn oder sie zu fördern und anzuleiten. Ich war eher bereit, es nachzusehen, wenn etwas schief ging, und schuf mehr Gelegenheit für Herausforderungen, wenn alles gerade etwas langsamer ging«, sagte er. »Wenn einer dagegen ein Top-Honorar hatte, aber nicht die Erwartungen erfüllte, war er am nächsten Tag draußen. Ohne böse Worte – einen Freiberufler muss man nicht feuern. Er erhielt nur einen herzlichen Händedruck und ein ›Dankeschön‹ und die Aussage ›Tut uns leid, aber wir brauchen morgen nicht so viele Produktionsassistenten.‹« (In der schnelllebigen Welt der Filmproduktion kann sich kein Team Reibung oder Ablenkung leisten, nichts, was den Prozess verlangsamt. Wenn man nicht den Erwartungen entspricht, die durch den Platzhalter Honorarforderung gesetzt wurden, ist man ganz einfach draußen.)

Obwohl das Prinzip des »Hire and fire« im Unternehmensumfeld normalerweise ein längerer Prozess ist als das Prinzip Händedruck-und-Dankeschön in der Filmwelt, sehen sich immer weniger Unternehmen in der Lage, irgendetwas mitzutragen, das die Maschine verlangsamt. Die Beziehungen zwischen den Menschen in heutigen normalen Unternehmen sind oft oberflächlicher als früher. Berater, Teilzeit-Beschäftigte, Freiberufler, strategische Partner und alle möglichen anderen kürzerfristigen Vertragspartnerschaften bilden die Vielfältigkeit der Synapsen zwischen den Menschen in der Geschäftswelt. Die Welt ist mobil, und informationsbasierte Fähigkeiten sind anpassungsfähiger und dehnbarer für ein weiteres Spektrum von Möglichkeiten. In einer solchen Welt finden wir uns oft in Teams zusammen, in denen wir in einem Bruchteil der Zeit produktiv sein müssen, die man in traditionelleren, längerfristigen Arbeitsverhältnissen hat, um Vertrauen und Kontinuität aufzubauen. Diskrepanzen zwischen dem, wofür man steht, und dem, was man liefert, können fast auf der Stelle Misstrauen hervorrufen und, in einer Welt der oberflächlichen Beziehungen, mit einem freundlichen Händedruck enden. Wenn man seinem Ruf entspricht – Anderen das Gefühl gibt, dass er bekommt, was er erwartet – schafft man schnellere Akzeptanz, stärkere Synapsen und breiteres Potenzial. Dies wiederum trägt zum Kapital des guten Rufes bei, indem es die Vertrauenskreise im Umfeld erweitert, und dieses Kapital des guten Rufes ist mehr und mehr der Schlüssel für die Tür ins Reich der größten Player im Spiel.

Der Ruf ist mehr als Reputation Management

Ende 1983 erdachten in einem Konferenzraum der Investment-bank Drexel Burnham fünf Mitglieder der hoch einträglichen Abteilung für Anleihen unter dem Vorsitz von Michael Milken in einem Brainstorming eine Idee, die in der weltweiten Unternehmenswelt einschlug wie eine Streubombe. Drexel beschloss, feindliche Übernahmen von Unternehmen über so genannte Junk-Bonds zu finanzieren, günstig verzinste, hoch ertragreiche Wertpapiere, die durch das Vermögen des Zielunternehmens abgesichert waren.[6] Zu jener Zeit in der Wirtschaftsgeschichte waren feindliche Übernahmen selten und wurden sehr vorsichtig gehandhabt. Ein Unternehmen gegen den Willen der Menschen zu übernehmen, die es leiteten, war ein hoch aggressives Spiel, das einem in den Tagen des Festungs-Kapitalismus viele Feinde einbrachte. Die Hemmungen dagegen waren entsprechend hoch. Solche Transaktionen zu finanzieren war bis dahin das Gebiet von konservativen Investmentbanken mit angelsächsisch-protestantischer Tradition gewesen. Die Aggressoren waren normalerweise große Unternehmen, die Bankanleihen einsetzten, um kleinere Unternehmen zu übernehmen. Die Idee von Drexel Burnham stellte dieses Modell auf den Kopf. Nach ihrem Plan konnten viel mehr Unternehmen und kreditwürdige Investoren, egal wie groß oder klein sie waren, eine andere Firma übernehmen, auch wenn diese viel größer war als sie selbst, indem sie das Vermögen des Zielunternehmens als Sicherheit für die hoch einträglichen Anleihen nutzten, die Drexel verkaufte, um das Geld dafür aufzubringen.

Als sie Anfang 1984 diese neue Möglichkeit an die Öffentlichkeit brachten, wandelte dies die Strukturen unternehmerischen Handelns für immer. Plötzlich mussten altehrwürdige, etablierte Unternehmen, die seit langer Zeit auf stabilen Werten aufgebaut waren, mit ansehen, wie ihr eigenes Vermögen gegen sie verwendet wurde. Werte waren nicht mehr gefragt. Stattdessen wurde kurzfristiges Aktionärsvermögen zum Maßstab, mit dem jedes Unternehmen gemessen wurde. Viele der vorherrschenden Verhaltensweisen in der Unternehmenswelt (und viele Unternehmensniedergänge) leiten sich von dieser einen, schicksalsschweren Aktion ab.

Als bekannt wurde, welche enormen Gewinne man mit diesem neuen Junk-Bonds-Spiel erzielen konnte, sprangen viele auf, darunter auch die meisten großen Broker und viele Unternehmen, große und kleine. Doch es gab zwei bemerkenswerte Ausnahmen von dieser Orgie des schnellen Profits: die Investmentbank Goldman Sachs verkündete, sie werde keine feindlichen Übernahmen finanzieren, und Johnson & Johnson (J&J) beschloss, dass man eine solche niemals durchführen werde.[7] Was war der Grund für diese Entscheidungen?

Der gute Ruf.

»Unser CEO und Präsident, Jim Burke, beschloss, dass J&J niemals eine feindliche Übernahme tätigen würde«, erzählte mir Roger Fine von Johnson & Johnson, als wir das Ganze eines Tages in New York nochmals Revue passieren ließen. Fine ist eine viel bewunderte Führungskraft und ein Mensch, mit dem ich das Glück hatte seit der frühen Zeit bei LRN eng zusammenzuarbeiten. »Er wollte, dass wir den Ruf haben, niemals jemanden über den Tisch zu ziehen, und dass wir niemals etwas gegen den Willen des Managements einer anderen Firma tun würden, an der wir interessiert waren. Glauben Sie jetzt aber bloß nicht, dass wir nur immer lieb und nett waren. J&J ist ein aggressives Unternehmen, das sehr wohl Akquisitionen durchführt und von den Möglichkeiten des Marktes genauso viel profitieren will wie jede andere Firma. Doch Burkes Idee war, wenn wir uns den Ruf aufbauten, dass wir diese Art Transaktion niemals durchführen würden, dann würden die Unternehmen auf uns zukommen, um mit uns zu verhandeln, weil wir ihnen lieber waren als Andere, denen sie nicht vertrauen konnten.«[8]

Obwohl der gute Ruf genau wie Vertrauen kein neues Konzept in der Geschäftswelt ist, hat es seit Mitte der 1990er Jahre eine explosionsartige Zunahme von Interesse an dem Thema gegeben. Die Unternehmen sehen jetzt ein, was J&J und Goldman Sachs schon damals erkannten: Ein guter Ruf ist ein Vorteil im Wettbewerb. Ihr Ruf für aufrichtiges Geschäftsverhalten und Respekt für die Unternehmen, die sie akquirieren wollten, schloss die Sicherheitslücke zwischen ihnen und ihren Verhandlungspartnern und ermöglichte einen schnelleren Abschluss der Verträge, mit weniger Reibung und mehr Kooperation. Heute werden diese Vorteile für alle sichtbar. 1998 erfanden Harris Interactive, ein größeres Unternehmen zur Erforschung von Unternehmens- und öffentlichem Interesse, in

Zusammenarbeit mit Charles Fombrun, Leitender Direktor des Reputation Institute an der Stern School of Business in New York City, etwas, das sie den Reputationsquotienten (RQ) nannten, eine Messgröße der Forschung, die die Wahrnehmung des Rufs eines Unternehmens darstellt. Seitdem haben sie die Ergebnisse ihrer Auswertungen als jährliche Liste der 60 »meist wahrgenommenen Unternehmen in Amerika« veröffentlicht, eingestuft nach ihrem Ruf. Einen guten Unternehmensruf zu erreichen und aufrechtzuerhalten ist zunehmend das Ziel von visionären Unternehmensleitern. Jeffrey Immelt, Vorstandsvorsitzender und CEO von General Electric (GE) macht daraus in seinem Begleitschreiben zum Jahresbericht von GE 2002 keinen Hehl. »Wir verwenden Milliarden jedes Jahr darauf, unsere Schulungen zu verbessern, die Einhaltung ethischer Normen zu verbessern und unsere Werte zu stärken«, schrieb er. »All dies, um unsere Unternehmenskultur zu bewahren und eines unserer wertvollsten Güter zu schützen – unseren guten Ruf.«[9] Als der Finanzier Warren Buffett die in Schwierigkeiten steckende Broker-Firma Salomon Brothers übernahm, nachdem Verstöße gegen die Sicherheitsbestimmungen die Firma an den Rand des Abgrunds gebracht hatten, ging er vor den Kongress, entschuldigte sich für die Fehltritte der Mitarbeiter und äußerte eine ernste Warnung an alle, die auch nur daran denken konnten, in ihre Fußstapfen zu treten. »Verlieren Sie firmeneigenes Geld«, versicherte er ihnen, »und ich werde Verständnis zeigen. Verlieren Sie nur eine Spur des guten Rufs der Firma, und ich werde gnadenlos sein.«[10]

Leider kreist ein großer Teil des neuen Interesses an gutem Ruf um das Schaffen und Managen von »Corporate Reputation« als Erweiterung von Markenbewusstsein am Markt, ein Bemühen, das von Public-Relations- und Unternehmenskommunikations-Abteilungen sowie Beratern bevölkert wird. Als ich kürzlich »Reputation Management« googelte, erhielt ich 68 Millionen Einträge und etwa 16 bezahlte Anzeigen. Berater für Kommunikations-Strategie, Forschungsunternehmen, Anwaltskanzleien und Berater jeder Couleur stehen in den Startlöchern, um den Ruf von Unternehmen zu managen und wiederherzustellen. Helle Köpfe und strategische Denker haben alles heruntergebrochen auf »6 Dimensionen«, »18 unverrückbare Gesetze« und »Kommunikationslücken«, die gelernt, gemeistert, befolgt oder erfüllt werden müssen.

Sicherlich gibt es bei Unternehmen in unserer hypermedialen Welt einen Platz für den guten Ruf und für Krisenmanagement. Kryptonite lernte diese Lektion auf die harte Weise. Man darf nicht vergessen, dass Unternehmen das Nebenprodukt von viel Blut, Schweiß und Tränen sind. Wenn die Dinge schlecht laufen, werden viele menschliche Mühen und Ressourcen verschwendet: echter Verlust, echte Verschwendung, Verlust von Werten, die auf dem Rücken von realen Menschen aufgebaut wurden. Der Ruf eines Unternehmens, in dem Grad, wie die Interessensgruppen ihn als äußere Oberfläche sehen, die all diesen menschlichen Einsatz darstellt, ist eine Erweiterung der Marke, und die Bildung eines Rufes am Markt ist eine grundlegende Komponente jeder Unternehmensstrategie. Doch der Ruf ist nicht dasselbe wie die Marke und ist nicht automatisch gleichbedeutend mit Markenbewusstsein. Denken Sie an das Markenbewusstsein, das von Unternehmen wie ExxonMobil, J&J, GE und Microsoft am Markt aufgebaut wurde. Jedes dieser Unternehmen ist gleichermaßen bekannt. Jedes dieser Unternehmen hat beinahe maximale Marktdurchdringung in seinen Märkten erreicht, doch nicht alle davon haben den gleichen Ruf.

Das Problem bei der externen Herangehensweise an das Thema guter Ruf eines Unternehmens ist, dass man dabei den Ruf betrachtet wie ein angesammeltes Gut, das man managen kann, eine Story, die man erfinden kann. Der Gedanke, der dahinter steht, scheint folgender zu sein: *Das Unternehmen wird belagert durch die marodierenden Horden von Information und Transparenz, und jedes Unternehmen sollte sich mit einem Plan und einer geschlossenen Front von Experten dagegen wappnen, die bereit sind, in den Krieg zu ziehen, auf das große Schlachtfeld der öffentlichen Meinung, sowohl proaktiv, um die Marke auszubreiten, als auch reaktiv, in Zeiten von PR-Krisen. Wer die Kontrolle über die Botschaft hat, kann überleben.* Dieses Denken, das im Festungs-Kapitalismus verwurzelt ist, hat heute wenige Erfolgschancen. Um sich in der vom Internet angetriebenen Welt wirklich zu entfalten, müssen Unternehmen und die Menschen, die in solchen arbeiten, einen Weg finden, *innerhalb* der neuen Bedingungen von Transparenz und Vernetzung zu operieren, die das Spielfeld wirtschaftlichen Strebens bestimmen, um *dadurch* zu gedeihen, und nicht *trotz* dieser neuen Bedingungen. Sogar ein Unternehmen wie die Fastfood-Restaurantkette McDonald's, die noch in einer Welt vor der Transparenz entstand und zur eindrucksvollen und weltweit wiedererkannten Marke wurde, hat diese neue Beziehung zu seinen Interessensgruppen verinnerlicht. »Wir begrüßen Transparenz«, erzählte mir CEO Jim Skinner. »Transparenz bedeutet, dass die Menschen das Verhalten eines Unternehmens sehr genau beobachten. Die Menschen entscheiden nun selbst, ob ein Verhalten wertschöpfend ist oder nicht, oder ob es wichtig für den Erfolg der Firma ist, und ob ein Verhalten Teil der Integrität und herrschenden Kultur eines Unternehmens ist oder nicht. Das bedeutet nicht, dass es ohne Konflikte oder Auseinandersetzung abläuft, wie Sie sich als Organisation verhalten. Jemand könnte jetzt gerade beschließen, aus irgendeinem beliebigen Grund, dass er mit uns nichts mehr zu tun haben will oder mit unserer Marke. Doch ich will nicht, dass man denkt, was unseren Erfolg ausmacht, wurde auf eine Weise getan, die bei einer früheren Transparenz nicht durchgekommen wäre. Der Unterschied ist, dass wir heute Menschen aktiv einladen, dies zu sehen.«[11]

Gute Unternehmen und Führungskräfte wissen heute, dass ihr Kapital an gutem Ruf für ihren Erfolg genauso wertvoll ist wie ihr physisches Kapital. Eine neuere Studie von LRN über Kaufverhalten ergab, dass die Hälfte der Amerikaner, die Aktien unabhängig von betrieblicher Rentenabsicherung besitzen, sagen, sie hätten Aktien von bestimmten Unternehmen nicht gekauft, weil sie deren Ruf anzweifelten.[12] Ein guter Ruf bindet ein Unternehmen stärker an seine Interessensgruppen, seien es Kunden, Mitarbeiter oder, am wichtigsten, neu Eingestellte.

Joie Gregor ist Stellvertretende Vorsitzende einer der besten amerikanischen Vermittlungsfirmen für Führungskräfte, Heidrick & Struggles. Sie vermittelt Führungskräfte, CEOs, COOs und Vorstände für größere Unternehmen und viele betrachten sie als Expertin im Aufbau von globalen Führungsteams. Ich arbeitete bei der Besetzung von Führungspositionen für LRN eng mit Joie zusammen. Bevor sie einen Kunden annimmt, weiß sie, dass ihr Ruf ihm in den Markt der Talente vorauseilt. »Die guten Kandidaten oder Top-Talente suchen nach Unternehmen, indem sie fragen: ›ist das ein gutes Unternehmen?‹«, sagt sie. »Und es geht fast niemals dabei nur um die Zahlen. Es geht um die Kultur. Ich kann mich nicht erinnern, dass ich auch nur einmal eine gute Führungskraft erlebt habe, die zu einer Firma ging, die ihre Mitarbeiter nicht achtet und die immer am Rande der Legalität entlang schlittert. Sie stellen diese

Fragen. Sie überprüfen den Ruf. Und wenn sie sich nicht identifizieren können, steigen sie nicht ein.«[13]

In der heutigen Arbeitswelt sehen sich die meisten von uns als Freiberufler. Wir bleiben bei einer Arbeitsstelle oder einer Organisation so lange, wie deren Ziele – und die Vorteile, die uns auf dem Weg zu diesen Zielen entstehen – mit unseren eigenen Zielen weitestgehend übereinstimmen. Es ist schwieriger, die besten Leute nur durch Gehälter und Zusatzleistungen zu halten; oft gibt es gleich hinter der nächsten Ecke ein besseres Angebot. Auf diese Weise wird es sehr teuer, den »Köder« Vergütung aufrechtzuerhalten. Sie können jemandem 20 Dollar zahlen, um bei Ihrer Welle mitzumachen, doch er wird es nur so lange machen, wie es ihm das wert ist. Wie Gregor erklärte, die besten Leute wollen mehr, eine Beziehung, die auf stärkeren Werten aufgebaut ist als auf Geld und Erfolg.

»Der gute Ruf macht einen Menschen oder ein Unternehmen aus«, erzählte mir Jeff Kindler, CEO von Pfizer. »Er bedeutet Charakter, Name, Identität. Warum sollte jemand in einem Unternehmen arbeiten und nicht in einem anderen? Wirklich begabte Leute, die viele Möglichkeiten haben, lassen sich nach meiner Erfahrung nicht letztlich von einer mehr oder weniger großen Differenz auf ihrem Gehaltsscheck leiten. Ihnen kommt es auf ein paar einfache Dinge an: 1. Eine Arbeitsstelle zu haben, die ihnen breit gefächerte Möglichkeiten und Ressourcen bietet, mit denen sie als Person wachsen und sich entwickeln sowie mit ihrem Beitrag etwas bewirken können; 2. für und mit Menschen zu arbeiten, die ihre Überzeugungen teilen, ihre beruflichen Ziele und ihre Ziele hinsichtlich dessen, was das Unternehmen erreichen kann; und 3. in einem Unternehmen zu arbeiten, das die Welt auf irgendeine Weise besser macht, die ihnen wichtig ist. Das bringt sie dazu, die Extrameile zu laufen. Um einen solchen Ort zu schaffen, müssen Sie eine klare Kultur, einen klaren Charakter und klare Werte und Ziele haben, die dieses Motivationsspektrum ansprechen.«[14]

Paul Robert stieg im Laufe seiner Karriere zum Außerordentlichen Obersten Rechtsberater und Direktor für Verträge und Gesetzestreue bei der United Technologies Corporation (UTC) auf. In einer Zeit, in der qualifizierte Führungskräfte wie er hoch gefragt sind, hat Paul fast 20 Jahre bei UTC verbracht. Mit den Worten von Jeff Kindler im Ohr fragte ich Paul, was ihn dazu motiviert, jeden

Tag zur Arbeit zu gehen.»Jeden Morgen quäle ich mich wie jeder andere aus dem Bett und gehe zur Arbeit«, antwortete er.»Manchmal ist es kalt und manchmal dunkel. Was mich dazu antreibt, ist, dass ich für ein Unternehmen arbeite, das Wolkenkratzer möglich macht. Ich arbeite für ein Unternehmen, das noch immer 50 Prozent der Passagierflugzeuge der Welt ausrüstet, die Menschen an Thanksgiving zu Großmutter bringen, im Takt von einem Abflug und vier Landungen alle zwölf Sekunden. Ich arbeite für ein Unternehmen, das sich 1932 nach einer Richtlinie für Unternehmensethik ausrichtete, und wenn Sie heute diese Richtlinie betrachten, die von Willis Carrier verfasst wurde, dem damaligen Vorstandsvorsitzenden der Carrier Corporation, dann finden Sie darin nichts Neues. Sie enthält dieselben Werte, die wir auch heute noch vertreten.«[15]

Der gute Ruf des Unternehmens ist bei der Mitarbeiterakquisition auf dem Niveau der Berufsanfänger ebenso wichtig wie an der Spitze. David B. Montgomery von der Graduate School of Business in Stanford und Catherine A. Ramus von der University of California in Santa Barbara befragten über 800 junge Leute mit MBA-Abschluss von elf führenden nordamerikanischen und europäischen Hochschulen. Erstaunlicherweise sagten über 97 Prozent, sie wären bereit, auf finanzielle Vorteile zu verzichten, um für eine Organisation mit besserem Ruf für ihre Einstellungen und ihr Verhalten zu arbeiten. Auf wie viel würden sie verzichten? Im Durchschnitt auf 14 Prozent ihres erwarteten Einkommens. Der Ruf der Rechtschaffenheit und der Wertschätzung von Mitarbeitern stiegen in das erste Drittel der Liste von 14 Eigenschaften auf, die diese MBA-Abschlusskandidaten bei einem zukünftigen Arbeitgeber am meisten schätzten, mit einer Wichtigkeitsstufe von etwa 77 Prozent im Vergleich zum obersten Kriterium, intellektuelle Herausforderung, und nur knapp hinter der Vergütung.»Wir waren völlig überrascht durch diese Ergebnisse«, sagte Montgomery, der Professor für Marketing Strategie nach Sebastian S. Kresge, Emeritus und Dekan der School of Business an der Management University in Singapur.»Es gab keine vorherigen empirischen Studien, die darauf hinwiesen, wie wichtig diese zusätzlichen Faktoren bei der Auswahl einer Arbeitsstelle sein könnten.«[16]

Goran Lindahl, ehemaliger CEO des Schweizer Industrie-Giganten ABB, sagte es einfach:»Am Ende sind Führungskräfte nicht loyal gegenüber einem bestimmten Chef oder sogar einem Unternehmen, sondern gegenüber den Werten, von denen sie überzeugt sind, und die sie befriedigend finden.«[17] Diese Werte, die sich als Verhalten und Leistung in jeder Facette der Aktivitäten eines Unternehmens manifestieren, liefern die Bausteine und den Mörtel für den Ruf. Sie sind dieses unsichtbare *Etwas*, das hinzugefügt wird und die Menschen stärker zusammenschweißt als schneller Gewinn. Anstatt guten Ruf und Vertrauen nur als glänzende Oberfläche für die Mauern unserer Festung zu betrachten, müssen wir sie als Werte verstehen, die die Maschine unseres Erfolgs antreiben.

»Einen guten Ruf kann man nicht konstruieren. Es geht darum, das Wirkliche mit dem zusammenzufügen, was die Menschen über einen denken«, sagt Charles Fombrun vom Reputation Institute.[18] Wir wissen, dass das Gehirn außergewöhnlich gut darin ist, sich widersprechende Botschaften zu erkennen. Deshalb ist Integrität eine notwendige Komponente jeder Unternehmensdarstellung oder Darstellung einer Einzelperson. Wenn die Menschen, mit denen Sie kommunizieren, Dissonanz oder offene Widersprüchlichkeit zwischen Ihrer sorgfältig formulierten Botschaft und der Wirklichkeit Ihres Verhaltens feststellen, werden sie sich schnell abwenden. Wenn ich also an den guten Ruf denke, denke ich an etwas Ganzheitliches und Authentisches, etwas, das die zwischenmenschlichen Synapsen füllt, zwischen einer Person und einer anderen, zwischen einem Unternehmen und einem anderen und zwischen jeder Organisation und ihren verschiedenen Interessensgruppen. Er fängt beim Einzelnen an und erstreckt sich über die Organisation, der er oder sie angehört.

Werte. Kontinuität. Ruf. Um uns in der transparenten, vernetzten Welt zu entfalten, müssen wir unser Denken vom »*Reputation Management*« dahin bringen, uns einen guten Ruf zu *verdienen*. Einen guten Ruf kann man nicht spinnen und weben wie Spinnweb-Fäden im Altweibersommer, die Fliegen fangen sollen, sondern er muss aufgebaut werden, Stein für Stein – eine Kommunikation, eine Interaktion nach der anderen – und eine Struktur bilden, die in der Lage ist, die Ziele der Menschen zu beschützen, die darin leben möchten. Man kann zum guten Ruf nicht über Abkürzungen gelangen; für den guten Ruf muss man den ganzen Weg gehen, oder man erreicht ihn niemals.

Die zweite Chance

Während man heute vielleicht mit weniger Aufwand eine neue Karriere starten kann, ist es hingegen kaum möglich, seinen Ruf neu zu starten. Den Ruf baut man sich Tat um Tat auf, im Verlauf des Geschäftsalltags. Mit der Zeit ergibt er sich daraus. Der eigene Ruf ist nicht als Grabinschrift gedacht; er ist vielmehr wie die durchschnittliche Trefferquote eines Batters beim Baseball – es ist sehr schwer, diese gegen Ende der Saison um mehr als ein paar Punkte nach oben zu bringen. Es erfordert Übung über lange Zeit, um ein verlässlicher Schlagmann zu werden und die Fähigkeit zu verbessern, den Ball zu treffen, die eigene Trefferquote von Jahr zu Jahr im Verlauf einer Spielerkarriere in eine höhere Liga anzuheben. Der gute Ruf tritt heute auch viel früher ins Leben als in der Vergangenheit. Man hielt den guten Ruf immer für so etwas wie ein Vermächtnis, etwas, über das man in der zweiten Hälfte seiner Laufbahn nachdenken sollte. Wenn man erfolgreich geworden war, machte man sich Gedanken, wie der eigene Ruf von Anderen gesehen wurde. Heute überprüfen die Arbeitgeber die Seiten in MySpace bei Bewerbern, die gerade vom College kommen. Das ist, als ob die Trefferquote nun nicht mehr nur auf die Leistungen in der oberen Liga beschränkt ist, sondern auch berücksichtigt wird, wie man den Schläger in den unteren Klassen schwang. Die Dinge, die man als Kind getan hat, verfolgen einen die gesamte Laufbahn hindurch. Der Ruf baut sich mit einer Interaktion, einer Geste und einem Ereignis nach dem Anderen das gesamte Leben hindurch auf. Sogar ein Mann wie Steve Wynn, ein Mann, dessen Ruf auf großen Erfolgen aufgebaut ist, stimmt zu, dass es beim Aufbau des guten Rufs um die kleinen Dinge geht, die einfachen, authentischen Eindrücke, die man mit jeder Interaktion hinterlässt.»Es geht nicht um ganze Home Runs«, sagte er.»Es geht um kleine Treffer wie Singles oder Doubles, eine sinnvolle Erfahrung nach der anderen.« In einer Zeit, in der der gute Ruf auf dem authentischen Eindruck aufgebaut ist, herrscht ein Druck, von Anfang an authentisch zu handeln.

Als Drexel Burnham fiel und am Schwarzen Montag 1987 der hochfliegende Aktienmarkt der 1980er zusammenbrach, wurde Michael Milken das Gesicht für die skrupellose Habgier der Unternehmen der

1980er Jahre. Obwohl es wenige Hinweise dafür gab, dass dieses stille Finanzgenie ein beinahe machiavellischer Pläneschmied war, machten ihn die Presse, die Securities and Exchange Commission (SEC) und die Staatsanwälte dennoch dazu (der frühere New Yorker Bürgermeister Rudolph Giuliani, der damals klageführender Staatsanwalt bei dem Prozess war, hat seitdem seine volle Unterstützung für Milkens Begnadigung durch den Präsidenten zum Ausdruck gebracht)[19], und Milken zahlte den Preis. Jahre im Gefängnis, das höchste je erhobene Bußgeld in der Geschichte der US-Finanzgesetze zu dieser Zeit und ein lebenslanges Verbot von der Tätigkeit, die er am besten beherrschte, hinterließen Milken vor dem Scherbenhaufen eines gescheiterten Lebens und eines beschädigten Rufes.[20] Heute, Jahre danach, hilft ihm sein ehrenhaftes humanitäres Engagement für die Krebsforschung und die Öffentlichkeitsarbeit durch die Milken Family Foundation, den verlorenen Ruf wieder aufzubauen, indem er Anderen hilft.[21] Es scheint als habe sich Milken von einem Mann, der durch das Erzielen von Erfolg angetrieben ist, zu einem Mann entwickelt, der durch die Suche nach Sinn motiviert ist, und in dieser Verwandlung, dieser Wandlung vom Fokus auf sich selbst zum Fokus auf Andere, konnte er ein tragfähiges Maß der Wiedergutmachung finden.

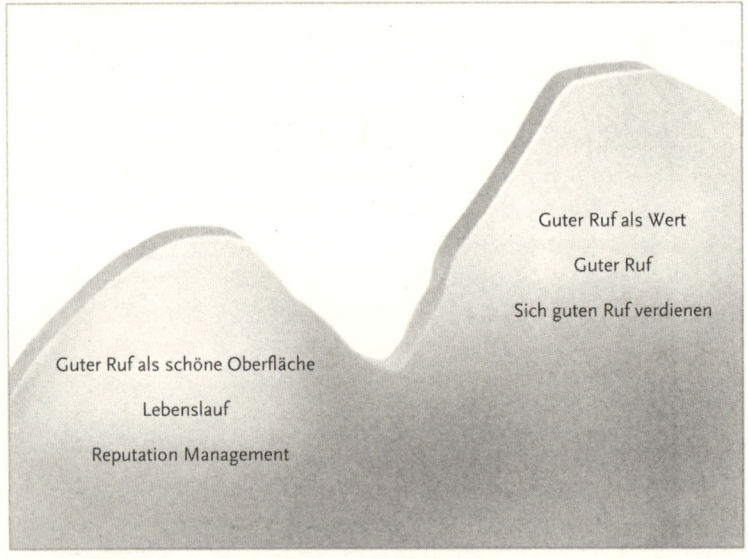

Guter Ruf als Wert

Guter Ruf

Sich guten Ruf verdienen

Guter Ruf als schöne Oberfläche

Lebenslauf

Reputation Management

Abbildung: Der gute Ruf

Zweite Chancen bieten sich selten in einer transparenten Welt. Es ist leichter für die Menschen, jemandem auf die Schliche zu kommen, und da die Zeiten unsicher sind, ist es schwerer für die Menschen, wieder Vertrauen zu schenken, nachdem es gebrochen wurde. Der Sturz von der Leiter des Vertrauens ist oft tief, und die Landung besonders hart. Ein guter Ruf ist das einzige bekannte Mittel dagegen. Er kann Sie bis zu einem gewissen Grad gegen das Unbehagen immun machen, das Andere fühlen, wenn sich Verdacht in eine Beziehung schleicht. Er erkauft Ihnen den Vorteil des Zweifels.

In einer Welt von Vernetzung und Transparenz bedeuten richtige innere Haltung und richtiges Verhalten die Wandlung vom Managen des guten Rufs dazu, sich den eigenen Ruf mit jeder einzelnen Handlung aufzubauen. Ein guter Ruf ist wie ein gutes Seil und ein Haken für einen Bergsteiger. Jeder gute Kletterer rutscht manchmal aus oder fällt sogar. Wenn das Klima rau wird, verhindert nur ein gutes Seil, gut gesichert, dass Sie den Abgrund hinunter geweht werden.

Der Marlboro Mann und ich

2001 wurde David Greenberg Senior Vice President und leitender Direktor für Gesetzestreue der Altria Group, der Muttergesellschaft von Kraft Foods, Philip Morris und anderen.[22] »Als ich meine heutige Aufgabe übernahm«, erzählte mir David kürzlich lachend, »hätte das, was ich über die Einhaltung von Gesetzen und Normen oder Unternehmensethik wusste, in einen Fingerhut gepasst. Das Konzept für das Gesetzestreue-Training bei Altria bestand darin, dass Anwälte sich vor die Leute hinstellten und ihnen einen Vortrag über Regelungen und Verfahren hielten.«[23] Da er den Auftrag hatte, ein effektives Gesetzestreue- und Ethikprogramm für ein wachsendes Unternehmen von über 190 000 Angestellten zu erstellen, wandte sich David den neu aufkommenden IT-unterstützten Lösungen in der Branche zu und hielt Ausschau nach einem geeigneten Partner.

David und ich haben uns kürzlich im LRN-Gebäude in New York zusammengesetzt, um uns an die Geschichte unserer Beziehungen zu erinnern, eine Reise, die sich für jeden von uns als tiefe und bedeutungsvolle Erfahrung herausgestellt hat.

Obwohl ich bis jetzt in diesem Buch noch nicht viele Geschichten direkt über LRN erzählt habe, und sicher keine so lange wie diese, möchte ich hier einen kurzen Exkurs machen und mit Davids Hilfe eine Geschichte erzählen, die wirklich viele von den Werten und Prinzipien, von denen ich zutiefst überzeugt bin, auf die Probe stellten, und die nach meiner Einschätzung auch viele von den Ideen, die wir bis hierher besprochen haben, veranschaulicht. Während seiner Suche nach Lösungen wandte sich David an LRN und wir begannen eine Reihe von informellen Gesprächen und tauschten Informationen aus. Altria ist ein Unternehmen, das sich Herausforderungen für seinen guten Ruf stellen muss, denn als Mutterfirma des Zigarettenherstellers Philip Morris hat es in den Augen vieler Menschen seine Kunden über seine Produkte in die Irre geführt und ihr Vertrauen missbraucht. Doch LRN hat seine Aufgabe nicht in dem Bereich, *was* Unternehmen tun. Unsere Aufgabe liegt darin, *wie* sie tun, was sie tun, und wenn sich Firmen an uns wenden, dann, weil sie beginnen wollen oder auf dem Weg sind, sich das richtige Verhalten und die richtige innere Haltung anzueignen. Als David mit uns Kontakt aufnahm, sah ich eine echte Gelegenheit für konstruktives Engagement bei einer Firma und seinen etwa 190 000 Mitarbeitern, darin, *wie* sie ihre Geschäfte betreiben und ihre Ziele verfolgen. Durch David als neue Führungskraft schien Altria sich zu bemühen, das Vertrauen in das Unternehmen wieder aufzubauen, indem man die richtige innere Haltung entwickeln und mehr richtiges Verhalten zeigen wollte.

Nach einer Zeit der allgemeinen Einschätzung der Situation begann David einen sehr formalen Prozess, indem er potenzielle Anbieter wie uns kontaktierte und aufforderte, in einer Präsentation die eigenen Fähigkeiten darzulegen. Zu diesem Zeitpunkt war LRN sieben Jahre alt, führend auf unserem Gebiet, aber noch im Wachstum begriffen. David war die Sorte Führungskraft, die äußerst streng, direkt vergleichend und gründlich vorgingen beim Entscheidungsprozess, was Altria einkaufen würde und mit wem das Unternehmen eine Partnerschaft eingehen würde. Er berief ein Auswahl-Komitee ein und erstellte einen Katalog formaler Anforderungen, den er an alle potenziellen Anbieter oder Partner sandte. Obwohl wir zu dieser Zeit bereits mit vielen großen Unternehmen zusammenarbeiteten, hatten wir viele dieser Partnerschaften nicht in formalen, wettbewerbsartigen Schönheitskonkurrenzen gewonnen; sie ergaben sich einfach irgendwie. Zu Beginn des neuen Jahrtausends veränderte sich jedoch vieles für uns sehr schnell, und während Märkte reifen, formalisieren sich die Vorgänge. Dennoch war Altria ein Goliath für uns, und hier eine Partnerschaft aufzubauen hätte für das Wachstum unserer Firma viel bedeutet.

Was wir zu dieser Zeit nicht wussten: sechs Monate zuvor hatte David eine kleine Beraterfirma hinzugezogen, um Altria im Allgemeinen auf dem Gebiet der Gesetzestreue zu beraten und im Besonderen, bei diesem Selektionsprozess zu beraten. Bald darauf machte mich ein Mitglied des LRN-Teams für Sales und Services darauf aufmerksam, dass die Vorstände dieser Beraterfirma größere Anteile einer der Anbieterfirmen besaßen, die gegen uns antraten, um das Online-Trainingsprogramm zu liefern. »Sie machten daraus kein Geheimnis«, erzählte mir David, »und ich glaube, das war für uns ebenso ein Vorteil wie ein Konflikt. Altria ist ein Hundert-Milliarden-Dollar-Unternehmen und tut immer, was ihm den meisten Vorteil bringt. Dieser Partner hatte viel Wissen über die Branche, das uns helfen konnte, schnell voranzukommen, und ich wusste, wie ich ihre Befangenheit berücksichtigen und nutzen konnte. Der Grad an Formalität und Struktur in unserem Auswahlverfahren gab mir noch mehr Sicherheit. Wir hatten ein Komitee, wir hatten einen sehr gut ausgearbeiteten Prozess, wir hatten Standards und Kriterien und wir hatten jede Menge Leute, die bei der Entscheidungsfindung beteiligt wären und die absolut keine Geschäftsverbindung mit oder Anteile an dieser Beraterfirma hatten.«

LRN hatte sehr viel Zeit und Ressourcen darauf verwendet, David und sein Team kennen zu lernen. Wir waren stolz auf unsere Lösung, wussten, dass wir ein guter Partner für Altria sein konnten und hatten beim Versuch, Partner von Altria zu werden, eine hohe Motivation dafür aufgebaut. Doch die Anwesenheit dieser Berater erschien uns als klarer Interessenkonflikt, und als wir dies herausfanden, wussten wir erst gar nicht, was wir tun sollten.

In einer Wettbewerbssituation will man natürlich nicht, dass die eigenen Geschäftsgeheimnisse entdeckt werden, und man will nicht, dass irgendetwas, das man als Firmeneigentum oder vertraulich betrachtet, in den Händen eines Wettbewerbers landet. Wenn dieser Wettbewerber Passwörter und Benutzernamen bekam und online unsere Kurse durchsehen konnte, würde er Einblicke in unser Material bekommen, in unsere Ansätze der Erwachsenenbildung und Lehrmethoden. Sie hätten Zugriff auf Dinge, die Unternehmen sonst mit hohem Aufwand schützen. Wir waren auch sehr ungehalten, dass Altria die Verbindungen der Beraterfirma nicht gleich zu Anfang der Ausschreibung bekannt gegeben hatte, dass wir dies allein herausfinden mussten.

Also nahm ich Kontakt mit David auf, für den ich einigen Respekt entwickelt hatte, und teilte ihm unsere Bedenken mit. Ich erklärte unseren Eindruck, dass dies nach einem klaren Interessenkonflikt aussah, und dass, auch wenn der Anschein eines Konflikts noch keinen Konflikt ergeben musste, wir uns doch dieser Situation schutzlos ausgeliefert sahen. Wir argumentierten hin und her. David sah es eher so, als wenn man eine national tätige Anwaltskanzlei damit beauftragte, bei der Auswahl eines regionalen Rechtsberaters zu helfen. Für mich sah es eher so aus, als wenn man einen Tabakfarmer anheuert, um sich von ihm beraten zu lassen, von wem man den Tabak kaufen soll, obwohl er selbst auch Tabak anbaut. Schließlich schlug David einen Kompromiss vor, indem er anbot, diese Berater auszuschließen, wenn wir über Preise sprachen und unsere Passwörter offen legten. Das war ein akzeptabler Vorschlag für beide Seiten, also nahm ich ihn an.

Kurze Zeit später erhielten wir jedoch eine E-Mail, in der man unsere Passwörter anforderte, und die Berater von Altria waren auf dem Verteiler. Die Dissonanz zwischen den Basisregeln, die David aufzustellen versuchte, und der Handlungsweise von Altria war ein Schlag für den Vorgang. Wir verloren das Vertrauen, dass unsere Geheimnisse geschützt würden, auch wenn es nur um verwaltungstechnische Angelegenheiten ging. »Ich dachte, dass die Information kontrollierbar sei, dass ich den Prozess im Griff hätte, doch dem war nicht so«, sagte David. »Wahrscheinlich klickte jemand auf ›allen antworten‹ bei irgendeiner E-Mail, was die Information zu Anderen durchsickern ließ, und vielleicht landete sie in den Händen von jemand, der unsere Abmachung nicht kannte und sie weiterleitete, ohne sich dabei etwas zu denken.« Noch wichtiger, wir machten uns ernste Gedanken über unseren Wettbewerber. Warum wollten diese Berater in einer solchen potenziellen Konfliktsituation sein? Sie sollten unsere Passwörter gar nicht sehen *wollen*. Diese belastenden Gedanken wuchsen an, beeinträchtigten unsere Fähigkeit, mit Leidenschaft voranzuschreiten und schufen bei uns echte Bestürzung über Altria selbst. Konnten wir diesen Leuten wirklich trauen?

Ich hatte darüber viele schlaflose Nächte. Auf der einen Seite ist es wirklich schwer, einem Unternehmen unter den Fortune 10 zu sagen, sie sollen sich vom Acker machen. Man will diesen Auftrag und man will sicher nicht, dass ein Wettbewerber ihn bekommt. Wir waren ein führendes Unternehmen, und ich wusste, dass wir die Lösungen hatten, die ein anderes führendes Unternehmen wie Atria brauchte. Ich wusste, wir konnten die Ausschreibung gewinnen. Konnte ich wirklich einen so großen Gewinn und alles, was er für unsere Firma bedeuten würde, auf dem Altar eines Prinzips opfern? Auf der anderen Seite nagte etwas tief im Inneren beständig an meinen Überzeugungen. Ob die Leute bei Altria das Ganze nun als Konflikt betrachteten oder nicht, David und sein Team schienen nicht in der Lage, zu respektieren, dass es das für uns war.

Endlich kam ich zu dem Schluss, dass das alles komplett falsch war und die Berater an dem Prozess nicht teilnehmen sollten. Es gab einen Konflikt, und wenn wir weitermachen sollten, mussten sie verschwinden. Also rief ich David an und erklärte ihm mein Anliegen. Ich sagte ihm, dass, obwohl Altria die Situation nicht als behindernden Konflikt sieht, man sich bei LRN sehr wohl dadurch behindert fühlte. Wir könnten so nicht zu einem Meeting kommen, aufrichtig und transparent sein, unsere Stärken, Schwächen und Zukunftspläne offen darlegen oder Altria alles sagen, was sie wissen mussten, um zu verstehen, wer wir waren.

David nahm mich ernst, doch er erzählte mir, dass er mit Anderen über die Angelegenheit gesprochen hatte, dass er und seine Gruppe ihre Vorgehensweise für angemessen hielten und dass alles so bleiben würde, wie es war. »Ich war nicht der einzige Entscheider, aber ich war der Vorsitzende des Teams«, sagte David. »Obwohl alles, was Dov sagte, theoretisch korrekt war, war ich so überzeugt, dass ich rein anhand der Leistungen entscheiden würde, dass ich das Team auf das Leistungsangebot der Wettbewerber ausrichtete, dass ich dachte: ob LRN die Besten waren oder X die Besten waren, es würde der Beste gewinnen. Ich glaube, eine Lektion hier ist, dass wir beide aus so unterschiedlichen Wirklichkeiten kamen. In meiner Wirklichkeit – vielleicht war das arrogant – glaubte ich nicht, dass jemand wegen so etwas einfach aus dem Wettbewerb um eine Geschäftsbeziehung mit uns aussteigen würde. Das Angebot war einfach zu attraktiv und unser Ruf von Qualität und Leistung würde der Welt solches Vertrauen einflößen, dass, egal wer wen kannte oder wer was besaß, wir das Beste für Altria herausholen würden.«

Ich beriet mich mit dem Team bei LRN. Es hing sehr viel davon ab, wie wir uns entscheiden würden, nicht nur für die Firma im Abstrakten, sondern für die konkrete Existenz einzelner Mitarbeiter. Ich entschied, dass wir David und Altria offiziell unseren Rückzug von der Ausschreibung bekannt gaben. Es war eine schmerzliche und schwierige Entscheidung. Ich schickte einen Brief an David. Ich versuchte, darin sehr vorsichtig vorzugehen, um seine Integrität nicht in Frage zu stellen und David, Altria oder dessen Führungsstil zu kritisieren. Ich schrieb nur, dass ich einen Konflikt wahrnahm, der uns behinderte, dass wir gründlich darüber nachgedacht hatten und dass wir aufgrund unserer Werte, Überzeugungen und unserer Firmengrundsätze einen Rückzug für das Richtige hielten.

»Damals war ich schockiert«, sagte David. »Ich verstand es nicht. Ich empfand mein eigenes Vorgehen sehr stark als fair und hielt mich für fähig, ein faires Auswahlverfahren durchzuführen und das Richtige für das Unternehmen zu tun. Ich konnte nicht glauben, dass diese Worte bedeuteten, was sie aussagten.

Es machte einen irrationalen Eindruck, denn LRN hatte nicht nur beste Chancen, sondern ich dachte sogar, sie könnten gewinnen. Ich wusste nicht, was wirklich dahinter steckte. Ich dachte nur, das sei eine Geschichte, hinter deren ganze Wahrheit ich wahrscheinlich niemals kommen würde. Dann fiel mir ein, dass es eine Taktik sein könnte, dass LRN vielleicht versuchte, die Kontrolle über das Verfahren zu bekommen, indem es uns auf diese Probleme aufmerksam machte, um uns ein wenig in die Defensive zu treiben und selbst in eine stärkere Position zu kommen. Vielleicht versuchte LRN, sich zu differenzieren, indem es sich den edlen Anschein gab. Mir kam aber niemals in den Sinn, dass dies einfach nur ein prinzipieller Standpunkt war.«

Als Reaktion auf den Brief meldete sich David bei mir.

»Ich hielt es für meine Pflicht gegenüber Altria, einen der hoch qualifizierten Anbieter nicht einfach aus dem Verfahren zu entlassen«, sagte David. Der Anruf beeindruckte mich; der Brief hatte das nicht verlangt und er hätte ihn nicht tätigen müssen. Ich sagte »wir ziehen unser Angebot zurück«, nicht »rufen Sie mich an, wenn Sie noch mal drüber reden wollen«. Während des Anrufs wurde David jedoch irgendwann wütend und fragte mich, ob ich seine Integrität in Frage stellen wollte. Vielleicht, weil er dachte, wir taktieren nur, fand er meine Haltung beleidigend. Es machte mir viel Mühe, darzulegen, dass ich die Situation nicht an einzelnen Personen festmachte, und dass es um die Überzeugungen bei LRN ging und nicht um seine Integrität. LRN sah sich einfach gezwungen, sich zurückzuziehen. »Es war schwer, das nicht persönlich zu nehmen«, sagte David. »Ich verstand langsam die Botschaft, dass man mir, dem leitenden Ethikbeauftragten, aufzeigte, dass zumindest in der Wahrnehmung einiger Leute etwas, das ich tat, den Anschein eines ernsten Interessenkonfliktes hatte. Das machte mich unsicher, defensiv, brachte mich in eine Position, mich vor mir selbst zu rechtfertigen und machte noch viel mehr mit mir.« Wir beendeten das Gespräch mit der Übereinkunft, dass wir nicht übereinkamen, und ließen es so stehen.

Im Rückblick glaube ich heute, wir haben es versäumt, uns als Menschen zu sehen. Das ist allzu häufig im Geschäftsleben. Man sieht einander nur in der jeweiligen Funktion, nicht als Mensch. Zu diesem Zeitpunkt sah ich David als Geschäftsmann von der Sorte, die, wenn sie den Hörer aufgelegt haben, zum nächsten Tagesordnungspunkt übergehen. Mir war nicht klar, dass er jemand war, den ich verletzen oder leicht beleidigen konnte. Entsprechend sah er mich wahrscheinlich nicht als den Typ Mensch, der sich wegen eines Prinzips Gedanken machte und deshalb schlaflose Nächte hatte. »Ich glaube, ich sah dich als Bilanzierung auf Beinen«, sagte David, »oder als Gewinn-und-Verlust-Rechnung. Es fiel mir schwer zu glauben oder zu akzeptieren, dass wir wirklich gegen irgendeinen Wert oder wichtigen Standard von LRN verstoßen hatten.«

Einige Jahre vergingen, Altria wählte einen anderen Anbieter aus. Es war ein großer Verlust für beide Seiten, Altria und LRN. Ich fand, auch sie sollten ihre Wahl zurücknehmen, und in meinen schwärzesten Momenten dachte ich, die beiden hätten einander vielleicht verdient. »Ich nahm den Standpunkt ein, dass das Leben weitergeht und man nach vorne sehen muss«, sagte David. »Keiner von uns hatte irgendwelche Grenzen überschritten oder etwas gesagt, das er bereuen würde, also nahmen wir eine professionelle Distanz ein.« Im Verlauf dieser Jahre wurde David ein Branchenführer und so etwas wie ein Guru auf seinem Gebiet. Er wurde oft als Redner engagiert um über seinen Fortschritt bei Altria zu sprechen (was natürlich meine Enttäuschung, dass ich den Auftrag nicht bekommen konnte, noch steigerte). Ich sah ihn, wie er bei Konferenzen und Meetings sprach. Es war befremdlich. Er sprach, ich sprach, doch wir sprachen nicht miteinander. Unser beider Ruf verbreitete sich, und jeder kannte den Ruf des anderen immer besser. Ich war beeindruckt von seiner Hingabe und Leidenschaft. Er schien ein guter Kerl zu sein.

Dann erhielt ich eines Tages eine Nachricht von David auf der Mailbox, in der er mir ein Treffen vorschlug. »Zu dem Zeitpunkt, als ich anrief«, erklärte David, »entwickelte LRN gerade etwas Neues, Weiterentwickeltes, anderes, was niemand sonst hatte.

Ich bin nicht dogmatisch mit meinen Ansichten und halte mich auch nicht für unfehlbar. Während ich in meine Aufgabe hineinwuchs und Teil der Gemeinschaft wurde, begann ich zu verstehen, was ich alles nicht wusste. Ich betrachtete es als meine Verantwortung, dafür zu sorgen, dass Altria das beste mögliche Programm bekommt, also nahm ich Kontakt auf, trotz unserer vergangenen Erfahrungen. Dies zu tun gebot mir mein Prinzip.«

Obwohl ich nach all den Jahren noch immer verletzt war, dachte ich »wir haben einander keinen Schaden zugefügt, also gibt es auch kein Problem«. Es war ein neues Kapitel. Also hielten wir eine starke Präsentation, die genau auf die Bedürfnisse von Altria zugeschnitten war, und begannen eine Reihe von Meetings zwischen unseren Teams. David war die treibende Kraft und drang immer tiefer vor in unseren Ansatz und unsere spezifische Lösung. Wir entwickelten eine Beziehung und David betraute mich mit der ehrenvollen Aufgabe, bei einer der globalen Führungskräfte-Konferenzen von Altria zu sprechen. »An diesem Punkt«, sagte David, »hatten wir die Vergangenheit hinter uns gelassen und gingen auf einer professionellen, auf den jeweiligen Leistungen beruhenden Basis vor. Für mein eigenes Team war es von großer Bedeutung, Dov als Redner für eine unserer Führungskräfte-Konferenzen einzuladen, und das war mir im doppelten Sinne bewusst. Erstens dachte ich, es wäre lehrreich, und das war die Hauptsache. Und zweitens fand ich es nützlich, den eigenen Leuten zu zeigen: ›Ich, David, bin fähig zu lernen, und wir sollten nicht auf unseren persönlichen Befindlichkeiten oder Ressentiments aus der Vergangenheit oder irgendetwas anderem bestehen, wenn es darum geht, das Richtige für das Unternehmen zu tun. Vielleicht hatten wir eine unglückliche Erfahrung mit LRN, die eine wie auch immer geartete Narbe hinterlässt. Aber das ist ein paar Jahre her und es geht immer noch darum, das Richtige und das Kluge zu tun.‹«

Nach der Konferenz gab es ein Abendessen für beide Teams, das bis spät in die Nacht dauerte. Dabei war David sehr offen mit seinen Gedanken über Führungsstil und wie es war, eine junge Führungskraft bei Altria zu sein, in anderen Kontinenten zu arbeiten und wieder zurückzukommen. Bei diesem Dinner wurden viele Standpunkte geteilt, über Perspektiven und Ansichten über den Big Business, große Unternehmen und Unternehmensführung. Wir lernten einander an diesem Abend allein durch den Austausch von Perspektiven ein Stück besser kennen. David zeigte sehr viel Stärke in seiner Fähigkeit, vor seinen Kollegen eigene Schwächen einzugestehen und über sich selbst zu reflektieren, und er zeigte große Bescheidenheit.

Einige Wochen später gingen wir erneut zum Essen, diesmal nur zu zweit, und während des Essens ließ ich meine Aktentasche offen (ich glaube, das war absichtlich). Irgendwann zog ich einen Ausdruck der Führungsrichtlinien von LRN hervor, die Verfassung, um die herum unser Unternehmen aufgebaut ist, und wurde sehr emotional. Ich teilte ihm unsere Ideen über das Führen aufgrund von Werten mit, unsere Treue zu unseren Überzeugungen, und wie die Richtlinien alles beherrschen, was wir tun. Es war ein großartiges Abendessen, bei dem wir beide miteinander wirklich offen waren. »Als wir das Restaurant verließen, erkannte ich plötzlich die Wahrheit«, sagte David. »Ich hielt Dov auf der Straße an und sagte ›weißt du, mir ist gerade klar geworden, dass du wirklich an das glaubst, was du sagst, und dass du damals wirklich aus Prinzip gehandelt hast, und das habe ich bis zu diesem Moment nicht geglaubt.‹« In genau diesem Moment fühlte ich, wie sich der Spalt zwischen uns schloss. David und ich sahen einander nicht mehr in unserer Funktion, sondern als Menschen. In diesem Moment hörten Altria und LRN auf, Unternehmen in Geschäftsbeziehung zu sein und bildeten eine Welle.

In den folgenden Monaten begannen David und ich eine umfassende Beziehung von Zusammenarbeit und Innovation. Während dieser Zeit lief der erste Vertrag mit dem anderen Anbieter aus und Altria startete ein neues formales Auswahlverfahren. »Mir wurde klar«, sagte David, »dass LRN wegen der Art, wie sie sich selbst sahen und ihr Unternehmen betrieben, wahrscheinlich mehr Einblicke in ein auf Werten basierendes Unternehmen hätten und darin, das Richtige zu tun.« Mir wurde klar, dass David und ich durch unseren Prozess von Wiederentdeckung und neuem Bündnis eine Atmosphäre schufen, wenn auch ohne es zu merken, die unseren gegenseitigen Teams ermöglichte, kraftvoll zu arbeiten – mit Vertrauen und Verständnis – und eine Partnerschaft zu schmieden, die Altria weltweit auf Werten basierende Lösungen brachte.

David und ich bauten unsere Beziehung mit der Zeit und mit jeder Interaktion auf, während wir beide immer mehr über den Anderen lernten und über die trennenden Geschäfte hinweg, die uns auseinander gebracht hatten, einen Weg fanden. Auf dem Weg dorthin hatten wir beide im Tal C zu kämpfen gehabt und die Dinge, die uns am wertvollsten waren – unsere Prinzipien, Integrität, Ruf, Aufrichtigkeit – waren einer ernsthaften Prüfung unterzogen worden. Doch trotz aller Herausforderungen auf der Reise kam keiner von uns davon ab, woran er am meisten glaubte. Wir hielten an unserer inneren Haltung und unserem Verhalten fest. Jahre später konnten wir wieder Kontakt aufnehmen, weil die Synapsen zwischen uns zwar belastet und gestört, aber nicht ganz zerstört waren. Jeder von uns spürte etwas Authentisches und Starkes im Anderen, und so, mit Pausen durch Zeit und Reflexion, war es uns möglich, diese Verbindungen wieder aufzubauen und sie stark und beständig zu machen. Obwohl die Welle, die wir beim dritten Inning versucht hatten, auslief, schwangen wir alle beim siebten unsere Arme nach oben und stimmten gemeinsam den Jubel an.

Teil IV
Führung mit der richtigen inneren Haltung

Einführung: Innovation des Weges, nicht des Ziels

Das Geschäftsleben ist, einfach gesagt, ein Kessel, der die Ergebnisse menschlichen Strebens enthält und wiedergibt. Darin schwimmt vieles, was wir anstreben: Bedeutung, Erfolg, Sinn, Exzellenz und Beitrag zur Verbesserung der Welt. Es tummeln sich dort aber auch Gier, Selbstsucht, Begehrlichkeit, Verbrauch von Ressourcen, Ausbeutung und eine ganze Ansammlung unserer weniger ansehnlichen Eigenschaften. Ein Unternehmen oder eine Organisation bildet sich, um ein Ziel zu erreichen, das für einen Einzelnen allein unerreichbar ist – eine umfangreichere Dienstleistung für Andere, ein größeres Produkt oder ein Fortschritt menschlichen Wissens. Ein Unternehmen muss, um seine beste Ausdrucksform zu finden und seine hochfliegenden Ziele zu erreichen, so organisiert und geführt sein, dass diese höheren Kräfte in denen freigesetzt werden, die daran beteiligt sind. Jede Gruppe steht vor der Herausforderung, wie dieses Ziel am besten zu erreichen ist, eine Prämisse in Unternehmen, die die Besten und Gescheitesten anzieht und sie dazu motiviert, Höchstleistungen zu bringen, und sie erbringt dafür ausreichenden Lohn – monetären wie nicht monetären –, der ihre Anstrengungen belohnt.

Im ersten Teil des Buches haben wir die vielen Kräfte und Faktoren betrachtet, die die Welt auf fundamentale Weise verändert haben, in der Unternehmen sich bewegen, indem ein neuer und intensiver Fokus darauf gelegt wurde, *wie* wir tun, was wir tun. In den Teilen II und III untersuchten wir detailliert diesen neuen Weg der inneren Haltung und des entsprechenden Verhaltens und erforschten Wege, wie wir als Einzelne oder Gruppen lernen können, unser Handeln und Denken über die Welt mit diesen neuen Realitäten in Einklang zu bringen. Zusammengefasst liefern diese drei Teile eine neue Sicht- und Reaktionsweise auf die sich uns täglich stellenden Herausforderungen. Daraus ergibt sich für uns eine grundsätzliche Frage: Wenn die richtige innere Haltung und das entsprechende Verhalten der neue Treibstoff sind für menschlichen Zusammenschluss und Leistung, können wir dann ein neues Organisationsprinzip entwerfen, eine neue Art, uns zusammenzuschließen, um Gruppen, Teams und Organisationen zu bilden, die bessere Fähigkeiten haben, Wellen zu schaffen? Mit anderen Worten, können wir diese Haltung und dieses Verhalten in jeden Teilbereich unserer Organisation horizontal einbinden und bewirken, dass sie alles prägen, was wir tun?

Um zu veranschaulichen, was ich damit meine, betrachten wir kurz ein Konzept, das einen ähnlichen Effekt der Transformation auf die Unternehmenswelt des 20. Jahrhunderts hatte: Qualitätsmanagement und Prozessmanagement. Ich betrachte sie als die Innovation des Weges zum Ziel. Etwa seit Mitte der 1980er Jahre verinnerlichte man in Unternehmen auf der ganzen Welt das Konzept von Qualität als Prozess und der Neugestaltung von Geschäftsprozessen. Der Anstoß für diesen Wandel war der Erfolg der japanischen Konstruktionstechnik. Vor dem Aufstieg Japans als Leistungsträger im Bereich Konstruktion steckte der Rest der Welt im Sumpf des Produktionsdreiecks fest (siehe Abbildung).

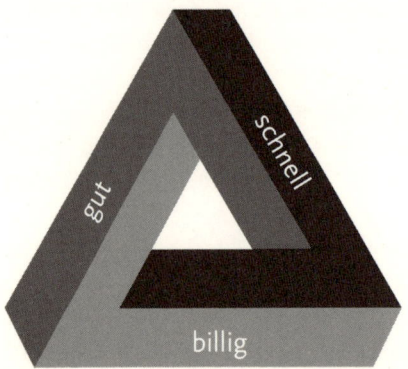

Abbildung: Das Produktionsdreieck

Jede Seite des Dreiecks stand entweder für gut, schnell oder billig. Der Grundgedanke war, dass man immer nur zwei davon auswählen konnte: Man konnte es gut und schnell haben, dafür aber nicht billig; gut und billig, dafür aber nicht schnell; oder schnell und billig, dafür aber nicht gut. Die Denkfalle lauerte in der Tatsache, dass Qualität allgemein als Inspektionsergebnis am Ende der Produktionslinie betrachtet wurde. Produkte kamen aus der Produktion angerollt und jemand stand am Ende, untersuchte sie auf Qualität und warf die schlechten weg. Wenn es 20 Schritte im Konstruktionsprozess gab, war Qualität Schritt 21. Die Schritte 1 bis 20 befassten sich nicht mit Qualität. Unternehmen konnten Produkte von höherer Qualität herstellen, doch das war kostspieliger, weil das bedeutete, dass man mehr Produkte am Ende der Produktionslinie aussortierte. Dahinter steht, dass die Unternehmen im Allgemeinen Qualität als ästhetische, weiche, formlose Eigenschaft betrachteten, die nicht einfach gemessen oder quantifiziert werden konnte. Man dachte »ich erkenne gute Qualität, wenn ich sie sehe. Aber das ist subjektiv.« Wir hatten keine gemeinsame Begrifflichkeit dafür; ob etwas *gut* war, lag an der Sichtweise des Betrachters.

Die Japaner stellten diese Konzepte schließlich auf den Kopf: Sie begriffen, dass Qualitätsdefizite eigentlich aus Ineffizienzen entstanden, und indem sie das Konzept der Qualität vom Ende an den Anfang der Produktionslinie brachten, gelang es ihnen, einen Prozess zu schaffen, der Produkte von hoher Qualität viel effizienter und wirtschaftlicher lieferte. Sie fingen damit an, die Verantwortung für Qualität von der Spitze der Produktionspyramide, wie die Automobilhersteller Toyota und Mitsubishi, auf ihre Zulieferer zu verlagern und investierten das eingesparte Kapital in enge Zusammenarbeit mit diesen Zulieferern, um die Qualität in den Produktionslinien zu verbessern. Plötzlich konnten sie ein Produkt von hoher Qualität schnell und zu weit geringeren Kosten liefern und rüttelten damit den Rest der Welt auf ziemlich unsanfte Weise aus dem Schlaf. Sie gewannen langsam die Oberhand, und Qualität war ihr Schlüssel zur Differenzierung.[1]

Die Unternehmenswelt sprintete los, um aufzuholen. Die Ford Motor Company erklärte beispielsweise Qualität zum »Job Nr. 1«.[2] Titanen wie General Electric übernahmen die Prozess-Reengineering-Konzepte des Total Quality Management (TQM) und des Six Sigma, um den Schwerpunkt ihrer Unternehmenskultur drastisch umzuformen.[3] Qualität war nicht mehr ein vertikaler isolierter Wert, die Verantwortung irgendeines dafür abgestellten Mitarbeiters für

Qualitätssicherung bzw. Qualitätskontrolle am Ende der Produktionslinie, sondern sie wurde zur Angelegenheit jedes einzelnen Mitarbeiters auf jeder Ebene und bei jeder Aufgabe. Die Macht verlagerte sich von der Spitze der Hierarchie auf ihre Basis; jeder, auf jeder Stufe des Prozesses, konnte die Linie stoppen, wenn er die Qualität suboptimal fand. Indem sie Qualität auf jeder Stufe im Unternehmensprozess *einbauten*, waren Unternehmen jeder Art nun in der Lage, Ineffizienz aus ihrem System auszusondern und die Produktivität deutlich zu verbessern.

Die Entwicklung der Qualität befreite die westlichen Unternehmen aus der Tyrannei des Produktionsdreiecks und überwand die umgekehrte Abhängigkeit von Kosten, Qualität und Zeit. Plötzlich konnte ein Unternehmen alles auf einmal liefern: schnell, billig *und* gut. Genau dies setzen die besten Unternehmen heute jeden Tag um, denn eben das ist heute gefordert, damit man im Wettbewerb bestehen und an die Spitze gelangen kann. Ein Computer von Dell ist nicht nur billiger, sondern er ist auch genauso gut wie die teuren, die IBM gewöhnlich baute. Southwest Airlines fliegt dieselben Routen, unter denselben Regelzwängen und demselben Kostendruck wie die großen Airlines, fand jedoch einen besseren Weg, durch einen schwierigen Markt zu navigieren, indem Southwest Flugzeuge schneller startklar macht, sie verlässlicher funktionieren lässt und einen Service von hoher Qualität zu niedrigen Preisen liefert.

Wie haben die Unternehmen das geschafft? Wie haben sie diese schwammige Größe »Qualität« in einen messbaren Prozess verwandelt? Zunächst lehnte man sich zurück und versuchte, das Ganze systematisch zu verstehen. Welche Faktoren beeinflussen die Qualität? Man entwickelte vertiefte Kenntnisse über die Kräfte und Dynamiken, die mit Qualität zusammenhängen und Qualität erzeugen beziehungsweise nicht erzeugen, und man entwickelte eine Sprache, mit der man diese Gedanken in eine Form bringen konnte. Ausgestattet mit diesem Verständnis begann man, Qualität als Unternehmensprozess zu entwerfen, zu messen und zu organisieren. Man riss die Mauern um die Qualitätssicherungs- und -kontrollabteilungen am Ende der Produktionslinien ein und pumpte den Strom der Qualität durch das gesamte System. Dadurch brachten die Unternehmen die Qualität, dieses nicht messbare, amorphe Ding, dazu, dass es quantifizierbar wurde bis auf infinitesimales Six-Sigma-

Niveau. Man schrieb Qualitäts-Awards aus, baute das internationale Bewusstsein für Qualitätsleistung auf und machte Qualität zu Geld. Die Verbraucher richteten mehr Aufmerksamkeit auf Qualitäts-Statistiken und den Ruf eines Unternehmens für seine Qualität. Mehr Information über die Langzeit-Leistung von Produkten wurde leichter zugänglich am Markt, und der Markt reagierte entsprechend. Aufgrund von Qualität begannen Unternehmen Verluste oder Gewinne einzufahren. Das erstaunliche wirtschaftliche Wachstum seit dieser Zeit kann weitgehend auf diese Revolution zurückgeführt werden, die Innovation des Weges zum Ziel in der Industrie.

Die Herangehensweise der Geschäftswelt an die Qualität durch geschlossene Regelkreise – basierend auf einem quantifizierbaren Messsystem, Echtzeit-Information und kontinuierlicher Überwachung, die Organisationen einen vollständigen Zugriff auf Menschen, Prozesse und Informationen bietet, die Konstruktion, Vertrieb und andere Elemente ihres Unternehmens betreffen – kann genauso systematisch auf die innere Haltung und das Verhalten von Menschen angewandt werden. Um uns in der kommenden Welt zu entfalten, müssen wir an die Art, wie zwischenmenschliches Verhalten in unseren Organisationen funktioniert, ebenso herangehen wie an die Qualität. Wir müssen mehr Wege finden, starke Synapsen zwischen den Menschen aufzubauen, jeden Einzelnen auf unseren gemeinsamen TRIP zu führen, Umfelder zu schaffen, in denen mehr Wellen beginnen können und Herangehensweisen entwickeln, die diese Werte überall in die Anstrengungen unserer Gruppe hinein weiterleiten. Um dies zu tun, müssen wir systematisch verstehen, wie Gruppen funktionieren. Wir müssen die *Kultur* verstehen.

Es gibt fast ebenso viele verschiedene Arten von Unternehmenskulturen wie Gruppen von Menschen, die zusammenarbeiten. Obwohl viele ähnlich erscheinen, hat doch jede davon ihren eigenen Charakter. Jedes Mal, wenn Menschen sich zusammenschließen, um etwas zu vollbringen, das größer ist als sie selbst, wächst eine Kultur. Ein Vorstandsgremium hat eine Kultur; eine Unternehmenseinheit hat eine Kultur; und jedes Team hat seine Kultur. Das Diskutieren von Kultur – woraus sie besteht, wie sie sich bildet, wie sie die Gruppenleistung beeinflusst und wie sie verändert werden kann – ist jedoch von je her wieder so ein amorphes Ding, und gehört zum

Herrschaftsbereich der wenigen, die an der Spitze der Unternehmenspyramide sitzen und sich über diese Dinge Gedanken machen.

In einer Welt der richtigen inneren Haltung bleiben diese Themen jedoch nicht mehr verdeckt und nicht mehr Herrschaftsbereich einer kleinen Elite. Jeder muss lernen, eine neue innere Haltung und ein neues Verhalten zu entwickeln. Es geht nicht darum, was er tut, sondern darum, *wie* er tut, was er tut. Immer mehr Menschen arbeiten in Teams zusammen, immer mehr bekommen Gelegenheiten zu führen und Wellen zu beginnen, und immer mehr können die Kultur der Gruppe jeden Tag beeinflussen. Die mächtigen Kräfte, die in der vernetzten Welt freigesetzt wurden, schufen ein Verständnis für diese Themen, die so wesentlich sind für jeden, der sich heutzutage verwirklichen will. In dem folgenden Teil des Buches werden wir deshalb versuchen, zu beleuchten, was Gruppen zum Laufen bringt. Um wirklich erfolgreich zu sein, muss nämlich jeder offen legen, wie er über die Menschen denkt, mit denen er arbeitet, um die Fragen von Führung und Kultur anzugehen.

Kapitel 10
Kultur

In meiner Zeit bei IBM erkannte ich,
dass Kultur nicht nur ein Aspekt
im Spiel ist; sie ist das Spiel.

*Lou Gerstner, ehemaliger
Vorsitzender des Board
of Directors und CEO bei IBM*

Das Werk für Flugzeugtriebwerk-Montage von General Electric in Durham, North Carolina, produziert einige der stärksten und technisch komplexesten Flugzeugtriebwerke der Welt. Von außen betrachtet gibt es wenig Bemerkenswertes über diese Anlage. Zwei Gebäude in der Größe von Hangars dominieren etwa 170 Hektar unbearbeitetes Land, wie es in North Carolina typisch ist, jedes davon mit über einem Hektar Fläche und mehreren Dachgeschossen. Bevor GE hierher kam, war es eine Anlage für Dampferzeuger, und die korrodierten Metallwände und Betonböden verraten wenig über dieses Unternehmen des 21. Jahrhunderts. Es gibt keine Büros, keine Erholungszonen und keine schönen Speisesäle. Jedes Jahr verlassen über 400 der größten Triebwerke der Welt diese Hallen. Diese Triebwerke treiben große Transportflugzeuge an, wie die Boeing 777 und den Airbus A320, ganz zu schweigen von den Triebwerken, die die US Air Force in der Luft halten. Jedes Triebwerk, das GE baut, wiegt mindestens 8,5 Tonnen und besteht aus mehr als 10 000 Teilen.[1] Jedes Teil muss mit höchster Präzision eingebaut werden. Muttern von ein paar Gramm Gewicht müssen mit Schraubenschlüsseln auf eine spezifische Festigkeit angezogen werden. Dichtungsringe von drei Fuß Durchmesser dürfen nicht um mehr als die halbe Breite eines menschlichen Haares aus der Position geraten, sonst funktionieren sie nicht richtig und verursachen unter Umständen eine Katastrophe. Jedes Mal, wenn ein solches Triebwerk im Einsatz ist, verlassen sich hunderte von Menschen auf seine perfekte Bauweise, um sicher an ihr Ziel zu gelangen.

Die spezielle Eigenart von GE Durham zeigt sich nicht in dem, was sie tun, sondern darin, *wie* sie tun, was sie tun, wie ein bemerkenswerter

Artikel im Magazin *Fast Company* berichtete.[2] Über 200 Menschen arbeiten bei GE Durham, ein winziger Teil eines gewaltigen Konglomerats, und fast jeder davon, ausgenommen das Dutzend Hilfspersonal, ist geprüfter Techniker von der Federal Aviation Administration (FAA). Alle arbeiten in Teams aus weniger als 20 Technikern, deren einzige Vorgabe von der Unternehmensführung das Datum der Auslieferung ihres Triebwerks ist. Das Team entscheidet alles Übrige selbst: vom Auspacken des ersten Teils bis zu dem Zeitpunkt, an dem ein Teammitglied sich auf den Gabelstapler schwingt, um das fertige Triebwerk zur Auslieferung zu bringen. Jedes Team wählt je ein Mitglied in jeden der neun Ausschüsse, die sich um Themen wie Personal, Material und Ausbildung kümmern. Die Mitgliedschaft rotiert regelmäßig, und jeder Ausschuss kümmert sich um eine wesentliche Komponente der Prinzipien, die für Sicherheit, Qualität, Mitarbeiter und Prozesse in der Niederlassung bestehen.

Es gibt einige Dinge, die in der Niederlassung von Durham auffallend fehlen. Eine Stechuhr, zum Beispiel. Mit Ausnahme eines täglichen Team-Meetings für die Synchronisation der Aktivitäten beider Schichten kommen die Mitarbeiter, wann sie wollen. Es gibt keine Putzkolonne. Jeder hält seinen Platz sauber, und es ist dort picco bello. Es gibt keinen absperrbaren Werkzeugschrank. Wenn man Menschen so weit vertrauen kann, dass sie ein Flugzeugtriebwerk bauen, kann man ihnen auch vertrauen, dass sie keinen Schraubenschlüssel mitgehen lassen. Es gibt nur einen Chef bei GE Durham, den Niederlassungs-Manager, und jeder berichtet an ihn. Oder vielmehr, berichtet *nicht*.

GE Durham baut einige der raffiniertesten Maschinen der Welt in einem Umfeld von hohem Vertrauen und hoher Kommunikationsdichte, mit nur einem einzigen Vorgesetzten. Was tut er oder sie? Paula Sims, die die Niederlassung von den sechs ersten Jahren ihres Einsatzes vier Jahre lang leitete, sagt, sie konzentrierte sich auf die großen Ziele, Wachstum und Verbesserung. Sie konzentrierte sich auch auf etwas, das es bei GE im Überfluss gibt: Vertrauen. Sie lernte diese Lektion auf die harte Art. »Nicht lange, nachdem ich hier angefangen hatte«, berichtete sie, »kam ein Mitarbeiter zu mir und sagte, ›Paula, Sie müssen nicht immer nachhaken, um sicher zu gehen, dass wir das machen, was wir vereinbart haben. Wenn wir sagen, wir machen etwas, dann machen wir das.‹ Ich stutzte und dachte: ›Wow, so einfach ist das. Ich sende die Botschaft aus, dass ich den Leuten nicht vertraue, weil ich immer nachhake.‹«

Diese scheinbar führungslose Kultur hat in ihrem relativ kurzen Leben einige bemerkenswerte Dinge erreicht. Im Verlauf von fünf Jahren Ende der 1990er reduzierte GE Durham die Kosten für den Flugzeugtriebwerkbau um über 50 Prozent. Die Niederlassung reduzierte Qualitätsdefizite um über 75 Prozent. Eines von vier Triebwerken wird mit einem einzigen Makel geliefert – normalerweise kosmetischer Art – wie einem Kratzer oder einem herausstehenden Draht. Die anderen sind *perfekt*. 1999 nahmen sie ein neues Triebwerk in ihre Produktionslinie auf, das CFM56, ein Arbeitspferd zu dieser Zeit, das in 40 Prozent der Jets mit über 100 Passagieren eingesetzt wurde und bereits seit Jahren in anderen Montageanlagen von GE zusammengebaut worden war. Innerhalb von neun Wochen lieferten sie ihr erstes Triebwerk aus, 12 bis 13 Prozent billiger als bei Anlagen, wo es seit Jahren gebaut worden war. Dies erstaunte Bob McEwan, damals Leiter der GE-Montageanlage Evendale, wo dieselben Triebwerke gebaut wurden. »Da unten in Durham hört man nichts von Prozessoptimierung«, erzählte er *Fast Company* in dem Bericht von 1999. »Das ist bei denen einfach der Normalzustand. (...) Die haben ihre Dichtungsringe alle in Haltern sortiert, wie Poker Chips. Man kann ganz leicht die Dichtung herausnehmen, die man braucht. Es sind genau solche Dinge. Sie fragen niemanden – sie gehen einfach hin und tun es. Bei denen kann man in einer Woche mehr bewegen als hier in einem Jahr.« Und sie sind ihren Kameraden noch um eine weitere Länge voraus. 2002 blies Evendale über 1000 Kilogramm toxischer Chemikalien in die Luft.[3] In Durham waren es fünf Kilo. Im Oktober 2005 hatten sie acht Jahre ohne Schmerzensgeldforderung eines Mitarbeiters hinter sich. Sie arbeiten gut, sie arbeiten sauber und sie arbeiten sicher.

Bei diesen unglaublichen Leistungen könnte man leicht meinen, dass es bei GE Durham eine hoch motivierende Struktur von Mitarbeiterbeteiligung gebe, oder zumindest eine Regelung zum Anteil am Gewinn, der sie dazu motiviert, Kosten zu reduzieren und die Qualität zu verbessern, doch auch das ist nicht der Fall. Es gibt nur drei Gehaltsklassen bei GE Durham, Techniker 1, Techniker 2 und Techniker 3, und sie sind abhängig vom Niveau der Fähigkeiten und der Ausbildung. Der einzige finanzielle Anreiz besteht darin, besser ausgebildet zu werden, was dort »multiskilling« heißt. Multiskilling ermöglicht Teams technische Kontinuität, sodass, wenn ein Techniker 3 in Urlaub ist, ein anderer trotzdem noch eine Turbine ohne ihn bauen kann. Außerdem versucht niemand, ins mittlere Management vorzudringen, weil es kein mittleres Management gibt. Die Techniker sind selbst verantwortlich für jegliche Terminplanung, Bestellung, Prozessmanagement und Lieferung. Und sie sind motiviert. »Was wir tun, ist wichtig«, sagte Techniker Bill Lane. »Ich habe eine dreijährige Tochter, und ich kann mir vorstellen, dass in jedem Flugzeug, für das wir Triebwerke bauen, jemand mit einer dreijährigen Tochter mitfliegt.«

Innerhalb des gewaltigen Bürokratieapparates, den GE darstellt, steht GE Durham als Außenposten von teamorientierter, auf Konsens basierender Selbststeuerung, eine Kultur in sich, die von gemeinsamen Werten und gemeinsamen Zielen getragen wird. »Hier im oberen Stockwerk, das sind die Mutterndreher«, sagte Bob McEwan über seine Anlage in Evendale. »Aber in Durham, da sind Leute, die mitdenken. Ich glaube, was sie in Durham entdeckt haben, ist der Wert des Menschen.«

Die Summe aller Einzelteile

Der Erfolg von GE Durham liegt in der einmaligen Art der Menschen dort, miteinander umzugehen, ihre Anstrengungen und sich selbst zu organisieren – kurz, ihrer Kultur. Die Kultur eines Unternehmens ist seine DNA, die Gesamtsumme seiner Geschichte, Werte, Bestrebungen, Überzeugungen und Anstrengungen, das Betriebssystem, wenn man so will, das die Vorgänge in den Synapsen zwischen allen Mitarbeitern in einer Gruppe definiert und beeinflusst, ob die Gruppe nun groß ist oder klein. Anders als bei einem Betriebssystem jedoch, kann allein das Eingeben eines Codes – etwa eines Programms zur Gesetzestreue oder ein Team zur Innovation – eine Kultur nicht verändern; Kulturen sind lebendig; sie entwickeln und verändern sich mit der Zeit. Unternehmenskultur ist also eigentlich eher wie ein Ökosystem, ein hoch raffinierter, interdependenter Kosmos sich entwickelnder Organismen mit zahllosen Beziehungen untereinander. Einfacher gesagt, die Kultur ist die Art, wie die Dinge *wirklich* laufen, wie Entscheidungen *wirklich* getroffen werden, E-Mails *wirklich* geschrieben werden, Beförderungen *wirklich* verdient und zugeteilt werden, und wie die Menschen *wirklich* jeden Tag behandelt werden. Und sie ist wichtig. Die Kultur ist der einzigartige Charakter eines Unternehmens, ihr Pulsschlag. Sie lebt in den Leistungen jedes Unternehmens, darin, wie seine Mitarbeiter mit Widerständen umgegangen sind, Wachstum und Rückgang, wie sie schwere Entscheidungen getroffen haben und ihre größten Siege gefeiert haben. Genauso wie manche Leute sagen, der Charakter eines Menschen ist sein Schicksal, kann die Kultur als Schicksal einer Organisation gesehen werden. Die Kultur, die in jeder beliebigen Gruppe wächst, ist einzigartig und kann nicht kopiert werden. Andere können vielleicht ihre Art im Allgemeinen kopieren, doch die spezifische Struktur und Qualität, die sie ausmachen, lebt einzig in den Menschen, die davon leben.

Obwohl Kulturen großer Organisationen sich oft in vielen Zügen ähneln, ist die Kultur einer Gruppe im Allgemeinen einmalig; sie unterscheidet sich von Organisation zu Organisation, von Team zu Team und von Einheit zu Einheit. Ein großes, multinationales Unternehmen, das durch Akquisitionen gewachsen ist, in hoch regulierten Märkten operiert und nationalen wie internationalen Risiken, Gesetzen und Standards begegnet, zeigt eine andere Art von Kultur als eine Baufirma im Familienbesitz, die organisch gewachsen ist. Ein Familienunternehmen ist von seinem Wesen her transparent. Eine kleine Gruppe von Menschen setzt sich jeden Abend gemeinsam zu Tisch und isst zusammen, während sie das Leben im Unternehmen und seine Kultur über Huhn mit Reis entwickelt. Für eine größere Organisation ist das Beeinflussen der Kultur eine komplexere Herausforderung.

Wenn die beste Antwort des Einzelnen auf die neuen globalen Bedingungen von Hypertransparenz und Hypervernetzung darin liegt, seine persönliche innere Haltung und sein Verhalten in die richtige Richtung zu lenken, so liegt die beste Möglichkeit einer Organisation, zu wachsen und zu gedeihen, in der richtigen Ausrichtung seiner Kultur. »Führungskräfte in Unternehmen und deren Finanz- und Branchenanalysten haben inzwischen auch erkannt, dass der Aufbau und die Pflege der richtigen Unternehmenskultur nicht nur einfach ein Weg ist, sich Ärger vom Hals zu halten«, sagte

Lou Gerstner von IBM bei anderer Gelegenheit, »sondern einen fundamentalen Antrieb für nachhaltige Differenzierung und Überlegenheit am Markt darstellt.«

Die Kultur zu beherrschen ist nicht mehr die Aufgabe nur derer an der Spitze der Organisationen. Die Kultur einer Organisation umfasst die kollektive Handlungsweise aller Individuen, die sie bilden. Auf der Reise zum Besten, was man aus den neuen heutigen Bedingungen machen kann, muss jeder, der es gut machen will, die komplizierte Funktionsweise von Kultur gut verstehen. Wenn Sie die richtige innere Haltung jeden Tag für sich arbeiten lassen wollen, müssen Sie die Fähigkeit haben, nicht nur die zwischenmenschlichen Synapsen zwischen Ihnen und Ihren direkten Kollegen zu verändern, sondern auch die Synapsen zwischen allen Mitarbeitern in Ihrem Team beeinflussen. Wenn der Druck kommt, die Zahlen des Quartals zu erreichen, einen großartigen Produktlaunch durchzuführen oder diese mitreißende Verkaufspräsentation zu erstellen, dann wollen Sie in einem Stadion arbeiten – ob mit einem halben Dutzend Leuten oder tausend –, das leicht eine Welle produzieren kann. Darüber hinaus legen die neuen Bedingungen in der hypervernetzten Welt diese Fähigkeit in fast jeden Mitarbeiter, nicht nur die Führungsriege. Sie können an die Unternehmenskultur auf ganz bewusste Weise herangehen und lernen, sie als System aus innerer Haltung und Verhalten zu begreifen, das Sie formen und beeinflussen können, indem ein Element die anderen verstärkt, wie in einer starken Welle des Erfolgs. Auch Sie können Kultur schaffen.

Wie? Kultur schaffen? Ist es nicht vielmehr so, dass Kultur einfach *entsteht*?

Nun ja, Kultur ist etwas Organisches, doch sie wächst nicht einfach irgendwie. Um zu verstehen, wie alle ihre Teile in sich gegenseitig verstärkender Weise zusammenwirken, betrachten wir zunächst ihre Komponenten – die beweglichen Teile, wenn Sie so wollen, die das Ganze zum Laufen bringen. Beginnen wir einmal mit den Kulturarten, die in der heutigen Unternehmenswelt am häufigsten sind. Diese Betrachtungen kommen Ihnen vielleicht ein wenig wie eine Hausaufgabe vor, doch wenn Sie das Muster erkennen, das hier beschrieben wird, werden Ihnen die folgenden Kapitel ein tiefes Verständnis dafür geben, wie dieses Muster zu Ihrer Entfaltung auf der bevorstehenden Reise beiträgt.

Das Spektrum der Kulturen

Myriaden von Details formen, beeinflussen und steuern die Bildung einer Gruppenkultur. Manche sind Teil des Wesens eines Unternehmens und können nicht verändert werden. Die Arbeit in einem Lager, wo jeder direkt persönlich, über Walkie-Talkie oder Zuruf kommuniziert, wird eine andere Kultur hervorbringen als in einem Großraumbüro mit vielen würfelförmigen Arbeitsplätzen, wo die meisten Menschen in Meetings oder über E-Mail kommunizieren. Und beide Modelle wiederum unterscheiden sich von einer Kultur, die aus der Interaktion räumlich voneinander entfernter Arbeitskräfte oder Teams wächst, die entweder von zu Hause aus oder in kleinen ausgelagerten Büros arbeiten. Der Gegenstand des Unternehmens – was es produziert, verkauft oder als Dienstleistung anbietet – birgt ebenfalls eine direkte Beziehung zur Kultur in sich. Eine Firma, die Getriebe herstellt, wird eine andere Kultur entwickeln als eine Gruppe für Unternehmensstatistik und -forschung. Ein junges, aufstrebendes Unternehmen in einer neuen Branche wird sich unterschiedlich zu einem seit langem etablierten Marktführer entwickeln. Faktoren wie das Alter der Mitarbeiter, ihre Kleidung, ihre Haltung gegenüber Vetternwirtschaft, das Miteinbeziehen oder Ausschließen von Familienmitgliedern in Firmenpositionen, all dies übt einen starken Einfluss auf das Wesen der Kultur aus, die hier wächst. Dies alles sind *Anzeichen* einer Kultur, und alle beeinflussen die Grundfragen, die Kultur beantworten will: Wie werden Entscheidungen getroffen? Wie wird mit Macht umgegangen? Wie fließt die Information? Wie entstehen Wellen?

Es gibt im Allgemeinen vier *Grundtypen* von Unternehmenskulturen. Diese Typen liegen in einem Spektrum, das nicht zufällig auch die historische Entwicklung der Komplexität und sozialen Reife eines Unternehmens widerspiegelt, vom einfachsten und direktesten zum komplexesten und rationalsten. Ich sprach über dieses Spektrum der Kulturen zum ersten Mal in meinem Gutachten vor der US Federal Sentencing Commission 2004.[4] Die Ausführungen sind zwar abstrakt, aber während wir sie besprechen, werden Sie allmählich Anteile davon in fast jeder Gruppenkultur wiedererkennen, der Sie angehören.

Um ein Verständnis für die groben Züge der Kulturen zu bekommen, tun wir für einen Moment so, als begäben wir uns auf eine

Forschungsreise zu einer Reihe von Fabriken, wo schwere und potenziell gefährliche Maschinenanlagen geschäftig lärmen, um der Menschheit eine bessere Zukunft zu verschaffen (oder auch nur einen Haufen gut gemachten Krimskrams, mit dessen Verkauf man hohe Gewinne erzielt). Wir wollen eine Tour durch diese Fabriken machen, um ein Gefühl dafür zu bekommen, wie sie arbeiten, also machen wir uns eines Tages auf und besuchen vier davon.

In der ersten Produktionshalle treffen wir auf den Hallenaufseher, der sich einverstanden erklärt, uns in der Fabrik herumzuführen. Knirschende Zahnräder und große, schwingende Arme wirbeln um uns herum, und als wir uns umsehen, ist das Erste, was wir bemerken, dass manche Leute Schutzhelme tragen und andere Schutzkleidung, doch viele auch nicht. Indem wir uns unter einem tief hängenden Trägerbalken hindurchducken, fragen wir, ob wir vielleicht irgendeine Schutzkleidung tragen sollten. »Tun Sie, was Sie wollen«, sagt er. »Es ist ja Ihr Leben.« Während ein Funkenregen über unsere Köpfe sprüht, beschließen wir, dass uns unser Leben lieber ist als die Information, die wir hier in Fabrik Nummer eins sammeln können, und treten eilig den Rückzug an.

In Fabrik Nummer zwei bemerken wir sofort, dass fast jeder einen Schutzhelm trägt, aber als die Tour beginnt, bietet uns niemand einen an, und es scheinen auch keine übrigen Helme mehr herumzuliegen. Als wir danach fragen, sagt der Aufseher: »Jaja, der Chef sagt, wir müssen die tragen. Ich hasse die Dinger selber, aber wenn er irgendeinen ohne Helm erwischt, schmeißt er ihn raus, und ich brauche diesen Job. Wir müssen auch Namensschilder und Blaumänner tragen, weil er sich keine Namen merken kann und Blau seine Lieblingsfarbe ist. Stellen Sie sich so was mal vor.«

Fabrik Nummer drei ist sauber, hell und gut organisiert. An der Wand im Eingangsbereich hängen einige Schutzhelme mit der deutlichen Markierung »Besucher«, über denen an der Wand zahlreiche Poster auf Sicherheitsvorrichtungen und Vorschriften aufmerksam machen. »Jeder muss einen Schutzhelm tragen!« steht auf einem. »Wenn du eine Maschine nicht bedienst, fass sie nicht an!« steht auf einem anderen, und so weiter. Wir alle nehmen sofort die leuchtend gelben Helme und setzen sie auf – alle bis auf unseren Vertriebsleiter, der sich an die Aufseherin wendet und sagt: »Hören Sie, ich habe heute Nachmittag einen Termin mit einem wichtigen Kunden, und ich will meine Frisur nicht mit einem Helm in Unordnung bringen. Geht das in Ordnung?« Die Aufseherin dreht sich um, um zu sehen, wer alles zusieht, und überlegt für sich einen Augenblick. »Muss dieser Mann wirklich einen Helm tragen?« fragt sie sich. »Er sieht ziemlich wichtig aus, und ich wette, mein Chef will, dass ich ihn zufrieden stelle. Ich frage mich, was besser für mich ist, die Regel durchzusetzen oder meinen Chef zufrieden zu stellen?« Natürlich sind wir wichtige Gäste, wird ihr klar, und sie will uns nicht beleidigen, aber der Sicherheitsbeauftragte hat gerade erst hier herumgeschnüffelt, und so entscheidet sie diesmal dagegen. »Ich würde es Ihnen gern erlauben,«, sagt sie, »aber so ist nun mal die Vorschrift, und ich möchte nicht bei einem Verstoß erwischt werden. Wenn es nach mir ginge, ich würde Sie ohne Helm hineinlassen. Ich frage einen Vorgesetzten.« Sie verschwindet für etwa 15 Minuten und sieht bedrückt aus, als sie zurückkommt. »Ich konnte niemanden finden, der das absegnen könnte«, sagt sie, und sieht aus, als wolle sie uns nicht vor den Kopf stoßen, »also, ich glaube, Sie müssen den Helm nicht tragen.«

Während wir in Fabrik Nummer vier auf die Produktionshalle zugehen, unterbricht eine vorbeikommende Arbeiterin sofort ihre Tätigkeit und händigt uns allen Helme und Schutzbrillen aus. In diesem Moment kommt auch der Aufseher dazu und begrüßt uns alle herzlich. Der Vertriebsleiter ist noch immer um seine Frisur besorgt und bringt sein Anliegen vor, aber der Aufseher sagt ohne zu zögern: »In dieser Firma halten wir die Sicherheit wirklich für sehr wichtig, und ich fürchte, wenn Sie keine angemessene Schutzkleidung tragen, kann ich Sie hier nicht vorbeilassen.« Zu unserer Überraschung regt sich der Vertriebsleiter auf (er ist ein wenig eigenartig und kommt sich fürchterlich wichtig vor) und beschwert sich lauthals, dass er ein Freund des Fabrikbesitzers sei und dass man ihm erlauben solle, zu tun, was er wolle. »Tut mir leid, Sir«, antwortet der Aufseher, »aber ich erachte es als meine persönliche Verantwortung, dass Ihnen nichts passiert. Ich möchte Sie nicht beleidigen, und Sie können meinen Chef oder den Fabrikbesitzer anrufen, wenn Sie wollen, aber ich glaube, Ihre Sicherheit und die Sicherheit aller geht vor.«

Die vier Kultur-Typen

Die Kultur in Fabrik Nummer eins betrachtet den Aspekt »Sicherheit« aus einem Zustand von *Anarchie und Gesetzlosigkeit* heraus, einem Zustand, in dem jeder nach seinem Eigennutz handelt und wenig Rücksicht nimmt auf Gruppendynamik oder Unternehmensethik. Dorfmärkte, fliegende Händler und wandernde Handwerker arbeiteten vor langer Zeit unter diesen Voraussetzungen, unabhängige Arbeitskräfte, ohne jede Bindung an die Prinzipien einer Organisation. Unnötig zu erwähnen, dass die Fluktuation in diesem Betrieb sehr hoch ist (genau wie die Unfallrate mit abgetrennten Gliedmaßen und schweren Prellungen), doch niemanden scheint das zu stören, denn sie haben ja sowieso keinen Versorgungsplan, und es warten jede Menge weitere Arbeiter draußen darauf, den Platz der Verletzten einzunehmen, wenn diese ihre Arbeit nicht mehr verrichten können. Diese Kulturen bauen schon aufgrund ihres Wesens wenig von der Berechenbarkeit und Verlässlichkeit auf, die auf Kapital gegründete Unternehmen brauchen, um zu wachsen (man bringt die Menschen nicht auf einen TRIP, wenn jeder in seiner eigenen Richtung geht). Wenige dieser Kulturen haben bis heute überlebt oder auf irgendeine Weise Bedeutung erlangt, obwohl, wie wir sehen werden, Relikte von deren Gewohnheiten und Verhaltensweisen sehr wohl überlebt haben.

Die Kultur von Fabrik Nummer zwei behandelt Sicherheit als Angelegenheit von *blindem Gehorsam.* Blinder Gehorsam trägt viele der Züge, die wir mit den Unternehmen des frühen industriellen Kapitalismus verbinden, der Kultur der europäischen Manufakturen des 19. Jahrhunderts und der alten amerikanischen Fließband-Fabriken des frühen 20. Jahrhunderts ebenso wie der Kultur der feudalen Gesellschaften, die diesen vorangingen. Es gab Arbeitskräfte im Überfluss damals, weitestgehend ungelernt oder mit manuellen Fähigkeiten, und die Jobs waren rar. Räuberische Barone, Industrielle und Monopolisten kämpften um die Herrschaft über ihre Einflussbereiche und regierten mit eiserner Hand. In Fabrik Nummer zwei hinterfragt niemand den Chef und jeder tut, was ihm gesagt wird, oder er bekommt die Konsequenzen zu spüren. Die Leute verstehen nicht unbedingt, warum sie diese Schutzhelme und Blaumänner tragen müssen, noch kümmert es sie unbedingt. Es genügt jedem, sein individuelles Ziel zu erreichen, also tragen sie die Blaumänner und stellen kaum Fragen.

Fabrik Nummer drei, sauber und effizient, wie sie ist, ist durchdrungen von einer Kultur der *informierten Ergebenheit*. Kulturen der informierten Ergebenheit basieren auf Regeln; wer an der Kultur teilhaben will, lernt die Regeln und ist damit einverstanden, sie einzuhalten. Die Regeln werden jedem klar mitgeteilt, und die Arbeiter verinnerlichen die Regeln entweder ohne Widerspruch oder verbringen Zeit damit, sie zu umgehen, während sie versuchen, die Dinge am Laufen zu halten. Kulturen der informierten Ergebenheit beherrschten den Kapitalismus des 20. Jahrhunderts, und dies aus gutem Grund. Auf Regeln basierende Kulturen sind effizient und berechenbar. In einem steilen hierarchischen Organisationsmodell kann das Management Direktiven herausgeben und diese auf vorhersehbaren und kontrollierbaren Wegen die gesamte Hierarchieleiter hinuntersickern lassen. Wenn die Aufgaben wachsen, kann eine größere Anzahl von Menschen leicht ausgebildet und geführt werden. Die Variationsmöglichkeiten individuellen Verhaltens sind minimiert. Klar definierte Unternehmens-Boxen können mit qualifizierten Individuen gefüllt werden, die die Box verstehen, die sie füllen sollen, sowie die Spielregeln, nach denen sie sie füllen, und den Weg die Karriereleiter hoch zum Erfolg. Kulturen der informierten Ergebenheit neigen dazu, führungsorientiert zu sein, mit einer etablierten Klasse von Führungskräften und einer gefestigten Bürokratie.

Informierte Ergebenheit stellte vom blinden Gehorsam aus einen brillanten und innovativen Schritt vorwärts dar. Die Mehrzahl der Unternehmen arbeitete noch bis vor kurzem ziemlich erfolgreich nach diesem Prinzip. Die Leute konnten mehr Information teilen (wenn auch in kontrollierter Weise), hatten einen weit höheren Grad an Verlässlichkeit und Berechenbarkeit, konnten besser zusammenarbeiten und wussten meistens, wie sie dran waren. Informierte Ergebenheit drückt die höchsten Ziele des Rationalismus aus. Sie behandelt die Menschen als rational agierende Wesen: Wesen, die Zuckerbrot mögen und Peitschen hassen, und die gerne motiviert werden, denn Motivation führt zu konkreten Ergebnissen. Der Rationalismus ist eine unpersönliche Herangehensweise an die riesige Komplexität des menschlichen Verhaltens, in all seiner komplizierten Herrlichkeit. Er strebt nach einer Welt, in der mehr schwarz-weiß ist und die weniger Abstufungen von Grau enthält. So ist es leichter, zu führen und einfacher, zu kontrollieren. Man teilt den Arbeitskräften klar mit, was man von ihnen erwartet, ihre Belohnung wird klar ausgesprochen und im Gegenzug ergeben sie sich ihrerseits in diese Regeln und Erwartungen. Informierte Ergebenheit lässt uns unser Ziel anvisieren und danach streben. Reichtum und Werte von Billionen von Dollar wurden auf ihren Schultern geschaffen, große Unternehmen aufgebaut, die Menschheit vorangebracht, und viele Menschen stiegen auf und verbesserten ihre Lebensverhältnisse.

Doch am allermeisten interessiert uns Fabrik Nummer vier. In Fabrik Nummer vier nimmt jeder persönliche Verantwortung auf sich, um ein sicheres Arbeitsumfeld aufrechtzuerhalten, weil man dort glaubt, dass Sicherheit in jedermanns Interesse ist. Mit einem Wort, sie ist *wertvoll*. Dies stellt den vierten allgemeinen Kultur-Typ dar, die *auf Werten basierende Selbststeuerung*. Es besteht ein Unterschied zwischen Mitarbeitern, die an einen Wert glauben, und solchen, die einen Haufen Regeln befolgen. Die ersteren werden davon geleitet, was sie tun *sollten*, wie in dem Gedanken »Die Sicherheit der Menschen ist für mich ein Wert, also sollte jeder einen Helm tragen.« Sie glauben daran; sie handeln nach ihrer Überzeugung, und sie steuern sich selbst danach; wenn sie vor einer Entscheidung stehen, führt sie der Wert, den sie hochhalten, sicher hindurch. Die Mitarbeiter der informierten Ergebenheit, die sich nur für Regeln interessieren, leben in der Welt dessen, was sie tun *können* bzw. *dürfen*. Weil die Regeln außerhalb von ihnen existieren, zieht sich zwischen ihnen und den Regeln ein *Graben*. Angesichts eines wichtigen Menschen, der den Regeln nicht folgen will (oder irgendeiner Situation, die nicht genau in die Regeln passt), sind sie allein mit ihrer Entscheidung, ohne andere Führung als einen aufgeklärten Eigennutz. Wenn sie nicht entscheiden können, rufen sie jemand anderen, der das tun soll, einen Manager oder Vorgesetzten, und so geht das die Hierarchie hinauf, bis jemand eine Entscheidung trifft. In den Graben zwischen dem Einzelnen und den Regeln fällt Zeit, Effizienz und vielleicht die Sicherheit selbst.

Die Kultur der informierten Ergebenheit mit ihrer hierarchischen Trennung der Funktionen verstärkt noch diesen Graben. Eine Abteilung – sagen wir, die für Gesetzestreue – könnte verbindliche Vorschriften herausbringen für die Kontrolle dessen, was man am Markt sagen und nicht sagen darf über Produkte und Wettbewerb, und eine andere Abteilung –

sagen wir, der Vertrieb – könnte eine Anleitung geben, wie das Produkt besser verkauft wird. In der Mitte steht die Vertriebsmitarbeiterin ganz auf sich gestellt, um die Brücke über den Graben zu bauen. »Ich *darf* das nicht *sagen*«, könnte sie denken, »aber es würde das Produkt besser verkaufen. Vielleicht kann ich es stattdessen *andeuten*.« Wenn etwas hingegen als selbststeuernder Wert formuliert wird, versucht niemand, sich zu zerreißen, weil es keinen Widerspruch gibt. Der Wert – im Fall der Vertriebsmitarbeiterin Ehrlichkeit – liefert eine klare und unzweideutige Anweisung, was sie tun *sollte*. Und sie muss nicht sagen, »ich gehe und frage meinen Chef, was ich sagen oder tun kann.« Sie kann nach ihrer Überzeugung handeln, sofort, effizient und schnell. Es gibt keinen Graben, weder persönlich noch institutionell, zwischen dem Individuum und dem besten möglichen Verhalten (siehe Abbildung).

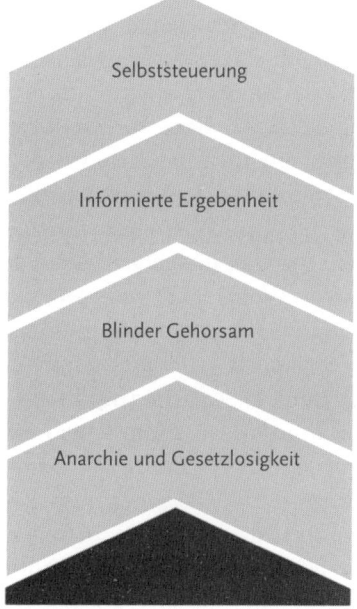

Abbildung: Spektrum der Kulturen

Werte richten sich an das höhere Selbst. Sie haben die Kraft zu inspirieren, nicht nur zu motivieren. Sie schaffen Überzeugungen. Auf Werten basierende Selbststeuerung meistert eine bemerkenswerte doppelte Aufgabe: Sie verhindert unerwünschtes Verhalten, während sie gleichzeitig zu besserem Verhalten inspiriert. Auf diese Weise bestimmen Werte auf effizientere Weise, *wie* wir tun, was wir tun, als Regeln dies können. Wenn wir einen Wert haben und ihn mit unserem Verhalten verschmelzen lassen, glauben wir an das, was wir tun. Ein Unternehmen, das in den Begriffen von Werten definiert ist, ist ein Unternehmen für einen höheren Zweck, inspiriert zum Guten. Ein Mensch, der sich mit einem Unternehmenswert identifiziert, neigt weniger dazu, diesen Wert zu verraten, denn dies zu tun, bricht nicht nur mit einer Unternehmensrichtlinie; es verrät das Selbst. Und die Wurzel dieser Kulturen liegt in miteinander geteilten Werten, in der inneren Haltung, die jede Interaktion leitet.

Die Unternehmenswelt ist seit den frühen 1990ern richtig gut in Sicherheit geworden, zum großen Teil deshalb, weil sie, vielleicht ohne es zu merken, die Sicherheit von einer Reihe Regeln und Programmen zu einem Teil ihres Kernwerte-Systems machte und dann einen Weg fand, diese Werte der Gesamtheit der Arbeitskräfte zu vermitteln. Mit anderen Worten, man verwandelte die Sicherheit von einer vertikal angesammelten Größe in eine horizontale Kraft, die jeden Teil der Handlungen durchdrang, indem sie von einer Regelsammlung zu einem Teil der Kultur wurde. Und es funktionierte. Von 1992 bis 2002 sank die Zahl der Arbeitsunfälle mit Todesfolge in den USA um elf Prozent, und Verletzungen und Krankheiten in der Privatwirtschaft gingen um bemerkenswerte 34 Prozent zurück, und zwar nicht durch mehr Sicherheitsbeauftragte, sondern durch mehr Glauben an die Bedeutung von Sicherheit.[5]

Anarchie und Gesetzlosigkeit, blinder Gehorsam, informierte Ergebenheit und auf Werten basierende Selbststeuerung stellen die vier Grundtypen von Gruppenkultur dar, doch fast kein Unternehmen, kein Team oder keine Gruppe ist vollkommen das eine oder das andere. Sie enthalten oft Elemente von allem in unterschiedlichen Anteilen. Wenn der leitende Mitarbeiter im Vertrieb beschließt, dass Ausgabenbeschränkungen für ihn nicht gelten, und bei seinem Geschäftsessen die teuerste Flasche Wein auf der Karte bestellt, dann folgt er in gewissem Sinn anarchischen Impulsen. »Regeln gibt es bei mir nicht«, scheint er zu denken, »ich mache das auf meine Art.« (Obwohl solche Außenseiter einen besonderen Platz in der Geschichte des Business haben, neigen die meisten Menschen dazu, sich irgendeine Art Regelsystem anzueignen, wenn sie sich organisieren, um etwas Größeres als sie selbst zu erreichen, also werden wir uns hier nicht lange mit Anarchie und Gesetzlosigkeit aufhalten.) Wenn die Chefin ihre »Ich brauche das bis 16 Uhr«-E-Mail schreibt, verlässt sie sich auf ihre selbstherrliche Autorität und die Androhung von Sanktionen, die typisch sind für Kulturen von blindem Gehorsam, um Ergebnisse zu erzielen.

Es gibt keine scharfen Abgrenzungen zwischen diesen vier Grundkulturen; die meisten Gruppen organisieren sich im Verlauf ihrer Entwicklung so, dass sie Elemente aus allen vier Modellen integrieren. Sie brauchen etwas von dem Zwang des blinden Gehorsams (Entlassung bei grobem Fehlverhalten, zum Beispiel); einige Regeln und eine gewisse Ergebenheit diesen gegenüber (aber keine dummen Regeln); vielleicht ein kleiner Schuss Anarchie hie und da, um das Ganze noch einmal aufzumischen; und eine Prise Selbststeuerung. Größere Gruppen können mehrere verschiedene und miteinander in Verbindung stehende Kulturen haben, die innerhalb einer Organisation für sich allein funktionieren. Ein Vorstandsgremium könnte eine andere Kultur haben als das Führungsteam, das wiederum kleinere Teams mit einzigartigen Charakteristika unter sich hat. GE Durham stellt eine klar umrissene Einheit innerhalb des großen Gebildes dar, das General Electric ist, und es unterscheidet sich in dem Maße von seinem Mutterunternehmen wie MTV von anderen Einheiten bei Viacom.

Kultur kann eine flüchtige Erscheinung sein, einer jener weichen Faktoren, die manchmal so schwer zu fassen sind. Jetzt, da wir einen Überblick über die *Grundtypen* von Kultur haben, die die Geschäftswelt beherrschen, wollen wir versuchen, diese weiter herunterzubrechen, um die verschiedenen *Dimensionen* von Kultur zu verstehen, die innere Haltung, die wirkt, wo immer sich eine Gruppe zu einem gemeinsamen Ziel bildet.

Die fünf Merkmale von Kultur

Kultur tritt an den Synapsen auf, wo Menschen interagieren. Synapsen sind, wie wir wissen, in der Lage, von vielen verschiedenen Quellen gleichzeitig Signale zu empfangen, wie ein Diamant Licht aus vielen Winkeln empfangen kann und es in viele Richtungen

Die fünf Merkmale von Kultur

Dimensionen der Kultur		Anarchie	Blinder Gehorsam
Wie wir uns Wissen aneignen	Umgang mit Informationen		Information horten
Wie wir uns verhalten	Organisationsstruktur		Herrschaftsbereiche
	Quelle des Verhaltens		Autokratischer Führungsstil
	Grund für das Verhalten		Zwang
	Verantwortung für eigenes Verhalten & das Verhalten anderer		Zentrale überwachende Autorität
	Quelle von Autorität (wer entscheidet)		Machtfigur – willkürlich
	Ausmaß von Autorität		Autorität ohne Einschränkung
	Quelle der Verhaltenssteuerung		Von außen aufgezwungen
Wie wir Beziehungen gestalten	Rollen und Fähigkeiten		Untergebener und Arbeiter
	Persönliche Entwicklung		Auswendig lernen
	Vertrauensniveau		Strenge Kontrollen und eingeschränktes Delegieren
	Regeln oder Werte		Minimale Erfüllung – Schlupflöcher
	Wesen von Beziehungen/ Mitarbeiter		Misstrauen und Strafen
	Wesen von Beziehungen/ Kunden		Misstrauen und genaue Überwachung
	Wesen von Beziehungen/ Zulieferer/Dritter		Distanziert – auf einzelne Transaktionen beschränkt
Wie wir Leistung würdigen	Belohung und Anerkennung		Konformität und/oder Gehorsam
	Strafen und Disziplinierung		Vom Aufseher abhängig – Angst
Welche Ziele wir verfolgen	Zeitliche Orientierung		Kurzfristig
	Aufgabe und Daseinsgrund		Überleben – Zwang zur Teilnahme
	Bestimmung und Definition von Sinn		Sinn ist keine Frage von Interesse, menschliches Tun
	Aufmerksamkeit für die Erfordernisse von Regelungen & Gesetzen		Betonung von Zwang
	Aufmerksamkeit für den Markt & Vorgänge in der Öffentlichkeit		Oberflächliche Aufmerksamkeit – das System überlisten

Abbildung: Die Dimensionen von Kultur

Informierte Ergebenheit	Selbststeuerung
Zuteilung auf der Basis: nur, was man unbedingt wissen muss	Transparenz
Aufteilung in Expertenwissen und Funktionen Auf Regeln basierend Motiviert durch individuellen Eigennutz Einzelne Organisationseinheiten	Integration mit hohem Vertrauen Auf Werten und Prinzipien basierend Inspiriert zum Guten Allgegenwärtige Wachsamkeit
Machtfigur – in Übereinstimmung mit den Regeln Hierarchische Entscheidungsgewalt Freiwillige Einhaltung nach innen und außen	Individuum – von Werten ausgehend Machtverlagerung und individuelle Verantwortlichkeit Handeln aufgrund gemeinsamer Werte
Leitender Angestellter Training Prüfungen und Abrechnungen, Verträge	Führungskraft Erziehung Hohes Vertrauen mit Stichproben-Kontrollen
Erfüllung und damit verknüpfte Ansprüche	Streben nach dem Richtigen
Ehrliche Arbeit – Bezahlung und Belohnung Fairer Preis – Bezahlung folgt Vertraglich festgelegt, fair, gerecht und kontinuierlich	Sozialer Vertrag – dem Wachstum verpflichtet Werte schaffen über die Erwartungen hinaus Zusammenarbeit zum gegenseitigen Vorteil – einander besser machen
Belohnung für persönlichen Erfolg und Erfolg für das Unternehmen Etablierte Strukturen und Vorgehensweisen	Befriedigung durch das Erfüllen einer Aufgabe und eines Sinns Schuldgefühl, Druck von Kollegen, Sanktionen
Kurzfristige und langfristige Ziele	Antrieb durch Vermächtnis und Lebensdauer des Unternehmens
Erfolgsorientiert – Belohnung für Leistung Reise zum Erfolg	Mission, Versprechen und Sinn Reise zum Sinn
Kontrolle durch Belohnung und Strafen Hohe Sensibilität und starke Reaktionen	Proaktiv und präventiv Die Märkte führen und durchdringen

weiterleitet. Stellen wir uns also die Prozesse, wenn Kultur in diese Synapsen eindringt, so vor, wie Licht, das auf die Facetten eines Diamanten trifft. Das Wesen und der Charakter des Steins – also der Kultur – bestimmen, welches Licht durchkommen wird, und in welche Richtung es geleitet wird. Obwohl vieles die Art und Weise beeinflusst, wie eine Kultur wächst und wirkt, haben manche Kräfte und Strukturen größeren Einfluss als andere. Die Abbildung identifiziert 22 Dimensionen von Kultur, die ich für die von größtem Einfluss halte, die Facetten, durch die menschliche Energie fließt. Jede Dimension wird durch ihre Manifestation innerhalb der drei Kulturtypen definiert, die uns am meisten interessieren. Um diese Dimensionen besser überblicken zu können, habe ich sie auf einer Tabelle in fünf Merkmale von Kultur eingeteilt: Wie wir uns Wissen aneignen, wie wir uns verhalten, wie wir Beziehungen gestalten, wie wir Leistung würdigen und wie wir Ziele verfolgen (siehe vorige Abbildung). Die Tabelle liefert die Definitionen jeder Dimension für jede der drei genannten Kulturen (die vierte, Anarchie, habe ich als Platzhalter eingefügt, um Sie daran zu erinnern, wo sie im Spektrum der Kulturen angesiedelt ist, ich habe sie jedoch leer gelassen, weil sie nur wenig mit unserem heutigen Leben zu tun hat.).

Wie wir uns Wissen aneignen

Das Erste, was das Wesen einer Kultur bestimmt, ist die Art, wie sie Information generiert, kommuniziert und einsetzt. Dieser einzige Faktor ist so zentral und von solch großem Einfluss auf unsere innere Haltung und unser Verhalten, dass er allein schon eine Gruppe ausmacht.

- Kulturen des blinden Gehorsams horten Information in den Händen einer kleinen Elite. Mitarbeiter sind primär auf ihre Aufgaben konzentriert. Chefs geben Dekrete von oben herab und ohne Erklärungen, und Andere die eigenen Geheimnisse wissen zu lassen, bietet keinen strategischen Vorteil.
- In dem Maße, wie Organisationen und Gruppen an Komplexität gewinnen, erfordern Kulturen der informierten Ergebenheit Wege, Information auf effiziente und ordnungsgemäße

Weise zu übermitteln. Diese Organisationen zeigen außergewöhnliches Engagement, um die nötige Information zu übermitteln – Gruppenmitglieder werden gut ausgebildet und haben zum Beispiel einfachen Zugriff auf die Verhaltensregeln –, aber die Vorgesetzten kontrollieren noch immer streng jede andere Information und geben sie nur auf der Basis dessen heraus, was unbedingt nötig ist. Die alte Maxime »ein wenig Wissen ist schon gefährlich« scheint gleich unter der Oberfläche aller Unternehmensentscheidungen hindurch.

• Selbststeuernde Kulturen dagegen benötigen Transparenz, um zu wachsen und zu gedeihen. Wenn man dem durch die Kernwerte der Gruppe inspirierten Einzelnen wirklich vertrauen soll, sich selbst zu steuern, muss er freien und ungehinderten Zugang zur Information haben, die er für eine vernünftige Urteilsfindung braucht. Bei Nordstrom zum Beispiel bekommen neue Angestellte eine sehr einfache Mitteilung, die ihnen fast alles sagt, was sie über die Unternehmenskultur wissen müssen. Zuerst gibt sie Nordstroms fundamentale Ausrichtung an: »Hervorragenden Kundenservice zu liefern.« Dann werden die Regeln von Nordstrom aufgelistet: »Verlassen Sie sich auf Ihr gutes Urteilsvermögen. Wir vertrauen auf unsere gegenseitige Integrität und Fähigkeiten. Unsere einzige Regel: verlassen Sie sich in allen Situationen auf Ihr gutes Urteilsvermögen.«[6] Vielleicht gibt es heute keine bessere Aussage über Selbststeuerung. Doch der Schlüssel zur Kultur von Nordstrom liegt im nächsten Satz, dem letzten, den Neueingestellte erhalten: »Haben Sie bitte keine Hemmungen, jederzeit Ihrem Abteilungsleiter, Filialleiter oder Regionalleiter jede mögliche Frage zu stellen.« Tief eingebettet in die selbststeuernde Kultur bei Nordstrom ist die Idee, dass alle Informationen jedem zugänglich sind, egal, in welcher Position.

Wie wir uns verhalten

Es gibt drei grundsätzliche Arten, wie Menschen Andere zum Handeln bringen können: 1. Man kann sie *zwingen*, indem man sie einschüchtert, bedroht oder überredet, etwas gegen ihren Willen zu tun; 2. man kann sie motivieren, indem man Versprechen von Belohnungen oder Angst und drohende Auswirkungen anwendet, um sie zu überzeugen, dass die gewünschte Handlung in ihrem eigenen Interesse ist; oder 3. man kann sie inspirieren und mit ihnen so in Kontakt treten, dass die gewünschte Handlung zum gemeinsamen Ziel wird. Dieses zweite Merkmal von Kultur umfasst im Großen und Ganzen die Quelle und Ursache für persönliches oder Gruppenverhalten. Warum tun Menschen, was sie tun? Was hält sie davon ab, A zu tun anstatt B?

- In Kulturen des blinden Gehorsams gehorchen die Menschen. Autokratische Führer halten die Menschen in Schach, indem sie sie zwingen, mitzumachen. »Tragen Sie blaue Hosen oder Sie werden gefeuert« ist ein klarer Hinweis auf eine von Zwang beherrschte Beziehung zwischen Führungskraft und Mitarbeitern. Wenn Sie sich ein Spektrum von interner bis externer Verhaltenskontrolle vorstellen, fällt blinder Gehorsam ins äußere Extrem der letzteren. Die Quelle von Autorität (das heißt, die Entscheidungsgewalt) fällt auf eine Machtfigur, die einseitige Entscheidungen treffen und diese Autorität über ihre Untergebenen ohne Rechtfertigung ausüben kann. Um diese Art Machtstruktur aufrechtzuerhalten neigen Kulturen des blinden Gehorsams zu extrem vertikalen Führungsstrukturen, wo die Autorität in den Händen einiger Weniger liegt. Jeder Chef regiert seinen oder ihren Machtbereich wie eine unabhängige Säule oder ein eigenes Reich. Der Chef hält jeden auf der Spur, entscheidet, was richtig und was falsch ist, und liefert klare Marschbefehle.

Wenn sich das für Sie wie beim Militär anhört, liegen Sie gar nicht so falsch. Die modernen Militärkulturen, die aus der Erfahrung des Ersten Weltkriegs entstanden, machten die Kultur des blinden Gehorsams zu einer hohen Kunst, und waren damit sehr erfolgreich. Man glaubte, dass fraglose Unterordnung unter eine zentrale Autorität den Grund legte für Verlässlichkeit und Berechenbarkeit sowie den Zusammenhalt der Einheiten, die Soldaten brauchten, um füreinander ihr Leben einzusetzen. Obwohl sich dies nicht wie die attraktivste Kultur anhören mag, in der man arbeiten möchte, sind Sie vielleicht überrascht zu erfahren, dass die Filmbranche mit demselben Modell groß wurde. Die Anfänge der Filmbranche lagen gleich nach dem Ersten Weltkrieg. Heimkehrende Veteranen auf der Suche nach neuen Möglichkeiten strömten in Scharen an die Westküste, um Positionen in diesem neuen und schnell wachsenden Feld einzunehmen. Filmteams sind, genau wie Armeen, große mobile Einheiten, die Menschen und Gerät von Ort zu Ort bewegen müssen, entsprechend den wechselnden Anforderungen. Es war für diese neuen Teammitglieder völlig klar, dass sie sich so organisierten, wie sie es am besten kannten. So schuf jede Abteilung – Ton, Kamera, Beleuchtung, Sets, Produktion und so weiter – ihren eigenen autonomen Herrschaftsbereich, mit einer straffen Struktur von Befehl und Kontrolle. Obwohl sie jetzt viel höher entwickelt sind, arbeiten Filmteams bis heute überall auf der Welt weitgehend auf dieselbe Art.

- Anders als Kulturen des blinden Gehorsams, wo sich jeder dem Chef unterordnet, ordnet man sich in Kulturen der informierten Ergebenheit den Regeln unter. Regeln versuchen, ein objektiver und fairer Leitfaden für jedes Verhalten zu sein. Diese Kulturen neigen dazu, organisatorische Hierarchien zu schaffen, begründet auf Expertenwissen und Funktion, und den am besten Qualifizierten an Führungspositionen zu befördern, wo er durch Entscheidungen von oben nach unten führt und leitet. Diese Führungskräfte versuchen, konsistent (und vernünftig) innerhalb der Regeln zu handeln. Die Verantwortung, die Regeleinhaltung zu überwachen, fällt an eine gesonderte Organisationseinheit, oft den Rechtsberater oder Abteilungen für Gesetzestreue, die die Aufgabe haben, auszubilden und die Erfüllung der Regeln zu überwachen. Informierte Ergebenheit baut auf eine Struktur von Belohnung und Bestrafung, um Menschen zu motivieren, und die Menschen machen das mit, weil sie verstehen, dass die Regelerfüllung in ihrem eigenen Interesse ist. Dieser Faktor des Eigennutzes setzt Kulturen der informierten Ergebenheit in die Mitte des Verhaltensspektrums zwischen innerer und äußerer Kontrolle. Die Menschen ergeben sich in das, was von ihnen verlangt wird, weil sie in erster Linie durch persönlichen Erfolg motiviert sind, und sie sehen in der Erfüllung dessen, was man von ihnen verlangt, einen hochwertigen

Schritt auf dieses Ziel zu. Führungskräfte und Vorgesetzte in diesen Kulturen benutzen Methoden von Zuckerbrot und Peitsche, um zum gewünschten Verhalten zu motivieren.

- Selbststeuernde Kulturen finden den Motor für ihr Verhalten in Werten und Prinzipien. Werte und Prinzipien sind die Quelle der Inspiration, und wenn wir durch sie geführt werden oder aus ihnen heraus handeln, glauben wir an das, was wir tun und finden Sinn in unserem Streben. Im Spektrum der Verhaltenskontrolle von intern zu extern erhält die Selbststeuerung viel von ihrer Kraft aus den inneren Ressourcen des Individuums. Autorität erwächst dem Einzelnen in Übereinstimmung mit seiner Ausrichtung auf die Kernwerte der Gruppe, und der Schwerpunkt in der Gruppe liegt auf der freien Entfaltung der Persönlichkeit und der Verlässlichkeit des Einzelnen. Menschen, die durch gemeinsame Inspiration und geteilte Kernwerte verbunden sind, bilden feste, bedingungslose Bande, nicht wie die lockereren, an Bedingungen geknüpften Verbindungen der Kulturen von Zuckerbrot und Peitsche. Die Organisationsstrukturen in selbststeuernden Kulturen sind fest darin eingebunden – flacher, wenn man so will – und die Synapsen zwischen Individuen und Teams arbeiten in einem Umfeld von hohem Vertrauen. Selbststeuerung erfordert allgegenwärtige Wachsamkeit. In selbstgesteuerten Gruppen wird die Verantwortlichkeit für das eigene Verhalten und das der Anderen zur Aufgabe jedes Teammitglieds. (Wie Thomas Jefferson sagte, einer der Gründer der Verfassung der USA, dem das Konzept der Freiheit des Individuums nicht fremd war: »Der Preis der Freiheit ist ewige Wachsamkeit.«[7]) Aus geteilten Überzeugungen zu handeln bedeutet für jeden, selbstregulierend gemäß Unternehmensprioritäten und äußerer Kontrolle zu handeln. Bei GE Durham zum Beispiel hat niemand einen Chef. Jeder ist einer. »Ich habe 15 Chefs«, berichtete Keith McKee, ein Team-Techniker. »Alle meine Teamkollegen sind meine Chefs.« Wenn jeder verantwortlich ist für den Erfolg des Teams, toleriert niemand Nachlässigkeit. Die Kultur wird eigendynamisch und das neue Zauberwort heißt Feedback.

Wie wir Beziehungen gestalten

Das dritte Merkmal von Kultur beschreibt die Prozesse, die die zwischenmenschlichen Synapsen zwischen den Mitgliedern einer Gruppe beherrschen und beeinflussen: die Rollen und Fähigkeiten, die jede Person mitbringt; die Herangehensweise der Gruppe, diese Fähigkeiten zu entwickeln; der Grad an Vertrauen, der den Entscheidungsprozess erfüllt; das Verhältnis der Gruppe gegenüber richtigem Verhalten; und das Wesen der Beziehungen zwischen Mitarbeitern, Kunden und Zulieferern – kurz, wie wir alle miteinander zurecht kommen.

- Kulturen blinden Gehorsams delegieren wenig Macht die Befehlskette hinunter. Sie füllen ihre Ränge mit Befehlsausführern und Arbeitern, die sich oft strenger Überprüfungen ihrer Anstrengungen durch ihre Chefs unterziehen müssen. Strikte Strafen halten den Kern der Gruppe am Marschieren im Gleichschritt, der nötig ist, damit die Arbeit voranschreitet. Misstrauen erfüllt oft die Beziehungen zwischen Kollegen; das willkürliche, unberechenbare Wesen des autokratischen Führungsstils lässt bei den wenigsten ein Gefühl der Sicherheit in ihrer Position entstehen. Dasselbe Misstrauen wird auch nach draußen getragen, außerhalb der Festungsmauern, zu Kunden und Zulieferern, da Erstere ebenfalls mit Misstrauen beäugt und genau überwacht werden und Letztere auf Distanz gehalten werden. Eine Partnerschaft mit Außenstehenden ist in diesen Kulturen tabu, also neigen die Menschen dazu, jede Transaktion als isoliertes Projekt zu sehen und orientieren sich kurzfristig.

- Kulturen der informierten Ergebenheit machen den Einzelnen zum Manager seiner Funktion, in Übereinstimmung mit dem strikten, hierarchischen Verständnis von Organisationsstruktur. Persönliche Entwicklung wird durch einen Lernprozess erreicht, bei dem Information vorsichtig und genau zugeschnitten einer spezifischen Funktion und einem spezifischen Expertenwissen zugeteilt wird. Der Schwerpunkt liegt auf Leistung und Leistungsmanagement. Um sich in einer Kultur der informierten Ergebenheit weiterzuentwickeln, würde man Bücher mit Titeln

lesen wie »In 14 Schritten zu diesem und jenem« oder »Die
50 Goldenen Regeln des Soundso«. Vertrauen zwischen den
Menschen fließt in dem Maße, wie man es sich verdient, es wird
jedoch oft durch ein System von Kontrollen und Abrechnungen
eingeschränkt, das Vorgesetzte für ihre Mitarbeiter verantwortlich macht. Diese Kulturen von Zuckerbrot und Peitsche belohnen ehrliche Arbeit, die mit den Direktiven des Unternehmens
übereinstimmt. Dies ist Kapitalismus, wie wir ihn kennen, wo
man Kunden und Zulieferer öfter als eben solche betrachtet, statt
als Partner. Verträge beherrschen die Beziehungen mit
Außenstehenden, mit zahlreichen Nachweisforderungen und
verschiedensten Leistungsangeboten, auch wenn bereits
Erfahrung in der Beziehung zu dem betreffenden Partnerunternehmen besteht. Diese Vorgehensweisen streben nach Fairness
und Gerechtigkeit und erreichen dies auch innerhalb eines
kontrollierten Rahmens.

- In selbststeuernden Kulturen ist es die Rolle jedes Einzelnen,
zu führen und eine Führungskraft zu sein. Jedes Individuum ist
aufgefordert, mehr Entscheidungen aufgrund von Werten zu
treffen, und dazu benötigen die Menschen die entsprechende
Erziehung und, noch wichtiger, die Erfahrung, sich mit Themen
auseinander zu setzen und zu ihrer eigenen Schlussfolgerung
zu kommen. Lern- und Trainigsansätze des Auswendiglernens
sind nicht geeignet, ihnen das benötigte Werkzeug an die Hand
zu geben, um zu selbstständigen Entscheidern zu werden.
Dieses Buch liefert in vieler Hinsicht eine erzieherische Annäherung an die richtige innere Haltung und das Verhalten, das zu
einer selbststeuernden Kultur führt. Es gibt Ihnen einige wenige
Faustregeln oder Übungen, um Ihnen sein Wissen mitzuteilen,
versucht jedoch eher, ein breit angelegtes Bild der anvisierten
Themen zu vermitteln sowie Beispiele, die die vielen Arten
beleuchten, wie diese Konzepte umgesetzt werden können. Das
macht es für Sie als Leser vielleicht etwas schwieriger, schnelle
und einfache Antworten zu bekommen, doch es gibt Ihnen eine
Perspektive und ein Wissen, von dem aus Sie die Dinge selbst
beurteilen können, ein Objektiv, durch das Sie die Myriaden sich
schnell ändernder Ereignisse betrachten können, die einen

Geschäftstag ausmachen. In selbststeuernden Kulturen gibt es nicht den einen Weg, sich auf den TRIP zu begeben. Selbststeuerung zu erreichen ist eine kontinuierliche Entwicklung, die für jeden Einzelnen und jede Gruppe einzigartig ist. Jemand anders kann wohl den Weg weisen, aber Sie müssen die Hügel allein erklimmen (und einige Zeit im Tal C verbringen). Selbststeuernde Kulturen sind Kulturen mit hohem Vertrauensniveau. Wie die Erfahrung von Paula Sims bei GE Durham zeigt, unterminieren Verhaltensweisen, die Signale des Misstrauens aussenden, die freie Entfaltung des Individuums. Vertrauen erzeugt Vertrauen, und das Gegenteil trifft ebenfalls zu. Als Gegenleistung für Vertrauen und Autonomie wird in den Beziehungen zwischen den Gruppenmitgliedern der implizite gesellschaftliche Vertrag anerkannt und ein höheres Ziel mit eingeschlossen. Gleichermaßen werden Zulieferer und Kunden als Partner verstanden. Zusammenarbeit und Optimierung zum gegenseitigen Vorteil mit Zulieferern werden die Regel und Mehrwert das Ziel für die Kundenbetreuung. Die Sprache der Werte, die diese Kulturen antreibt, kann zu einem Verhalten jenseits der Ebene von Verträgen und Vereinbarungen inspirieren, indem sie die Fähigkeit verleiht, Kunden zu erfreuen und Erwartungen in jeder Beziehung zu übertreffen.

Wie wir Leistung würdigen

Das vierte Merkmal von Kultur ist ganz einfach die Art, wie eine Kultur Leistung belohnt und Fehlverhalten sanktioniert.

- Kulturen des blinden Gehorsams belohnen natürlich Konformität und/oder Gehorsam. Vorgesetzte teilen nach Lust und Laune Strafen zu, und die Willkür der Sanktionierungen schafft Angst, die die Menschen in der Spur hält.
- Kulturen der informierten Ergebenheit gehen viel rationaler vor und versuchen, klare Regeln und Standards zu schaffen, nach denen Belohnung und Kontrolle ausgeübt werden. Die Belohnungen stehen denen zu, die individuellen Erfolg oder Erfolg für das Unternehmen erzielen.

- Kulturen der Selbststeuerung belohnen diejenigen, die die Mission und die höheren Ziele des Unternehmens voranbringen, auch wenn dies kurzfristigen finanziellen Verlust bedeutet. Der Grund dafür ist, dass die gemeinsame Ausrichtung der Mitarbeiter, die diese Kulturen erfolgreich macht, langfristig wertvoller ist als eine kurzfristige Gelegenheit. Durch die gemeinsame Ausrichtung ist diese Kultur auch selbststeuernd bei Sanktionierungen, da ein Abweichen von den gemeinsamen Werten auf Ablehnung der Kollegen stößt und jenes Gefühl von Selbstbetrug nach sich zieht, das wir besprochen haben.

Die Art, wie Erfolge gefeiert werden – wer bekommt die Preise, wer kommt in den Unternehmens-Newsletter, wer wird beim Jahresabschluss vom Team ausgezeichnet – wird oft in Gruppenkulturen übersehen, aber sie ist existenziell wichtig für das Wesen einer Kultur. Doch Unternehmen, die A wollen, belohnen oft B. Mein Freund Steve Kerr, ehemaliger Leiter der Personalentwicklung bei GE und Goldman Sachs, schrieb zum ersten Mal vor 30 Jahren über dieses Phänomen in einem Artikel für das *Academy of Management Journal* mit dem Titel »Über die Dummheit, A zu belohnen, in der Hoffnung, B zu bekommen«.[8] »Ich erstellte ein hübsches kleines Modell, das die Wirkung eines Belohnungssystems auf eine Kultur darstellt«, erzählte er mir einmal. »Wenn man aufgrund der besten zur Verfügung stehenden Information etwas wagt und es funktioniert, bekommt man eine *kleine* Belohnung. Wenn man aufgrund der besten zur Verfügung stehenden Information etwas wagt und es funktioniert nicht, bekommt man eine *mittelschwere* Strafe. Wenn man nichts wagt und nur einfach mit dem Chef oder der Mehrheit mittrottet, bekommt man eine kleine Belohnung. Was also würdest du tun?«[9]

Ich überlegte einen Augenblick. Dann wägte ich alles ab und es wurde klar: Ein Wagnis einzugehen und es richtig hinzubekommen bringt ungefähr dieselbe Belohnung wie wenn man gar kein Wagnis eingeht. Kein Wagnis einzugehen vermeidet die Möglichkeit des Scheiterns. »In einem solchen System«, schloss Steve, »bekommt man am Ende ein enorm risikovermeidendes Verhalten. In ihrem Mangel an Reflexionsvermögen bemerken die Führungskräfte nicht, dass sie dies selbst verursacht haben, und beklagen sich über ihre

›antriebslosen Mitarbeiter‹, die kein Risiko eingehen. Doch diese Kultur erwächst aus ihrem System von Belohnung und Bestrafung.« Eine vor kurzem von Gantz Wiley Research durchgeführte Studie über Trends in der Arbeitswelt enthüllte die tiefe Spaltung, die im Kern vieler Unternehmenskulturen liegt. Während sechs von zehn Befragten glaubten, dass »die Führungskräfte meines Unternehmens einen hohen ethischen Verhaltensstandard befürworten und praktizieren«, glaubte nur ein Drittel, dass »wo ich arbeite, nur Leute vorwärts kommen, deren Verhalten klar die Werte meines Unternehmens zeigt.«[10] Die Umfrage »Workplace 2000 Employee Insight Survey« enthüllte, dass Mitarbeiter zwar gerne wollen, dass ihre Arbeit einen höheren Sinn hat, doch 75 Prozent von ihnen glauben nicht, dass die Botschaft eines Unternehmens auch dem entspricht, wie es arbeitet.[11]

Charles Hampden-Turner, der mit Unternehmen in der ganzen Welt auf dem Gebiet Unternehmenskultur arbeitet, erzählte mir eine großartige Geschichte über Hewlett-Packard (HP), eine Kultur, die bis zu ihrem Vorstands-Skandal berühmt für ihre Rechtschaffenheit war. »Mein Freund Carl Hodges bei Hewlett-Packard bekam eine Goldmedaille für Zuwiderhandlung gegen die Anweisungen von Dave Packard, dem Unternehmensleiter«, erzählte er mir. »HP betrieb Forschung und Entwicklung für die Mondkapsel Apollo, und Packard wollte das Projekt rausnehmen. ›Ich will es nicht mehr sehen‹, sagte er zu Carl. Also nahm Carl es raus – aus der Forschung und Entwicklung. Er brachte es in die Produktion. Und Packard war wirklich wütend auf ihn. Später lenkte er ein und unterstützte das Projekt, das die Mondlandung möglich machte und HP einen Haufen Geld brachte. Also verlieh Dave Packard Carl Hodges eine Goldmedaille für Zuwiderhandlung gegen die Anweisungen, und er verlieh sie ihm vor allen Anderen, so dass jeder verstand, dass er sich getäuscht hatte und Carl recht gehabt hatte.«[12]

Welche Ziele wir verfolgen

Wir sind uns so weit einig, dass Gruppen sich zusammenschließen, um ein höheres Ziel zu erreichen, ein Ziel, das größer ist, als dass es ein Individuum allein erreichen könnte. Das letzte und vielleicht wichtigste Merkmal von Kultur handelt von den Dimensionen, die ausdrücken, warum wir tun, was wir tun, das Wesen und den Sinn unseres Strebens. Allen anderen Dimensionen voran geht hier unser Verhältnis zum Faktor Zeit.

- Menschen, die in einer Kultur des blinden Gehorsams arbeiten, finden Erfolg in einem kurzfristigen Verständnis ihrer Arbeit. Sie sind im Allgemeinen aufgabenorientiert und verbringen wenig Zeit mit der Betrachtung der Zukunft oder langfristiger Bedeutung ihres Strebens. Wenn der Fokus darauf liegt, kurzfristig so viel wie möglich zu erobern und zu kontrollieren, fühlt man wenig Neigung, die Langzeitwirkung dieser Ressourcen-Ausbeutung zu beachten, ob physisch oder psychisch. Kulturen von blindem Gehorsam schenken dem Markt als Ganzes oder der Dynamik der Öffentlichkeit und ihren Interaktionen wenig Aufmerksamkeit; man folgt seinen Führungskräften und geht, wohin es einem gesagt wird. Die Führungskräfte neigen dazu, Macht und Erfolg durch Kontrolle erreichen zu wollen, und alles, was diesem Bestreben in die Quere kommt – gesetzliche Regelungen oder die öffentliche Meinung – ist nur ein Hindernis, das überwunden oder umgangen werden muss, wann immer das möglich ist. Dies führt zu allen möglichen dunklen Machenschaften und feindlicher Haltung gegenüber Wettbewerbern.

  Die Aufgabe und der Sinn solcher Kulturen ist das reine Überleben, und die Mitglieder der Gruppe werden im Allgemeinen zu dieser Reise gezwungen. Wenig dreht sich in Kulturen blinden Gehorsams um transzendente Ziele, und das Verfolgen eines Sinns kommt in der täglichen Arbeit schon gar nicht vor. Hier geht es um menschliches Tun, nicht menschliches Sein – Tätigkeit, nicht Streben. Diese kurzfristige zeitliche Orientierung ist nicht auf die Geschäftsmodelle des Industriezeitalters beschränkt. Ein Internet-Start-up oder ein ähnliches Unternehmen, das darum kämpft, einen Fuß auf den Boden einer sich schnell verändernden Landschaft zu bekommen, kann sich in einem ähnlichen Verhältnis zum Faktor Zeit wieder finden. Der Wettlauf um Finanzierung oder Zufriedenstellung des Finanzmarktes kann genau diese

Dimension von Kultur ins Spiel bringen und die Menschen die Langzeitwirkungen vergessen lassen, die sie verursachen, nur um es *jetzt* durchzuziehen. Wenn solches Streben nicht innerhalb eines längerfristigen Ziels gesehen werden kann, können diese Kräfte des blinden Gehorsams sogar in Kulturen mit den besten Absichten durchsickern.

- Kulturen der informierten Ergebenheit versuchen, kurzfristige Orientierung durch Langzeitziele auszugleichen. Langzeitziele binden sie an den Markt und schaffen eine weitreichende Sensibilität für die Dynamik der Öffentlichkeit. Deshalb sprechen diese Kulturen stark auf die Bedürfnisse des Marktes an und reagieren schnell auf Veränderungen und neue Nachfrage. Intern motiviert man die Menschen durch Zuckerbrot und Peitsche, und die Kultur reagiert auf Regulierungen und gesetzliche Anforderungen auf dieselbe Weise, indem sie nach Wegen sucht, bei der Erfüllung oder Umgehung der Regeln so viel Zuckerbrot wie möglich zu erlangen. Kulturen der informierten Ergebenheit sind Kulturen der Regelerfüllung, mit speziellen Überwachungsbeauftragten, die versuchen, das Verhalten durch Belohnung und Bestrafung zu steuern. So unterliegt das Verfolgen von Zielen immer einer Prüfung von außen und der Beschränkung durch den auf Regeln basierenden Ansatz. Kulturen der informierten Ergebenheit sind auf einer Reise zum Erfolg. Sie belohnen Leistung und bemessen ihren Erfolg durch den finanziellen Gewinn aus ihrem Streben.

- Selbststeuernde Kulturen denken notwendigerweise langfristig, um die gemeinsame Werteausrichtung zu erreichen, die für echten Zusammenhalt notwendig ist. Die Kultur muss angetrieben und definiert sein durch das Vermächtnis und die Lebensdauer des Unternehmens sowie seine Suche nach sinngebenden Zielen. Sie muss immer einen Fuß in der Zukunft haben, um ihre hochgradig vertrauenswürdigen Individuen zum gemeinsamen Verfolgen ihrer Ziele zu inspirieren. Diese Zukunftsorientierung setzt die selbststeuernden Kulturen auf vielen Gebieten in der Zeitskala ganz nach vorne. Sie schafft die Bedingungen, mit denen sie die Märkte führen und durchdringen können, und wegen des hohen selbstreflexiven Anspruchs des von Werten getriebenen Strebens wirkt sie proaktiv und präventiv gegenüber Regelungen und gesetzlichen Ansprüchen. Selbststeuernde Kulturen bilden sich um Aufgaben, Versprechen und das Verfolgen von Sinn herum, und ihre Reise trägt auf vielfache Weise ihren Gewinn bereits in sich.

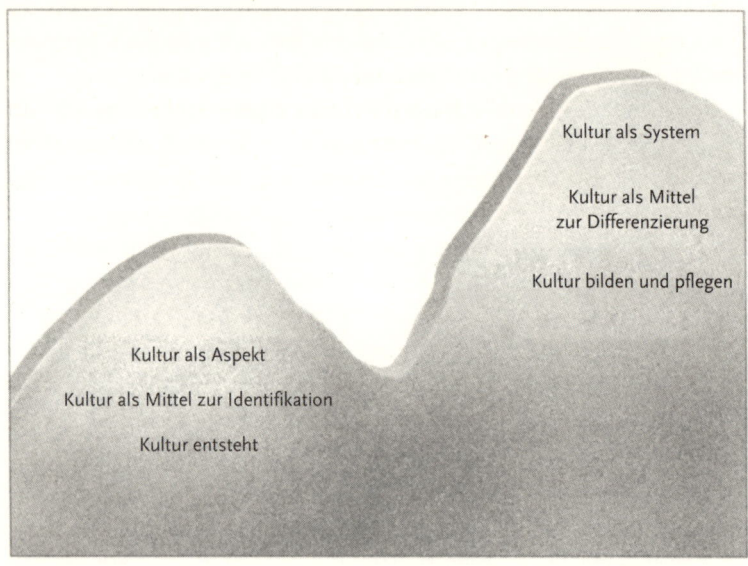

Abbildung: Kultur

In diesem Kapitel haben wir Unternehmenskultur heruntergebrochen auf die Einzelteile, aus denen sie sich zusammensetzt, und haben eine Sprache entwickelt, mit der wir die Art und Weise verstehen, wie Gruppen in einem Unternehmen funktionieren. Diese verschiedenen Dimensionen von Kultur setzen sich in unendlichem Variationsreichtum zusammen, um einzigartige und sich unterscheidende Gruppenkulturen zu schaffen, die man genauso wenig nachbilden kann wie eine Schneeflocke. Dieser gewaltige Variationsreichtum bedeutet, dass Kultur eine Schlüsselquelle der langfristigen Differenzierung werden kann.

Wir haben auch die ersten Schritte zum Verständnis von zwei weiteren wichtigen Tatsachen gemacht: Die Bedeutung der Kultur für unsere Fähigkeit, uns zu entfalten, und, Kultur ist etwas, das wir auf aktive Weise schaffen können. Kultur entsteht aus den kleinen Dingen, die jeden Tag zwischen den Menschen passieren. Insgesamt gesehen bilden diese Einzelteile von Kultur ein organisches Ökosystem, das gepflanzt, gegossen, gedüngt und ausgejätet werden kann und dessen Wachstum man durch viel Ermutigung fördern kann. Wenn Sie erfassen, wie Kultur funktioniert, erhalten Sie daraus die Bausteine für eine Kultur, die tatsächlich durch das Verhalten, das aus ihr entsteht, den Wettbewerb hinter sich lassen kann.

Im folgenden Kapitel schlagen wir uns eine Bresche vorwärts auf ein neues Modell der Gruppenkultur hin, das uns für den Weg voran bestens ausrüstet: die auf Werten basierende Selbststeuerung.

Kapitel 11
Argumente für eine Kultur
der Selbststeuerung

> Ob aus Gesetzlosigkeit oder Wankelmut,
> aus Narrheit oder Schwäche,
> [wir] weigern [uns, uns] selbst zu
> beherrschen, und so werden [wir]
> mit Sicherheit am Ende von außen
> beherrscht werden müssen.
>
> *Theodore Roosevelt, 1907*

Kultur entsteht in den Synapsen zwischen einzelnen Einheiten eines Systems, ob das nun Neuronen im Gehirn sind, Individuen einer Gruppe oder Einheiten in einem Konzern. Jetzt, da wir etwas über die allgemeinen Typen von Kultur wissen, die in den meisten heutigen Unternehmen wirken, und über die verschiedenen Dimensionen, die die Funktionsweise dieser Kulturen ausmachen, was fangen wir mit diesem Wissen an? Wie hilft es uns dabei, Wellen zu machen, uns auf TRIPs zu begeben und uns in den neuen Bedingungen des Business im 21. Jahrhundert weiter zu entfalten?

Blinder Gehorsam, informierte Ergebenheit und auf Werten basierende Selbststeuerung sind nicht nur Kultur-Typen, sondern sie beschreiben auch einen Führungsstil – wie Organisationen Regeln, Strukturen, Richtlinien und Verfahren schaffen, die das Verhalten und die Leistungen der Menschen formen. Wie wir gesehen haben, siedeln Kulturen des blinden Gehorsams und der informierten Ergebenheit den größten Teil der Steuerung außerhalb des Individuums an, beispielsweise in den Händen eines Chefs oder in einer Regelsammlung. Sie wollen eine ähnliche Kontrolle ausüben wie die Banden einer Bowlingbahn, die die Kugeln der Kinder davon abhalten, in den Graben zu rollen. Man rollt die Kugel, und die Banden halten sie auf der Spur und sorgen dafür, dass sie in die richtige Richtung rollt. Doch Transparenz und Vernetzung machen Kulturen, die auf dieser oder jener Art der externen Kontrolle aufgebaut sind, weniger geeignet für unsere neue Welt. Es ist nicht mehr genug, dass die Kugel bis zu den Kegeln rollt. Weil jetzt jeder zusieht, müssen wir heute Treffer landen. Wenige würden bestreiten, dass wir, um in einer horizontalen, hypervernetzten und hypertransparenten Welt Treffer zu landen, ein Arbeitsumfeld brauchen, das Menschen und Gruppen intensiver aneinander bindet, das seine Kraft aus der Kommunikation und dem Informationsfluss bezieht und das es Individuen auf allen Ebenen des Unternehmens erlaubt, schnell und selbstständig zu handeln, wenn sie mit neuen Möglichkeiten des schnelllebigen Marktes konfrontiert sind.

Doch während die rasante Entwicklung der Technik seit Mitte der 1990er einen neuen Typus der hypervernetzten Arbeitskraft erschuf, hat sich wenig in den grundlegenden Strukturen geändert, wie wir uns organisieren und steuern, damit wir die Möglichkeiten unserer neuen Realität wirklich nutzen. Die Banden sind noch immer da. Um sich in den neuen Bedingungen des 21. Jahrhunderts zu entfalten, müssen Gruppen jedoch lernen, die Strukturen der Führung in die Hände jedes Einzelnen zu legen. Im Kern dieses Prozesses liegt das Verständnis des fundamentalen Unterschieds zwischen Führung – der Art, wie wir die Dinge kontrollieren wollen – und Kultur – der Art, wie die Dinge wirklich passieren. Anstatt durch Führung Kultur zu erreichen, müssen Unternehmen lernen, *durch Kultur zu führen*, die Banden der Führung in die Kultur selbst zu integrieren.

Durch Kultur zu führen bedeutet, durch eine innere Haltung und entsprechendes Verhalten zu führen, durch die inneren Strukturen, die jede Handlung und jede Beziehung in einer Organisation beeinflussen. Dies stellt einen tiefen Wandel des Blickwinkels vom blinden Gehorsam und der informierten Ergebenheit dar, den beiden Führungssystemen, mit denen wir am meisten vertraut sind. Er verschiebt die Ziele der Führung in der Nahrungskette nach oben, wenn man so will, während er sie gleichzeitig über die verschiedenartigen Teile des vielgestaltigen Ganzen verteilt. Anstatt eines Führens durch eine Matrix von Regeln und Autoritäten, die über die Organisation gelegt wird, bedeutet Führen durch Kultur Führen aus ihrem Inneren heraus. Unter einer Führung durch Kultur funktionieren Regeln nicht besonders gut, Werte hingegen sehr wohl. Motivation bindet die Menschen nicht aneinander, Überzeugungen hingegen ausgesprochen stark. Externe Kontrollen werden weniger effektiv, Selbststeuerung zeigt mehr Effizienz. Die Kultur der richtigen inneren Haltung und eines entsprechenden Verhaltens, die auf einmalige Weise neue Bedingungen in neue Möglichkeiten verwandelt, wie wir es gesehen haben, hat einen Namen: Auf Werten basierende Selbststeuerung.

Selbststeuerung in der Produktionshalle

Wir haben drei zwingende Gründe, die Idee des Führens durch Kultur anzunehmen: Wir können, wir müssen und wir sollten es tun.

Wir können es tun

Die Weiterentwicklung von Transparenz und Kommunikation, der Zusammenbruch der Festung und alles andere, das wir über die neuen Bedingungen im 21. Jahrhundert besprochen haben, befähigen uns dazu, Kultur auf jeder Ebene zu verstehen und zu beeinflussen. Wir können die Dimensionen von Kultur identifizieren, quantifizieren und systematisieren wie nie zuvor, und dies gibt uns die einmalige Gelegenheit, ihre Kraft und Effizienz freizusetzen.

Wir müssen es tun

Als man mich von Seiten der US Federal Sentencing Commission um eine Stellungnahme bat, als das Komitee eine Revision der Federal Sentencing Guidelines vornahm, hielt ich ein leidenschaftliches Plädoyer für die zentrale Bedeutung von Kultur für die Unternehmensführung.[1] Das Komitee hörte noch viele weitere Experten an, und sie arbeiteten diese Gedanken in ihre neuen Empfehlungen an die Richter ein, die mit Gesetzesübertretungen von Unternehmen zu tun hatten.[2] Die neuesten Richtlinien empfehlen den Richtern, die über die Schuldigkeit von Unternehmen für Vergehen zu entscheiden haben, bei ihrem Urteil »die Bestrebungen einer Organisation zu berücksichtigen, eine Unternehmenskultur zu pflegen, die ein ethisches Verhalten und ein Verantwortungsgefühl gegenüber der Gesetzestreue fördert.«[3] Das US Department of Justice formulierte es in seiner Interpretation der Ergebnisse des Komitees noch deutlicher: »Ein Unternehmen wird von seinen Führungskräften geführt, und diese *Führungskräfte sind für die Unternehmenskultur verantwortlich,* in der ein kriminelles Verhalten entweder abgelehnt oder taktisch unterstützt wird.«[4]

»Unsere Arbeit war nicht weniger als eine Schlacht für die Herzen und Seelen der Menschen, die in Unternehmen arbeiten«, erzählte mir der Richter Ruben Castillo, als wir uns in seinen Amtsräumen in Chicago trafen.[5] Castillo ist stellvertretender Vorsitzender der Kommission und seit 1994 Oberster Richter des Distrikts Northern Illinois. »Die Richtlinien entwickelten sich zu mehr als nur einem Instrument, um [Vorkommnisse] zu reduzieren, die Grenzen und Strafen [erforderten]; sie sollen auf höhere Werte verweisen und die Unternehmen in ihrem Handeln auf eine moralisch höhere Ebene bringen.« Während wir voranschreiten auf eine immer transparentere Welt zu, liegt Kultur – der Charakter einer Organisation – jetzt in der Verantwortung jedes Einzelnen.

Wir sollten es tun

Kultur kann man nicht kopieren. Die kollektive Erfahrung jeder Gruppe von Menschen bildet eine einzigartige Erzählung, eine Geschichte, die in den Hallen, Büros und Fabriken eines Unternehmens lebt und atmet. Die Art, wie Menschen miteinander umgehen, wie sie einander Anstöße geben, um neue Ideen zu schaffen oder bestehende zu verbessern, wie sie Probleme lösen und Widerstände überwinden, bildet die Synapsen, die eine Organisation aufblühen oder absterben lassen, und keine zwei Gruppen verschmelzen diese Erfahrungen genau auf dieselbe Art. Jede Gruppe ist so einmalig wie jede Familie. Die Anzahl der Kinder kann die gleiche sein, doch die Bande, die sie untereinander verbinden, werden immer einzigartig sein. Aufgrund dieser Einzigartigkeit liefert uns die Kultur als Ausdruck der kollektiven inneren Ausrichtung einer Gruppe oder eines Unternehmens die großartigste Möglichkeit zur Differenzierung. Viele Leute, mit denen ich darüber sprach, stimmten mir zu. »Kultur ist ein Wettbewerbsvorteil, der sehr, sehr schwer nachzuahmen ist«, bestätigte mir Charles Hampden Turner. »Wenn man eine bestimmte Kultur hat, kann zwar ein anderes Unternehmen daherkommen, das Patent stehlen und versuchen, das Produkt nachzubauen. Doch die Kultur hat den großen Vorteil, dass sie einerseits für die Menschen, die sie verstehen, real ist, und andererseits beinahe unmöglich nachzuahmen ist. Sie ist nicht ›messbar‹, wie man gerne sagt, sie ist eher ein Prozess als ein Produkt.«[6] Genau wie wir alle wissen, dass eine Familie eine andere nicht kopieren kann, kann ein Unternehmen nicht die Kultur eines anderen nachahmen. Genau diese Frage stellte ich Massimo Ferragamo, dem Vorsitzenden von Ferragamo USA, einer Tochtergesellschaft von Salvatore Ferragamo Italien, die Vertrieb und Auslieferung von Ferragamo-Modeartikeln in Nordamerika steuert. »Familien können einander nicht kopieren und Unternehmen können einander ebenso wenig kopieren«, antwortete er mir.[7] Massimo ist das jüngste von sechs Kindern von Salvatore und Wanda Ferragamo.[8] Salvatore Ferragamo hatte im Alter von 15 Jahren in Italien eine Schuhmacherei als Familienbetrieb begonnen. Massimo trat in die Fußstapfen seines Vaters und begann im Alter von zwölf Jahren im Familienunternehmen zu arbeiten, indem er Schuhe in Schachteln packte. Heute regieren er, seine Mutter, seine Halbgeschwister, deren Kinder und eine Menge anderer Verwandter über ein Luxusmode-Imperium mit über 200 Einzelhandelsfilialen auf der ganzen Welt. Während sie sich auf die Reise machen, das Unternehmen an die Börse zu bringen, hat Massimo bereits ausreichend Gelegenheit gehabt, sich zu überlegen, was das Familienunternehmen durch das neue Jahrtausend tragen wird. Und für ihn läuft alles auf die Kultur hinaus. »Gerade die Kultur ist es, die nicht zu kopieren ist. Werte und tiefe Überzeugungen kann man nicht nachmachen. Diese Werte werden von denen errichtet, die ganz natürlich am Leben im Unternehmen teilhaben, oft ohne es zu wissen, und sie werden auf die Gedankengänge der Menschen übertragen, die diese Werte und Kultur annehmen. Ich würde sogar so weit gehen zu sagen: Unsere Niederlassungen in den USA, in Japan und in Italien, in drei verschiedenen Erdteilen, haben mit sehr viel höherer Wahrscheinlichkeit eine ähnlichere Kultur als zwei Unternehmen im gleichen Gebäude in Florenz, die miteinander nichts zu tun haben.«

Unternehmen können durch Kultur erfolgreich sein, indem sie die richtige innere Haltung und das richtige Verhalten annehmen und Wellen von Kreativität und Sinn unter ihren Arbeitskräften auslösen. Heute Erfolg zu haben erfordert ein Übertreffen der Erwartungen, denn wirklich gute Unternehmen erfüllen nicht bloß Verträge; sie übererfüllen sie. Sie lassen durch ihr Verhalten den Wettbewerb hinter sich. »Das bedeutet, dem Kunden ein Erlebnis zu verschaffen, das sonst niemand kann«, erzählte mir Ferragamo, »und das ist eine sehr, sehr große Herausforderung. Das bedeutet, hervorragend zu sein ohne Obergrenze.«

Ich bat Massimo um ein Beispiel dafür, wie er glaubt, seine Wettbewerber durch Verhalten aus dem Feld zu schlagen. »Ich unterhielt mich mit einer liebenswürdigen Frau, die bei uns arbeitet«, sagte er. »Sie hatte Urlaub und kam an einem unserer Läden vorbei, wo ein extremer Betrieb herrschte. Sie arbeitet nicht in unseren Läden, aber sie ging hinein und sagte ›Ich helfe ein bisschen mit‹. Es war 10.30 Uhr und sie verließ den Laden erst wieder um 17.30 Uhr, und dabei war sie im *Urlaub*. An diesem Tag kam ein Kunde herein und sagte zu ihr: ›Ich muss meine Weihnachtseinkäufe machen, und ich habe es eilig, und ich weiß einfach nicht, wie ich das schaffen soll.‹ Sie sagte: ›Na, dann schauen wir mal. Haben Sie eine Liste?‹ Er gab sie ihr. Langer Rede kurzer Sinn, er setzte sich zu einem Getränk und sie brachte ihm einfach die Sachen hin. Er verließ den Laden mit Waren für sechs- oder siebentausend Dollar, und ich bin sicher, dass sie ihm den Tag gerettet hat. Die Herausforderung ist in meinen Augen, wie kann ich die Bereitschaft zum Dienst am Kunden noch verdoppeln, nicht nur zufällig situationsbedingt, sondern als Standard? Wie schaffe ich eine Kultur, in der wir ein großartiges Spiel spielen und immerzu punkten, so dass jeder durch dieses Spiel animiert wird? So lässt man durch Verhalten den Wettbewerb hinter sich.«

In einer Kultur der informierten Ergebenheit könnte man alles tun, was Zuckerbrot und Peitsche verlangen, sich an die Regeln halten, und doch niemals jemanden *erfreuen* oder *überraschen*. Bei der Selbststeuerung geht es darum, Menschen die Freiheit zu geben, individuell und kreativ zu handeln, ihre Fähigkeit freizulegen, Menschen zu überraschen und Freude zu schaffen. In einer Welt, in der innere Haltung und Verhalten das Wichtigste sind, legt eine Führung durch Kultur die Möglichkeit, die Erwartungen zu übertreffen, in die Hände derer, die dies auch tun können.

Freiheit ist nur ein Wort

Meist erscheint zunächst alles gut und schön, wenn man ganz abstrakt an Selbststeuerung denkt. Aber wenn man konkret darüber nachdenkt, schleicht sich Furcht ein. Wie kann eine Organisation funktionieren, fragt man sich, wenn die Arbeitskräfte die Freiheit haben, zu tun, was sie wollen? Aber was ist Freiheit? Manche Menschen denken, Freiheit ist die Abwesenheit von Zwang. »Wenn ich genau tun könnte, was ich will, könnte ich wirklich etwas erreichen«, denken sie. Der dänische Philosoph Søren Kierkegaard sah dies jedoch anders: »Angst ist das Schwindelgefühl der Freiheit«, sagte er.[9]

Wissenschaftler an der Universität Erfurt entwarfen ein Investitions-Spiel, um genau herauszufinden, was Freiheit für die Menschen bedeutet – in Dollars und Cents. Sie stellten 84 Spieler zusammen und gaben ihnen je 20 Geldeinheiten. Um es interessant zu machen und die Motivation echten Profits zu schaffen, wurde den Spielern gesagt, sie könnten ihre Geldeinheiten am Ende des Spiels in echtes Geld einwechseln. In jeder der zahlreichen Runden konnten die Spieler wählen, ob sie etwas von ihren Geldeinheiten in ein Gemeinschaftskonto investieren wollten oder nicht. Das Gemeinschaftskonto hatte einen garantierten Gewinn, und nach jeder Runde wurde der Gewinn zu gleichen Teilen an die ganze Gruppe ausgezahlt, auch an die Trittbrettfahrer, die sich entschieden hatten, nicht zu investieren.[10] Das Spiel war völlig transparent; jeder konnte sehen, was jeder andere tat. Dies waren die Basisregeln.

Als Nächstes (und hier wird es interessant) richteten sie zwei verschiedene Arten von Gruppen ein: solche, in der die Mitglieder die Möglichkeit hatten, andere Mitglieder zu bestrafen, und andere, wo dies nicht möglich war – mit anderen Worten, Gruppen, die ein System der Selbststeuerung hatten und solche, in denen die Teilnehmer völlig frei waren, zu tun, was sie wollten. Die Spieler mussten eine Gruppe wählen, mit der sie investieren wollten, und nach jeder Runde konnten sie die Gruppe wechseln, wenn sie wollten.

Was vielleicht nicht überrascht (angesichts der irrtümlichen Auffassung von Freiheit als Abwesenheit von Zwang, die die meisten Menschen haben): etwa 65 Prozent der Spieler wählten anfangs eine Gruppe ohne regulative Einrichtung. Mit der fünften Runde änderte sich dies jedoch allmählich; etwa die Hälfte der Spieler wechselte in selbststeuernde Gruppen. Ein kleinerer Anteil wanderte in die entgegengesetzte Richtung. In Runde 20 hatte fast jeder in eine selbststeuernde Gemeinschaft gewechselt. Die »freien« Gruppen waren leer. Die größten Gewinne konnte man in selbststeuernden Kulturen einfahren. Wenn man freie Auswahl hat, scheint es, dass Gruppen ohne Regelmechanismen ausbeuterische Menschen anziehen, die dazu neigen, Kooperation zu unterminieren. Im frühen Stadium wurden die Spieler, die eine Freifahrt und Gewinn ohne Risiko einfahren wollten, zu den unregulierten Gruppen hingezogen. Dann besann man sich; die drohende Strafe durch die Gruppe zog Menschen an, die keine Angst vor Kooperation hatten. In diesen Gruppen investierten mehr Spieler und jeder bekam einen höheren Gewinn heraus.

Es stellt sich heraus, dass Menschen, die ein Ziel haben, und die man vor die Wahl stellt zwischen Kulturen, wo sie frei sind, zu tun was sie wollen, und Kulturen, die einen Selbstregulierungs-Mechanismus haben, die Kultur mit den selbststeuernden Prinzipien wählen. »[Was wir herausfanden, ist], wenn man Menschen mit gemeinsamen Normen hat und einige darunter den moralischen Mut aufbringen, andere verbal zu sanktionieren«, sagt Bettina Rockenbach, Hauptautorin der Studie, gegenüber der *New York Times*, »dann organisiert sich diese Art der Gesellschaft sehr erfolgreich.«[11]

Freiheit heißt nicht Anarchie. Die Freiheit, die Dinge selbst zu steuern, verbindet die Menschen untereinander mit den aufgestellten Werten und dem Willen, gemeinsame Ziele zu erreichen. »Ein Analyst der Financial Times fragte mich einmal, ob ich Angst hätte, die Kontrolle über unser Unternehmen zu verlieren«, schrieb Herb Kelleher, Vorstandsvorsitzender und früherer CEO von Southwest Airlines, einem Unternehmen, dessen Mitarbeiter Autonomie genießen. »Ich sagte ihm, ich hatte niemals die Kontrolle, und ich wollte sie auch nie. Wenn Sie ein Umfeld schaffen, in dem die Menschen wirklich teilhaben, dann brauchen Sie keine Kontrolle. Sie wissen, was getan werden muss, und sie tun es. Und je mehr die Leute sich für Ihre Sache freiwillig engagieren, aus eigenem Antrieb, umso weniger Hierarchien und Kontrollmechanismen brauchen Sie. Wir brauchen keinen blinden Gehorsam. Wir brauchen Leute, die auf eigene Initiative hin tun wollen, was sie tun, weil sie es als wertvolles Ziel betrachten. Ich war immer der Überzeugung, dass die beste

Führungskraft der beste Diener ist. Und wenn Sie ein Diener sind, dann kontrollieren Sie schon per definitionem nicht.«[12]

Die Grundlagen für eine zentralisierte Entscheidungsgewalt mit hierarchischer Struktur – Kontrolle, Steuerung und Regelerfüllung – verpuffen, wenn die Einzelnen stark auf die Werte und Ziele eines Unternehmens ausgerichtet sind, verantwortlich sind für ihre Handlungen, und sich selbst regulieren. Weil auf Werten basierende Führung positive Führung ist – indem sie eher davon ausgeht, was erstrebenswert ist, nicht, was verboten ist – stellt sie eine proaktive Lösung dar, Unternehmensziele zu erreichen. Im Gegensatz zum schwerfälligen Zwangsmechanismus blinden Gehorsams oder dem reaktiven Ansatz des »noch-eine-Regel-Machens« der informierten Ergebenheit liefert die auf Werten basierende Selbststeuerung konstitutionelle Prinzipien, die immer wieder auf die Situationen angewandt werden können, sobald sie auftreten. Sie geht mit mehr Verständnis an das weite Feld des menschlichen Verhaltens heran und stellt die Werte des Unternehmens als Ziel hinter das Verhalten.

Kultur als Testfahrt

Joe Stallard ist stellvertretender Personalleiter bei Sewell Automotive Companies, einem Unternehmen, das sich zu einer der größten Autohändlerfirmen im Familienbesitz in den USA entwickelt hat, und dies vor allem deshalb, weil Sewell eine Kultur pflegt. Die 1500 Mitarbeiter von Sewell verkaufen neue und gebrauchte Fahrzeuge und leisten Kundendienst, und ihr Erfolg rührt nicht nur daher, dass sie ein gutes Produkt liefern, sondern auch Beziehungen zu ihren Kunden aufbauen. Seit 1911 ist Sewell stetig gewachsen, weil man eine Kundenerfahrung bietet, die weit über das hinausgeht, was man gemeinhin von Autohändlern erwartet. »Sicher haben wir Elemente von Selbststeuerung in unserer Kultur«, erzählte mir Joe, als ich ihn nach seiner Unternehmenskultur fragte, »wir haben aber auch Elemente von informierter Ergebenheit. Ich sage immer, wenn man etwas ganz schnell braucht, ist es sehr effektiv, den Leuten einfach Anweisungen zu erteilen, aber das kann man nicht sehr lange aufrechterhalten. Wenn man sich die Zeit nimmt, ihnen die Hintergründe, das *Wie* und *Warum* für die Aufgaben zu erklären – und noch wichtiger, wenn man sie dazu bringt, daran zu glauben –, ist man noch viel effektiver.«[13]

Bei Sewell gibt es sehr wenige Regeln. »Ich glaube, dass das Aufstellen einer Menge Regeln in vieler Hinsicht einen Mangel an Vertrauen impliziert,« sagte Joe. »Man muss Regeln oder eine Peitsche einsetzen – ›Wenn du dies nicht machst, tue ich dir jenes an‹ –, wenn man den Leuten nicht vertraut. Wir haben drei Leitideen bei Sewell, und ich sage immer, wenn wir diese drei richtig hinbekommen, brauchen wir nicht viele Regeln.« Diese »Leitideen« stellen die Kernwerte dar, die jeden Mitarbeiter bei Sewell an die gemeinsame Unternehmung binden: Handle professionell in allem, was du tust; zeige echtes Verantwortungsbewusstsein; erhalte den höchsten ethischen Standard aufrecht. »Wenn alle ein paar starke, leitende Prinzipien haben«, sagte Joe, »ermöglicht ihnen das, kreativ zu sein, innovativ und flexibel, und dort draußen wirklich ein paar Dinge anders zu machen.«

Es gibt nur drei Werte, aber für Sewell decken sie sehr weite Gebiete ab. Wenn man sein Auto in eine Sewell-Werkstatt bringt, erledigt ein Team von Mechanikern in abgestimmten Arbeitsabläufen, Stoßstange an Stoßstange, alle nötigen Arbeiten an diesem Fahrzeug. Jedes Team wählt einen Gruppenleiter, der den Arbeitsablauf leitet, aber darüber hinaus steuert sich das Team fast vollständig selbst. Die Mechaniker an der Kundenfront treffen jede Entscheidung, die nötig ist, um diese drei Werte zu erfüllen, bis hin zu und inklusive des Einsatzes von firmeneigenem Geld für diesen Zweck. »Sagen wir mal, Sie bringen Ihren Lexus. Die Garantie ist schon abgelaufen, der Fensterregler geht nicht mehr, und Sie finden, wir hätten das erkennen müssen«, zeigte Joe ein Beispiel auf. »Die meisten Mechaniker müssten mit einem Service-Manager sprechen, der die Unterlagen durchgehen würde und dann vielleicht mit seinem Vorgesetzten sprechen würde, bevor er eine Entscheidung treffen würde, oder Ähnliches. Bei uns kann die erste Person, mit der Sie sprechen, die Entscheidung über die Reparatur treffen. Sie könnten jetzt fragen, warum wir das machen. Geben die Mitarbeiter dann nicht unser ganzes Geld aus? Tatsächlich tun sie es nicht. In Wirklichkeit geben sie weniger aus, als wir uns erhofft hätten.«

Sie geben weniger aus? Personal an der Kundenfront ohne Gewinn- und-Verlust-Verantwortung und ohne Kommissionsstruktur gibt weniger aus, wenn es ihm erlaubt ist, Firmengeld frei einzusetzen?

»Genau. Überlegen Sie mal. Wenn Sie Menschen die Macht geben, Geld frei auszugeben, welche Überlegungen stellen die meisten in dem Moment an, wo sie die Verantwortung haben? ›Hoffentlich gebe ich nicht zu viel aus. Hoffentlich prüfen sie nicht mein Verfügungskonto und sagen, das ist ja eine Riesensumme.‹ Also machen sie sich darüber fast mehr Gedanken, als wir das möchten. Manchmal kommen neue Angestellte zu ihrem Service-Manager und erzählen ihm, sie hätten bemerkt, dass bei einem Auto die Rücklichter defekt seien und sie fürchten, der Kunde könnte verärgert sein. Wir fragen sie dann ›Wenn es Ihre Mutter wäre, was würden Sie von uns erwarten? Was, glauben Sie, *sollten* wir tun?‹ Sie wollen erst die Rückversicherung. Mit der Zeit, wenn sie Vertrauen fassen, treffen sie diese Entscheidungen selbstständig. Wenn Sie ihnen das Scheckbuch geben, sind sie viel umsichtiger als wenn Sie es ihnen wegnehmen.«

»Gehen wir ein höheres Risiko ein, weil wir weniger Regeln haben?« führte Joe weiter aus. »Sicher. Aber ich will Ihnen einmal ein Beispiel geben. Wir stellen allen unseren Mitarbeitern ein Auto, Benzin und Versicherung zur Verfügung. Am ersten Tag, wenn einer die Arbeit in einem Lexus-Autohaus antritt, bekommt er einen neuen Lexus. Setzen wir uns dadurch einem Risiko aus? Könnte es passieren, dass jemand damit herumfährt, sich betrinkt, Totalschaden verursacht oder jemanden tötet und von unserer Vereinbarung nichts als eine riesige Summe Schulden bleibt? Das könnte passieren, aber es ist niemals passiert. Die meisten anderen Händler sagen uns: ›Ihr seid verrückt. Warum macht ihr das? Wie haltet ihr die Leute davon ab, so etwas zu tun?‹ Und wir antworten: ›Wir stellen eben tolle Leute ein.‹ Und sie achten dieses Vertrauen.«

Alles an der Kultur bei Sewell verstärkt deren drei grundlegende Leitideen, und man feiert sie dort bei jeder Gelegenheit. »Wir erzählen hier viele Geschichten«, sagt Joe, und spricht dabei aus, was für mich im Verlauf unserer Konversation bereits offensichtlich geworden ist. Eine ihrer Lieblingsgeschichten handelt von einem Mechaniker, der von einem Wettbewerber kam und seit kurzem bei Sewell eingestellt worden war. »Der Mechaniker berechnete bei einem Kunden eine Arbeit, die er nicht gemacht hatte. Einer der anderen Mechaniker ging zu ihm hin und sagte: ›He, was machst du da? Das kannst du hier nicht machen.‹ Und er antwortete: ›An meiner letzten Arbeitsstelle war das die Art, wie wir uns ein bisschen was dazu verdienten.‹ Also erklärte ihm der Mechaniker, dass wir so etwas hier nicht tun, und der entschuldigte sich und sagte: ›Das wusste ich eben nicht.‹ Also behielt die Gruppe ihn etwas im Auge, und am nächsten Tag erwischten sie ihn, wie er es wieder tat. Diesmal gingen ein paar Burschen zu ihm hin und sagten: ›He, wir haben dir gesagt, dass wir das hier nicht machen.‹ Er antwortete: ›Okay, tut mir leid. Ich hab's kapiert. Ist 'ne schlechte Gewohnheit.‹ Also beobachtete die Gruppe ihn jetzt sehr genau. Am dritten Tag erwischten sie ihn wieder dabei. Diesmal zogen sie ihn am Kragen hinter einem Auto hervor und sagten ihm, er solle sein Werkzeug zusammenpacken, seinen Lieferwagen nehmen und abhauen. Kein Vorgesetzter, kein Geschäftsführer; sie sagten nur einfach: ›Wir lassen uns von einem Kerl wie diesem nicht unseren Laden schlecht machen‹, und sie haben ihn rausgeschmissen.«

Dies mag Ihnen vielleicht ein wenig grob vorkommen, wenn Sie in einem Büro arbeiten, aber wenn Sie in einer Reparaturwerkstatt arbeiten, kann die Kultur ein anderes Verhaltensspektrum tolerieren. Joe gibt zu, dass der gefeuerte Mechaniker hätte Ärger machen können, aber er ging einfach weg. Ihm wurde klar, dass er hier einfach nicht hingehörte.

»Echtes Verantwortungsbewusstsein« zu zeigen kann ganz schön grob sein, aber es bringt auch Inspiration. Als ein Teammitglied krank wurde und auf Krankengeld angewiesen war, und dann herauskam, dass seine Versicherung erst nach einem Monat Arbeitsunfähigkeit zahlte, spendeten ihm seine Kollegen aus der Gruppe alle eine Stunde von ihrem täglichen Gehalt, um ihn zu unterstützen. Als der Hurrikan Katrina die Handelsniederlassung von Sewell in New Orleans wegfegte (sie lag zwischen dem Superdome und dem Stadtzentrum), verloren über 40 von den 114 Mitarbeitern dort Haus und Habe. Obwohl sie keine der betroffenen Familien kannten, sagten Mitarbeiter in Dallas/Fort Worth daraufhin sämtliche Feiern und Preisverleihungen für dieses Jahr ab und sammelten so sehr schnell eine Summe von 168 000 Dollar, stellten ihre Ferienhäuser und -wohnungen zur Verfügung, suchten Wohnungen und Unterkünfte und halfen diesen Mitarbeitern, ihr Leben wieder aufzubauen. Obwohl sie sie nicht kannten, betrachteten sie sie als Teil der Sewell-Familie.

Selbststeuernde Kulturen inspirieren zu gemeinsamer Ausrichtung und schließen Elemente aus, die nicht hineinpassen. Deshalb genießt Sewell eine Mitarbeiter-Fluktuationsrate von nur 22 Prozent in einer Branche, die sonst normalerweise 184 Prozent Fluktuation im Jahr aufweist. »Wir verstärken Verhalten, indem wir es durch Geschichten forcieren«, sagte Joe, »aber wir belohnen es auch. Eine der bedeutenden Messgrößen in der Automobilbranche ist der Kundenzufriedenheitsindex (Customer Satisfaction Index, CSI). Wir zahlen jede Person beim Vertragshändler – ob sie den Boden wischt, das Telefon bedient oder Autos verkauft – auf der Basis von CSI, weil wir glauben, dass jeder Einfluss auf die Kundenzufriedenheit hat. Wir brechen das herunter und bringen es bis in alle verschiedenen Arbeitsebenen. Und jeder erfährt das. Zum Beispiel, wenn der Kundenzufriedenheitsindex in einem Verkaufsgebiet niedrig ist, rufen die Leute von der Buchhaltung an und fragen: ›Wie können wir Ihnen helfen, den CSI wieder nach oben zu bringen?‹«

Auf Werten basierende Selbststeuerung ist kein Selbstzweck; sie trägt zur Schaffung von erfolgreichen Kulturen für das 21. Jahrhundert bei. Durch die Kultur haben die Unternehmen die Gelegenheit, in mehr Variationsreichtum und Diversifizierung zu wachsen, während sie gleichzeitig stark auf ein gemeinsames Ziel ausgerichtet bleiben. Es gibt keine festen Mauern in Kulturen; sie sind fortschreitender und evolutionärer Natur, sie wachsen und verändern sich unaufhörlich. Zum Beispiel ist die Kultur bei Sewell keine reine Selbststeuerung; Stallard selbst gab zu, dass sie auch Elemente von Zwang enthält, und in manchen Momenten sind Regeln die beste Art, etwas erledigt zu bekommen. Doch indem man im Kern auf Prinzipien der Selbststeuerung baut, gelingt es bei Sewell, diese externen Kontrollmechanismen an der Oberfläche der zentralen Arbeit der Gruppe zu halten und jedem die Inspiration und den Antrieb durch die Werte zu erhalten, die im Zentrum all ihres Handelns stehen. In den Momenten, wenn die Unternehmensführung ihre Leitplanken aufstellen muss, vertraut jeder in der Firma darauf, dass diese externen Schutzmaßnahmen aus denselben Werten entspringen wie alles andere, was sie tun.

Gräben schließen

Autorität zu rationalisieren und Information und Entscheidungsgewalt in die Hände derer zu legen, die der Herausforderung am nächsten stehen, macht ein Team wendig und reaktionsfähig, zwei Qualitäten, die für die Entfaltung im schnelllebigen Markt lebenswichtig sind. Mehr noch als die Entscheidungsgewalt an der Kundenfront enthält jedoch die Selbststeuerung den Schlüssel zum nächsten großen Sprung in der Effizienz eines Unternehmens: *sie schließt den Graben zwischen dem Individuum und dem Unternehmen.*

Unternehmen nehmen ständig *Gap-Analysen* für Initiativen vor, um den Unterschied zwischen erwartetem Ergebnis, Soll-Ergebnis und Wettbewerb herauszufinden. Betrachten wir also einmal die Kosten für die Erfüllung der Regelungen und Vorschriften beim letzten Versuch der US-Regierung, Unternehmensverhalten zu regeln, dem Sarbanes-Oxley Act. »Noch bevor die teuersten Sarbanes-Oxley-Regeln in Kraft treten«, berichtet das *Wall Street Journal*, »geben die Unternehmen an, die Kosten für Untersuchungsverfahren seien in diesem Jahr infolge von strengeren Regelungen für Untersuchungsverfahren und Rechnungswesen um 30 Prozent oder mehr gestiegen. (...) Die Unternehmen zahlen auch horrende Honorare, um ein neues Aufsichtsgremium für das Rechnungswesen zu finanzieren – bis zu zwei Millionen Dollar im Jahr bei einigen großen Unternehmen.«[14] Eine Studie von Financial Executives International schätzte die investierte Arbeitszeit in neue Verfahren für Gesetzestreue bei kleinen Firmen mit weniger als 25 Millionen Dollar Gewinn auf fast 2000 Arbeitsstunden. Bei einem Gewinn von fünf Milliarden entsprach dies 41 000 Arbeitsstunden.[15] Was hat man mit all diesen neuen Investitionen erreicht? PricewaterhouseCoopers fand heraus, dass von den 85 Prozent der multinationalen Unternehmen, die neue Kontrollen und Verfahren zur Gesetzestreue eingeführt haben, nur 4 Prozent von nennenswerten Veränderungen im Verhalten berichten.[16] Die Unternehmen haben wie verrückt investiert, um den Graben zwischen Regeln und Verhalten zu schließen, indem sie neue Programme und Trainingsmaßnahmen einführten, um das Niveau der Regelerfüllung anzuheben. Und doch, trotz dieser herkulischen Anstrengungen, hat es wenig wirkliche Reduktion in der zwangsweisen Durchsetzung von Regeln und Strafverfolgung gegeben.[17]

»Wir haben großartige Trainings, großartige Systeme und großartige Unternehmensrichtlinien und Kontrollen«, erzählte mir Douglas Lankler, Leiter der Abteilung für Regelerfüllung und Gesetzestreue, Senior Vice President und außerordentlicher Oberster Rechtsberater des Pharmaunternehmens Pfizer, als wir uns im Pfizer-Hauptgebäude in New York trafen, »und doch haben wir noch immer Probleme mit der Gesetzestreue.«[18] Lankler ist der Sohn eines Staatsanwaltes. Während er aufwuchs, hörte und idealisierte er ständig die Geschichten seines Vaters darüber, wie er böse Kerle ins Gefängnis brachte. Sie beeindruckten ihn so, dass er selbst Staatsanwalt werden wollte, damit er dasselbe tun konnte. Pfizer, eines der größten Pharmaunternehmen der Welt, verfolgt so gut wie nur irgend möglich und unterstützt durch neueste Technik die Ziele »Gesetzestreue sowie höhere Verhaltensstandards und Unternehmensverantwortlichkeit«, und doch muss auch Lankler zugeben, dass eine Gesetzestreue, die auf Regeln basiert, eine echte Herausforderung darstellt. »Man widmet im Jahr 2007 den Themen Gesetzestreue, deren Bedeutung und der Tatsache, dass man in der Öffentlichkeit steht, viel mehr Aufmerksamkeit, als man das 2001 tat, und doch klingelt die Hotline noch immer etwa genauso oft wie 2001. Und das liegt nicht daran, dass die Leute jetzt leichter darüber sprechen können, wir hören noch immer von Dingen, von denen man meinen könnte, dass wir darüber hinweg sind. Und ich glaube eindeutig, dass das jeder Firma so geht; Pfizer steht hier nicht allein.«

Man sagt, dass nur ein Verrückter immer mehr desselben tut und sich dann davon unterschiedliche Ergebnisse verspricht. Das ist die Falle, in der die Unternehmenswelt in Hinsicht auf Gesetzestreue steckt. Wie viel fällt in den Graben zwischen der Verhaltensweise der Menschen und den Regeln? Wie viel Zeit verbraucht und wie viel Verwirrung schafft die Notwendigkeit externer Regulierung durch eine führungsorientierte Bürokratie bei jeder Entscheidung und Initiative? Unternehmen verwenden 98 Prozent ihrer Zeit und Ressourcen zur Durchsetzung von Regeltreue auf die zwei Prozent ihrer Mitarbeiter, die für Verstöße verantwortlich sind, und haben noch immer diese Verstöße nicht wesentlich reduziert. Hierin liegt der grundsätzliche Fehler bei Kulturen der informierten Ergebenheit: der Graben zwischen den Menschen und dem, was man von ihnen erwartet; zwischen Menschen und Regeln; und zwischen den Mitarbeitern und dem, was ihr Chef will. Gräben sind das unvermeidliche Resultat externer Führung. »Es ist wie ein Wettrüsten«, sagte Lankler. »Sie können die Kontrollen immer mehr anziehen, aber die Unternehmen werden aggressiver werden und versuchen, sie zu umgehen; dann ziehen Sie die Kontrollen noch mehr an und stellen mehr Leute ein, um die Unternehmen einzukreisen, und diese werden umso aggressiver, und das hört nie auf.«

Selbststeuerung schließt den Graben. Sie legt 100 Prozent Ihrer Ressourcen in 98 Prozent Ihres Unternehmens, indem sie Ihren Mitarbeitern Inspiration, Vertrauen und die Möglichkeit gibt, ihr Bestmögliches zu leisten. Warum werden die Angestellten das Richtige tun? Sie werden das Richtige tun, weil nicht das Richtige zu tun in selbststeuernden Kulturen nicht mehr nur einen Verrat am Unternehmen bedeutet; es verrät die eigenen Werte des Einzelnen. Regeln kontrollieren und beschränken die Art und Weise, wie wir etwas tun; nur die auf Werten basierende Selbststeuerung kann gleichzeitig Verhalten kontrollieren und dazu inspirieren, mehr zu tun. Wenn Unternehmen und Arbeitnehmer sich auf dieselben Werte ausrichten, dann handeln die Arbeitnehmer im Sinne ihrer eigenen Überzeugungen. Nichts hat mehr Macht als dies. Sich selbst zu verraten schafft Ablenkung, jene ärgerlichen kleinen Stimmen im Kopf, die Reibung verursachen und die eigene Produktivität und Effizienz verringern (wir werden ein paar Seiten weiter noch den Anteil an Verweigerern besprechen). Auf Werten basierende Selbststeuerung schafft eine Kultur des Einklangs.

Stellen Sie sich vor, wie viel gewonnen wäre, wenn man die Dissonanz aus dem Kern der Unternehmensführung eliminieren würde und eine Kultur der Konsonanz schaffen würde. Die Zeit, Energie und Kosten, die früher dazu aufgewendet wurden, den Graben zwischen dem Einzelnen und dem Unternehmen zu schließen, verschwinden. Lankler sagte: »Wenn es nach mir ginge, wäre es Folgendes, was ich unserem Vertrieb sagen möchte: ›Regeln, Richtlinien, Vorschriften und Beschränkungen interessieren mich nicht mehr. Die Grenzen dessen, was Sie dürfen und nicht dürfen, interessieren mich nicht. Sie wissen schon, was Sie tun sollen, Sie sind große Jungs und Mädels, Sie haben Integrität, Sie verstehen, dass wir von Ihnen erwarten, das Richtige zu tun. Wir brauchen diese künstlichen Vorschriften nicht; wir können Ihnen vertrauen.‹ Wenn wir unsere Kultur so gestalten können, dass es dies ist, was wir jeden Tag bei Pfizer belohnen, und was wir am höchsten wertschätzen, dann können wir mit viel mehr Freiheit und viel aggressiver vorgehen. Das ist für mich der heilige Gral.«

Wenn man mehr Selbststeuerung in eine Kultur hineinbringt, verringert man die Notwendigkeit von Regeln, Prozeduren und Richtlinien. Man verringert auch die Notwendigkeit für Zuckerbrot und Peitsche, um für Gesetzestreue zu motivieren (noch ein Effizienz-Faktor: Zuckerbrot und Peitschen sind teuer). Stattdessen erhält man die Ausrichtung auf Werte, mehr Inspiration und weniger Zeit- und Arbeitsaufwand, die in den Graben zwischen den Menschen und den Regeln fallen. Selbststeuerung ist der effektivste Weg, jeden auf die gleiche Spur zu bringen, auf Unternehmenswerte und -ziele auszurichten und ihn dazu zu bringen, das Richtige zu tun, um sie zu erreichen. Bei Gesetzestreue und Regelerfüllung geht es darum, zu überleben. Bei Selbststeuerung geht es darum, aufzublühen.

Michael Monts ist Vice President für Geschäftspraktiken bei der United Technologies Corporation (UTC), ein Denker und eine respektierte Führungskraft in der Rüstungsgüterindustrie. UTC war schon früh führend mit dem Versuch, eine auf Werten basierende Führungskultur zu entwickeln, und Michael half dem Unternehmen, die Grenzen von Lösungen der Regelerfüllung und Gesetzestreue für das Verhalten im Unternehmen zu erkennen. Er brachte dieses Thema mit Nachdruck bei mir an.»Ein Programm für Regelerfüllung und Gesetzestreue zu schaffen – die externe Struktur, Regeln und so weiter – wird bestimmt die gesamten Ergebnisse bei der Gesetzestreue verbessern, aber am Ende erreicht man eine Obergrenze. Auf Werten basierende Programme heben alles auf die nächsthöhere Ebene. Erst bringt man damit die Menschen davon ab, ständig nach Schlupflöchern zu suchen. Und, noch wichtiger, wenn man es vom Vorteil für den Standpunkt der Führung aus betrachtet, so inspirieren auf Werten basierende Ansätze die Menschen dazu, Großartiges zu vollbringen. Nicht die Angst treibt die Menschen an; es ist die Sehnsucht danach, etwas Wunderbares zu vollbringen. Wenn man seine Vision, Werte, Aufgabe und Führungsstil kombiniert, dann kann man die Vorstellungskraft der Mitarbeiter fesseln und ihre Kraft in einem gemeinsamen Streben bündeln. Das ist es doch, was man will, und es ist auch genau das, was die Mitarbeiter wollen. Im Grunde ist das Ganze auch für die Mitarbeiter nicht nur eine Kosten-Nutzen-Gleichung. Sie wollen empfinden, dass sie Teil eines bedeutenden Geschehens sind.«[19]

Werte in Aktion

Auf Werten basierende Selbststeuerung beginnt natürlich mit Werten, einer klar artikulierten Sammlung von Prinzipien, die das Wesen und den Zweck einer Organisation mit Begriffen der menschlichen Sprache beschreibt. Bei GE Durham benutzt man den Begriff »Leitprinzipien«, und er betitelt ein Dokument, das man dort als Verfassung betrachtet.[20] Darin sind Werte artikuliert wie die Akzeptanz von Verschiedenartigkeit, gegenseitiger Respekt, die Verpflichtung gegenüber einer Kultur des Lernens und Lehrens, die Verpflichtung, Versprechen einzuhalten, Verantwortung für die Umwelt und eine Einstellung, die Konfliktlösung als Korrektur, nicht als Strafe für inakzeptables Verhalten begreift. Bei Sewell Automotive hat man die »Leitideen«: Handle professionell in allem, was du tust; zeige echtes Verantwortungsbewusstsein; erhalte den höchsten ethischen Standard aufrecht. Diese Werte bilden die Basis für die gesamte Unternehmenskultur. Jede Struktur, jeder Prozess und jede Entscheidung in beiden Gruppen entsteht aus dem Gefühl der Verpflichtung gegenüber einer inneren Haltung und dem entsprechenden Verhalten.

Sewell und GE Durham sind relativ kleine Unternehmen, und so stellt sich natürlich die Frage: »Wie kann dies bei einem großen Unternehmen funktionieren?« Zum Glück gibt es sowohl alte als auch neuere Beispiele dafür. Johnson & Johnson war lange Zeit führend darin, Werte in seine Unternehmenskultur einzubinden. Robert Wood Johnson, Sohn des Gründers, der nach seinem Dienst als Brigadegeneral im Zweiten Weltkrieg später als General Johnson bekannt wurde, übernahm das Unternehmen 1932 und schrieb zehn Jahre später ein einseitiges Dokument, das als »Credo« bekannt wurde. Es schrieb die soziale Verantwortung des Unternehmens und seiner Geschäftsführung fest.[21] Das Credo besagt, dass die erste Verpflichtung des Unternehmens gegenüber den Menschen besteht, die dessen Produkte benutzen und dessen Dienstleistungen in Anspruch nehmen; die zweite Verpflichtung besteht gegenüber den Mitarbeitern; die dritte gegenüber der Gemeinde und der Umwelt; und die vierte gegenüber den Aktionären. Dieses revolutionäre Dokument beendete den traditionellen Standpunkt, dass die erste Verpflichtung eines Unternehmens gegenüber seinen Anteilseignern bestehe. General Johnson und seine Nachfolger in der Unternehmensführung glaubten, wenn die ersten drei Verantwortungsbereiche aus dem Credo erfüllt wären, sollten auch die Aktionäre gut bedient sein.

Von dem Tag an, als das Credo geschrieben worden war, wurde es zum lebenden, atmenden Teil von allem, was bei J&J geschieht, nicht weil es eingerahmt in jedem Büro an der Wand hängt, sondern weil es in den täglichen Gesprächen jedes Einzelnen in der Firma tief verwurzelt ist.»Wir sprechen nicht bei jedem Meeting fünf Minuten über das Credo«, erklärte mir Roger Fine von J&J.»So eine Regel haben wir nicht. Eher typisch ist die Art, wie ich zum ersten Mal vom Credo hörte, als ich 1974 hier im Unternehmen anfing. Es war bei einem Meeting mit etwa acht oder zehn Abteilungsleitern, und plötzlich sagte jemand: ›Das steht im Credo‹. Das passiert bei J&J immer wieder, und es wirkt so, wie wenn man eine Trumpfkarte ausspielt. Wenn jemand sagt ›Das steht im Credo‹, dann hört die Konversation auf, egal, was zuvor das Thema war, und die gesamte Konversation richtet sich auf ›Okay, sprechen wir über die betreffende Stelle im Credo. Was steht da? Was sind Argumente pro und kontra? Worin besteht das Dilemma?‹, wenn es anfangs ein Dilemma gibt. Dann versuchen wir, es zu lösen.«[22]

Als Roger mir das erzählte, hörte es sich so an, als sei das Credo eine Last, eine Sondersteuer für das System, die in bestimmten Zeitabständen gezahlt werden musste. Ich wies ihn darauf hin, dass die Geschäftswelt sich schnell dreht, und niemand noch zusätzlich damit belastet werden will, ein Meeting unterbrechen zu müssen, um diese Extrafrage zu diskutieren.»Ich reise jedes Jahr um die Welt und spreche vor Gruppen über das Credo«, erklärte er mir. »Wenn ich das tue, spreche ich normalerweise über vier oder fünf falsche Auffassungen, die die Leute darüber haben, und diese hebe ich mir als letzte auf. Sie ist der verrückteste Trugschluss von allen. Wir wollen im Wettbewerb ein richtig schwerer Gegner sein, und wir wollen uns mit anderen messen, und das sollte jeder bei J&J tun. Aber man muss das tun, indem man über das Credo informiert und durch das Credo inspiriert ist. Der letzte Satz im Credo ist nämlich auch sein wichtigster. Er besagt: ›Wenn wir gemäß dieser Prinzipien handeln, *sollten* die Aktionäre eine angemessene Rendite erzielen.‹ Das bedeutet, das Credo ist keine Unterbrechung für unseren Erfolg; es ist der Motor unseres Erfolgs. Alles in der Geschichte von J&J beweist, dass der General recht hatte.«

Erst vor kurzem machte die Xerox Corporation »Unsere Werte leben« zu einem ihrer fünf zentralen Leistungsziele, und die Vorsitzende und CEO Anne Mulcahy schreibt dem einen Teil des bemerkenswerten Turnaround des Unternehmens zu. »Unternehmenswerte halfen, Xerox während der schwersten Krise unserer Geschichte zu erhalten«, sagte Mulcahy bei der jährlichen Conference of Business for Corporate Social Responsibility (Konferenz für die soziale Verantwortung der Unternehmen) 2004. Xerox ging weit hinaus über allgemeine Formulierungen und injizierte seine zentralen Werte in jede Facette der Organisation hinein, bei einem gleichzeitig hohen Niveau von Verantwortlichkeit und Wachsamkeit. »Weit entfernt von bloßen Worten auf einem Stück Papier«, sagte sie, »werden [unsere Werte] begleitet von spezifischen Zielen und konkreten Maßnahmen.«[23]

Klar artikulierte Werte halten jeden auf der gleichen Spur. *Werte platzieren die Führung in jede Person hinein, anstatt in Personen oder Regelsammlungen außerhalb der Person, und schaffen so die Bedingungen für das Entstehen einer ganz anderen Art von Kultur.*

Eine Reise zur Kultur

Wie wird eine Kultur immer mehr zu einer selbststeuernden Kultur? Das Methodist Hospital System in Houston ging diese Herausforderung auf sehr systematische Weise an. 1998 kam der Vorstand zu dem Schluss, dass die Nonprofit-Krankenhauskette zu sehr in die Richtung eines profitorientierten Unternehmens geraten war, und die Verbindung zu ihren auf Werten basierenden Wurzeln verloren hatte. Um diese Tendenz zu korrigieren, setzten sie mit einem enormen Kraftakt an, um die Art und Weise zu ändern, *wie* sie tun, *was* sie tun. Anstatt neue Regeln, Richtlinien und Prozeduren einzuführen oder einfach die Wände mit inspirierenden Postern zu pflastern, beschlossen sie, die Herausforderung von innen her anzugehen, durch Kultur zu führen. Das Magazin *Workforce Management* berichtete über ihre fesselnde Story Anfang 2005.[24]

Man begann den Prozess dort, wo es am meisten darauf ankam, bei den 8600 Mitarbeitern, die täglich damit leben und arbeiten mussten. In aufbauenden Workshops erarbeitete man drei Dokumente: eine

Beschreibung der Vision, eine Beschreibung der Überzeugungen und eine Beschreibung der neuen Aufgaben und Ziele, alles auf Basis der Idee, geistige Werte ins Unternehmen zu bringen – ausführlich definiert und für alle Arbeitsbereiche. Die Kernwerte, die sie erarbeiteten, ergaben ein geeignetes Akronym für ein Krankenhaus: ICARE (*Ich kümmere mich, d. Übers.*). Es steht für die Begriffe Integrity (*Integrität*), Compassion (*Mitgefühl*), Accountability (*Verantwortlichkeit*), Respect (*Respekt*) und Excellence (*hervorragende Leistungen*).

Auf Werten basierende Kulturen erfordern, wie wir schon besprochen haben, sorgfältige Erziehung und Wachsamkeit, deshalb war der nächste Schritt bei den Methodistischen Krankenhäusern, ein System zu entwickeln, das auf sinnvolle Weise ein Verständnis für diese neuen Werte aufbaute. Man befragte die Angestellten großflächig und entwickelte eine klare grundlegende Matrix, anhand derer der Fortschritt auf das Ziel der Integrierung der Werte hin gemessen wurde. Diese Matrix wurde später ein wirkungsvolles Werkzeug bei der Werteerziehung in der gesamten Organisation.

Das Wichtigste bei der Entwicklung der Selbststeuerung anhand dieser Werte war es, jeder Mitarbeitergruppe zu helfen, ICARE in tägliches Verhalten und Entscheidungen zu übersetzen, in dem Sinne, jeder Tätigkeit ein entsprechendes Verhalten zuzuordnen. Und Werte in Aktion zu übersetzen ist der Kern von selbststeuernden Kulturen. Man bat jede Mitarbeitergruppe, jeden Wert für ihren speziellen Arbeitsbereich zu interpretieren und darin anzuwenden. Wie sieht Mitgefühl aus? Wie drücken wir unseren Respekt jeden Tag aus? Jeder Bereich kam auf seine eigenen Antworten. Krankenschwestern definierten für sich Verantwortlichkeit mit »frag nicht: warum, frag: warum nicht. Halte ein, was du versprichst und korrigiere Fehler«, während die EDV-Abteilung erarbeitete: »Wenn ich etwas nicht verstehe, frage ich nach.« Mitarbeiter in den Apotheken gingen an Integrität heran mit »wir tun immer unser Bestes, ob der Chef da ist oder nicht«, während keine geringeren als die Vorstände der Firma aus fünf Krankenhäusern eine Formulierung wagten wie »einander mit Respekt herausfordern.« Dieser Prozess trug dazu bei, Werte in selbststeuerndes Verhalten zu verwandeln, das von jedem Mitarbeiter verinnerlicht und täglich angewandt werden konnte.

Wenn man bedenkt, wie schwierig es manchmal erscheint, die Resultate eines Führungsversuchs durch Veränderung der Kultur zu quantifizieren, könnte mancher behaupten wollen, dass die Initiative der Methodisten nicht mehr als ein Sprung im Glauben war. Sogar Tom Daugherty, der die Initiative leitete, gab seine eigene Skepsis zu. »Man kann nicht immer eine klar sichtbare Linie erkennen, auf der sich die Veränderung in der Kultur für die Arbeitsleistung eins zu eins durchzieht«, sagte er. Doch bei den Methodisten sprechen die Resultate für sich. Die Mitarbeiter-Fluktuation sank in weniger als zwei Jahren um 38 Prozent, von 24 auf 15 Prozent. Die Anzahl der offenen Stellen sank um die Hälfte. Das Zufriedenheitsniveau bei Patienten, Ärzten und Personal erreichte stets Spitzenwerte. Der *US News & World Report* ernannte die Methodistischen Krankenhäuser zu einem der Top-100 Unternehmen im Land und 2007 erreichten sie im *Fortune Magazine* die Nummer neun auf der Liste der 100 besten Arbeitgeber.[25]

Die Methodistischen Krankenhäuser sind eine relativ kleine Firma, verglichen mit anderen Unternehmen, und konzentrieren sich auf den Dienst an einem einzigen Ort. Also fragte ich Douglas Lankler von Pfizer, wie er seine Vision vom »heiligen Gral« in einer großen, multinationalen Organisation verfolgen würde. »Ich glaube, das ist ganz einfach«, antwortete er sofort. »Man erleichtert die Bedingungen. Sagen wir beispielsweise, wir hätten eine Deckelung des Budgets, das wir den Pharmareferenten in einer speziellen Region überlassen, um es einer Gruppe Ärzte für Informations- und Vortragsveranstaltungen zu geben, sagen wir 100 000 Dollar. Das Gesetz fordert dies nicht, aber wir deckeln diese Summe, weil wir fürchten, dass sonst Anarchie herrschen würde, und die Leute einfach den Ärzten Geld zuschieben könnten. Das würde uns in eine Situation bringen, in der wir für Rezepte zahlen, und das kann und darf nicht sein; wir können nur informative Vortragsprogramme finanzieren, die medizinische Informationen an Ärzte und Patienten bringen sollen, die diese Information brauchen. Also sagt man den Mitarbeitern in dieser Region, ›wir werden die Deckelung auf 200 000 Dollar anheben, aber gleichzeitig zeigen wir euch, wie ihr dieses Geld *richtig* einsetzen könnt, und vertrauen euch, dass ihr das auch in Übereinstimmung mit unseren Werten tut.‹ Man bewirkt dadurch, dass sie sich mehr selbst steuern. Wenn sie das tun können, gehen ihre Umsätze nach oben, weil mehr Information nach draußen an die Gemeinden gelangt, an die Ärzte und Patienten, und die Regelerfüllung und Gesetzestreue steigt ebenfalls, weil die Referenten wissen, man vertraut ihnen, dass sie das Richtige tun. Und wenn sie das tun, belohnen wir sie.«

Führung ist der Schlüssel zu diesem Prozess. »Wir haben eine Menge Führungskräfte, die schwierige Felder gemeistert haben«, sagte Lankler. »Beispielsweise unser Präsident für den Bereich Asien, eine Region, die von Korruption geschüttelt ist, übernahm dort eine Situation, wo wir zwischen 2000 und 2003 über 90 Meldungen über Regelverstöße und Gesetzesübertretungen pro Jahr hatten, und das ging zurück auf eine oder zwei. Er brachte dort wirklich die Bedeutung von Werten und Integrität voran und machte seine Erwartung deutlich, dass jeder vor allem und an erster Stelle das Richtige tat. ›Wir könnten verkaufen, als wenn es kein Morgen gäbe und unsere Zahlen übertreffen‹, erklärte er seinem Team, ›aber wenn wir das auf eine unangemessene Weise tun, die unethisch oder illegal ist, dann haben wir nicht das erreicht, was wir erreichen müssen.‹ Er konnte dies mit seiner eigenen fundierten und für jeden erkennbaren Integrität verdeutlichen.«

Mehr Selbststeuerung anzustreben bedeutet, die Werte ins Zentrum aller Anstrengungen zu stellen und klar zu machen – in der Art, wie man belohnt, feiert, kommuniziert und Ziele verfolgt –, dass diese Werte der leitende Geist des Unternehmens sind. Dies ist nicht nur eine Aufgabe für ausgewählte Führungskräfte und Manager. Jeder hat die Möglichkeit, etwas für die Kultur zu tun, sie weiterzuentwickeln, zu verbessern und sie reaktionsfähiger auf die Bedürfnisse der heutigen Zeit zu machen. Unternehmenskultur ist nämlich kein Monolith. Ein Vorstandsgremium kann seine Kultur haben, ein Team kann seine Kultur haben und eine Einheit kann ihre Kultur haben. Die Kultur von GE Durham unterscheidet sich dramatisch von der Kultur anderer Einheiten von General Electric, doch die Tatsache, dass sie die Kernwerte des Mutterunternehmens verinnerlicht hat und unterstützt, hält sie kongruent mit ihren Schwestereinheiten.

Führungskräfte mit der richtigen inneren Haltung erzeugen wieder Führungskräfte mit dieser Haltung, genau wie unser fiktiver Höhlenmann Ook viele kleine kollaborative Baby-Ooks erzeugte. Kulturen der Selbststeuerung wachsen, während die Menschen anfangen zu verstehen, nachzuahmen, und dann die innere Haltung und das Verhalten annehmen, die starke Synapsen bilden. Mehr Selbststeuerung zu haben bedeutet sich klar zu machen, dass *Kultur etwas ist, das man bewir-*

ken kann, nicht etwas, das von außen auf die Menschen einwirkt. Jeder muss sich in der kulturellen Dimension engagieren, in der er sich befindet. Wie Ruderer auf einem Boot können wir alle gemeinsam rudern, um Kultur geschehen zu lassen. Man braucht eine Mindestanzahl von Anführern, um Wellen zu starten, und in einer Kultur der Selbststeuerung fängt das Führen bei jedem selbst an.

Warum Selbststeuerung die Zukunft des Business ist

Es gibt viele Gründe, warum es Sinn macht, mehr Selbststeuerung in jede Kultur zu bringen.

Eine horizontale Welt
braucht eine horizontale Führungsstruktur

Die auf Werten basierende Selbststeuerung minimiert die Hierarchieunterschiede in einer Organisation. Bei GE Durham trifft das mittlere Management keine Entscheidungen, weil es kein mittleres Management gibt. Es gibt keine Machtbereiche und wenig Funktionsaufteilung. Alle Führungsfunktionen sind in jedem Einzelnen angesiedelt. Fast nichts geschieht, ohne dass sich die Gelegenheit für den Input jedes Einzelnen ergibt. So ist fast jede Initiative Ausdruck der Gruppe. Bei Sewell übernimmt jedes selbstgesteuerte Team die Verantwortung für jeden Aspekt eines Fahrzeugs, was es ihnen ermöglicht, ihre Kunden bessere Erfahrungen machen zu lassen, auf effizientere und reaktionsfähige Weise.

Kulturen der Selbststeuerung
wachsen durch den freien Informationsfluss

Anders als das Horten von Information oder der auf das Mindestmaß beschränkte Informationsfluss in Kulturen des blinden Gehorsams und der informierten Ergebenheit, erfordert die auf Werten basierende Selbststeuerung, dass Information für alle jederzeit verfügbar ist, wenn sie gebraucht wird. Information setzt Fähigkeit frei.

Um die Kraft und Kreativität der Mitarbeiter von inspirierten Führungskräften freizusetzen, muss man ein Umfeld schaffen, das die Information freisetzt, die sie brauchen, um erfolgreich zu sein. Transparenz zwischen Menschen aller Ebenen in allen Transaktionen macht diese Kulturen stärker und effektiver, und der freie Informationsfluss verleiht Kulturen mehr Selbststeuerung durch erhöhtes Vertrauen.

Ein führendes Unternehmen muss ein Unternehmen von Führern sein

Um die Grenzen der Kreativität und Innovation zu sprengen, braucht man Menschen, die da draußen täglich leben. Auf Regeln basierende Kulturen enthalten eine inhärente Spannung zwischen dem Denken »außerhalb der Box« und dem Verpflichtungsgefühl »innerhalb der Box«. Selbststeuerung fordert von jedem Einzelnen, hervorzutreten und zu führen, Verantwortung zu übernehmen sowohl für die eigene Arbeit als auch für die Leistungen Anderer. Die Mitarbeiter leben außerhalb der Box, denn es gibt keine Box, in der sie sich verkriechen müssten, es gibt nur Werte, die sie leiten. Bei GE Durham zum Beispiel, arbeitet jede Person in einem Team und ist für dieses Team verantwortlich, doch jeder gehört auch zu teamübergreifenden Ausschüssen, die die übergeordneten Anliegen der Einheit regeln. Die Mitgliedschaft in diesen Ausschüssen rotiert, so dass jeder einmal zuständig und verantwortlich ist für die ganze Palette der Funktionen in der Fabrik. Indem sie jeden Mitarbeiter sowohl individuell verantwortlich als auch verantwortlich gegenüber der Gruppe machen, verstärken selbststeuernde Kulturen das unternehmerische Denken.

Kulturen auf Werten basierender Selbststeuerung fördern Mitarbeiterentwicklung

Kulturen des blinden Gehorsams und der informierten Ergebenheit neigen dazu, die Fähigkeiten ihrer Mitarbeiter durch Auswendiglernen und Trainingsprogramme aufzubauen, in dieser Reihenfolge. Während diese Herangehensweisen an Mitarbeiterkenntnisse ein effizientes Mittel sein können, um Schwarz-weiß-Denken und leicht quantifizierbare Information zu verbreiten – wie maximale Umweltverschmutzungswerte oder Sicherheitsbestimmungen – tun sie nicht genug, um Menschen auf den Kampf mit den unendlichen Grau-Schattierungen vorzubereiten, denen sie heutzutage im Laufe eines Arbeitstages begegnen. Man kann niemanden dafür ausbilden, sich durch das Tal C zu kämpfen, aber man kann seine Fähigkeit dazu entwickeln. Man *trainiert* einen Hund, doch man *entwickelt* Führungskräfte.

Thomas A. McCormick, Leitender Direktor für globale Ethik und Gesetzestreue bei Dow Chemical und einer der echten Vordenker über das Verhältnis zwischen Werten und Unternehmensleistung, erzählte mir eine Geschichte darüber, wie Dow in die Erziehung seiner Mannschaft investiert. »Wir fordern alle Abteilungsleiter im Unternehmen auf – davon gibt es etwa 2000 – zur Entwicklung ihrer Mitarbeiter eine Sitzung unter vier Augen durchzuführen und sie durch drei oder vier Szenarien zu führen (zum Beispiel Interessenkonflikte), und zwar richtig schwierige Grauzonengebiete, die für diese Arbeitsgruppe von Bedeutung wären, ob es ein Unternehmen, eine Funktion oder ein geographischer Ort ist, oder was auch immer«, sagte er. »Das Ziel davon ist, dass man die Leute dazu bringt, solche Gebiete wirklich einmal durchzusprechen, wo es keine schönen Schwarz-weiß-Antworten gibt, und sie gemeinsam herausfinden zu lassen, wie sie mit der Situation umgehen würden. Das dient der Entwicklung, doch es setzt auch ein Zeichen. Die Mitarbeiter erleben ihren Vorgesetzten, wie er diese Dinge mit ihnen durchspricht, und das verstärkt die Qualitäten, die wir von Führungskräften erwarten. All dies wurde dazu entworfen, um den Leuten zu helfen, mit den Grauzonen zurecht zu kommen, was man nur kann, wenn man aufgrund von Werten entscheidet.«[26]

Die Bedingungen der vernetzten Welt machen es billig und einfach, riesige Mengen von Informationen in die Reichweite der Mitarbeiter zu stellen, doch das muss einhergehen mit der Bereitschaft zu einem begleitenden Bildungsprogramm. Bei GE Durham heißt das Multiskilling. Bei Sewell sind es die vielen Geschichten, die immer aufs Neue erzählt werden, und im täglichen Verhalten abgebildet werden.

Selbststeuerung erzeugt allgegenwärtige Wachsamkeit

Es gibt Zeiten, in denen Einzelne sich einem Unternehmen anschließen können, ohne seine Ziele anzunehmen. In Gruppen, die durch informierte Ergebenheit geführt werden, können diese Leute als Trittbrettfahrer mitfahren oder das System bis zu einem gewissen Grad austricksen, sozusagen unter der Radargrenze fliegen, und Widerstand im System erzeugen. Sie könnten sogar ein Teil der zwei Prozent sein, auf die die Maßnahmen zur Gesetzestreue und Regelerfüllung gerade abzielen. In von Werten selbstgesteuerten Gruppen können sie jedoch nicht die Kultur an der Nase herumführen; die Wachsamkeit der Gruppe entlarvt sie und verursacht ihnen Unwohlsein. In einer selbststeuernden Gruppe wird sich die Person, die nicht wirklich auf die Werte der Gruppe ausgerichtet ist, nicht heimisch fühlen und ausgeschlossen werden. Der Mechaniker, der zu viel berechnete, lernte diese Lektion bei Sewell auf die harte Art. So kümmern sich die 98 Prozent um die zwei Prozent, indem sie diejenigen, die sich nicht einfügen, ausschließen, bevor diese eine Abweichung von der Gesetzestreue verursachen, die den Niedergang eines Unternehmens bedeuten kann.

Doch es geht noch über die Vermeidung von Gesetzesübertretungen hinaus: die allgegenwärtige Wachsamkeit einer selbststeuernden Gruppe erhält die gemeinsame Ausrichtung nachhaltig aufrecht. Wenn jemand keine Leistung bringt, wird es für jeden in der Gruppe zur Pflicht, dies anzusprechen und es als Gruppe zu lösen, mit dem Fokus auf der Problemlösung, nicht Schuldzuweisung. Wenn jeder Einzelne für den Erfolg der Gruppe verantwortlich ist, wird Nachlässigkeit nicht toleriert.

Der weltweit tätige Fast-Food-Gigant McDonald's organisiert sich eher wie ein Ökosystem als wie eine Organisation mit strenger zentraler Kontrolle. CEO Jim Skinner vergleicht die Kultur mit einem dreibeinigen Hocker, der von den Franchise-Filialen, den Zulieferern und der riesigen Menge Mitarbeiter getragen wird. Doch es ist die starke Bindung an die Werte, die all diese verschiedenen und verstreuten Interessengruppen auf ein gemeinsames Ziel ausrichtet, und die Kultur, die dies hervorbringt, übt einen selbstregulierenden Einfluss auf alle Ebenen der Organisation aus. »Man spricht hier von ›Gewebe-Abstoßung‹«, erzählte mir Skinner. »Das kommt vor, wenn neue Leute von außerhalb des Unternehmens auf zu hohem

Niveau bei uns einsteigen, ohne ihren Beitrag zu leisten, wenn man so will, um unsere Kultur zu verstehen. Es ist nicht wirklich eine Ablehnung durch das Unternehmen selbst, sondern durch unsere Kultur. Die Leute sagen etwas im Sinne von ›Es ist mir egal, wie schlau du bist oder welche Fähigkeiten du hast; du musst fähig sein, alles zu verstehen, wofür wir stehen.‹«[27]

Kulturen wie diese sind selbstverstärkend, und dies reduziert die Notwendigkeit externer Kontrollen. Aufrichtiges Feedback wird zur Spielregel, und diese Form der Selbststeuerung nutzt die kollektive Intelligenz der Gruppe, um die Kultur als Ganzes zu regulieren.

Selbststeuerung verlagert die Entscheidungsfindung vom Pragmatischen zum Prinzipiellen

Der gute Ruf, Konsistenz, das Einhalten von Versprechen – alle Faktoren, die wir besprochen haben und die nötig sind, um in einer transparenten Welt persönliche und Unternehmenskontinuität zu erreichen – rühren von der Fähigkeit her, Entscheidungen aufgrund von Prinzipien zu treffen, anstatt aufgrund dessen, was im Moment pragmatisch erscheint. Auf Werten basierende Kulturen der Selbststeuerung sind von ihrer Aufgabe inspiriert und von Werten geleitet. Sie beinhalten langfristig gültige Prinzipien anstatt kurzfristigen Denkens und fordern jeden Entscheider dazu auf, diese Prinzipien in jeder Handlung zu erfüllen, die er ausführt. Entscheidungen, die auf der Basis stabiler Prinzipien getroffen werden, sind ein festes Steuerruder in stürmischer See.

Selbststeuerung ist ein höheres Konzept

Wie das Vertrauen, die Überzeugungen und die Werte, auf die sie baut, spricht die auf Werten basierende Selbststeuerung ein höheres Selbst im Menschen an. Sie herrscht im Namen von Prinzipien und Werten, nicht Regeln, und nur Prinzipien und Werte haben die Fähigkeit, zu inspirieren. Ist es nicht viel inspirierender, wenn man sein eigener Gesetzgeber ist? Inspirierender, selbst zu führen, anstatt sich jemandem mit Autorität zu unterwerfen?

In all diesen Konzepten liegt eine gewisse Inspiration. Auf Werten basierende Selbststeuerung beruht auf Strukturen und einer Sprache, die die Menschen *anspricht*. Sie spricht die Sprache des *Sollens* anstatt des *Dürfens*. Inspiration entsteht durch das Festhalten an Überzeugungen, und wir alle möchten an das glauben, was wir tun. Deshalb stellt die auf Werten basierende Selbststeuerung ein solch hervorragendes Modell für die Zukunft dar. Sie fordert uns heraus, unsere höchsten Ziele und Bestrebungen darauf anzuwenden, wie wir tun, was wir jeden Tag tun.

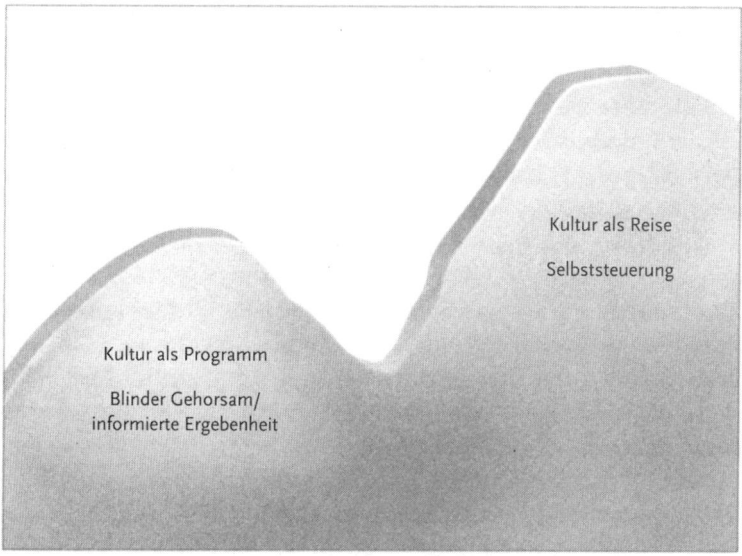

Abbildung: Argumente für eine Kultur der Selbststeuerung

Wenn Werte zum Motor der Kultur werden, liefert Selbststeuerung das Gerüst, das es jedem über die gesamte Hierarchie hinweg ermöglicht, sich diese Werte anzueignen und sie täglich in allem, was er tut, umzusetzen. Unterschiedliche Unternehmenseinheiten wie die verschiedenen Arbeitsgruppen bei Methodist Hospital System können diese Werte so verinnerlichen, wie es für ihre spezielle Form und Funktion passend ist. Weltweit agierende Unternehmen können sich auf horizontaler Ebene über Grenzen hinweg ausbreiten, Nebenschauplätze eröffnen, um neue Partnerunternehmen aufzunehmen und mit ihnen zusammenzuarbeiten, und sich auf Myriaden Arten diversifizieren, während sie dabei die Integrität ihrer Aufgabe aufrechterhalten. Und auch die Myriaden von Kombinationen aus Freiberuflern, Beratern, Vollzeit-Angestellten, Telearbeitern und anderen nur wenig ans Unternehmen gebundenen Leuten, die den heutigen Personalbestand ausmachen, können sich enger anbinden und ausrichten auf gemeinsame Werte. Weil Werte ein stärkeres und anpassungsfähigeres Navigationssystem bieten als Regeln und Prozeduren, liefert die auf Werten basierende Selbststeuerung ein System, das einer Organisation erlaubt, im Markt zu wachsen, sich anzupassen, zu mutieren und sich zu entwickeln, ohne dabei die Orientierung auf seine Kernaufgabe hin zu verlieren oder zu weit vom Weg abzukommen.

Kulturen bleiben nur dann gesund, wenn sie ihre Aufgaben verfolgen und ihnen treu bleiben, einem Sinn, der über sie hinausweist, einer edlen Mission. Kultur ist eine Reise. Weil Kulturen lebendig sind – wachsen und sich verändern, während sie sich an Herausforderungen anpassen und Erfolge feiern – befinden sie sich in einem konstanten Zustand des *Werdens*. Den Gedanken anzunehmen, eine Kultur zu bilden, bedeutet damit, zu akzeptieren, dass man auf einer Reise ist, jeden Tag, um stärkere Verbindungen mit den Menschen aufzubauen, die einen umgeben. Die Bedeutung der Selbststeuerung anzunehmen – die Tatsache, dass die Art, wie die Beziehungen in Ihrer Gruppe gestaltet sind, bei Ihnen anfängt und damit, wie Sie tun, was Sie tun – ist der erste Schritt auf dieser Reise.

Sie brauchen kein Memo von der Zentrale, das besagt, »Wir sind jetzt ein Unternehmen mit Selbststeuerung«, um damit zu beginnen, die Kultur um Sie herum zu verändern. Sie können damit anfangen, die richtige innere Haltung und das daraus resultierende Verhalten anzunehmen, indem Sie mehr Vertrauen verbreiten und erzeugen, indem Sie aktiver transparent sind, indem Sie sich mehr nach Gruppenwerten ausrichten und aus diesen Werten heraus handeln, bei allem, was Sie tun, und indem Sie Ihre Reise – ob sie darin besteht, Mauersteine aufzuschichten oder ein Team zu leiten – als eine Reise mit einer Mission definieren, die größer ist als Erfolg. Eine höhere Mission zu verfolgen, kann Sie – und Ihre Organisation – auf die Reise vom rein materiellen Streben zum Streben nach der richtigen inneren Haltung bringen, von Regeln zu Werten, von der

Defensive in die Offensive, von der informierten Ergebenheit zur Selbststeuerung, vom Markenbewusstsein zum Markenversprechen, und von einer Reise zum Erfolg zu einer Reise zum Sinn, die im Gegenzug (im Sinne des J&J-Credos) Erfolg erzeugen sollte.

Kapitel 12
Das Rahmenmodell der Führung

Wir sind, was wir immer wieder tun.
Exzellenz ist daher nicht eine Handlung,
sondern eine Haltung.

Aristoteles

Wir haben nun sehr detailliert die grundlegenden Einflüsse erforscht, die die Zwischenräume zwischen uns erfüllen. Wir haben betrachtet, wie wir denken, wie wir uns verhalten, wie wir uns in Gruppen selbst steuern und wie die Welt sich verändert und damit diesen Ideen neue Bedeutung verliehen hat. Wenn Sie mit der Sichtweise, die ich Ihnen präsentiert habe, übereinstimmen, haben Sie zweifellos bereits angefangen, Ihre Umwelt mit anderen Augen zu sehen (außer Sie haben dieses Buch in einem Stück gelesen). Vielleicht haben Sie bemerkt, wie etwas, was Ihr Chef gesagt hat, in Ihnen Stimmen auslöste, die Sie als ablenkend erkannten; oder vielleicht bemerkten Sie dissonante Botschaften aus Ihrer Arbeitsgruppe; vielleicht haben Sie sich eine E-Mail nochmals angesehen, die Sie erhalten oder gesendet haben, und sich einen Moment Zeit genommen, um darüber nachzudenken, wie sie auf Sie wirkte oder auf eine andere Person wirken mag. Vielleicht wurden Sie in einem Laden so behandelt, dass Sie sich durch diese Erfahrung reicher oder ärmer fühlten, und Sie begannen, darüber nachzudenken, warum, oder dass es vielleicht eine bessere Vorgehensweise gibt. Diese Wahrnehmungen sind der erste Schritt auf Ihrer Reise den Hügel A hinauf, zu einem tiefen Verständnis für die Bedeutung dieser inneren Haltung und des Verhaltens, mit dem wir und Andere die zwischenmenschlichen Synapsen in der Welt erfüllen.

Doch ich bin mir auch der Tatsache bewusst, dass Sie sich noch immer fragen mögen, was dies alles bedeutet, oder präziser, wie *geht man jetzt vor*? Diese Frage ist völlig berechtigt. Schließlich haben Sie ein paar hundert Seiten eines Buches durchgearbeitet, und ich habe Ihnen kein einziges Mal gesagt, wie Sie etwas *tun* müssen. Ich habe Ihnen keine Hinweise gegeben, wie Sie bessere E-Mails schreiben oder andere Personen besser grüßen, oder die Art und Weise beleuchtet, wie Sie sprechen sollten. Kurz, ich habe keine spezifischen Schritte oder Anweisungen geliefert, anhand derer Sie in Ihrem täglichen Arbeitsumfeld die Konzepte anwenden können, die ich Ihnen präsentiert habe.

Der Grund, warum ich das nicht tat, ist ganz einfach: Weil ich es nicht kann, oder genauer, weil das Wesen dessen, worüber wir gesprochen haben, es unmöglich macht, eine solche »Gebrauchsanweisung« zu schreiben. Wenn Sie sich erinnern, habe ich Ihnen ganz zu Anfang gesagt, dass ich keine »Gebrauchsanweisung für die Welle« habe, mit *Sechs Regeln für dies* oder *24 Schritten zu jenem*. Ihr großes Verdienst ist, dass Sie trotzdem weiter gelesen haben. Ich habe stattdessen versucht, Ihnen eine Sichtweise auf die Welt zu vermitteln, ein Objektiv, durch das wir alles, was wir tun, mit einer neuen Wichtigkeit und einer neuen Bedeutung sehen. Diese Gedanken können nicht einfach in einer To-Do-Liste zusammengeschrieben werden.

Und doch müssen wir, damit ein Gedankengebäude wirklich anwendbar ist, einen Weg finden, es in jedem Moment in unserem Leben zu verankern, Gedanken in Handlungen umzusetzen, in unserem Fall, unsere innere Haltung in Aktion zu bringen. Ich kann Ihnen keine Regeln vorgeben, aber ich kann Ihnen ein Rahmenmodell geben, mit dem Sie Ihre Bestrebungen, Ihre Zeit, Gedanken und Leidenschaft auf Verhaltensweisen und Herangehensweisen fokussieren können, anhand derer Sie die Entscheidungen treffen können, die überall um Sie herum Wellen auslösen werden. Bei LRN nennen wir dies das Rahmenmodell der Führung, und wir benutzen es, um unsere innere Haltung und unser Verhalten jeden Tag darauf auszurichten. Ich entwickelte es in der Anfangszeit meines Unternehmens und habe es seitdem immer weiter verbessert.[1] Es enthält nun alle Konzepte, die wir in diesem Buch abgedeckt haben und liefert eine Möglichkeit, sie in allem, was man tut, in Handlung umzusetzen.

Warum Führung? Weil Sie, um ein selbststeuerndes Individuum zu sein, sich selbst führen und alles, was Sie tun, aus der Perspektive des Führens betrachten müssen. Sie können eine E-Mail mit dem Hintergrund des Führens schreiben, ebenso wie einem Meeting beiwohnen oder einen Bericht verfassen. Sie führen sich selbst jeden Tag auf Ihrer Reise zum Sinn, durch Ihre selbst gewählte Art zu handeln, Andere zu behandeln und die Welt zu sehen. Eine Geisteshaltung der Führung bringt Sie in eine aktive Beziehung mit den Kräften und Umständen in Ihrem persönlichen Einflussbereich. Sie hilft Ihnen, mit Anderen in Kontakt zu treten, jene Art der starken zwischenmenschlichen Synapsen zu schaffen, die so wesentlich sind für die Entfaltung in einer hypervernetzten Welt, und Ihre Mitmenschen dazu zu inspirieren, dasselbe zu tun.

Führung

Sprechen wir einen Augenblick über Führung. Am 25. Mai 1961 stand Präsident John F. Kennedy vor einer speziell einberufenen Versammlung des Kongresses und bat um eine Reihe von Ausnahmegenehmigungen, um »dringende nationale Erfordernisse« zu erfüllen. Er sprach etwa 45 Minuten lang, doch wenige erinnern sich an alles, was er sagte. Woran sich aber auf die eine oder andere Weise die ganze Welt erinnert, ist, dass Kennedy in etwa acht dieser 45 Minuten seine Vision der Mondlandung vermittelte. In etwa tausend Worten löste er etwas aus, das Hunderttausende von Menschen für die folgenden zehn Jahre oder länger mitriss. An diesem Abend und den darauf folgenden Tagen schlossen sich die Menschen zu dieser gemeinsamen Idee zusammen. Er hatte nicht behauptet, dass es leicht sein würde. »Es ist eine schwere Last«, sagte er, »und es macht keinen Sinn, einverstanden zu sein oder zu wünschen, dass die Vereinigten Staaten eine wesentliche Position im Weltraum einnehmen, wenn wir nicht bereit sind, die Arbeit zu leisten und die Lasten zu tragen, um dies zum Erfolg zu führen. (...) Diese Entscheidung erfordert eine umfassende gemeinsame Anstrengung und Ausrichtung von wissenschaftlicher und technischer Arbeitskraft, Material und Ausstattung, und die Möglichkeit, dass diese von anderen wichtigen Projekten abgezogen werden, wo sie ohnehin bereits knapp waren. Es bedeutet einen Grad an Engagement, Organisation und Disziplin, der nicht immer unsere Arbeit in Forschung und Entwicklung kennzeichnete.« Aber Kennedy richtete sich nicht nur an Wissenschaftler, Vertragspartner und Astronauten, die die Reise antreten würden. Er sprach zur Nation. »In einem sehr konkreten Sinn«, sagte er, »wird es nicht nur ein Mann sein, der zum Mond fährt – wenn wir alle wirklich dahinter stehen, wird es eine ganze Nation sein. Denn wir alle müssen mitarbeiten, um ihn dorthin zu bringen.«[2] In nur acht Minuten veränderte John F. Kennedy die Welt.

Das genau ist Führung: Nicht nur einfach die Vision einer Mond-landung zu haben, sondern alles zu tun, was nötig ist, damit die rund eine Million Menschen, die zu diesem Ziel zusammenkamen, dieselbe Sprache sprechen, ein gemeinsames Bewusstsein haben und eine Aufgabe verfolgen, die größer ist als jeder Einzelne von ihnen. Wäre Amerika auf dem Mond gelandet, wenn die meisten gesagt hätten: »Ich bin an einer Mondlandung interessiert, aber es kommt darauf an. Ich würde zum Mond fliegen, wenn ich in dem Raumschiff sitzen könnte, und zwar in der ersten Reihe rechts. Wo ich sitze, ist mir wichtiger als auf dem Mond zu landen.« Wenn jeder sich ins Raumschiff hätte quetschen wollen, aber niemand in Cape Canaveral arbeiten und eine andere Aufgabe hätte erfüllen wol-len, wären wir nicht einmal bis New Jersey gekommen, geschweige denn zum Mond. Es mussten also eine Million Menschen zusam-menkommen, in einem sich gegenseitig verstärkenden System, um diese Vision in die Realität umzusetzen.

Wie wir schon sagten, ist eine Organisation ganz einfach dies: Eine Gruppe von Menschen, die in einem sich gegenseitig verstär-kenden System zusammenkommen, um etwas zu vollbringen, das größer ist als jeder Einzelne von ihnen. Also ist Führung nicht bloß etwas für Menschen, die das Wort »Präsident« in ihrem Titel tragen. Führung ist eine Haltung, eine Einstellung, eine Disposition und eine Herangehensweise an die Herausforderungen des Alltags. Sie ist kein Titel auf einer Visitenkarte. Obwohl viele Menschen formal die Macht haben, andere zu führen, arbeiten viel mehr von uns – und in unserer zunehmend horizontal angeordneten Welt wächst diese Zahl täglich – in Teams ohne formale hierarchische Struktu-ren. Dieser Trend setzt sich fort, und immer mehr unserer Erfolge sind das Ergebnis unserer Fähigkeit, in Gruppen von Mitgliedern auf gleicher Ebene effektiv zu sein. Selbststeuerung ist auch Füh-rungsorientierung. Sie beginnt damit, dass man sich selbst führt. Um sich besser selbst zu steuern und mehr selbststeuernde Kultu-ren um sich herum zu bilden und daran teilzunehmen, muss man die Herausforderung annehmen, sein eigener Gesetzgeber zu wer-den, Antworten im eigenen Inneren zu suchen und durch die eigene Ausrichtung auf die Werte geleitet zu werden, die man dort findet. Dieses Rahmenmodell kann Ihnen helfen, die Orientierung zu ent-wickeln, um dies zu erfüllen.

Während wir die Elemente des Rahmenmodells auf den folgenden Seiten durchgehen und von vielen Menschen erfahren, die führen, denken Sie immer daran, dass große Führungspersönlichkeiten deshalb groß wurden, weil sie entweder bewusst oder unbewusst durch ihr natürliches Wesen jene Verhaltensweisen verkörperten, die Wellen auslösen, die ihre Mitmenschen zu großartigen Leistungen bewegten, und die auf Andere eine starke, verändernde Wirkung haben. Dies ist das Wesen von Führung, und es beginnt damit, dass man sich selbst führt.

Wir haben dieses Buch mit einer Geschichte über eine Person begonnen, die meines Erachtens eine der größten Führungspersönlichkeiten überhaupt ist: Krazy George Henderson, der Mann, der die Welle erfand. Um in der vom Internet beherrschten Welt des Business im 21. Jahrhundert zu wachsen und gedeihen, braucht man keine große Welle. Man muss jeden Tag Wellen auslösen, und wie dieser Cheerleader im Stadion kann jeder jederzeit eine Welle machen. Es könnte ein Punkt bei einer Stadtratssitzung sein, der die Sitzung zu einer besseren machen würde, oder eine E-Mail, die Andere dazu inspiriert, das vorliegende Thema aufzugreifen. Führungsbewusstsein versetzt Sie in die richtige innere Haltung, und man kann alles durch das Objektiv des Führungsbewusstseins betrachten. Sie können sich die Zähne putzen, weil Ihre Eltern es Ihnen als Kind beigebracht haben, oder Sie können sich die Zähne putzen, weil Sie die Vorstellung von gesunden Zähnen und einem strahlenden Lächeln haben. Bei Führung geht es darum, Wellen anzustoßen und Andere damit anzustecken – in allem, was man tut.

Das Rahmenmodell der Führung ist keine Sammlung von Regeln oder Edikten, die Sie auswendig lernen oder denen Sie Folge leisten müssen, kein *du darfst* oder *du darfst nicht*, das außerhalb von Ihnen existiert; das Rahmenmodell der Führung bewegt sich in einer Welt des *Sollens*. Es beginnt mit Kernwerten und gibt Ihnen dann Wege an die Hand, wie Sie an jede Entscheidung oder Handlung herangehen können, um diese Werte auf Andere zu übertragen. Es liefert eine Grundlage, von der ausgehend man jeden Tag Entscheidungen treffen kann, und erweckt in Verhaltensweisen Werte zum Leben. Diese Verhaltensweisen, konsequent angewendet, verstärken sich gegenseitig und bilden eine Aufwärtsspirale der Energie, die Ihre Bemühungen voranbringt. Wenn Sie das Leben aufspalten in das, *was* Sie tun, und die Art und Weise, *wie* sie es tun, beschreibt das Rahmenmodell der Führung eine Herangehensweise an das *Wie*: Wie Sie kommunizieren, wie Sie arbeiten, wie Sie Andere behandeln, wie Sie Entscheidungen treffen, wie Sie am Markt interagieren und wie konsistent Sie handeln können. Es steuert, leitet und inspiriert die Art und Weise, *wie* wir die Dinge umsetzen. Ein Modell ist ein möglicher Weg, ein System zu beschreiben. Jeder Teil verstärkt in Wechselwirkung jeden anderen Teil. Wie bei den Stützbalken, Dachbalken und Streben in einem Haus oder Figuren auf einem Schachbrett wird die Kraft jedes Einzelnen verzehnfacht, wenn sie zusammenwirken.

Obwohl ich es das Rahmenmodell der Führung nenne, können Sie es auch als Objektiv betrachten, das Objektiv der inneren Haltung. Wenn Sie die Welt durch dieses Objektiv betrachten und danach handeln, werden Sie mehr Vertrauen erzeugen, sich einen stärkeren und dauerhafteren Ruf aufbauen, mehr aktive Transparenz entwickeln, klarer denken, spontaner handeln und gemeinsam mit Ihren Mitmenschen mehr Wellen produzieren. Sie werden sich nicht über jedes Detail im Einzelnen Gedanken machen müssen, denn alles wird einen klaren Sinn ergeben, wenn man es im Ganzen betrachtet. Sie werden anfangen, eine Wirkung auf die Kultur auszuüben, einen Verhaltensstandard vorzugeben und zu bilden, der die höheren Werte der Menschen in Ihrer Umgebung ansprechen wird, und der auch deren Bestreben auf ein höheres Niveau bringen wird. Die Sichtweise durch dieses Objektiv wird Sie inspirieren, indem sie das Terrain klar macht, wohin Sie steuern müssen auf Ihrer Reise auf den Hügel A, und noch viele weitere Hügel.

Dieses Rahmenmodell ist nicht das einzig mögliche, das man für diese Reise konstruieren könnte; es wurde für die Form von hoch informativen und persönlichen Vorgängen entworfen, die bei LRN jeden Tag stattfinden. Es stellt die Verschmelzung vieler Gedanken und Konzepte dar, die ich über die Jahre hinweg angenommen oder entwickelt habe und die gut auf unsere Kernaktivitäten anwendbar sind.[3] Wenn Sie in einer Produktionshalle arbeiten oder in irgendeinem anderen speziellen Umfeld, könnten einige der hier aufgeführten Ideen überflüssig für Ihre Arbeit sein. Doch egal, was Sie tun, wenn Sie die hier beschriebenen Verhaltensweisen und Haltungen verstehen, wird Ihnen das einen intuitiven Eindruck dessen

geben, worauf es bei der richtigen inneren Haltung und dem daraus
entstehenden Verhalten ankommt.

Die Sprache ist der Weg

Was Sie vielleicht nicht überrascht: das Rahmenmodell der Führung erhält einen Teil seiner Kraft aus seiner Sprache. Wir wissen
aus den Untersuchungen in Kapitel 5, dass Sprache einen gewaltigen Einfluss auf unser Denken ausübt. Es gibt beispielsweise einen
enormen Unterschied im Einfluss auf das Denken zwischen den
Wörtern *sich einsetzen* und *verkaufen*. Wenn man verkauft, ist das
Objekt, um das es sich dreht, das Produkt, eine Sache, die außerhalb
sowohl des Verkäufers als auch des Käufers existiert. Wenn man sich
einsetzt, entwickelt man eine Beziehung, bei der das Produkt nichts
weiter als eine Stufe der Gegenwart ist, auf einer Reise zur Innovation von morgen. Die Verhaltensweisen, Gedanken und das
Bewusstsein, die aus einem Denken in Form von *sich einsetzen* entspringen, sind völlig andere als solche, die man mit *verkaufen* verbindet. Ganz ähnlich: Haben Sie *Kunden* oder haben Sie *Partner*? Was
sagt das Wort *Partner* über diese Person Ihnen gegenüber am Tisch
anderes als die Worte *Kunde, Verkäufer* oder *Zulieferer*? Beeinflusst
diese Wortwahl die Art, wie Sie verhandeln? Oder wie Sie in diesem
Geschäftsprozess Erfolg definieren?

Genau wie bei *Dürfen* oder *Sollen* besitzt Sprache die Macht einzuschränken oder zu inspirieren, und die Sprache, die Sie annehmen
und verwenden, sperrt Sie entweder in festgelegte Beziehungen oder
macht Sie frei für neue Möglichkeiten der Beziehung. Mit anderen
Worten, wenn wir unser Vokabular erweitern, bekommen wir Zugang zu einer erweiterten Welt mit mehr Möglichkeiten. Ich glaube
auch, dass die Leute, die die Führungskräfte von morgen werden –
diejenigen, die sich entfalten und in unserer hypertransparenten,
hypervernetzten Welt Hervorragendes leisten werden – genau diejenigen sind, die diese Sprache annehmen und ihre Kraft zur Veränderung freisetzen.

Die ersten fünf Führungsattribute

Damit Sie sehen können, wie die Konzepte im Rahmenmodell zusammenwirken und aufeinander aufbauen, habe ich sie in der grafischen Darstellung auf der folgenden Abbildung zusammengestellt.

Wie Sie sehen, ist es eingeteilt in drei konzentrische Bereiche. Im Zentrum des Objektivs, im Punkt der schärfsten Fokussierung, liegt eine Sammlung von Kernwerten. In der Abbildung habe ich die Werte eingesetzt, die wir bei LRN als zentral für unsere Aufgabe annehmen. Sie können hier auch einfach Ihre eigenen Werte einsetzen, aber es müssen so grundlegende Werte sein wie Gerechtigkeit, Ehrlichkeit, Integrität, Gemeinschaft und Ehre, die wirklich die höchste moralische Ebene des menschlichen Verhaltens und zwischenmenschlicher Beziehungen ansprechen. Sie werden sehen, dass die Liste der Wahlmöglichkeiten nicht lang ist. Das Wichtigste an den Werten, die im Zentrum des Kreises liegen, egal, welche das sind, ist, dass sie die höchsten Ansprüche und fundamentalen Überzeugungen der Gruppe ausdrücken, zu der Sie gehören; dass sie wirklich der Kern sind; und dass jeder ihnen zustimmen kann, sie annehmen und sich nach ihnen ausrichten kann. Sie sind die Leitprinzipien, die Sie in Ihrem gemeinsamen Streben vereinen.

Im Kreis um den inneren Kern befinden sich die Führungsattribute, die Verhaltensweisen, Haltungen und Orientierung des selbststeuernden Individuums. Auf diese Attribute werden wir uns auf den folgenden Seiten vor allem konzentrieren und sie untersuchen. Im äußeren Kreis um die Führungsattribute stehen die Anti-Führungsattribute, Verhaltensweisen, die oft dann entstehen, wenn Sie von Ihrem Weg der richtigen inneren Haltung abkommen.

Beginnen wir also am Anfang des Rahmenmodells und sehen wir uns an, wohin es führt. (Ich weiß, ein Kreis hat keinen Anfang – das ist ein Teil seines einmaligen Charakters – also setze ich den Anfangspunkt auf dem Kreis auf etwa 9 Uhr, wo wir starten.) Bitte blättern Sie ruhig immer wieder zur Abbildung, um den Darstellungen besser folgen zu können.

Vision

Das Rahmenmodell der Führung beginnt mit fünf wesentlichen Attributen, fünf Grundsteinen des Verhaltens, auf denen die gesamte Struktur aufbaut. Das Erste ist die Vision. Führungsbewusstsein bedeutet, ein geistiges Bild von einer besseren Zukunft für sich selbst, von den sich stellenden Aufgaben und den Menschen, mit denen man arbeitet, zu haben. Führung beginnt mit Vision, und Führungspersönlichkeiten ist diese Vision in jedem Augenblick präsent. Man kann große Visionen haben oder kleine, ein besseres Meeting anstreben oder vorhaben, Tausende von Mitarbeitern in der ganzen Welt zu besseren Entscheidungen zu inspirieren. Ihre Vision könnte sein, auf einer virtuellen Plattform ein Feature einzurichten oder ein ganz neues Produkt, oder einfach nur, jemand Anderem den Tag ein wenig zu verschönern. Sie können sich eine eigene neue Vision schaffen oder die eines Anderen annehmen und zu Ihrer eigenen machen.

Eine Vision zu haben bedeutet eine proaktive Einstellung im Hinblick auf das Erreichen von Zielen einzunehmen; es bedeutet, aktiv zu sein, ein Verhalten und eine Haltung anzunehmen, um Ihre Ziele zu verfolgen. Wenn Sie keine Vision haben, fallen Sie aus dem Objektiv der richtigen inneren Haltung heraus und sind nur noch ein Kurzzeit-Manager: Aufgabenorientiert, gehorsam, besessen und beschränkt auf das, was Sie direkt vor Ihrer Nase sehen können. Kurzzeit-Manager neigen dazu, sich reaktiv zu verhalten, und müssen deshalb öfter Feuer löschen, als sie Leuchtfeuer entzünden, die den Weg weisen. Es ist eine defensive Position und sie beschäftigt sich mehr damit, wie man Andere ruhig stellt, als damit, wie man sie begeistert. Um zur richtigen inneren Haltung zu finden, müssen Sie den Fokus auf Andere setzen. Eine Vision zu haben, ist die erste wesentliche Voraussetzung auf dem Weg zu diesem Ziel.

Kommunizieren und Einbinden

Die meisten Visionen, deren Verfolgung sich lohnt, gehen über uns als Einzelne hinaus, wenn Sie also eine Vision haben und Sie glauben, sie habe wirklich die Kraft, die Zukunft besser zu gestalten,

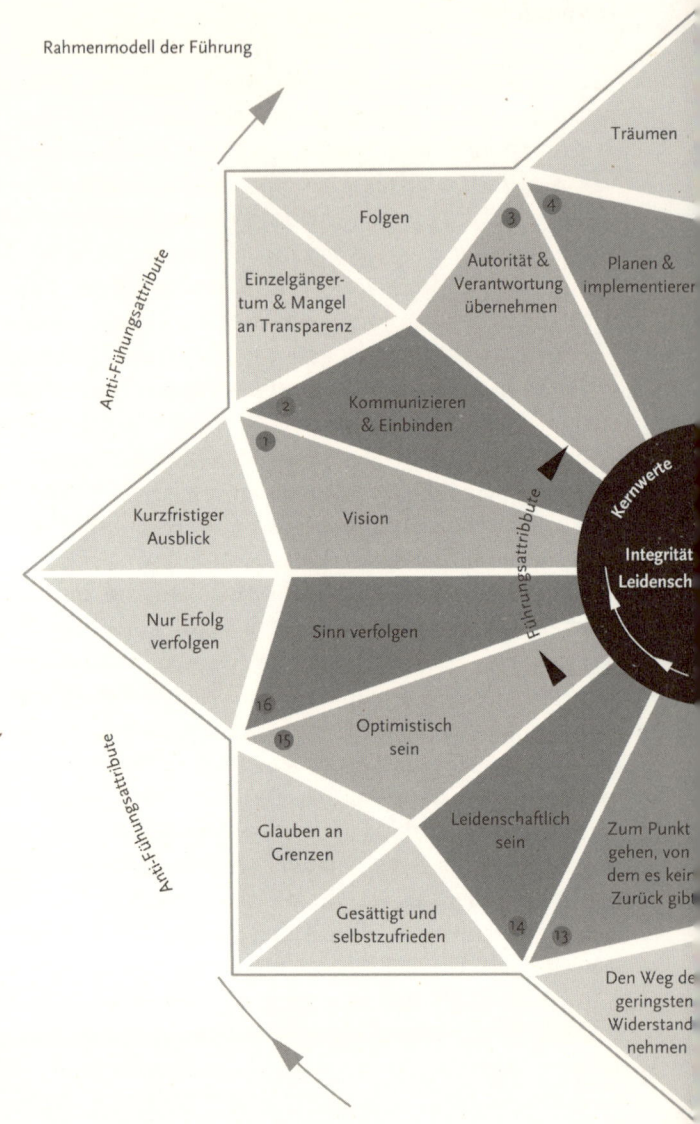

Abbildung: Das Rahmenmodell der Führung

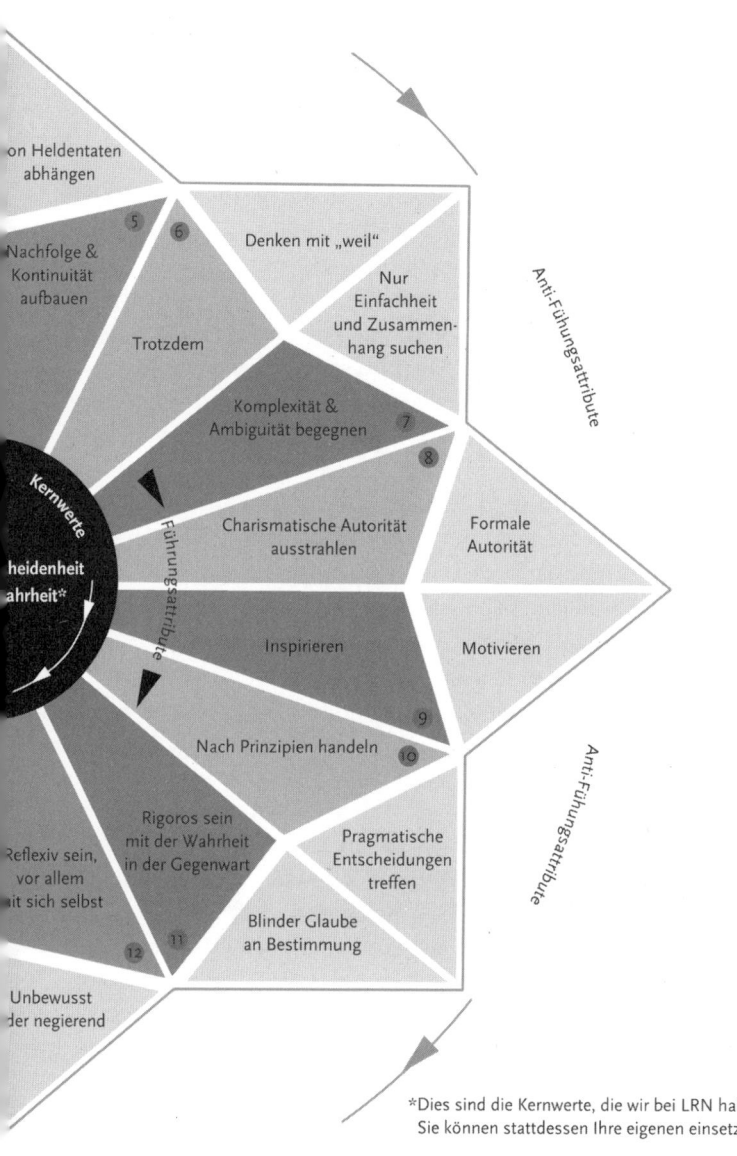

on Heldentaten
abhängen

Nachfolge &
Kontinuität
aufbauen

⑤ ⑥

Trotzdem

Denken mit „weil"

Nur
Einfachheit
und Zusammen-
hang suchen

Komplexität &
Ambiguität begegnen ⑦

Anti-Führungsattribute

⑧

Kernwerte

heidenheit
ahrheit*

Führungsattribute

Charismatische Autorität
ausstrahlen

Formale
Autorität

Inspirieren

Motivieren

⑨

Nach Prinzipien handeln ⑩

Reflexiv sein,
vor allem
it sich selbst

Rigoros sein
mit der Wahrheit
in der Gegenwart

Pragmatische
Entscheidungen
treffen

Anti-Führungsattribute

⑫ ⑪

Blinder Glaube
an Bestimmung

Unbewusst
der negierend

*Dies sind die Kernwerte, die wir bei LRN haben.
Sie können stattdessen Ihre eigenen einsetzen.

dann sollten Sie sie mit Anderen *teilen*. Die Frage ist dann nur: Wie teilt man eine Vision? Wie gehen Sie vor? Wenn Sie Andere einschüchtern, *zu* ihnen sprechen, dann teilen Sie nicht. Beim Teilen versuchen Sie im Wesentlichen, Ihre Vision zur Vision aller zu machen, eine Welle zu machen. Eine Gruppe von Menschen auf ein Ziel oder mehrere Ziele hin zu vereinen, stellt die größte Herausforderung für jede Führungskraft dar; wer diese gemeinsame Ausrichtung erreicht, erzielt damit die größten Erfolge.

Um dieses Ziel zu erreichen, müssen Sie Ihre Mitmenschen mit *einbinden* und ihnen helfen, zu sehen, was Sie sehen. Um wirklich Menschen einzubinden, müssen Sie Ihre Ziele offen und vorauseilend darlegen, auf transparente Weise kommunizieren und den Kontakt zu Anderen so gestalten, dass sie ihren Willen, die Vision wirklich zu teilen, spüren.

Betrachten Sie die letzten 50 E-Mails, die Sie bekommen haben. Welche davon binden Sie mit ein? Wenn Sie sie lesen, bei welchen denken Sie: »Ja, genau das ist es. Das leuchtet mir ein. Dabei will ich mitmachen.« Bei welchen dagegen denken Sie: »Worum geht es hier eigentlich? So haben wir das nicht vereinbart. Warum hast du das in cc an meinen Chef geschickt? Was willst du damit erreichen?« Die Mails, die Sie mit einbinden, schaffen Verbindungen. Sie bauen starke Synapsen zwischen dem Absender und Ihnen auf. Sie bewirken, dass Sie sich beteiligen möchten, dazugehören oder mithelfen.

Bei jeder E-Mail, Instant Message, jedem Telefongespräch oder -konferenz oder am Kundenschalter können Sie so kommunizieren, dass Sie andere mit einbinden und Visionen teilen, oder Sie können etwas anderes machen. Fragen Sie sich einmal: Wenn Sie eine E-Mail schreiben, haben Sie dann eine Vision, um diese wirksam zu gestalten? Eine Vision darüber, wie sie wirken soll? Führungspersönlichkeiten gestalten ihren Kontakt zu Anderen durch eine Qualität der Kommunikation, die es den Menschen ermöglicht, ihre Vision zu teilen, sich mit eingebunden zu fühlen und ihre Vision zu ihrer eigenen zu machen. Sich diesen extra Moment Zeit zu nehmen, bevor Sie auf das »Senden«-Feld klicken, ist kein zusätzlicher Aufwand, keine weitere lästige Pflicht, der Sie nachkommen müssen. Im Gegenteil, es macht alles, was Sie tun, effektiver. Wenn Andere Ihre Kommunikation annehmen und sich Ihre Ziele aneignen, wird mehr getan. Sehen Sie es einmal so: Sie machen eine Diät, um fünf

Pfund abzunehmen. Eine Diät ist keine zusätzliche Belastung; man braucht nicht mehr Zeit, auf die eine oder die andere Art zu essen. Eine Diät ist eine Reihe von Entscheidungen, das eine zu essen und das andere nicht, und eine gute Diätregel liefert Ihnen Führung – aufgrund von Überzeugungen über Gesundheit, Bewegung und Ernährung –, die Ihnen hilft, diese Entscheidungen zu treffen und Ihr Ziel zu erreichen. Wenn Sie mit Anderen kommunizieren, können Sie sich dafür entscheiden, sie einzubinden oder für eine Kommunikationsweise, die wenig mehr Effekt hat als für den Moment Ihren Posteingang zu leeren. Das eine löst eine Welle aus; das andere erstickt eine Welle.

Wenn Sie Ihre Vision nicht mit Anderen teilen, handeln Sie als *Einzelgänger*. Ihre Vision wird allein die Ihre bleiben. Es ist im Grunde nichts Verkehrtes daran, ein Einzelgänger zu sein (tatsächlich bewundern wir viele Einzelgänger), genau wie nichts Verkehrtes an vielen der Verhaltensweisen im äußeren Kreis des Rahmenmodells der Führung ist. Hin und wieder können sie sogar sehr nützlich oder angemessen sein. Sie sind jedoch keine Verhaltensweisen der Selbststeuerung, Verhaltensweisen, die TRIPs beginnen können oder in einer hypervernetzten Welt Dinge bewegen. Da die Bedingungen in der Welt sich auf so spezifische und bemerkenswerte Weise verändert haben, dass Verbindungen und Beziehungen ein neuer höherer Wert verliehen wird, sind es nun diese Verhaltensweisen, die am meisten Gewinn aus den Bedingungen ziehen, um die es hier geht. Es sind die Verhaltensweisen, die im Rahmenmodell der Führung festgeschrieben sind.

Autorität und Verantwortung übernehmen

Selbststeuernde Führungspersönlichkeiten machen sich bemerkbar. Sie heben die Hand bei Meetings. Sie sagen: »Ich habe da eine Idee«, »Ich würde gern diese Einsatzgruppe übernehmen«, »Ich würde gern diese Aufgabe zu Ende führen« oder »Ich glaube, wir sollten auf dem Mars landen, nicht auf der Venus.« Führungspersönlichkeiten treten für ihre Visionen ein und haben keine Angst davor, gelegentlich im Mittelpunkt zu stehen. Sie bringen sich ein. Sie nehmen Autorität an und übernehmen die Verantwortung, die

Führung mit sich bringt. *Carpe diem* ist das Motto ihrer Überzeugung. Wenn Sie sich niemals bemerkbar machen, verschreiben Sie sich einer Karriere, bei der Sie ständig nur nachfolgen.

Eine Führungsorientierung einzunehmen bedeutet nicht, dass Sie in jedem Augenblick führen müssen; Sie können eine innere Führungshaltung annehmen und trotzdem der Führung Anderer folgen. In jedem Team und in jeder Arbeitsgruppe werden gewisse Leute die übergeordnete Führung übernehmen, aber innerhalb der Aufgabenstellung ergeben sich für jeden Gelegenheiten, selbst zu führen. Sie könnten Ihre Vision umsetzen, indem Sie bei einem Projekt Muster einfließen lassen, die andere in die Teamziele mit einbeziehen, oder eigeninitiativ wichtige Daten beisteuern, die zu besseren Entscheidungen führen. Obwohl Sie in einer Gruppe arbeiten oder natürliche beziehungsweise ernannte Vorgesetzte haben, macht Sie eine innere Führungshaltung offener dafür, sich einzubringen und mehr zum Ziel beizutragen. Eine Kultur der Führung durch Selbststeuerung ermöglicht es jedem, diese Führungsgelegenheiten zu ergreifen, und wenn Sie vortreten und den Moment ergreifen, werden Sie auch von diesem Moment ergriffen.

Planen und Implementieren

Walt Disney war ein Visionär. Er erfand eine Maus in Menschengestalt und versetzte sie in Aktion. Damit veränderte er die Welt des Zeichentricks, des Filmemachens, des Merchandising, der Vergnügungsparks und der Familienunterhaltung. Doch er erschuf nicht eines der größten Unterhaltungs-Unternehmen der Welt nur einfach durch seine Träume. »Man beginnt«, so sein berühmter Ausspruch, »indem man aufhört zu reden und anfängt zu handeln.«[4] Führung bedeutet also, Ideen in Aktion umzusetzen.

Wenn Sie eine Vision haben, sie mit Anderen teilen und sie darin einbinden, erfordert der nächste Schritt, dass Sie ihre Durchführung planen und implementieren. Überall in den Straßengräben des Business liegen die Überreste der großen Ideen derer, die Visionen haben, aber diese nicht implementieren können. Sie sind die Träumer in der Welt. Sie können sehr gut sprechen, aber wenn es darauf ankommt, haben sie nicht die nötigen Fähigkeiten, etwas umzusetzen. Viele Menschen hatten schon eine Geschäftsidee, mit der sie ein Unternehmen gründen wollten, die Idee für ein Projekt, das das Leben leichter machen würde, oder einfach für einen besseren Weg, ein Ziel zu erreichen; viele haben sich auf die eine oder andere Weise vorgestellt, auf dem Mond zu landen. Man trifft oft Menschen mit Träumen, doch man trifft auch solche, die mit Anderen im Team zusammenarbeiten, um ihre Vision wahr zu machen. In einer Welt der richtigen inneren Haltung und des entsprechenden Verhaltens sind dies die Gewinner. Eine kleine Vision, die verwirklicht wurde, ist mehr wert als zehn großartige Ideen, die niemand jemals umsetzte.

Selbststeuernde Menschen werden aktiv, ergreifen die Gelegenheit und finden Mittel und Wege, um die Dinge anzugehen. Obwohl dies auf den ersten Blick aussehen mag, als verdoppelte sich Ihre Arbeitsbelastung, ist in Wahrheit oft das Gegenteil der Fall. Diese grundlegende Energie, eigene Visionen oder die Anderer zu planen und zu implementieren, dient als kraftvolles Beispiel für alle Mitmenschen. Wenn Andere diese innere Haltung in Aktion erleben, werden sie davon in ähnlicher Weise inspiriert und bringen sich ein. Man erreicht mehr mit weniger Aufwand, weil das gesamte Team an einem Strang zieht. Wenn beim Football ein Runningback mit besonderer Anstrengung über die gegnerische Linie gelangen will, versuchen seine Mitspieler die Verteidiger besonders gut zu blocken, sein Quarterback liefert bessere Handoffs und jeder im Team bringt eine besondere Leistung, um ihm zu helfen, einen Touchdown zu erzielen.

Nachfolge und Kontinuität aufbauen

Mein Hobby ist es, mechanische Armbanduhren zu sammeln. Ich finde sie einfach sehr schön, sie sind für mich ein tiefer Ausdruck unseres Strebens, die Welt um uns herum zu ordnen, Objekte, die die tief verwurzelte Tradition des Menschen verkörpern, nach Perfektion zu streben, viele kleine und komplizierte Teile dazu zu bringen, als beständiges Ganzes zusammenzuwirken. Wenn man mich nach der Uhrzeit fragt, greife ich jedoch normalerweise in die Tasche und hole mein Mobiltelefon heraus. Es steht in ständigem Funkkontakt mit einem atomaren Zeitrechner und ist die genaueste Information, die mir zur Verfügung steht. Ich bin der CEO meines Unternehmens, der oberste Unternehmensleiter, wenn Sie so wollen. Wenn ich zu einem Meeting zu spät komme, können die Leute, die dort auf mich warten, die Uhrzeit herausfinden? Selbstverständlich können sie das.

Metaphorisch gesprochen: Führungspersönlichkeiten tauchen nicht auf und sagen die exakte Zeit an; wie James C. Collins und Jerry I. Porras in *Built toLast* uns so brillant erzählten, Führungspersönlichkeiten bauen Uhren, die die Zeit ständig angeben, ob sie nun da sind oder nicht.[5] Wenn die Mondlandung von John F. Kennedy abhängen würde, was wäre dann passiert, als er auf so tragische Weise ermordet wurde? Führungspersönlichkeiten sind keine Superhelden; sie bauen Nachfolge und Kontinuität in allem, was sie tun, auf. Sie bauen nichts auf, was allein von einer einzigen Person abhängt, die auftauchen muss und die exakte Uhrzeit ansagt.

Diese Idee ist eine der zentralen und mächtigsten Ideen im Rahmenmodell der Führung, und diejenige, die am meisten unterschätzt wird. Das ist meines Erachtens so, weil die Aussage, die Welt brauche keine Helden, den meisten unserer Erfahrungen widerspricht. Die Geschäftswelt verlangt oft von uns, heldenhaft zu sein, die Extrameile zu gehen, letzte Reserven einzusetzen oder die Extraschicht zu fahren, um unsere Ziele zu erreichen. Da stimme ich zu. Die Welt braucht sicherlich Helden. Man bekommt den Zug nicht ohne starkes Anschieben aus dem Bahnhof, nicht ohne Heldenmut in manchen Fällen. Das Paradoxe ist, dass wir, obwohl wir von Zeit zu Zeit Heldentum brauchen, um uns wirklich zu entfalten, gleichzeitig selbsterhaltende Mechanismen einbauen müssen. Wenn Sie die Notwendigkeit von Systemen verstanden haben, die gleichzeitig Energie erzeugen, während sie Leistung erbringen, anstatt nur Ressourcen zu verbrauchen, führt Sie das zu einer Haltung, aus der heraus Sie keine Heldentaten brauchen. Man kann kein großes, langlebiges und bedeutendes Unternehmen auf dem Rücken von Superhelden aufbauen. Egal wie stark sie sind, irgendwann brechen sie unter dem Gewicht zusammen. Um eine Idee wie einen Wolkenkratzer zu bauen, Hunderte von Stockwerken, die aufeinander aufbauen, braucht man ein Fundament der Kontinuität, das mit dem Gebäude wachsen kann.

1964 begann Disney unfruchtbare Orangenhaine bei Orlando, Florida, aufzukaufen für etwas, das er das »Florida Projekt« nannte.

Es war eine von Walts großartigsten Ideen. Doch während das Projekt sich entwickelte, bekam er Lungenkrebs und starb bald darauf. Sein Bruder Roy und ein Team von Disneys ausgewählten und ausgebildeten Designern übernahmen den Ball und steuerten weiter auf die Fertigstellung zu; die Walt Disney World eröffnete 1971, der größte Themenpark, den man sich jemals vorgestellt hatte. Er hatte Andere in seine Vision mit eingebunden und sie hatten sie zu ihrer eigenen gemacht. Roy Disney starb drei Monate später, doch die Nachfolgepläne standen bereit, und Donn Tatum wurde der erste Vorsitzende und CEO des Unternehmens Walt Disney, der kein Mitglied der Familie Disney war.[6] Der Traum lebte weiter.

Stellen Sie sich einmal eine praktische Frage: Möchten Sie von Ihrer jetzigen Position aus befördert werden? Dann betrachten Sie es für einen Augenblick aus der Sicht Ihres Vorgesetzten. Kann er oder sie Sie befördern, wenn Sie die einzige Person sind, die Ihre Aufgabe erfüllen kann? Wenn die Aufgabe nicht erfüllt wird, ohne dass Sie bleiben, wo Sie sind und den Helden geben, dann macht es keinen Sinn für das Unternehmen, Sie jemals zu befördern. Wenn es das Heldentum ist, wodurch die Aufgabe erfüllt wird, bleiben Sie genau da, wo Sie sind, um die Aufgabe weiterhin zu erfüllen. Wenn Sie jedoch einen selbsterhaltenden Mechanismus in Ihre Arbeit einbauen, eine Uhr, die auch ohne Sie die Zeit ansagen kann, könnten Sie viel eher befördert werden – eigentlich ist es wahrscheinlich, dass Sie dann befördert *werden*. Sie haben dann nicht nur Ihre Verantwortung hervorragend erfüllt, sondern Sie haben auch etwas aufgebaut, das über Sie hinaus weist, und einen Beitrag geleistet für das gesamte Unternehmen.

Beispielsweise verlangen viele große und mittlere Unternehmen von ihren Vertriebs- und Serviceteams, ein webbasiertes CRM-System zu verwenden wie Salesforce.com. Im Wesentlichen handelt es sich dabei um eine zentrale Datenbank; sie ermöglicht jedem Außendienstmitarbeiter, detaillierte Informationen über Verkaufskontakte, Messekontakte und laufende Verhandlungen, an denen sie gerade beteiligt sind, aufzuzeichnen und zu speichern. Nur allzu oft, denke ich, wird ein solches Tool als Beschäftigungsmaßnahme gesehen, eine zusätzliche verwaltungstechnische Belastung der hart arbeitenden Außendienstmitarbeiter, die nach einer langen Woche im Flugzeug, Zug und Auto und mit unzähligen Gesprächen über

Mobiltelefon und BlackBerry dann noch weitere Stunden damit verbringen müssen, all ihre Notizen ins System einzupflegen. Durch das Objektiv der *Welle* betrachtet, bietet dies jedoch eine Möglichkeit der Führung, eine Chance, Kontinuität aufzubauen, das Team zu informieren und mit einzubinden. Sollten Sie einen Tag vor Vertragsabschluss die Grippe bekommen, befähigt die Kontinuität, die Sie durch die Anwendung Ihres CRM aufgebaut haben, jemand anderen im Team dazu, einzuspringen, sich den Ball zu schnappen und das Geschäft einzufahren.

Wenn Sie ein System aufbauen, das von Anderen betrieben werden kann, Andere ausbilden, sodass sie vortreten und mehr Verantwortung übernehmen können oder Ihre Mitarbeiter in einer teamorientierten Weise mit einbinden, die effizienter und profitabler ist, dann kann ein Vorgesetzter sagen: »Das Unternehmen braucht Sie hier nicht so dringend, um dieses Ziel zu erreichen; wir könnten Sie in dieser neuen Position besser gebrauchen.« Der Schlüssel zu Fortschritt und Aufstieg ist, ein Fundament zu hinterlassen.

Kreise in Kreisen (Ein Gedanke)

Diese fünf Verhaltensweisen – eine Vision zu haben, Kommunizieren und Einbinden, Autorität und Verantwortung übernehmen, Planen und Implementieren und Nachfolge und Kontinuität aufbauen – bilden die Grundlage für eine Haltung der Selbststeuerung. Der Rest des Rahmenmodells der Führung erweitert, spezifiziert und verstärkt diese Basiskonzepte und schafft so einen Kreis aus Führungsattributen.

Hier ein Gedanke über Kreise: Wellen breiten sich *kreisförmig* aus, wie wir wissen. Studien zeigen uns, dass sie viel leichter in geschlossenen, kreisförmigen Stadien entstehen, in denen jeder jeden sehen kann, als beispielsweise bei Autorennbahnen, bei denen das Publikum auf einer Seite des Stadions sitzt. Führung spiegelt in gewisser Weise diese Geometrie wider. Das Rahmenmodell der Führung schafft einen eigendynamischen Energiekreislauf, wie eine Welle in einem Stadion. Wenn zwei Kinder sich an den Händen halten, sich zurücklehnen (weil sie einander vertrauen, dass sie nicht loslassen) und sich drehen, können sie mit wenig Anstrengung eine hohe

Geschwindigkeit erreichen, und die Energie zwischen den beiden wächst weiter, solange sie einander halten. Wenn sie loslassen, verpufft all diese Energie. Das Rahmenmodell der Führung spiegelt diese Idee wider. Während wir das Rahmenmodell der Führung betrachten, werden Sie feststellen, dass es für alles, was eine Führungskraft darstellt, ein Gegenteil gibt, das er oder sie *nicht ist*. Wenn Ihre Handlungsweise Sie aus dem Rahmenmodell herausführt, opfern Sie seine eigendynamische Energie und landen, wie jene schwindligen Kinder, in einem Haufen auf dem Rasen.

Die andere bemerkenswerte Eigenschaft des Rahmenmodells ist, dass es uns erlaubt, wirklich aggressiv vorzugehen und furchteinflößend stark im Wettbewerb beim Verfolgen unserer Ziele zu sein. Sein verbindendes Wesen macht uns freier, Neues zu versuchen, Chancen zu ergreifen und spontan zu handeln, ohne unsere Kernwerte aus den Augen zu verlieren, das Zentrum, um das herum wir uns bewegen. Weil es uns hilft, die Dinge durch unseren Kern zu sehen, können wir den kürzesten, zweckmäßigsten Weg zu unserem Ziel erkennen. Und obwohl die stürmischen Unwägbarkeiten des Geschäftsalltags uns manchmal in völlig unbekannte Gebiete versetzen können, zeigt uns das Rahmenmodell der Führung stets, wo wir zu Hause sind, und hilft uns, den sicheren Pfad dorthin zu erkennen. Indem wir nämlich an der Kreisbewegung des Rahmenmodells festhalten, können wir sehr viel mehr Geschwindigkeit und Energie auf unserer Reise gewinnen.

Das Rahmenmodell der Führung, Fortsetzung

Trotzdem

In allem, was es wert ist, getan zu werden, begegnet man Widerstand. Einen großen Felsen zu bewegen erfordert einen Kampf gegen Schwerkraft und Trägheit. Einen Berg zu besteigen erfordert, dass man die Auswirkungen der dünnen Luft überwindet. Nehmen wir beispielsweise an, Sie haben gerade eine Präsentation vor einem potenziellen Partnerunternehmen gehalten. Die Gespräche verliefen gut, und Sie sind der Meinung, dass der Kunde mit Ihnen ins Geschäft kommen sollte und nicht mit Ihrem Wettbewerber. Doch eine Person bei diesem Meeting stellte in den Raum, dass die Firma dieses Jahr keine Kapazitäten mehr im Budget frei hätte. Welche Haltung nehmen Sie ein, wenn Sie dies hören? Wie stehen Sie Hindernissen gegenüber?

1905 begann Madam C. J. Walker damit, im gesamten Süden und Südosten der Vereinigten Staaten ein Mittel zur Pflege und Heilung der Kopfhaut an afro-amerikanische Frauen an der Haustür zu verkaufen, Madam Walker's Wonderful Hair Grower. Walker, Tochter früherer Sklaven, wurde mit sieben Jahren Waise, heiratete mit 14 und wurde mit 19 Witwe mit einem Kind. Sie arbeitete in einer Wäscherei, um ihre Tochter durch die Schule zu bringen, bevor sie ein neues Leben für sich selbst anvisierte. »Ich fing damit an, dass ich anfing«, berichtete Walker. Trotz der Hindernisse, die größer waren, als sich die meisten von uns es vorstellen können, entwickelte Walker ihr Unternehmen zu einer Firma, die 3 000 Menschen beschäftigte. Sie war die erste bekannte afro-amerikanische Frau, die Millionärin wurde. »Ich bin eine Frau von den Baumwollfeldern des Südens«, erzählte sie immer gern. »Von dort wurde ich zum Waschzuber befördert. Von dort wurde ich in die Küche befördert. Und von dort beförderte ich mich selbst ins Geschäft der Produktion von Haarpflegemitteln. Ich habe meine eigene Fabrik auf meinem eigenen Grund aufgebaut.«[7]

Wir können uns nur schwer jemanden vorstellen, der angesichts von scheinbar unüberwindlichen Hindernissen so an seiner Vision festhielt und so viel erreichte wie C. J. Walker. Sie verfolgte ihre Vision trotz der Hindernisse, und diese tiefste innere Einstellung war zentral für ihre Fähigkeit, sich zu entfalten. Wenn Sie eine Welle entstehen lassen wollen und die Person rechts von Ihnen will nicht aufstehen, geben Sie dann auf? Setzen Sie sich wieder hin und lassen das mit der Welle bleiben? Wir haben doch alle schon Wellen erlebt, bei denen Menschen zuerst nicht mitmachen wollten, aber dann doch mitgerissen wurden. Und es wird eine großartige Welle. Dies kann nur dann geschehen, wenn ihre Anführer durchhalten, trotz anfänglicher Widerstände. Eine Führungshaltung der Selbststeuerung hilft Ihnen dann zu der Frage: »Wie können wir unserem Partner helfen, das nötige Budget aufzubringen, um das Programm zu unterstützen?«

Ich kenne keinen guten Segler, der nicht einmal in raue See geraten ist, und ich kenne keine Vision, habe noch kein Interview gehört und keine Biographie gelesen über jemanden, der etwas von Wert erreichte, bei dem es keine Geschichten über den Überlebenskampf in harten Zeiten, das Überwinden von Hindernissen und das Erreichen von Zielen *trotz* aller Widerstände gibt. Es ist unvermeidlich, dass Ihnen Hindernisse begegnen werden; das ist eine Konstante des Lebens. Worauf es ankommt, ist nicht das Hindernis, sondern die Art und Weise, *wie* Sie über Hindernisse denken, *wie* Sie an sie herangehen und *wie* Sie sich ihnen gegenüber verhalten. Führungspersönlichkeiten glauben, dass sie einen Weg finden werden, *trotz* der Kräfte, die ihnen entgegenstehen. Sie geben niemals wegen eines Problems auf. Manchmal gelingt Ihnen etwas trotz aller Anstrengung nicht, aber wenn Sie nicht von vorn herein eine Haltung des «*Trotzdem*» einnehmen, wird Ihnen selten überhaupt etwas glücken.

Komplexität und Ambiguität begegnen

Wir leben in einer Welt voller Konflikte. Hätten wir unendliche Ressourcen, könnten wir vielleicht zu allem Ja und Amen sagen und hätten nicht die Qual der Wahl. Vielleicht würden wir nicht einmal ein Rahmenmodell der Führung benötigen. Doch die Welt ist voller Konflikte, voller widerstreitender Wünsche, Interessen, Ziele, Pläne und Möglichkeiten. Ebenso wie wir unsere Haltung des «*Trotzdem*» kultivieren müssen, müssen wir auch Komplexität und Widersprüchlichkeit annehmen. Auch die besten Pläne können schief gehen, und wenn man nur leichtes Segeln und beständigen Wind erwartet, wird man einem unerwarteten Kampf ausgesetzt, sobald die unvermeidlichen Unannehmlichkeiten auftreten. Bei einem Abendessen in Los Angeles verriet mir Venture Capitalist Alan Spoon: »Es wird immer gute und schlechte Nachrichten geben. Die guten Nachrichten brauchen keine Nachverfolgung; die Arbeit machen die schlechten Nachrichten. Damit werden Sie Ihre Zeit verbringen.«[8] Führungspersönlichkeiten wissen das von vorn herein. Sie wissen, dass Konflikt normal ist, und sehen voraus, dass sie Menschen in Konflikten führen müssen.

Und wieder reduziert sich alles auf die innere Haltung. Führungskräfte sehen sich konfrontiert mit widerstreitenden Wünschen und individuellen Interessen sowie mit beschränkten statt unbeschränkten Budgets. Sie öffnen manche Türen und schließen andere. Sie treffen angesichts von Konflikten Entscheidungen aufgrund von Prinzipien und fahren so einen konstanten Kurs durch raue See. Führungskräfte dürsten nach der Wahrheit und folgen ihr. Schon durch ihre Definition stehen die Zukunft, die sie ansteuern, und die Gegenwart in Konflikt; es muss Veränderungen geben, damit etwas Neues erreicht wird. In dieser Spannung liegt die Chance, aufzublühen, aber nur in den Händen derer, die sich ihr stellen wollen.

Genauso meiden Führungspersönlichkeiten zu starke Vereinfachung und Reduktionismus in der Herangehensweise an ihre Ziele. Beim Ziel geht es niemals nur um einen einzigen Aspekt, wie Profit, Produktivität oder Qualität. Führungspersönlichkeiten akzeptieren die inhärente Komplexität jeder Reise. Sie berücksichtigen viele Stimmen und viele Ziele und streben danach, die Bedürfnisse der vielen Interessengruppen bei jeder Aufgabe zu erfüllen. Angesichts einer Vielzahl von Entscheidungsmöglichkeiten richtet sich der kluge und tiefgehende Blick der selbststeuernden Persönlichkeit auf die Kernwerte im Zentrum ihres Rahmenmodells und trifft wohlbedachte Entscheidungen darüber, wie sie am besten aufrechtzuerhalten sind.

Charismatische Autorität ausstrahlen

Eines unserer grundlegenden Führungsattribute ist, dass Führungspersönlichkeiten Autorität übernehmen. Doch wie sieht diese Autorität aus? Steh auf, oder ich hau dir eine rein? Tu das, weil ich deine Mutter oder dein Vater oder weil ich dein Chef bin? In Japan fing die Armee im Zweiten Weltkrieg an, ihre Flieger, bekannt als Kamikaze, auf *tokko* zu schicken: Selbstmordmission. Viele japanische junge Männer starben bei dieser Mission, doch ein paar überlebten und können erzählen, wie das war: Einer davon war ein japanischer Marinepilot namens Shigeyoshi Hamazono. In seinen Kriegserinnerungen, *Suiheisen (Der Horizont)*, beschreibt Hamazono, wie er darauf vorbereitet wurde, für sein Land zu sterben, doch erinnert er sich an eine Begegnung, die er erlebte, bevor er am 6. April 1945 auf seine Mission ging. Er erzählt von Vizeadmiral Ugaki, der eine Abschiedsrede an die Kamikaze-Piloten des Luftwaffengeschwaders Kokubu Nr. 1 richtete, unter denen sich Hamazono befand. Ugaki gab ihnen die Hand und sagte: »Bitte sterben Sie für Ihr Land.« Nachdem seine Rede beendet war, fragte er, ob noch jemand irgendeine Frage habe. Ein älterer Pilot, für den Hamazono Respekt empfand, trat vor und sagte: »Ich bin sicher, dass ich zwei feindliche Transportschiffe nur mit den Bomben versenken kann, die ich an Bord habe. Wenn ich sie versenke, kann ich dann zurückkehren?« Ugaki antwortete laut Bericht: »Bitte sterben Sie.«[9]

Autorität tritt normalerweise in zwei Formen auf: Charismatische Autorität und formale Autorität.[10] Formale Autorität leitet sich aus der Überlegenheit durch Macht aus, üblicherweise hierarchische Macht. »Ich bin dein Vater. In meinem Haus habe ich recht, auch wenn ich unrecht habe.« Das ist formale Autorität (und auch der Grund, warum die meisten von uns das Haus verlassen, wenn sie erwachsen werden).

Viele junge Männer starben auf beiden Seiten in diesem brutalen Krieg, und Ugaki ist ein extremes Beispiel, doch wir finden Beispiele formaler Autorität von der Sorte »Bitte sterben Sie, weil ich es Ihnen befehle« täglich auf der einfachsten wie der höchsten Ebene wieder. Sie erhalten eine E-Mail, die aus einem einzigen Satz besteht: »Erledigen Sie das bis vier Uhr.« Die Implikation dahinter ist klar: »Weil ich der Boss bin.« Fühlen Sie sich mit eingebunden? Oder hat das Herumfuchteln mit formaler Autorität Reibung in die Beziehung gebracht? Sie könnten die Anweisung aus einer Vielzahl von Gründen befolgen – Sie sind neu in der Firma, Ihr Chef ist viel mächtiger, Ihre Chefin könnte Sie in Ihrer Karriere voranbringen – aber fühlen Sie sich mit einbezogen? Sind Sie inspiriert? Formaler Autorität fehlt die Fähigkeit, Andere zu inspirieren und mit einzubeziehen. Im besten Fall kann sie Ergebenheit einfordern, ein widerwilliges oder sogar bereitwilliges Befolgen der Anweisung. Jedes Mal, wenn Führungskräfte mit formaler Autorität herumfuchteln, leeren sie damit ihren Vorrat. Das ist wie bei einem Bankkonto; je mehr man abhebt, desto weniger hat man. Manchmal verwandelt sich bereitwillige Ergebenheit in widerwillige Ergebenheit, was sich wiederum in subtiler Unterminierung bis hin zu offener Rebellion äußern kann. Die Arbeitsverzögerung und Ablenkung derer, die Sie führen, bauen sich so immer mehr auf und ihre Produktivität und Verantwortungsbewusstsein sinken immer weiter.

Charismatische Autorität hingegen entsteht von selbst. Wie wäre es zum Beispiel, wenn jene Vier-Uhr-E-Mail stattdessen so lauten würde: »Wenn Sie das bis vier Uhr hinbekommen, gewinnt unser Team auf diesen drei Ebenen: ...« Diese E-Mail bindet Sie jetzt mit ein, indem sie Ihnen mitteilt, wie die Aufgabe sich in die größere Vision fügt; was ursprünglich als willkürliche Deadline erschien, wird nun ein integraler Teil bei der Realisierung einer Vision. Vision und Einbindung lassen charismatische Autorität entstehen. Und Charismatische Autorität rührt nicht von Macht her, sondern aus einem prinzipiengetreuen Handeln gegenüber Anderen, von der Bezugnahme auf Überzeugungen und Prinzipien und der Kontaktaufnahme mit Anderen, von dem Wunsch, die richtige innere Haltung und das richtige Verhalten zu zeigen und Wellen zu machen. Man verdient sie sich jeden Tag, in jeder Art und Weise, wie man etwas tut. Man baut sich charismatische Autorität auf mit jeder einzelnen Handlung gegenüber Anderen, und anstatt das Autoritäts-Konto leer zu räumen, baut man sich so sein Vermögen auf. Manchmal nimmt dies etwas mehr Zeit in Anspruch, doch diese Zeit ist eine Investition, die mit Zinsen zurückgezahlt wird – kurzfristige Kosten für langfristigen Gewinn. So wird Autorität selbst zur Welle, die aus sich selbst Kraft schöpft und die immer weiter herumgeht, bis niemand sich mehr erinnern kann, wo sie anfing, doch jeder froh ist, dass er ein Teil davon war.[11]

Sie können über Krazy George sagen, was Sie wollen, doch man kann ihm nicht absprechen, dass er ein Paradebeispiel für charismatische Autorität ist. Niemand nimmt an seinen Wellen teil, weil er vom Stadion dafür eingestellt wurde, sie zu initiieren, noch folgt man ihm, weil er seine Trommel so laut schlägt. Man folgt ihm, weil er die Menschen erreicht, seine Vision mit ihnen teilt, sie mit einbindet in sein großes Bild, und weil er weitermacht, trotz derer, die denken, er sei nicht ganz richtig im Kopf oder lieber in Ruhe ihren Hotdog essen. Und er erreicht sein Ziel. Die Menschen stehen auf und jubeln.

Inspirieren

Wir wissen, dass vernünftige Menschen zumeist Unangenehmes vermeiden und das Angenehme anstreben. Vernünftige Menschen, so denkt man, werden motiviert durch mehr Angenehmes und weniger Unangenehmes, mehr Geld und weiniger Tadel. Wenn Sie also in einer Position von Autorität sind, und Sie wollen, dass bestimmte Dinge erledigt werden, dann geben Sie Ihren Leuten mehr Zuckerbrot und weniger Peitsche, richtig? Kulturen der informierten Ergebenheit sind auf diesem einfachen Gedanken aufgebaut. Ein Motivationsdenken in Form von Zuckerbrot und Peitsche dominiert diese Organisationen. Während wir die Tatsache nicht abstreiten können, dass niemand allein deshalb arbeitet, weil es ihm solchen Spaß macht oder ihn so erfüllt (dann würden wir es wohl eher »spielen« anstatt »arbeiten« nennen), stellt Motivation kein sich selbst erhaltendes Führungsprinzip dar. Der Mensch, der 20-Dollar-Scheine austeilt, um eine Welle zu bekommen, wird irgendwann kein Geld mehr haben oder die Empfänger verweigern die Zusammenarbeit, weil sie beschlossen haben, dass 20 Dollar nicht genug sind. Motivation erfordert ein Motivations*objekt*, ein Zuckerbrot oder eine Peitsche, irgendein äußerliches Mittel, durch das das Handeln angetrieben oder erzwungen wird. Sicher hat die Motivation ihre Berechtigung, doch wir wissen, dass in einer Welt der *Welle* Motivation nicht genug ist. Eine Führungspersönlichkeit sucht nach einer sich selbst erhaltenden Methode, Aktion zu generieren. Um Wellen zu machen, müssen Sie danach streben, Andere zu *inspirieren*.

Inspiration kommt von einer Hingabe an Überzeugungen und Werte, dem Verfolgen von großen Ideen und sinnvollem Dienst an Anderen, und von einer Verpflichtung, diese Hingabe und diese Sinnverfolgung Anderen mitzuteilen. Ist es nicht etwas völlig anderes, inspiriert zu sein, anstatt motiviert? Jeder weiß, wie es ist, wenn man inspiriert ist. Man kann von einem Film inspiriert sein, von einem Buch, oder durch ein Erlebnis, das man hatte, man kann durch das inspiriert sein, was man erreichen will, oder durch die Taten und Anstrengungen Anderer. Werte inspirieren ebenso wie das Verfolgen von Zielen, die über einen selbst hinausweisen. Inspiration holt das Beste aus Ihnen heraus und hebt Ihr kreativstes Potenzial. Ob Sie inspiriert sind, auf dem Mond zu landen, oder inspiriert, eine Welle zu starten oder daran teilzunehmen, Sie scheren sich nicht um Zuckerbrote oder Peitschen; Sie verfolgen ein höheres Ziel. Genau wie Vertrauen mehr Vertrauen zutage bringt, fördert Inspiration den Glauben hervor. Der informierte Glaube – die Verbindung des fragenden und des nicht hinterfragenden Teils des Geistes – ist eine mächtige, sich selbst erhaltende Kraft. Wie alles andere im Rahmenmodell der Führung, fällt die Inspiration wieder auf Sie zurück. Das heißt, wenn Sie sehen, wie Andere inspiriert sind, werden Sie wiederum selbst inspiriert. Bei der Unternehmensführung geht es um Inspiration. Führungspersönlichkeiten inspirieren Andere und streben danach, die Atmosphäre der Inspiration – das Streben nach Sinn – in Anderen lebendig zu halten. Sie müssen nicht der Chef sein, um das zu tun; jeder kann das, und in einer Welt der Welle, in der die Qualität einer Arbeit genauso wichtig ist wie ihr Endergebnis, sollte das sogar jeder.

Nach Prinzipien handeln

Direkt nach dem Hurrikan Katrina und der Zerstörung der Innenstadt von New Orleans verteilte die U. S. Federal Emergency Management Agency (FEMA) in überstürzter Weise Geld an die Leute – fast ohne jegliches System für grundlegende Betrugs-Prävention. Hilfsmittel wurden in der Folge dafür missbraucht, Saisontickets für die New Orleans Saints Football-Spiele zu kaufen, ein großes Abendessen im Restaurant Hooters in San Antonio zu finanzieren, für eine 200-Dollar-Flasche Dom Pérignon, eine All-inclusive-Woche Urlaub in der Karibik und verschiedene »Girls Gone Wild«-Videos. Tausende in Haft befindliche Kriminelle bekamen Notunterkünfte bewilligt.[12] »Wir trafen einfach die kalkulierte Entscheidung, dass wir so vielen Menschen helfen würden, wie wir konnten«, sagte Donna Dannels, verantwortliche Direktorin für Schadenserstattung der FEMA, als sie ein Jahr später vor dem Untersuchungskomitee im Kongress sprach, »und dass wir später auf die Leute zurückkommen könnten, die wir entweder irrtümlich bezahlt oder die uns betrogen hatten.«[13] Dannels gab diese Erklärung nach einer unabhängigen Studie durch den Rechnungshof der Regierung ab, die aufdeckte, dass eine Summe von 1,4 Milliarden – ein Viertel der gesamten Gelder, die die FEMA nach dem Unglück verteilt hatte – durch Betrug und Missbrauch verloren gegangen waren.

Entscheidungen werden im Allgemeinen auf einer von zwei möglichen Grundlagen getroffen: Pragmatismus oder Prinzip. Pragmatische Entscheidungen wollen das sich konkret stellende Problem auf möglichst zweckmäßige Weise lösen, wie die FEMA angesichts des

Hurrikans. Pragmatisches Denken besitzt eine Tendenz, kurzfristig vorteilhaft zu erscheinen und akute Missstände zu beseitigen, doch es produziert unbeabsichtigte Konsequenzen mit oftmals langfristigen Auswirkungen. Wenn die FEMA beispielsweise ein gewinnorientiertes Unternehmen wäre, würden ihre Verluste durch Betrug noch weit überboten durch den Verlust an Glaubwürdigkeit und gutem Ruf. Wer würde schon in ein Versicherungsunternehmen investieren, das den Erwerb von »Girls Gone Wild«-Videos erstattete? Welche mögliche Erklärung kann den Eindruck wieder gut machen, den diese Entscheidung am Markt hinterlässt?

Im Verlauf eines Arbeitstages müssen wir alle unzählige Entscheidungen fällen. Wenn wir selbststeuernd denken und eine innere Führungshaltung einnehmen, tun wir damit noch mehr. Welche Art Raumschiff bauen wir? Wie sollte die Bauweise aussehen? Welche Art von Leuten sollten wir einstellen? Was soll ich sagen, wenn ich diesen Anrufer zurückrufe? Führungskräfte treffen ständig Entscheidungen, und ein bestimmtes Team oder eine Organisation kann Hunderte, wenn nicht Tausende Entscheidungen täglich treffen. Wenn jeder von uns Entscheidungen nur aufgrund von kurzfristigen, pragmatischen Erwägungen trifft – was wird sich gut anhören, was wird das Problem beseitigen, was wird dieses Geschäft zum Abschluss bringen – häufen sich die Fehlentscheidungen mit unbeabsichtigten Konsequenzen – wie »Girls Gone Wild«-Videos –, bis alles außer Kontrolle gerät. Wir können die Auswirkungen all dieser kurzfristigen Entscheidungen nicht kontrollieren oder sie uns auch nur vorstellen.

Was würde zum Beispiel nach einem erfolgreichen Quartal, in dem Sie sagten oder taten, was immer Sie brauchten, um Ihre Zahlen zu erfüllen, passieren, wenn Sie alle Ihre Kunden in einem Raum zusammenbringen würden und hinausgingen? Was würden sie von Ihnen denken, wenn sie anfingen, ihre Geschäftsbedingungen zu vergleichen?

»Hmm, man hat mit Ihnen ein sechsmonatiges Pilotprojekt vereinbart? Mir haben sie gesagt, sie machen keine Pilotprojekte.«

»Sie haben einen Dreijahres-Vertrag? Mir haben sie gesagt, sie würden nur Fünfjahres-Verträge machen, egal unter welchen Umständen.«

In einer transparenten, vernetzten Welt passiert so etwas jeden Tag, physisch und elektronisch. Und nicht nur über Unternehmenapraktiken, sondern auch über Ihr persönliches Verhalten. Geschäftsbedingungen zu vergleichen ist billig und einfach, und wir tun es zahllose Male am Tag über das gigantische Lager von Informationen und Kommunikationstechnik, die uns ganz einfach zur Verfügung stehen. Diese Tatsache setzt einen Schwerpunkt auf Konsistenz. Die Welt der Welle erfordert ein Verhalten, das langfristige, selbsterhaltende Kontinuität schafft, das Vertrauen und weiterführende gemeinsame Ausrichtung zwischen Ihnen und ihrem Umfeld aufbaut. Ich schlage eine Erweiterung von Mark Twains berühmtem Zitat über die Wahrheit vor (obwohl es nicht so eloquent ausgedrückt ist): »Handeln Sie immer aufgrund Ihrer Prinzipien. Dann müssen Sie nicht ständig all die gewollten und ungewollten Konsequenzen Ihrer Aktionen verfolgen.«

Wenn Sie durch das Objektiv der richtigen inneren Haltung blicken, führt das dazu, dass Sie Entscheidungen aufgrund von Prinzipien treffen – einem vernünftigen, zentralen Kern von Überzeugungen, der langfristige Werte ausdrückt. In einer transparenten Welt, in der alles, was man nur erfahren könnte, offenbar wird, kann nur ein Entscheiden aufgrund von Prinzipien die Konsistenz liefern, die Sie brauchen, um Vertrauen und guten Ruf aufzubauen. Ein Handeln nach Prinzipien anstatt nach Pragmatismus macht Sie auch effizienter und wendiger, weil Sie nicht so viel Zeit damit verbringen müssen, um die Regeln herumzutanzen oder kurzfristige Gewinne abzuwägen und dadurch können Sie mit mehr Intuition und Klarheit handeln, anstatt langsam und kalkuliert. Die bestmögliche Entscheidung wird Ihnen viel unmittelbarer vor Augen stehen, denn sie entspringt aus Ihren tiefsten Werten. Sie werden mit mehr Sicherheit, Selbstbewusstsein und Vertrauen in Ihren Entscheidungen handeln.

Wenn Sie sich diese dauerhafte Verlässlichkeit und diese selbsterhaltende Kraft aneignen wollen, müssen Sie ein Denken in und durch Prinzipien annehmen und diese auf Werten basierenden Betrachtungen alles durchdringen lassen, was Sie sagen oder tun.

Rigoros sein mit der Wahrheit in der Gegenwart

Kurz nachdem Steve Wynn 2005 das nach ihm benannte Spielkasino Wynn Las Vegas mit großem Pomp und Öffentlichkeitswirksamkeit eröffnet hatte, wurde ihm klar, dass er ein Problem hatte:[14]

Croupiers und Mitarbeiter in Wynns Kasinos gehören normalerweise zu den bestbezahlten in der Branche, wobei den größten Teil ihres Einkommens die Trinkgelder ausmachen, die zusammengerechnet und unter dem Servicepersonal aufgeteilt werden, das die Spieltische bedient. »Ich habe einen Fehler gemacht«, erzählte er mir von Macao aus, wo er an seinem nächsten Projekt arbeitete. »Es kam unglücklicherweise so, dass die Croupiers alle Trinkgelder bekamen, und das Servicepersonal und die Abteilungsleiter, die die Kunden gemeinsam mit den Croupiers bedienten, keines bekamen. Das bedeutete, dass die Croupiers mehr verdienten als ihre Abteilungsleiter. Diese Ungleichheit erzeugte Unzufriedenheit und Ärger beim Servicepersonal, das dies als unfair betrachtete. Außerdem hatte ich wegen der umgekehrten Vergütungsstruktur Schwierigkeiten, Croupiers dazu zu bekommen, den Abteilungsleiterposten anzunehmen. Das alles schadete dem Kasino.«[15]

Wie wir wissen, kann man nur dann Risiken eingehen, wenn man über eine starke Vertrauensbasis verfügt. *Vertrauen (trust)* ermöglicht *Risiko (risk)*, was *Innovation* erlaubt und zu *Fortschritt (progress)* führt: TRIP. Doch wenn man Fehler macht und dies bemerkt, hat eine Führungskraft nur zwei Möglichkeiten: Den Fehler laufen zu lassen und seine Kosten zu tragen oder die Ressourcen aufzuwenden, die für seine Korrektur erforderlich sind. In Wynns Fall hatte er die Wahl zwischen einer umgekehrten und unfairen Vergütungsstruktur, die das Wachstum seines Projekts verhinderte, oder die Arbeitsmoral seiner Croupiers zu zerstören, indem er ihr Vergütungspaket veränderte und so ihr Vertrauen aufs Spiel setzte. »Es war ein fürchterliches Szenario«, erzählte Wynn. »Ich dachte Monate lang darüber nach, doch ich konnte es nicht einfach so lassen. Dies war das erste Mal in meiner gesamten Berufslaufbahn, dass ich zwei Schritte zurückgehen und etwas tun musste, das die Vergütung meiner Angestellten angriff. Es fühlte sich an, als ob ich mir selbst einen Finger abschneiden würde.«

Egal wie schmerzlich oder peinlich die Wahrheit sein mag, Führungspersönlichkeiten treten vor und konfrontieren sich mit dieser: Im Verlauf von vielen Einzelgesprächen erklärte Wynn seinen Croupiers, dass er die Aufteilung der Trinkgelder neu strukturieren würde, um mehr Belohnung für diejenigen zu schaffen, die bereit waren, mehr Verantwortung zu übernehmen. »Ich erklärte ihnen, dass ich einen Fehler gemacht hatte, dass es meine Aufgabe war, jeden gerecht zu behandeln, dass eine Gruppe von ihnen benachteiligt würde und dass ich das verändern wollte. Ich erklärte: ›Schauen Sie, ich bin hier und werde mit jedem einzelnen Angestellten in diesem Unternehmen sprechen, mit jedem Croupier, weil ich Ihnen heute und immer eine Erklärung dafür schuldig bin, was hinter unseren Entscheidungen steckt, besonders hinter solchen, die Ihr Leben betreffen.‹«

Trotz seiner Offenheit waren die Croupiers, wie vorhergesehen (und vielleicht auch verständlicherweise), aufgebracht. Auch nach vielen Gesprächen strengten einige von ihnen gemeinsam mit der Arbeitnehmervertretung einen Prozess vor Gericht an. Am Ende wurden diese Prozesse eingestellt. Trotz des Ärgers und der Aggressivität, die von einem Prozess ausgehen, tat Wynn nämlich etwas Bemerkenswertes. »Ich lud diejenigen, die gegen mich klagten, auf einen Kaffee ein«, sagte er. »Ich erklärte ihnen, wie sehr ich es respektierte, dass sie sich für etwas einsetzten, das sie für ihr gutes Recht hielten. Ich erzählte ihnen, dass es mir selbst nicht gut ging mit der Sache, sondern ich fand, sie hatten tatsächlich recht damit, etwas zu verfolgen, das sie für richtig hielten, und dass sie den Mut aufbrachten, sich dafür hinzustellen, anstatt nur hinter vorgehaltener Hand herumzunörgeln. Ich traf mich auch mit allen Angestellten, um ihnen zu sagen, wie stolz ich darauf war, dass sie, obwohl sie mit mir uneinig waren und fanden, ich hätte die falsche Entscheidung getroffen, dieses Thema niemals je im Kasino und gegenüber Kunden zur Sprache brachten.«

Wynn hatte, wie jeder in seiner Position, wenn ein Problem auftaucht, viele Möglichkeiten, ein direktes Eingreifen seinerseits zu vermeiden. Viele von uns waren schon einmal Empfänger von Memos, E-Mails oder delegierten Erklärungen der Geschäftsleitung, die uns schlechte Nachrichten über unseren Job brachten. Doch Wynn beschloss, das Problem persönlich und direkt anzugehen. Ich fragte ihn, warum er diesen Weg gewählt hatte. »Wenn Sie eine Entscheidung treffen, von der Sie wissen, dass sie die richtige für das langfristige Wohl des Unternehmens ist, kann sie doch kurzfristig gesehen die falsche sein«, sagte er. »Sie könnte Ihnen in den Händen explodieren; sie könnte peinlich sein, demütigend oder sogar katastrophal; doch das ist absolut keine Rechtfertigung dafür, dass man diese Entscheidung nicht trifft oder nicht vor Anderen dafür geradesteht. Das ist wahrscheinlich der Kern von Führungskompetenz.«

Man kann keinen Wolkenkratzer wie das Wynn Las Vegas auf einem Fundament bauen, das nicht solide ist, oder noch schlimmer, von dem Sie »irgendwie glauben, dass es solide ist«. Man kann keine Rakete auf dem Mond im Meer der Ruhe landen lassen, wenn man nicht weiß, ob die Oberfläche dort aus Fels oder Staub besteht. Eine Führungskraft muss Bescheid wissen, deshalb geht sie rigoros mit der Wahrheit in der Gegenwart um. Je rigoroser Sie der Wahrheit über Ihre aktuelle Situation ins Auge sehen – was trägt und was nicht, was funktioniert und was nicht – desto besser können Sie die Zukunft angehen. Eine Führungspersönlichkeit schält die Zwiebel solange, bis sie zur Wahrheit vorstößt, egal wie schwierig oder wenig greifbar diese Wahrheit auch sein mag. Führungspersönlichkeiten glauben, dass es gesund ist, sich den schwierigen Fragen zu stellen, Ideen hin und her zu wälzen, Probleme anzugehen, wenn sie auftauchen, und der Wahrheit bis auf den Grund nachzugehen. Schlechte Nachrichten zu bekommen, zu verstehen, was kaputt ist, zu sehen, wo die Schwachstelle ist, und wo die echten Zukunftsverhinderer lauern. Um Ihre Vision Realität werden zu lassen, dürfen Sie keine Angst davor haben, alles zu sehen, was es zu sehen gibt.

Das Gegenteil von rigorosem Umgang mit der Wahrheit bedeutet, blinde Flecken in Kauf zu nehmen oder in einem Zustand plausibler Negierung und Oberflächlichkeit zu leben, eine Haltung, die Führungspersönlichkeiten aus ihrem Denken und Handeln verbannen sollten. Führungspersönlichkeiten müssen wissen, wie fest der Boden ist, bevor sie zum Sprung ansetzen, Wolkenkratzer bauen und Innovationen einführen, und sie müssen rigoros sein darin, wohin die Reise führt.

Reflexiv sein, vor allem mit sich selbst

Sosehr auch die meisten von uns eine Umwelt von Harmonie, Einfachheit, Synthese und Kohärenz genießen, nirgends gibt es das für alle Zeit. Sogar Mönche, die in den Bergen leben, müssen hin und wieder um ein angemessenes Essen kämpfen (obwohl sie viel spirituelle Ruhe produzieren, lässt ihre Gewinn-und-Verlust-Rechnung doch zu wünschen übrig). Viel öfter ist unsere Welt voller Konflikte, Komplexität und Widersprüchlichkeit. Um sich zu einer

Persönlichkeit zu entwickeln, die fähig ist, die richtige innere Haltung und das daraus resultierende Verhalten anzunehmen, sich nicht nur auf das Ergebnis, sondern auch gleichzeitig auf die Art und Weise zu konzentrieren, *wie* Sie etwas tun, müssen Sie lernen, sich in diesen Bedingungen wohl zu fühlen. Selbststeuerung bedeutet, reflexiv zu sein – vor allem mit sich selbst.

Unsere Tugenden sind in der Regel auch gleichzeitig unsere Laster. Rechtsanwälte sind darauf trainiert, zu streiten und wollen möglichst oft im Streit gewinnen. Menschen, die daran gewöhnt sind, im Streit zu gewinnen, stehen jedoch häufig bei privaten Beziehungen einer Herausforderung gegenüber, weil es dabei selten um gewinnen oder verlieren geht. Durch das Objektiv der *Welle* betrachtet, reflektiert eine Anwältin, die ihre Synapsen mit Anderen stärken will: Wann rede ich zu viel? Wann höre ich zu? Wann werde ich argumentativ? Wann verteidige ich mich mit Advokaten-Eifer? Beziehe ich Andere mit ein? Oder nicht? Gibt es wirklich eine Welle? Arbeiten die Menschen wirklich mit, weil sie inspiriert sind, oder nur, weil ich sie motiviert habe? Wir müssen über unsere Tugenden und Laster reflektieren und rigoros mit der Wahrheit über uns selbst sein.

»Kurz nachdem ich CEO von Pfizer wurde«, erzählte mir Jeff Kindler, »Wurde ich vom internen TV-Sender für unsere über 100 000 Mitarbeiter interviewt. Man fragte mich über Veränderungen im Unternehmen, und ich antwortete so etwas wie ›Es könnte nötig sein, wichtige Veränderungen im Unternehmen vorzunehmen; es ist wahrscheinlich, dass wir viele Maßnahmen ergreifen müssen, um uns zu verändern‹, und so weiter. Ich benutzte jede Menge Füllwörter und Unternehmer-Sprache. Und dann wurde mir klar, was ich da tat. Ich war fast schon dabei, leeres Zeug zu reden, und ich unterbrach mich selbst und sagte: ›Warten Sie mal, ich muss mich korrigieren. Lassen Sie mich einmal klar aussprechen, wovon ich hier rede. Wir werden Kosten einsparen, es wird Entlassungen geben, und einige Leute werden ihren Job verlieren.‹« Das war Kindlers erste größere Verlautbarung in seiner Firma, und es war seine erste Gelegenheit, zu zeigen, was für eine Art Führungskraft er sein würde. Obwohl es bedeutete, vor 100 000 Menschen angreifbar zu sein, erlaubte Kindlers Fähigkeit zur Selbstreflexion ihm, einen Kurs echter Veränderung für sein Unternehmen einzuschlagen. »Es war eine raue Sprache«, gab er zu, »aber sie war ehrlich, und ich glaube, die Leute schätzten die Tatsache, dass ich ihnen nicht jede Menge Unsinn in Unternehmer-Jargon auftischte. Seitdem habe ich Kommentare gehört, dass die Menschen bei Pfizer es schätzen, wenn jemand ehrlich mit ihnen redet, und wenn ich zugebe, dass wir ernste Herausforderungen vor uns haben und ernste Themen, mit denen wir uns auseinander setzen müssen.«[16]

Selbstreflexion weist den Weg auf der Reise zur Selbstverbesserung und führt sowohl durch die guten Zeiten auf dem Hügel A als auch durch die Kämpfe im Tal C. Sich selbst zu führen bedeutet, an sich zu arbeiten und zu versuchen, es Jahr um Jahr, Woche um Woche besser zu machen. Wie die Mönche werden wir niemals Perfektion erreichen, doch wenn wir reflektieren, werden wir uns nicht nur verbessern, sondern auch jene Art simultaner Selbstreflexion erreichen, die Jeff Kindler besitzt: die Fähigkeit, unsere innere Haltung und unser Verhalten in allem, was wir tun, zu sehen, während wir es tun.

Ein Mangel an Selbstreflexion macht oberflächlich und unflexibel. Sie mögen vielleicht eine Menge Auseinandersetzungen gewinnen, zu viel Aktion motivieren, die oberflächlichen Charakteristika von Unternehmer-Sprache annehmen und sogar bis zu einem gewissen Grad erfolgreich sein, doch Sie werden dafür härter arbeiten, und irgendwann werden die Menschen Ihre Grenzen als Führungspersönlichkeit erkennen.

Zum Punkt gehen, von dem es kein Zurück gibt

Erinnern Sie sich an das erste Mal, als Sie auf einem sehr hohen Sprungbrett in einem Schwimmbad an die Kante traten? Nachdem Ihre Freunde Sie dorthin getrieben hatten und, ohne vernünftigen Grund, lauthals forderten, Sie sollten springen, tasteten Sie sich immer näher an den Rand vor, warfen einen vorsichtigen Blick hinunter und wünschten sich im selben Moment, sie wären irgendwo anders. In diesem Moment wurde Ihnen klar, dass Sie vielleicht zum ersten Mal im Leben bewusst bis zu dem Punkt gegangen waren, von dem es kein Zurück gibt. Ihnen war klar, wenn Sie wieder hinunterkletterten und nicht sprängen, würden Ihre Freunde Sie mit einem Haufen Spitznamen belegen, mit denen Sie ganz sicher nicht bezeichnet werden wollten. Wenn Sie aber sprängen, so fühlten Sie, könnten Sie sterben. Schmetterlinge im Bauch, Ankämpfen gegen das Zittern – dieser Moment hatte aber auch gar nichts Angenehmes. Nichts erschien schlimmer.

Manche von uns sprangen. Manche kletterten wieder hinunter, um dann an einem anderen Tag zurückzukehren und es zu schaffen. Manche von uns haben den Sprung bis heute nicht geschafft. Doch eine Vision zu haben und zu verfolgen, bedeutet, das Unbekannte zu erforschen, neue, riskante und potenziell erschreckende Orte aufzusuchen. Man kann nicht auf dem Mond landen, wenn man sich nicht weiter weg traut als bis zum Hügel hinter dem Haus. Wenn Sie versuchen, eine bessere Zukunft zu gestalten, müssen Sie darum jeden Tag an einen Ort vorstoßen, an dem Sie noch nicht waren, zum Punkt, von dem es kein Zurück gibt. Was passiert jedes Mal, wenn Sie zum Punkt gehen, von dem es kein Zurück gibt? Sie durchbrechen Ihre eigenen Grenzen und eröffnen sich neue Gebiete und Möglichkeiten. Jede Herausforderung, die Sie annehmen, führt zu größerer Fähigkeit, wenn Sie vor der nächsten stehen. Den ersten Schritt vom Hügel B herunterzugehen, das leichte und bequeme Wissen dort zu verlassen und das Ziel der Meisterschaft auf dem Hügel A anzustreben, ist ein Punkt, von dem es kein Zurück gibt. Wenn Sie sich selbst dazu überwinden, diese Woche die Frage zu stellen, die Sie letzte Woche nicht zu stellen wagten, ist das ein Punkt, von dem es kein Zurück gibt. Wenn Sie diesen Schritt unternehmen, wissen Sie, dass vor Ihnen die harte Zeit im Tal C liegt. Wer sich hingegen nicht zu diesem Schritt durchringen kann, beschränkt sich selbst auf den Weg des geringsten Widerstands. Eine innere Führungshaltung bringt Sie dazu, den Weg des größten Widerstands zu wählen und ihn zu dem des geringsten Widerstands zu machen.

Leidenschaftlich und optimistisch sein

Die Zentrale von LRN befindet sich ein paar Meilen vom Pazifischen Ozean entfernt in Los Angeles, und seit ich das Unternehmen 1994 gründete, habe ich mich sehr bemüht, persönlich die begabtesten Leute einzustellen, die ich finden konnte. Jedes Mal, wenn ich jemanden auswähle, der in einer anderen Stadt wohnt, und versuche, ihn für uns zu gewinnen, ist es beinahe unvermeidlich, dass es stets auf eine pro-und-kontra-Debatte über die vergleichbaren Vorzüge seines Wohnortes und Los Angeles hinausläuft. Und jedes Mal, wenn ich diese Debatte führe, hört sie sich seltsam gleich an: *Seine* Stadt hat ein tolles Kulturleben, *meine* Stadt hat ein tolles Kulturleben; *seine* Stadt hat tolle Restaurants, *meine* Stadt hat tolle Restaurants; und so geht es munter die Listen von Plus und Minus rauf und runter. Doch am Ende, wenn sich alles deckt, dann spiele ich meine Trumpfkarte aus: »Beide Städte sind großartig«, sage ich. »doch bei aller Vergleichbarkeit hat meine Stadt doch einen Extra-Bonus: In Los Angeles haben wir Sonne, und die Sonne ist das eine, das alle anderen Eigenschaften durchdringt und sie so viel besser macht.« In der Unternehmenswelt ist es genau das, was die Leidenschaft ausmacht. Leidenschaft ist wie die Sonne, die durch alles hindurch strahlt; sie macht alles so viel besser.

Leidenschaft macht den Unterschied aus zwischen einem Wachmacher am Morgen und einem globalen Unternehmen. Der Aufsichtsrat von Starbucks, Howard Schultz, macht guten Kaffee, doch seine Leidenschaft ist es, für seine Angestellten, Kunden und Zulieferer einen Arbeitsplatz voll Würde und Respekt zu schaffen. Schultz' Leidenschaft weht durch das Unternehmen und seine vielen Filialen wie der Duft von gerösteten Kaffeebohnen, und inspiriert jeden, der eine Nase voll davon erwischt. Und das ist alles, worauf es überhaupt ankommt.

»Man hat entweder eine ungeheure Liebe für das, was man tut, und eine Leidenschaft, oder eben nicht«, erklärte Schultz gegenüber der *BusinessWeek*. »Ob ich also mit einer Thekenkraft spreche, einem Kunden oder einem Investor, ich kommuniziere genau so, wie ich für unser Unternehmen empfinde, für unsere Mission und unsere Werte. Es ist gerade unsere gemeinsame Leidenschaft, die uns einen Wettbewerbsvorteil im Markt bringt, weil wir lieben, was wir tun, und weil wir inspiriert sind, es noch besser zu machen. Wenn Sie sich inmitten von Leuten befinden, die eine kollektive Leidenschaft für ein gemeinsames Ziel teilen, dann gibt es keine Worte dafür, was Sie alles erreichen können.«[17]

Man braucht Leidenschaft, um eine Welle in Gang zu bringen. Sie müssen sich dem Menschen rechts von Ihnen zuwenden und die echte Überzeugung haben, dass wir, wenn wir diese Welle machen, unserem Team helfen können, zu gewinnen. Wenn Sie dafür keine

Leidenschaft haben, wird es nie passieren. Ohne Leidenschaft werden Sie satt und bequem, und Bequemlichkeit führt nirgendwo hin. »Leidenschaft ist alles«, erklärte mir Steve Wynn. »Sie entspringt eigenartigen Orten in der menschlichen Psyche, aus einer Art Introspektive, einer tiefgehenden und durchdringenden Betrachtung dessen, was man tut, und sie setzt eine phänomenale Menge an Energie frei, die zu höheren Einsichten führt und zu tieferem Verständnis der Kunden oder der Mitarbeiter. Und sie bringt tief in uns eine Saite zum Klingen, die uns glücklich und mit uns selbst zufrieden macht. Sie klingt in uns wider. Und wenn das geschieht, dann geht es mit uns durch, das heißt, man denkt nicht mehr daran, dass man müde ist, ja nicht einmal, dass man arbeitet. Man ist nur einfach erfüllt von dem Gedanken, dass, wenn man das hinbekommt, es bedeutend ist; es ist wunderbar, und man legt einfach los. Das ist es, was wir Leidenschaft nennen.«

Sie können Ihre Leidenschaft auf jede Art ausdrücken, die Sie wollen. Sie können eine E-Mail mit Leidenschaft schreiben, mit Leidenschaft sprechen, oder eine Kalkulationstabelle mit Leidenschaft erstellen. Leidenschaft ist das Gewürz, das alle anderen Zutaten mit Aroma erfüllt. Manche Menschen drücken ihre Leidenschaft dadurch aus, dass sie einfach jeden Tag erscheinen, pünktlich und zuverlässig wie ein Fels in der Brandung. Leidenschaft inspiriert Einbindung, gemeinsame Ausrichtung und Kommunikation. Hat Sie jemals ein Argument wirklich überzeugt, das nicht mit Leidenschaft vorgebracht wurde? Leidenschaft ist die Sonne, und Führungspersönlichkeiten sind leidenschaftlich. »Nehmen Sie einmal zwei Läufer«, erklärte mir Massimo Ferragamo, »einer hat einen unglaublichen Körperbau und der andere läuft mit Leidenschaft, und Sie wissen, der zweite wird gewinnen, auch wenn es ihn umbringt. Mit Leidenschaft zu arbeiten ist ein unglaublicher Motor. Eine Person mit innerem Antrieb und Leidenschaft schafft die dreifache Arbeit eines Anderen. Doch es kommt nicht so sehr auf die Quantität der Arbeit an; das ist es nicht. Das Wesentliche ist, dass diese Leute Menschen mitreißen; sie haben Anhänger; sie schieben an und führen, und erreichen damit viel mehr.«[18]

Optimismus geht Hand in Hand mit der Leidenschaft. Hätten die Vereinigten Staaten zehn Jahre mit dem Versuch verbracht, auf dem Mond zu landen, wenn die U.S.-Bürger geglaubt hätten, es bestünde die Möglichkeit, dass sie starten und das Ganze könnte misslingen? »Ich bin ein Optimist«, äußerte Winston Churchill einmal. »Es erscheint mir nicht besonders nützlich, irgendetwas anderes zu sein.«[19] Selbststeuernde Menschen erlauben sich nicht, den Gedanken, nicht auf dem Mond zu landen, aufrechtzuerhalten. Sie treffen keine bewusste Wahl und sagen: »Ich wähle den Erfolg anstatt des Scheiterns.« Sie richten ihren Blick nur darauf, wie sie auf dem Mond landen werden. Sie haben jene positive Energie der Leidenschaft.

Dieser letzte Gedanke mag – nun eben – optimistisch erscheinen. Doch es schlummert eine wichtige Kraft im Optimismus – die Kraft des uneingeschränkten Glaubens. Pessimisten verfügen nur über einen eingeschränkten Glauben. Der Zweifel und die Furcht vor dem Scheitern, die für jeden normal sind, der versucht, etwas Großes zu vollbringen, schleichen sich in seine Gedanken ein und verhärten sich dort, schaffen Reibungsverluste und Dissonanz und sperren die erstaunliche Kraft ein, die der Geist freisetzen kann, wenn er vom Glauben erfüllt ist. Der einzige Weg, zur nächsten Ebene zu gelangen, den Punkt zu erreichen, von dem es kein Zurück gibt und darüber hinauszugehen, ist, null Zeit auf die Betrachtung der Alternative zu verwenden. »Beständiger Optimismus ist ein Multiplikator der Kräfte«, sagte der frühere U.S.-amerikanische Generalstabschef Colin Powell.[20] Helen Keller, die mehr sehen konnte, als für das Auge sichtbar war, und für die der Punkt, von dem es kein Zurück gibt, nicht unbekannt war, sagte: »Kein Pessimist hat je die Geheimnisse der Sterne entdeckt, oder ist zu einem unbekannten Land gesegelt oder hat der menschlichen Seele einen neuen Himmel eröffnet.«[21]

Sinn verfolgen

Als Bill Gates auf der Highschool war, saßen er und seine Freunde oft zusammen und malten sich aus, was sie für die unbestreitbare Zukunft hielten. »Wir konnten nicht glauben, dass nicht auch jeder Andere sah, was wir sahen«, sagte er vor kurzem in einem Fernseh-Interview, »dass Computer die Welt verändern würden.« Das war lange vor dem schicksalsschweren Treffen mit IBM, als Gates und Paul Allen klar wurde, dass sie die Welt verändern konnten, wenn sie nur ein Betriebssystem hätten (also zogen sie los und kauften eines, das sie wieder an IBM verkauften, und Microsoft war geboren).

Es ist schlicht unmöglich, inspiriert zu sein und Leidenschaft zu erzeugen, wenn man keine wichtige Mission hat. Die Reise zur Selbststeuerung gewinnt ihre Inspiration durch das Verfolgen von Sinn. Führungspersönlichkeiten glauben, dass eine Mondlandung die Menschheit weiter bringen wird und nicht nur dem Unternehmen Gewinn bringt. Führungskräfte glauben an Ideen. Ich habe LRN auf Basis der Idee gegründet, dass die Welt ein Stück besser wäre, wenn mehr Menschen das Richtige tun würden. Führungspersönlichkeiten betrachten sich selbst als Kathedralenbauer, nicht als Mauerbauer. Eine Mission, ob für den Einzelnen oder für ein Unternehmen, muss etwas Wichtiges sein, etwas, das Inspiration oder Leidenschaft wert ist. Sie könnte die Nummer zwei oder drei auf Ihrer Liste sein, doch sie muss auf Ihrer Liste der wichtigen Dinge stehen. Sie werden niemals dauerhafte, sich selbst erhaltende Kraft finden, indem Sie das Profane verfolgen. Leidenschaft und Optimismus bringen zwangsläufig jeden, der eine innere Führungshaltung einnimmt, dazu, sich in Unternehmen von transzendentaler Bedeutung zu engagieren.

Sinn bedeutet Verschiedenes auf verschiedenen Entwicklungsstufen Ihres Lebens. Junge Menschen haben beispielsweise oft weniger Zeit und Ressourcen übrig, um sie an die Gemeinschaft zurückzugeben, als jene, die älter sind und im Leben bereits besser etabliert. Die Erfolgreichsten von uns glauben, dass allein unsere Leistungen sich zu einem sinnvollen Leben aufsummieren. Doch das Verfolgen eines Sinns, wie ich es meine, bedeutet eine innere Bereitschaft zum Dienst am Anderen, dazu, einen bestimmten Teil in jeder Entwicklungsstufe des Lebens der Verbesserung des Lebens Anderer zu widmen. Selbst die Erfolgreichsten müssen immer ihre Leistungen am höheren Maßstab des Dienstes am Anderen messen. Wenn Sie diesen Wandel vollziehen und sich Ihre Leistungen als Dienst für eine bessere Welt vergegenwärtigen, verschaffen Sie sich damit eine Haltung, die Sie über das Schnelle und Profane hinausführt, hin zum Besonderen und Einzigartigen. Wenn Sie auf diese Weise Sinn verfolgen können, dann – und nur dann – können Sie echten Erfolg haben.

Kreise in Kreisen, Teil zwei

Und so haben wir jetzt den Kreis der *Welle* vollendet und stehen wieder dort, wo wir begonnen haben, indem wir durch das Verfolgen von Sinn eine bessere Zukunft ansteuern. Und so machen wir erneut die Runde.

Wie ein Sextant, der auf die Sterne gerichtet ist, kann Ihnen dieses Objektiv – das Rahmenmodell der Führung – helfen, auf Ihrem Kurs durch eine Welt der *Welle* zu navigieren. Indem Sie eine innere Führungshaltung entwickeln und sich auf Ihre Arbeit und Perspektiven in den Bereichen, die wir besprochen haben, konzentrieren, werden Sie nach und nach die Synapsen um sich herum mit Vertrauen füllen, mit gemeinsamer Ausrichtung und Transparenz, mit Inspiration und Leidenschaft. Sie werden anfangen, Wellen zu machen, vielleicht zunächst nur kleine, doch ihre Wirkung wird sofort eintreten und lange anhalten. Das Rahmenmodell der Führung stellt mehr dar als nur eine Sichtweise, es enthält all die Qualitäten, die ich versucht habe, in dieses Buch zu legen: Es ist ein System, in dem sich viele Teile gegenseitig verstärken; es ist ein Rahmenmodell von

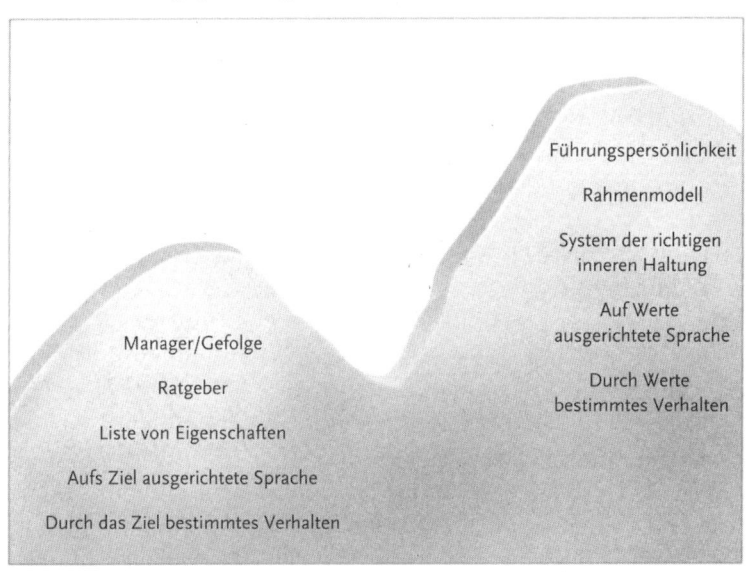

Abbildung: Das Rahmenmodell der Führung

Ideen, auf denen Sie Strukturen des allmählichen Verstehens aufbauen können; es ist eine Verfassung, die von einer auf Werten basierenden Herangehensweise an die Welt gespeist und angetrieben wird; und es ist tief durchdrungen vom Gedanken der Selbststeuerung, vom Gedanken, dass der Erfolg letztlich niemals von außen, sondern vielmehr von innen kommen wird.

Während das Rahmenmodell der Führung seinen Kreis schließt, schließt sich auch der Kreis für dieses Buch. Wir haben unsere gemeinsame Reise mit der Geschichte von Krazy George Henderson und der ersten Welle begonnen, und wenn Sie jetzt zurückblättern zu dieser ersten Geschichte und Georges Beschreibung jenes schicksalsschweren Tages nochmals lesen, werden Sie feststellen, dass George, ohne es zu wissen, die Ideen der Welle und des Rahmenmodells der Führung ebenso gelebt hat, wie Sie es jetzt tun. Er wusste, dass es einen Weg gab, seine Ziele zu verfolgen – eine Reihe von richtigen Verhaltensweisen – der kraftvoller war, effektiver, sich selbst erhaltender und bedeutender als andere Wege. Ich würde diese Geschichte hier nochmals für Sie abdrucken, aber es ist wahrscheinlich leichter für Sie, einfach zum Prolog zurückzublättern und sie nochmals zu lesen.

Außerdem muss alles einmal irgendwo enden.

Nachwort

Auch wenn uns die Gelehrsamkeit
anderer gelehrt machen kann,
weise sein können wir nur durch
unsre eigene Weisheit.

Michel de Montaigne,
Essayist (1533 – 1592)

Man würde erwarten, dass sich ein Restaurantchef mit Service auskennt, doch Danny Meyer, Gründer des Square Café in New York City, Organisator eines der erfolgreichsten Feinschmeckerlokale, geht noch weiter: »Wir befinden uns in einem völlig neuen Geschäftszeitalter«, schreibt Meyer in seinem Buch *Setting the Table.* »Ich bin überzeugt, dass wir heute eine Wirtschaft der Gastfreundschaft haben, keine Ära der Dienstleistung mehr. Wenn Sie einfach nur ein besseres Produkt haben oder liefern als versprochen, dann ist das nicht genug, um sich mit seinem Unternehmen abzuheben. Es wird immer jemanden geben, der etwas genauso gut herstellen oder leisten kann wie Sie. Was Sie von Anderen unterscheidet, ist, welches Gefühl Sie bei den Kunden wecken, wenn sie Ihre Produkte benutzen. (...) Dienstleistung ist ein Monolog: wir richten uns nach dem Standard der Dienstleistungen. Gastfreundschaft ist dagegen ein Dialog: zuhören, welche Bedürfnissen der Kunde hat, und ihnen entgegenkommen.«[1]

Gastfreundschaft. Wie sich Kunden *fühlen.* Diese Konzepte gehen über die Gastronomie hinaus und sind auf jede Branche in der Welt der *Welle* anwendbar. Meyer spricht von *Erleben.* In einer Gesellschaft des Dialogs genügt es nicht mehr, jeden Telefonanruf nach dem zweiten Klingeln zu beantworten und immer ein Lächeln zu zeigen; eine vernetzte, transparente Welt blickt nun hinter die Platzhalter der Dienstleistung und betrachtet, welche Haltung die Firmen und Menschen, mit denen sie Geschäfte macht, ihr gegenüber einnehmen und wie sie mit ihr interagieren. Das Erleben zählt in einer Welt, in der Interrelationen zählen. Und nicht nur auf das Erleben von Kunden, sondern auch auf das von Zulieferern, Mitarbeitern, Kollegen, Anbietern, Wettbewerbern, Gesetzgebern und Medien kommt es an, auf all die Interaktionen mit jedem Einzelnen, dem Sie im Verlauf des Geschäftstages begegnen. Das Erleben von Beziehung wird zum entscheidenden Faktor der Differenzierung.

Kann man dieses Erleben *schaffen*? Kann man ein Handbuch für Best Practice schreiben, das ein konsistentes zwischenmenschliches Erleben in Unternehmen und Team liefert? Ist *Erleben* etwas, was man herstellen kann, oder ist es etwas eher Flüchtiges, das vielmehr von der Fähigkeit jedes Einzelnen abhängt, unabhängig und konsistent im besten Interesse der Gruppe zu handeln?

Lassen Sie mich anders fragen: In ihrer wegweisenden Studie über die Gewohnheiten und Praktiken visionärer Unternehmen, *Built to Last*, untersuchen Jim Collins und Jerry Porras, was sie die »Kernideologien visionärer Unternehmen« nennen.[2] Nach ihrer Definition liefern Kernideologien »Orientierung und Inspiration für die Menschen *innerhalb dieses Unternehmens*«. Hier einige dieser Werte, die sie auflisten:

- 3M: Innovation, Toleranz.
- American Express: heldenhafter Kundenservice.
- Citicorp: Expansionismus, ganz vorne sein, Aggressivität, Selbstbewusstsein.
- Philip Morris: Überlegenheit.
- Procter & Gamble (P&G): beständige Selbstverbesserung.
- Merck: Exzellenz.

All dies sind faszinierende Unternehmen, jedes mit einer langen Geschichte von Erfolg und Leistung. Doch ich frage Sie: kann man Innovation *machen*? Expansionismus? Überlegenheit? Kann man Exzellenz *machen*? Kann Überlegenheit oder heldenhafter Kundenservice Sie inspirieren? Können Sie in ihrer täglichen Arbeit geleitet sein von Aggressivität und Selbstbewusstsein? So bahnbrechend wie Collins‹ und Porras‹ Buch seinerzeit war (und ich baute LRN auf vielen seiner Grundgedanken auf), die Welt hat sich seitdem substanziell weiterentwickelt. Während *Built to Last* ein visionäres Werk bleibt und seine Sichtweise grundsätzlich vernünftig, haben wir jetzt tiefere Einsichten in den wahren Kern erfolgreicher Unternehmen. Die neue Sichtweise der *Welle* zeigt uns, dass, was Collins und Porras als »Kernideologien« sahen, nicht weit genug im *Kern* ist für den Weg, der vor uns liegt. Ich glaube nicht, dass man auch nur eines dieser Dinge *machen, davon geleitet sein* oder, am allerwichtigsten, *dadurch inspiriert sein* kann. Sie sind Ergebnisse, Dinge, die man bekommt, wenn man die richtige innere Haltung und das daraus resultierende Verhalten annimmt.

Man kann Selbstverbesserung nicht *machen*, aber wenn Sie in jeder E-Mail, jedem Gespräch, jedem Meeting und jeder Aufgabe wie eine Führungspersönlichkeit denken, werden Sie sich und Andere verbessern. Man kann Toleranz nicht *machen*, aber wenn Sie in jeder Interaktion danach streben, die Zwischenräume zwischen sich und Anderen mit Vertrauen zu füllen, *bekommen* Sie Toleranz und noch vieles andere. Man kann Exzellenz oder Überlegenheit nicht machen, aber, wenn Sie an eine Sammlung von Kernwerten glauben und in allem, was Sie tun, den Ausdruck dieser Werte verfolgen, werden Sie Exzellenz an Andere weitergeben und in der Welt der *Welle* überlegen sein. Das haben wir bereits in anderen Geschäftsbereichen gesehen. Im Bereich Personal hat man schon lange erkannt, dass man Mitarbeiter nicht *halten* kann; Mitarbeiter bleiben oder gehen in Abhängigkeit zur Inspiration, Belohnung und Erfüllung, die sie aus ihrer Arbeit erhalten. Die Qualitätsmanagement-Bewegung zeigte, dass man Qualität nicht *machen* kann; Qualität *erhält* man aus der Verpflichtung jedes Beteiligten im Schaffensprozess, Ineffizienz zu eliminieren. Die Perspektive der Welle lässt uns tiefer in den wahren Kern dessen hineinblicken, was dauerhaften und beständigen Erfolg bringt, jenseits des *Machens* von Werten und Überzeugungen, die wirklich Verbundenheit und Inspiration für die Leistung einer Gruppe schaffen.

Kehren wir also zur ersten Frage zurück: Kann man ein Erleben *schaffen?* Offensichtlich nicht. Großartige Erfahrungen resultieren aus großartigen Interaktionen, und großartige Interaktionen kommen davon, dass man die richtige innere Haltung annimmt und das richtige Verhalten zeigt, davon, dass man starke Synapsen mit allen Menschen um sich herum aufbaut, und davon, dass man alle Anderen um sich herum dazu inspiriert, dasselbe zu tun. Betrachten Sie den großen Wandel der heutigen Welt in einigen Bereichen:

- Vom Markenbewusstsein zum Markenversprechen.
- Vom Kundenservice zum Kundenerlebnis.
- Vom Reputation Management zum verdienten guten Ruf.

Dieser große Wandel in allen Bereichen vollzieht sich, wenn Sie die richtige innere Haltung einnehmen, wenn Sie mit etwas Größerem als nur Ideen in Verbindung stehen, etwas, das die Kraft freisetzt, Wellen zu machen in allem, was Sie tun: Werte. Und all dieser Wandel geschieht und ist neuerdings wesentlich für den Erfolg, weil die umwälzenden Veränderungen in Vernetzung und Transparenz seit Anfang des 21. Jahrhunderts ihn an die Oberfläche gebracht haben.

Der Philosoph Henry Sidgwick sprach über das Paradox des Hedonismus, die Idee, dass, wenn man das Glück direkt verfolgt, es dazu neigt, uns zu entwischen, doch wenn man ein höheres, sinnvolleres Ziel verfolgt, kann man es erreichen.[3] Das Problem an Collins‹ und Porras‹ Kernideologien ist, dass es dabei darum geht, auf die Vorteile direkt zuzugehen, indem man nur auf das IP (Innovation und Fortschritt) in TRIP abzielt, und vernachlässigt, wodurch man dorthin gelangt. Genau wie beim Glück, wenn man solche Ziele wie Innovation, Fortschritt und Überlegenheit verfolgt, kann man sie am besten erreichen, wenn man die Werte verfolgt, die einen dorthin bringen: Vertrauen, Ehrlichkeit, Integrität, Konsistenz und Transparenz. Werte inspirieren, gehen tiefer und haben mehr Macht als Ideologien.

Wie bemisst man Erfolg? Dadurch, wie viel Geld man beisitzt? Wie viele Auszeichnungen man gewinnt? Wie viel Respekt man von seinesgleichen erhält? Was man zur Welt beiträgt? Durch die Liebe von Familie und Freunden? Wie viele Güter man sein Eigen nennt? Wie viele Leben man rettet? Wenn Sie so sind wie die meisten Menschen, ist es wahrscheinlich eine Mischung dieser Dinge und anderer, in unterschiedlichen Abstufungen. Doch wann summiert sich all das zum Erfolg? Am Anfang dieses Buches sprachen wir vom Paradox der Reise, wie man manchmal mit neuen Ideen und Perspektiven ringen muss, bis man sie verinnerlicht und beherrscht, und wie diese Phase des Ringens oft eine Anstrengung bedeutet, die über einfaches Wissen und Kompetenz hinausweist. Wenn Sie dieses Buch aus der Hand legen, werden Sie vielleicht ebenfalls eine solche Erfahrung mit diesen Ideen machen, denn obwohl dieses Buch sich seinem Ende nähert, stehen Sie gerade am Anfang Ihrer Reise in die Welt der *Welle*.

Bevor wir uns trennen, möchte ich Ihnen noch ein weiteres Paradox mitgeben: das Paradox des Erfolgs, und es ist ein Abbild des Paradoxes vom Glück. Man kann Erfolg nicht *machen*; man kann ihn nicht erreichen, wenn man ihn direkt anstrebt. Erfolg erreicht man, wenn man etwas verfolgt, das größer ist als man selbst, und das Wort, das ich benutze, um dies zu beschreiben, ist *Sinn*. Alle Schritte zum Erfolg haben eines gemeinsam: Sie zeigen den Wert Ihres Lebensweges. Sie können sich auf eine Reise zum Sinn begeben – eine Reise, bei der Sie Wert in der Welt produzieren, leben, verbreiten, schaffen und unterstützen; und ich glaube, ganz im Geiste des Credos von Johnson & Johnson, dass Ihnen diese Reise Erfolg bringen *sollte*, wie sie auch immer für Sie aussieht.

Einen Sinn zu verfolgen ist letztlich die beste innere Haltung.

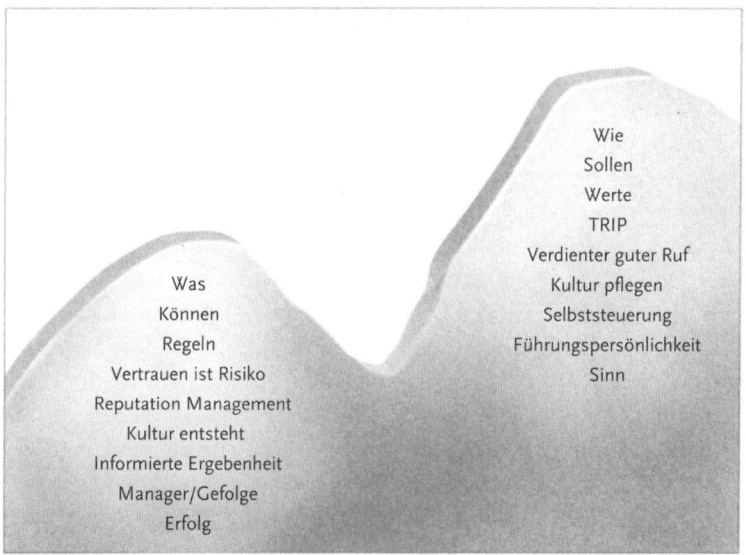

Wie
Sollen
Werte
TRIP
Verdienter guter Ruf
Kultur pflegen
Selbststeuerung
Führungspersönlichkeit
Sinn

Was
Können
Regeln
Vertrauen ist Risiko
Reputation Management
Kultur entsteht
Informierte Ergebenheit
Manager/Gefolge
Erfolg

Die innere Haltung ist wichtig

Als *How* zum ersten Mal erschien, war mir bewusst, dass die Welt sich schneller bewegt als Bücher. Auf genau dieser Seite schrieb ich, dass die Buchseiten in *How* nur meine bestmöglichen Gedanken und die aktuellsten Informationen festhalten konnten, die mir zu dem Zeitpunkt zur Verfügung standen, zu dem wir erstmalig in Druck gingen. Aber in fast jedem Stadium des Entstehungsprozesses – vom Manuskript über Redaktion und Korrektur bis zur Veröffentlichung – und in den danach folgenden Tagen und Monaten fügte unsere hypervernetzte, hypertransparente Welt ständig neue Strömungen und Aspekte hinzu, die zu berücksichtigen waren. Genauso sollte es sein, und es hat sich klar gezeigt, dass es auch so ist. Und zweifellos wird es auch so weitergehen.

Die innere Haltung von *How* ist wie das Objektiv einer Kamera, eine Art und Weise, diesen Wandel zu sehen und zu verstehen, während er sich abspielt. Deshalb habe ich die Webseite www. HowIsTheAnswer.com ins Leben gerufen, um den Dialog über alle Themen von *How* online am Laufen zu halten. Viele Vordenker, die in diesem Buch genannt werden, und unzählige weitere, die durch die richtige innere Haltung in dieser Welt Wellen auslösen, haben sich seitdem an der Diskussion beteiligt.

Mit dieser Auflage von *How* möchte ich dafür sorgen, dass der Dialog weitergeht, und wieder neuen Schwung hineinbringen. Auch Ihr Online-Beitrag ist uns herzlich willkommen. Unser Online-Portal soll die lebhafte multidisziplinäre Diskussion aus diesem Buch in Echtzeit festhalten. Wir werden auch ständig nützliche Tools anbieten – farbige Versionen der Rahmenmodelle aus diesem Buch zum Downloaden, einen interaktiven Online-Kurs, weiterführende Studien und Daten, die die Hypothesen in *How* unterstützen und belegen, Interviews, Videos, Artikel und vieles mehr. Alles nur, damit Sie *How besser* und vertiefter verstehen.

Wir freuen uns auf Ihren Besuch auf **www.HowIsTheAnswer. com.**

Dov Seidman

Danksagung

Ein Buch zu schreiben war eine völlig andere Art Reise als alle, die ich bisher kannte, und, wie die meisten Reisen, wäre sie nicht möglich gewesen ohne die Liebe, Unterstützung, Ermutigung, das Feedback und die unermüdliche Arbeit vieler Menschen, die diese Reise mit mir gemeinsam unternommen haben. Ich weiß, ich werde Gelegenheit haben, mich mit jedem Einzelnen von ihnen zusammenzusetzen und ihnen meine tiefe Dankbarkeit dafür zum Ausdruck zu bringen, was mir ihr Beitrag bedeutet. Bis dahin möchte ich ihnen hier danken:

Joni Evans, ursprünglich meine Agentin bei William Morris und jetzt eine gute Freundin. Du gabst mir den Glauben und das Selbstvertrauen, dass ich ein Buch in mir hatte, und dass es sich für Andere als hilfreich erweisen würde. Deine Begleitung und Führung als Mentorin, deine substanzielle Hilfe, dein Enthusiasmus und deine Inspiration gaben mir eine Ermutigung, wie man sie nur selten findet. Du warst bei jedem Schritt auf dem Weg da. Ich bin zutiefst dankbar. Die Welt könnte mehr von deiner Sorte gebrauchen.

Jennifer Rudolph Walsh und Jay Mandel. Mit dem Team bei William Morris habt ihr euch dem Projekt angeschlossen und es mit der gleichen Leidenschaft und Hingabe verfolgt, und habt immer an mich geglaubt. Ich schätze mich glücklich, dass ihr hinter mir steht.

Pamela van Giessen, meine Lektorin bei John Wiley & Sons. Du hast an mich geglaubt, und, noch wichtiger, du hattest eine viel sinnvollere Vision von diesem Buch, als ich dir vorlegte. Du hast erkannt, dass die *Welle* für die Menschen ist, nicht nur für die Institutionen, in denen sie arbeiten. Du hast die Botschaft dieses Materials erkannt und es in Form gebracht und gehalten, während wir voranschritten, und hast mich dann davon abgehalten, von der Spur abzuweichen. Was vielleicht das Wichtigste war, du hast versprochen, das Wort

Ethik auszustreichen, wann immer ich es verwendete, und zwangst mich so, über diese Themen tiefergehend und universeller nachzudenken. Du warst, mit einem Wort, visionär. Dank auch an das ganze Lektoratsteam bei Wiley & Sons, besonders an Jennifer MacDonald, Nancy Rothschild, Alison Bamberger und die außergewöhnliche Mary Daniello, für ihre Verantwortung und Anstrengungen, um dieses Buch in die Regale zu bringen.

Nelson Handel leistete einzigartige redaktionelle Beiträge für das ganze Buch. Du hast mir geholfen, die Geschichte besser zu erzählen und die Gedanken darzulegen. Unsere Zusammenarbeit – auf intellektueller und literarischer Ebene – war intensiv, und das hat das Buch sehr viel besser gemacht. Niemand streitet mit mir so wie du. Ich danke dir dafür.

Kein Buch, das versucht, so viele Bereiche abzudecken, wäre möglich ohne ein findiges und enthusiastisches Rechercheteam. Eure Leidenschaft für die Botschaft und euer unermüdliches Suchen brachte viele Schätze ans Licht, die der Story Glanz verliehen. Liza Foreman, Lisa Derrick, Maureen Brackey, Brian Homg und besonders Diane Wright für ihre akribische Arbeit, ich bin jedem von euch dankbar für seine Beiträge. Ich möchte auch Catherine Fredman und Mark Ebner danken für eure zusätzlichen redaktionellen Beiträge; Adam Turtletaub für deine geistreiche Recherche und Unterstützung; Caroline Heald, danke für die verantwortungsvolle Unterstützung; und Dave Lambertsen für deine Illustrationen.

Ich hatte das Glück, vom ungewöhnlichen Intellekt und der Belesenheit Eric Pickerts profitieren zu können. Am Anfang, als das Buch Form annahm, und am Ende, als es seine Form behalten musste, warst du von unschätzbarem Wert. Mark Detelich, danke für deine einzigartigen Bereicherungen. Rob Shavell, danke für unsere verschiedenartige Zusammenarbeit, besonders die letzte, deren Resultat der Untertitel dieses Buches war.

Ideen entstehen niemals in einem Vakuum, und ich hatte die Ehre, über Jahre hinweg die Inspiration und Herausforderung vieler brillanter Denker zu genießen. Steve Kerr, du bist der herausragendste von ihnen. Wir sind seit Jahren auf einer gemeinsamen intellektuellen Reise, und du hast mich stark beeinflusst. Wenn x mal Null Null ist, dann ist x mal du fast unendlich. Du bist einer der wenigen Menschen, mit denen aufkeimende Ideen aufgehen und blühen. Als die Arbeit an diesem Buch begann, wurdest du ein aktiver Teilnehmer, halfst mir, die Arbeit abzustimmen und auszuweiten, jeden Gedanken präziser zu machen und jedes Prinzip fundierter. Ich bin stolz, dich meinen Freund zu nennen.

Mein Dank geht auch an Marcus Buckingham für deine weisen Ansichten, als ich diese Arbeit begann, und das hilfreiche Feedback gegen Ende. Weil du das selbst schon sehr oft erlebt hast, halfst du mir, auf das Versprechen des Buches konzentriert zu bleiben und schrittest in den Schlüsselmomenten ein, um mir dabei zu helfen, es zu halten.

Mein Freund Tom Friedman, du hast mich einmal in Aspen hingesetzt und mir die Dinge gesagt, die ein unerfahrener Autor hören muss, auf eine Weise, wie es sonst niemand gekonnt hätte, und unsere weiterführenden Gespräche seitdem waren von unschätzbarem Wert. Welch ein besonderes Privileg für mich. Durch unsere »Aristotelischen Tage« in den Gondeln und auf den Pisten wird Aspen für mich jetzt immer eine andere Bedeutung haben.

Murray Hidary, danke für unsere enge Freundschaft, besonders während der Reise zur Entdeckung dieses Buches in mir selbst. Unsere vielen Gespräche über die Themen des Lebens durch das Objektiv der *Welle* betrachtet waren erhellend.

Ben Sherwood, mein lieber Freund seit 20 Jahren, dein inspirierendes Beispiel zeigte mir, dass man ein Buch schreiben und gleichzeitig tagsüber weiter arbeiten kann. Dann stelltest du mir Joni vor. Was könnte ein Freund noch mehr verlangen? Danke für deine seltene Feinfühligkeit, weisen Ratschläge und dafür, dass du mich über die Punkte geschubst hast, von denen es kein Zurück gibt.

Unter den vielen Dingen, die ich von einem großartigen Lehrer lernte, Rabbi David Ellenson, ist eines der Satz aus der Mischna: »mach dir jemanden zu deinem persönlichen Rabbi und such dir einen Freund für dich.« David, ich fühle mich geehrt, dich meinen Rabbi zu nennen, und gesegnet damit, dich einen teuren Freund zu nennen. Ich schätze unsere vielen bedeutenden Gespräche über die richtige innere Haltung und das richtige Verhalten.

Ich bin dankbar allen Menschen, mit denen ich über die Ideen in diesem Buch gesprochen habe, von Führungskräften und Vordenkern über höhere und mittlere Manager bis zu professionellen Cheerleadern, von denen manche verschiedene Auszüge lasen und kommentierten, andere interviewt wurden und deren Einsichten und Erfahrungen mir dabei halfen, mein Denken in die richtige Form zu bringen. Das waren: Keven Bellows, William Broyles Jr., Judge Ruben Castillo, Jack Daly, Keith Darcy, Paula Desio, David Ellen, Patti Ellis, Massimo Ferragamo, Roger Fine, Mike Fricklas, Pat Gnazzo, David Greenberg, Joie Gregor, Charles Hampden-Turner, Patricia Harned, George Henderson Dr. Michael Hoffman, Dr. Richard Joyce, Jeff Kindler, Rich Korn, Mats Lederhausen, Doug Lankler, Tom McCormick, Michael Monts, Paul Robert, Adam Rosman, Timothy Schultz, Jim Skinner, Joe Stallard, Robert Steele, Patricia Swann, Dr. Kerry Sulkowitz, David Toms, Chris Weiss, Marianne Williamson, Linda Wolf, Steve Wynn und Paul Zak. Es ist unmöglich, sich an all die anderen Menschen zu erinnern und ihnen angemessen zu danken, die durch zufällige Gespräche, geistreiche Debatten oder ein Glas guten Rotwein ebenfalls zu meinen Gedanken beigetragen haben. Wenn ich jetzt vergessen habe, Sie zu erwähnen, danke ich Ihnen hiermit für alles, was Sie gegeben haben.

Ich möchte der Philosophie danken, ohne die ich niemals ein Buch von der ersten bis zur letzten Seite gelesen hätte oder gelernt hätte, dass Gedanken die Welt verändern können. Dank an all meine Professoren und Mentoren, geduldige und liebevolle Menschen, die mir halfen, durch die Worte hindurch die tiefgründigen Gedanken zu erkennen, die dahinter liegen. Und besonderer Dank an meinem lieben Freund, Professor Herb Morris von der UCLA, der die Extrameile ging, um mein Mentor zu sein und mir durchs Leben zu helfen, und dies immer noch tut.

Die Gedanken in diesem Buch entstanden ziemlich direkt aus meiner Erfahrung mit meinen Kollegen bei LRN (wo all unsere Konferenzräume nach Philosophen benannt sind). In gewisser Weise hat jedes Mitglied im LRN-Team in den letzten 13 Jahren zu meiner Denk- und Herangehensweise gegenüber dem Streben der Menschen sowohl im Geschäftsleben als auch im Leben allgemein beigetragen. Dieses Buch wäre nicht möglich gewesen ohne die täglichen, persönlichen Interaktionen, die unsere gemeinsame Reise kennzeichneten. Ich möchte Ihnen allen danken, dass Sie mir Gelegenheit bieten, mit Ihnen zusammenzuarbeiten, daraus zu lernen und daran zu wachsen, für Ihre Transparenz, Ihr Vertrauen, und dafür, dass Sie mir erlauben, mich Ihnen anzuschließen, um diese Gedanken von der Idee in echtes, gelebtes Verhalten zu verwandeln. Vieles, was ich heute bin, entstand durch unsere gemeinsame Reise. Ich möchte auch den hervorragenden aktuellen und früheren Mitgliedern des Board of Directors von LRN danken, Senator Bill Bradley, Rex Golding, Alan Silverman, Alan Spoon, Sheli Rosenberg, Joe Mandel und Lee Feldman, dafür, dass sie an das Buch glaubten und seine Bedeutung für unsere Mission.

Meine tiefste Wertschätzung gilt auch allen Kunden von LRN. Durch meine Interaktionen über Jahre hinweg mit Ihnen und die Zusammenarbeit mit Ihren hellsten Köpfen, gaben Sie mir die Gelegenheit, echte Probleme in den Bereichen Ethik, Gesetzestreue, Unternehmensführung und -kultur zu lösen – echte Kernthemen für die echte Welt. Sie werden die Früchte unserer Zusammenarbeit im Überfluss in diesem Buch wieder finden.

Familie prägt uns wie nichts Anderes. Meine Mutter Sydelle Seidman untermauerte mein Leben mit Werten. Du gabst mir eine Basis und ein Zuhause, und in unseren zahlreichen Abenteuern den Mut, mich weit vorzuwagen, doch niemals mein Zuhause aus den Augen zu verlieren. Du hast mir die Kraft des Instinkts und der Intuition gezeigt, und glaubtest an mich, wenn Andere das nicht taten. Ich liebe dich.

Mein Bruder Ari und meine Schwester Goldee, danke für eure Solidarität und Liebe, während wir uns gemeinsam an alles anpassten, was uns das Leben entgegenwarf. Ich liebe euch beide. Dadurch, dass ich zwischen euch eingeklemmt war, erhielt ich meine ersten und dauerhaftesten Lektionen richtigen Verhaltens. Alex und Gabi, mein Neffe und meine Nichte, eure Anpassungsfähigkeit und euer Geist zeigen, dass die nächste Generation unserer Familie ebenfalls die richtige innere Haltung und ihr Verhalten haben wird. Ich bin sehr gern euer Onkel.

Mein Vater, Alex Seidman, dessen Andenken wir bewahren, gab mir die Liebe zum Wissen und führte mich an die Lektionen der Geschichte heran – der Geschichte Anderer und unserer eigenen. Was er für uns opferte, ist mir noch immer Inspiration.

Yury und Vicky Parad, meine Schwiegereltern, wären meine erste Wahl gewesen, hätte ich mir meine Schwiegereltern aussuchen können. Euer Familiensinn ist ein wahrer Segen. Danke für eure liebende Unterstützung, die russischen Heilmittel und Yury, für dein sorgfältiges Lesen und die Mind-Map für das Buch. Und danke an meine liebenswerte Schwägerin, Michele, für ihr leuchtendes Beispiel, dass nette Menschen besser sind.

Zum Schluss dieser Danksagung, doch an erster Stelle im Buch meines Lebens, Maria Seidman, meine Frau, die mich immer und überall erfüllt. Auf der gesamten Reise, von der ersten bis zur letzten Seite, warst du die andere Stimme in meinem Kopf, hast gelesen, reflektiert, mich angetrieben und mir geholfen, es richtig zu machen. Du warst auch eine liebende und konstante Quelle von Energie und Unterstützung. Vor allem bist du meine dauerhafte Inspiration, dass die Gedanken in diesem Buch über das Geschäftsleben hinausweisen zum Leben selbst. Ich kenne keine treuere Partnerin. Ich liebe dich.

Wenn ich heute hier sitze und zurückblicke, nicke ich noch einmal all den scheinbaren schlechten Erfahrungen zu, die sich am Ende als verborgener Segen herausstellten.

Und an all die Leute, die mich fragten, wie ich von der Philosophie denn einmal leben wolle: Dies ist die Antwort.

Dov Seidman
April 2007

Als *How* veröffentlicht wurde, war das für mich der Anfang einer Reise, auf der ich – durch die Ideen, die darin enthalten sind – mit Menschen auf der ganzen Welt in Kontakt kam. Damals wie heute war und ist mir klar, dass *How* kein Buch mit einem Anfang und einem Ende ist, sondern eher eine lebendige Philosophie über das menschliche Streben, die immer weiter Form annehmen würde, je mehr wir ihre Prinzipien in unserer sich wandelnden Welt anwenden. Das hat sich klar bestätigt und gilt auch weiterhin. Ich schätze mich glücklich, dass die Menschen, die ich in den ersten Danksagungen genannt habe, mir nicht nur bei der Entstehung und Veröffentlichung von *How* zur Seite standen; sie waren auch ihre besten Anwender. Jedem von ihnen möchte ich aufs Neue danken. So viele andere, besonders Leser, Mitarbeiter und Freunde – viel mehr, als dass ich jedem Einzelnen gebührend danken könnte –, haben mir mit Rat und Unterstützung bei meinen Bemühungen geholfen, die Philosophie von *How* weiterzuentwickeln und ihre Botschaft weiter zu verbreiten. Das alles war ein bereicherndes und lohnenswertes

Abenteuer. Ich fühle mich geehrt durch all dies und bin jedem von Ihnen dankbar.

Dennoch möchte ich Eric Krell und Richard Murphy danken, für ihre redaktionellen Beiträge zu dieser Auflage, die sie großzügig kommentiert haben. Meine Kollegin Katy Brennan verdient besondere Anerkennung. Danke, Katy, dafür, dass du mit mir zusammen voller Leidenschaft und Unterstützungsgeist aufgestanden bist, um eine La-Ola-Welle zu starten. Es ist kein Zufall, dass dein Name mit einem K beginnt, denn du bist, genau wie Krazy George, »Krazy« mit K.

Gemeinsam mit meinen Kollegen bei LRN auf der Suche nach dem Bedeutungsvollen und Wichtigen zu sein, ist für mich noch immer ein beständiger Quell des Lernens, Wachsens und der Sinnerfüllung. Ich bin jedem Einzelnen von euch zutiefst dankbar dafür, dass ihr euch darauf eingelassen habt, *How zu* leben, und für eure Beteiligung an unserem Engagement für prinzipientreues Unternehmertum in der Welt. In unser aller Namen bin ich der Gemeinschaft der Partner von LRN dankbar für ihr beständiges Vertrauen, dass wir gemeinsam mit unserer Arbeit Unternehmen schaffen können, die zu nachhaltig sind, um zu scheitern.

Ich fühle mich zutiefst geehrt und privilegiert, dass Präsident Bill Clinton dazu bereit war, zu dieser Auflage von *How* ein Geleitwort beizusteuern. Mr. President, Ihr Führungsstil und viele Beispiele, besonders die Arbeit der Clinton Global Initiative (CGI), sind mir eine Inspirationsquelle, und sie beweisen, dass kollektives Handeln möglich ist, wenn man sich den Herausforderungen auf dem Weg zu nachhaltigem Wohlstand in unserer interdependenten Welt stellt. Die Art und Weise, wie man bei CGI die Frage nach der inneren Haltung fokussiert, hat mir eine besondere Verbindung zu vielen überzeugten Mitgliedern des wundervollen Teams von CGI ermöglicht. Danke dafür, mit welcher inneren Haltung ihr mich sinnvoll und sinnerfüllend in verschiedene CGI-Initiativen eingebunden habt. Ich möchte Bob Harrison und Christina Sass danken, echte Botschafter von CGI, für ihr Führen durch Inspiration und ihre Mitarbeit an dieser Auflage von *How*.

Meiner Frau Maria, der dieses Buch gewidmet ist, danke ich für die liebevolle Unterstützung meiner Reise auf der La-Ola-Welle. Ich bin zutiefst dankbar dafür, dass wir die Reise des Lebens gemeinsam machen, besonders weil wir gemeinsam auch das erleben und annehmen, was das Leben zuweilen bittersüß macht. Nur wenige Monate, nachdem *How* erschienen war, verloren mein Bruder, meine Schwester und ich unsere geliebte Mutter, der dieses Buch ebenfalls gewidmet ist – wenn auch jetzt in liebevollem Gedenken. Einige Monate darauf durften Maria und ich unseren Sohn Lev Tov in unserem Leben willkommen heißen.

Wir nannten unseren Sohn nach meiner Mutter, und wir sind überzeugt, ihm einen guten Namen gegeben zu haben. Aber es genügt nicht, einen guten Namen zu haben. In diesem Zeitalter des Verhaltens muss er sich seinen guten Namen *verdienen*. Was sein Verhalten angeht, so zeigt sich bis jetzt, dass Zwang und Motivation, ja sogar ein wenig Bestechung, bei ihm am besten funktionieren. Meine größte Hoffnung ist, dass wir ihn, während er aufwächst, zu den nachhaltigen Werten inspirieren, die ihn auf seiner Suche nach Sinn führen und leiten werden. Lev, ich empfinde es als Privileg, dir als dein Vater dabei zu helfen, dir deinen guten Namen zu verdienen. Du inspirierst mich dazu, zuallererst zu Hause die richtige innere Haltung einzunehmen, und danach in allem, was ich tue. Danke, dass du meine Überzeugung gefestigt hast, dass es auf die innere Haltung ankommt, und damit meine Verpflichtung, die Welt zu einem besseren Ort zu machen.

Dov Seidman
Juli 2011

Anmerkungen

Vorwort

1 Quelle:»Making Honesty a Policy in Indonesia Cafes«, von Norimitsu Onishi, *New York Times*, 15. Juni 2009

2 Stephen Linaweaver, Michael Keating, Brad Bate, LRN (GreenOrder), »Conspicuous but Not Consuming«, in: *Good Magazine*, 2009

3 Quelle: AFP-Profil von Del Bosque, 2010.

4 Quelle:»The New Look Coach Coughlin«, von Michael Eisen, Giants.com, 30. Januar 2008.

5 Quelle:»How Happy Are You? In a Boston Suburb, It's a Census Question«, von John Tierney, *New York Times*, 2. Mai 2011.

Prolog: Die Welle

1 George M. Henderson, Interview, 2005

2 I. Farkas et al.:»Mexican Waves in an Excitable Medium«, *Nature* 419 (12. September 2002)

3 Ebda.

Teil I: Wie wir waren, wie wir uns verändert haben

1 J. Madeleine Nash:»Fertile Minds«, *Time*, 3. Februar 1997

2 Netscape:»Netscape Communications Offers New Network Navigator Free on the Internet«, Pressemeldung, 13. Oktober 1994

Kapitel 1: Vom Land zur Information

1 Revision Summaries: The Hundred Years' War – 1337-1453, Arnold House School, www.arnoldhouse. co.uk/site/pub/Pupils/history/ history_rs_100yearswar.html.

2 The Queen at 80, CBC News, 20. April 2006.

3 Adam Smith: *The Wealth of Nations* (New York: Bantam Classics, 2003).

4 Daniel Gross: In Praise of Bubbles, *Wired*, Februar 2006.

5 Google Company Overview, www.google.com/corporate/.

6 Thomas L. Friedman: *The World Is Flat: A Brief History of the Twenty-First Century* (New York: Farrar Straus and Giroux, 2006).

7 Im Interesse der Transparenz und vollen Offenheit sollte der Leser wissen, dass ich langjährige Zusammenarbeit und Geschäftsbeziehungen mit einigen der Unternehmen pflege, die in der einen oder anderen Form in diesem Buch vorkommen. Ich habe versucht, fair und neutral in der Analyse dieser Unternehmen und ihrer Aktivitäten zu sein sowie der Wahr-

How Dov Seidman
Copyright © 2013 WILEY-VCH Verlag GmbH & Co. KGaA, Weinheim

heit zu entsprechen, was Zahlen und Anekdoten betrifft, um meine Aussagen zu veranschaulichen. In vieler Hinsicht war es mir erst durch genau diese Beziehungen möglich, tieferen Einblick in das breite Spektrum der Unternehmenspraxis zu gewinnen, um diese Einblicke und diesen Zugang mit Ihnen, dem Leser, zu teilen. Diese Unternehmen sind: 3M; Altria Group, Inc./Kraft Foods; Citigroup Inc./Citicorp.; Computer Associates (CA); The Cow Chemical Company; eBay Inc.; Ford Motor Company; Fox Entertainment Group/Fox Searchlight Pictures/MySpace; Harris Interactive Inc./Wirthlin Worldwide; Johnson & Johnson; JPMorgan Chase & Co.; MCI/WorldCom; Misubishi Motors Corp.; The New York Times Company; The Paramount Motion Picture Group/Paramount Studios; Pfizer Inc.; Philip Morris USA; Procter & Gamble; Toshiba America Inc.; Toyota Motor Sales; U.S.A., Inc.; Tribune Company/Los Angeles Times; Tyco International Ltd.; United Technologies Corporation; Viacom International Inc.; The Walt Disney Company; Wynn Las Vegas.

8 Matew Hamblen: CA's Swainson Outlines Customer Advocate Cuts, Computerworld, 16. November 2005.

Kapitel 2: Die Erbsünde der Technologie

1 David Hume: *A Treatise of Human Nature*, Neuaufl. (New York: Oxford University Press, 2000; Original ersch. 1739-1740).
2 Terence H. Hull: *People, Population, and Policy in Indonesia* (Jakarta: Equinox Publishing, 2005).

3 Charles Hampden-Turner und Fons Trompenaars: *Building Cross-Culture Competence* (New York: John Wiley & Sons, 2001).
4 Charles Hampden-Turner, Interview, 2006.
5 Peg McDonald: Globalization – Business Opportunity and KM Challenge, *KM World*, 1. Februar 2001.
6 Jack M. Germain: Online Consumers Window Shop More Than Impulse Buy, www.ecommercetimes.com/story/42761.html.
7 Lev Grossman und Hannah Beech: Google under the Gun, *Time*, 5. Februar 2006.
8 Heather Landy: Radioshack CEO Admits ›Misstatements‹, *Forth Worth Star-Telegram*, 16. Februar 2006.
9 Veritas CFO Resigns over Falsified Resume, TheStreet.com, www.thestreet.com/markets/marketfeatures/10045724.html.
10 Academic, Athletic Irregularities Force Resignation, ESPN, 14. Dezember 2001.
11 Rob Wright: A Monster.com of a Problem, VARBusiness, 13. Februar 2003.
12 The New Oxford American Dictionary, 2. Aufl., s. Eintrag »Google«.
13 Madlen Read: Should I Worry about Prospective Employers ›Googling‹ Me?, *Pittsburgh Post-Gazette*, 5. März 2005.
14 Lizette Alvarez: (Name Here) Is a Liar and a Cheat, *New York Times*, 16. Februar 2006.
15 Peter Wallsten und Tom Hamburger: Two Parties Far Apart in Turnout Tactics Too, *Los Angeles Times*, 6. November 2006.
16 Anger Over Big Brother ›Racism‹, *BBC News*, 16. Januar 2007.
17 Landy: RadioShack CEO.

18 Andrew Ross Sorkin: »An E-Mail Boast to Friends Puts Executive out of Work«, *New York Times*, Sec. C, 22. Mai 2001, Abendausgabe.

19 The Wayback Machine, The Internet Archive, www.archive.org/web/web.php.

20 Laut Mark Twain Quotations, Newspaper Collections, & Related Resources (www.twainquotes.com/Lies.html) »wurde dieses Zitat Mark Twain zugeordnet, doch es wurde niemals nachgewiesen, dass es ursprünglich von Twain stammt. Es könnte auch von Charles Haddon Spurgeon (1834-92) stammen, der es in einer Predigt am Sonntagmorgen, dem 1. April 1855 einem alten Sprichwort zuordnete. Spurgeon war ein gefeierter englischer fundamentalistischer baptistischer Prediger. Seine Worte waren: ›Eine Lüge wird um die Welt gehen, während die Wahrheit sich noch die Stiefel anzieht.‹«

21 Eulynn Shiu und Amanda Lenhart: How Americans Use Instant Messaging (Pew Internet & American Life Project, Washington, D.C., 2004).

Kapitel 3: Die Reise zur richtigen inneren Haltung

1 *Jerry Maguire*, DVD, Regisseur: Cameron Crowe (Sony Pictures, 1996).

2 All-Time Worldwide Boxoffice, Internet Movie Database, www.imdb.com/boxoffice/alltimegross?region=world-wide.

3 Harvey Araton: Athletes Toe the Nike Line, but Students Apply Pressure, *New York Times*, 22. November 1997; Steven Greenhouse, Nike Shoe Plant in Vietnam Is Called Unsafe for Workers, *New York Times*, 8. November 1997.

4 Claudia H. Deutsch: Take Your Best Shot: New Surveys Show That Big Business Has a P.R. Problem, New York Times, 9. Dezember 2005, Abendausgabe (Ostküste).

5 LRN/Wirthlin Worldwide: Attitudes toward Ethical Behavior in Corporate America Still Suffer from a Gaping Divide among Executives and Rank-and-File Employees, 18. November 2003.

6 The Joy of Postal Service Dress Regulations, *Morning Edition*, National Public Radio, 13. November 2006.

7 Jyoti Thottam: Thank God It's Monday!, *Time*, 17. Januar 2005.

8 Occupational Outlook Handbook – Engineers, United States Department of Labor, Bureau of Labor Statistics, 4. August 2006.

9 The Story of Xerography, Xerox Corporation, www.xerox.com/downloads/usa/en/s/Storyofxerography.pdf.

10 Playmakers Part II: Play-Doh, Parents‹ Choice Foundation, www.parents-choice.org/full_abstract.cfm?art_id=236&the_page=editorials.

11 Henry Petroski: Painful Design, American Scientist 93, Nr. 2 (2005): 113.

12 Brad Stone und Robert Stein: Is TiVo's Time Up?, *Newsweek*, 20. März 2006.

13 Steve Kerr, Interview, 2005

14 Ebda.

15 Mary J. Benner und Michael Tushman: Process Management and Technological Innovation: A Longitudinal Study of the Photography and Paint Industries, Johnson Graduate School, Cornell University, Ithaca, New York, 2002.

16 Barbara Ross et al., The Great Tyco Robbery, *New York Daily News*, 12. September 2002.

17 Steve Kerr, Interview, 2005.

18 Merriam-Webster's Words of the Year 2005, Merriam-Webster, www.m-w.com/info/05words.htm.

Teil II: Wie wir denken

1 Daisetz T. Suzuki, in: *Zen in the Art of Archery* (New York: Vintage Books, 1981).

2 David Crystal und Nuala O'Sullivan: First Steps on a Journey with Words, *Guardian Weekly*, 26. Mai 2006.

Kapitel 4: Natürliche Stärken nutzen

1 Willam Broyles Jr.: *Cast Away* (New York: Newmarket Press, 2000).

2 William Broyles Jr., E-Mail an den Autor, 2006.

3 Für weitere Informationen über das Thema greifen Sie auf Texte wie die Folgenden zurück: Michael S. Gazzaniga: *The Ethical Brain* (Washington D. C.: Dana Press, 2005); Brain Research Bulletin 67 (2005); »Scientists Create ›Trust Potion««, BBC Nachrichten, 2. Juni 2005.

4 Felix Warneken und Michael Tomasello: Altruistic Helping in Human Infants and Young Chimpanzees, *Science* 311 (2006): 1301-1303.

5 Erika Tyner Allen, The Kennedy-Nixon Presidential Debates, 1960, Museum of Broadcast Communications, www.museum.tv/archives/etv/K/htmlK/kennedy-nixon/kennedy-nixon.htm.

6 Earl Mazzo, The Great Debates, *The Great Debate and Beyond: The History of Televised Presidential Debates*, www.museum.tv/debateweb/html/greatdebate/e_mazzo.htm.

7 Peter Kirsch et al., Oxytozin Modulates Neural Circuitry for Social Cognition and Fear in Humans, *Journal of Neuroscience* 25, Nr. 49 (2005): 11489–11493.

8 Joyce Bert et al., Trust, Reciprocity, and Social History, *Games and Economic Behavior* 10, Nr. 1 (1995): 122–142.

9 *A Beautiful Mind*, DVD, Regisseur: Ron Howard (Dreamworks SKG, 2001), nach: Sylvia Nasar: *A Beautiful Mind* (New York: Simon & Schuster, 1998).

10 Nash Equilibrium, Wolfram MathWorld, http://mathworld.wolfram.com/NashEquilibrium.html.

11 Paul J. Zak: Trust, *Journal of Financial Transformation* 7 (April 2003): 20.

12 Paul J. Zak, Interview, 2006.

13 Ebda.

14 Joseph Shepher: Mate Selection among Second Generation Kibbutz Adolescents and Adults: Incest Avoidance and Negative Imprinting, *Archives of Sexual Behavior* 1, Nr. 4 (1971): 293–307.

15 Richard Joyce: *The Evolution of Morality* (Cambridge, MA: MIT Press, 2006).

16 Richard Joyce, Interview, 2006.

17 Matthew D. Lieberman et al.: The Neural Correlates of Placebo Effects: A Disruption Account, *NeuroImage* 22 (2004): 447–455.

18 Melanie Thernstrom: My Pain, My Brain, *New York Times Magazine*, 14. Mai 2006.

Kapitel 5: Vom Können zum Sollen

1 Jim Saxton: Individuals and the Compliance Costs of Taxation: A Joint Economic Committee Study, Joint Economic Committee, United States Congress (November 2005).
2 Daniel Gross: Hummer vs. Prius, *Slate*, 26. Februar 2004.
3 Young Canadians and the Voting Age: Should It Be Lowered?, Canadian Policy Research Networks, www.cprn.com/en/diversity-voting.cfm.
4 Jeffrey Hart: *The Making of the American Conservative Mind: National Review and Its Times* (Wilmington, DE: ISI Books, 2005).
5 Organizational Guidelines, United States Sentencing Commission, www.ussc.gov/orgguide.htm.
6 Laurie Sullivan, Compliance Spending to Reach $ 28 Billion by 2007, *Information Week*, 2. März 2006.
7 Michael Parsons und Jo Best: EU Slaps Record Fine on Microsoft, *ZD-Net*, 24. März 2004.
8 Leo Durocher und Ed Linn: *Nice Guys Finish Last* (New York: Simon & Schuster, 1975).
9 Jim Puzzanghera: HP's Dunn Details Role in Scandal, Los Angeles Times, 28. September 2006.
10 *Harper's Magazine*, sec. Readings, Januar 2007.
11 Bhartrihari, The Internet Encyclopedia of Philosophy, www.iep.utm.edu/b/bhartrihari.htm.
12 Edward Sapir: The Status of Linguistics as a Science, in: *Culture, Language and Personality*, Hrsg. David G. Mandelbaum (Berkeley: University of California Press, 1986).
13 Michael Janosfsky: Olympics coaches Concede That Steroids Fueled East Germany's Success in Swimming, *New York Times*, 3. Dezember 1991.
14 Craig Lord: Drug Claim Could Be a Bitter Pill, *Times* Online, 3. März 2005.
15 Daniel Eisenberg: When Doctors Say, ›We're sorry‹, *Time*, 15. August 2005.
16 Drug Company to Pay for E. German Doping, *Science Daily*, 21. Dezember 2006; East German Doping Victims to Get Money, *MSN Money*, 13. Dezember 2006; Drug Firm Jenapharm Compensates Doped Athletes, *Deutsche Welle*, 12. Dezember 2006.
17 Strategic Principles, Universtiy of Michigan Hospitals and Health System, www.med.umich.edu/strategic/princ.htm.
18 University of Michigan Hospitals and Health System: University of Michigan Hospitals and Health Centers Recognized as Top Performer in the 2006 UHC Quality and Accountability Ranking, Pressemeldung, 24. Oktober 2006.
19 Levi Strauss & Co, www.levistrauss.com/Company/ValuesAndVision.aspx.
20 Boeing Company: Boeing CEO Harry Stonecipher Resigns, Pressemeldung, 7. März 2005.
21 Jim Skinner, Interview, 2006.

Kapitel 6: Konzentration auf das Spiel

1 Mark Nessmith: David Toms Bails on British Open, TravelGolf.com, www.travelgolf.com/blogs/mark.nessmith/2005/

07/15/david_toms_bails_on_
british_open_reeling.

2 David Toms, Interview, 2006.

3 Google Taps into Search Patterns,
BBC News, 22. Dezember 2005.

4 Deja Two: Vinatieri, Patriots Do It
Again, NFL.com, 1. Februar 2004.

5 CBS Dealt Record Fine over Janet,
CBS News, 22. September 2004.

6 Julie Rawe: Why Qour Boss May
Start Sweating the Small Stuff,
Time, 20. März 2006.

7 P. C. Burns et al., How Dangerous
Is Driving with a Mobile Phone?
Benchmarking the Impairment to
Alcohol (Transport Research Labo-
ratory, Crowthorne, Berkshire,
Großbritannien, September 2002).

8 Chris Weiss, Interview, 2006

9 Em Griffin: Cognitive Dissonance
Theory of Leon Festinger, in *A First
Look at Communication Theory*
(New York: McGraw-Hill, 1997).

10 Emory Study Lights Up the Political
Brain, *Science Daily*, 31. Januar 2006

11 «Jean Piaget«, GSI Teaching &
Resource Center, University of
California, Berkeley, http://gsi.
berkeley.edu/textonly/resources/
learning/piaget.html#top.

12 Emory Study Lights Up the Political
Brain, *Science Daily*, 31. Januar
2006.

13 James Atherton: Resistance to
Learning,
www.learningandteaching.info/
learning/resistan.htm.

14 David Sirota et al.: Why Your
Employees Are Losing Motivation,
Harvard Management Update,
http://hbswk.hbs.edu/archive/
5289.html.

15 John K. Borchardt: Who Puts Bad
Apples in the Barrel?, *Today's
Chemist at Work* 10, No. 4 (2001):
33–34, 36.

16 Ebda.

17 Aaron J. Louis: The Role of Cognitive Dissonance in Decision Making,
www.yetiarts.com/aaron/science/
cogdiss.shtml.

18 Ebda.

Teil III: Wie wir uns verhalten

1 Adam Rosman, Interview, 2006.

2 David Ellen, Interview, 2006.

Kapitel 7: Aktive Transparenz

1 *Bicycling* Magazine's Editor's Choice
– New York 3000,
Bicycling.com, wie zitiert auf
Kryptonite.com.

2 Kryptonite, www.kryptonitelock.
com.

3 Patricia Swann: Internet Postings
and Blogger Videos: Bic This!
(Association for Education in
Journalism and Mass Communication, San Antonio, Texas,
10. August 2005).

4 Ebda.

5 Patricia Swann, Interview, 2006.

6 Kevin Kelly: Scan This Book!, *New
York Times Magazine*, sec. 6,
14. Mai 2006, Abendausgabe.

7 CNN Live Today, CNN,
14. Dezember 2004.

8 Ebda.

9 Constance L. Hays: Jurors Discuss
the Verdict against Stewart, *New
York Times*, 7. März 2004;
Constance L. Hays und David Carr:
Before Facing Judge, Stewart Is Out
and About, *New York Times*,
15. Juli 2004; Stewart Convicted on
All Charges, *CNN Money*,
5. März 2004.

10 Hotel Queen gets 4 Years: Judge
Tells Leona Helmsley No One Is

Above Law, *Orlando Sentinel*, 13. Dezember 1989.

11 Marcy Gordon: Fannie Mae Fined $400M for Bad Accounting, *Washington Post*, 24. Mai 2006.

12 Reuters: US Blames Fannie Management, Pressemeldung, 23. Mai 2006.

13 The Mortgage Giant Fannie Mae Accused of Deception and Mismanagement, PBS, www.pbs.org/newshour/bb/business/jan-june06/fanniemae_05-23.html.

14 LRN Ethics Study: The Effect of Ethics on Ability to Attract, Retain and Engage Employees, LRN, 26. Juni 2006.

15 James A. Brickley et al.: Business Ethics and Organizational Architecture (Working Paper, University of Rochester, William E. Simon Graduate School of Business Administration, 2000).

16 Robin Johnson: American Food Century, 1900-2000; Non-Food Product Jingles, www.geocities.com/foodedge/jingles6.html.

17 John Horn: Spreading the Word, Entertainment News, *Los Angeles Times*, 25. August 2006.

18 Ebda.

19 Chris Gaither: Were Everyone Is a Crititc, *Los Angeles Times*, 25. August 2006.

20 Dave Scott: Digital Revolution Changes News Business, *Akron Beacon Journal*, 26. April 2006.

21 Word of Mouth 101: An Introduction to Word of Mouth Marketing, WOMMA, www.womma.org/wom101.htm.

22 Types of Word of Mouth Marketing, WOMMA, www.womma.org/wom101/02/.

23 (Lack of) Trust in Mass Media News, WOMMA, http://ads.womma.org/2005/09/lack_of_trust_i.html.

24 Pete Blackshaw et al., Measuring Word of Mouth, (Vortrag, Ad-Tech NY, New York, 8. November 2004).

25 Wachovia Apologizes for Slavery Ties, *CNN Money*, 2. Juni 2005.

26 Wachovia Corporation, Wachovia Completes Research, Pressemeldung, 2005.

27 David Teather: Bank Admits It Owned Slaves, *Guardian*, 22. Januar 2005.

28 Apple's Special Committee Reports Findings of Stock Option Investigation, Pressemeldung, 4. Oktober 2006.

29 Cris Penttila: My Bad!, *Entrepreneur* (Mai 2005).

30 Citigroup CEO Charles Prince Discusses the Future of Global Banking, Japan Society, www2.japansociety.org/global_affairs/event_corp_note.cfm?id_note=449304821.

31 Larry Johnson, Interview durch Alex Witt, MSNBC, 27. August 2004.

32 Keith Darcé: Media Ethicist Cites Power of Cyberspace, *San Diego Union-Tribune*, 14. Mai 2006

33 Dave McIntyre, Interview durch Sean Cole, *Marketplace*, American Public Media, 11. Mai 2006.

34 Ebda.

35 Edward C. Tomlinson et al.: The Road to Reconciliation: Antecedents of Victim Willingness to Reconcile Following a Broken Promise, *Journal of Management* 30, Nr. 2 (2004): 165–187.

36 John K. Borchardt: Who Puts Bad Apples in the Barrel?, *Today's Chemist at Work* 10, Nr. 4 (2001): 33–34, 36.

37 Resume ›Padding‹, HRM Guide USA, www.hrmguide.net/usa/recruitment/resume_padding.htm.

38 Lisa Takeuchi Cullen: Getting Wise to Lies, Time, 24. April 2006.

39 Connecting Organizational Communication to Financial Performance – 2003/2004 Communication ROI Study^{TM}, Watson Wyatt Worldwide (2004).

40 Yvon Chouinard, Interview durch Cheryl Glaser, *Marketplace*, American Public Media, 31. Oktober 2005.

41 Mark Twain: Mark Twain Quotations, Newspaper Collections, & Related Resources, www.twainquotes.com/Truth.html.

Kapitel 8: Vertrauen

1 Jason Kottke: Business Lessons from the Donut and Coffee Guy, www.kottke.org/03/07/business-lessons-donut-guy.

2 Warren E. Buffet, E-Mail an die Führungskräfte von Berkshire Hathaway (»The All-Stars«), 27. September 2006.

3 Jeffrey H. Dyer und Wujin Chu, The Role of Trustworthiness in Reducing Transaction Costs and Improving Performance: Empirical Evidence from the United States, Japan, and Korea, Organization Science 14, Nr. 1 (2002): 57.

4 Mike Fricklas, Interview 2006.

5 Francis Fukuyama: *Trust: The Social Virtues and the Creation of Prosperity* (New York: Free Press Paperbacks, 1995): 7.

6 Paul J. Zak: Trust, *Journal of Financial Transformation* 7 (April 2003): 20.

7 Dr. Peter Kollock, The Emergence of Exchange Structures: An Experimental Study of Uncer-
tainty, Commitment, and Trust, *American Journal of Sociology* 100 (1994): 313-345.

8 Ana Cristina Costa: Work Team Trust and Effectiveness, *Personnel Review* 32, Nr. 5 (Oktober 2003).

9 Roger Fine, Interview 2005.

10 Mike Fricklas, Interview 2006.

11 Zak: »Trust«.

12 Jeffrey H. Dyer und Wujin Chu: The Determinants of Trust in Supplier-Automaker Relationships in the U.S., Japan, and Korea, *Journal of International Business Studies* 31, Nr. 2 (2000): 259.

13 Jeffrey B. Kindler, Interview 2006.

14 Tufts Graduate Named CEO of Pfizer, Tufts e-news, www.tufts.edu/communications/stories/081406TuftsGraduateNamedCEOofPfizer.htm.

15 Federal Bureau of Investigation, Los Angeles Division: James Paul Lewis, Doing Business as Financial Advisory Consultants in Orange County, California, Arrested by Agents in Houston, Texas, for Operating 20 Year ›Ponzi‹ Scheme with Losses in Excess of 800 Million Dollars, Pressemeldung, 22. Januar 2004.

16 Don Thompson: Investors Fear They'll Lose Millions in Alleged Ponzi Scam, Fraud Discovery Institute, www.frauddiscovery.net/fac.html.

17 Warren E. Buffett, E-Mail, 2006.

18 Steve Kerr, Interview, 2005.

Kapitel 9: Der gute Ruf

1 Dan Bilefsky: Indians Unseat Antwerp's Jews as the Biggest Diamond Traders, *Wall Street Journal*, 27. Mai 2003.

2 Number of Jobs Held, Labor Market Activity, and Earnings Growth

among the Youngest Baby Boomers: Results from a Longitudinal Survey, (United States Department of Labor, Bureau of Labor Statistics, Washington, D.C., 25. August 2006).

3 RentAThing, www.rentathing.org.

4 Cory Doctorow: *Down and Out in the Magic Kingdom* (New York: Tor Books, 2003).

5 Chrysanthos Dellarocas und Paul Resnic: Online Reputation Mechanisms: A Roadmap for Future Research (Vortrag, First Interdisciplinary Symposium on Online Reputation Mechanisms, Cambridge, Massachusetts, 26.-27. April 2003).

6 James B. Stewart, *Den of Thieves* (New York: Touchstone 1992).

7 Roger Fine, Interview, 2005.

8 Ebda.

9 General Electric Company: GE 2002 Annual Report, Pressemeldung 2002.

10 Paul B. Farrell: Warren Buffett, America's Greatest Story-Teller, *Market-Watch*, 21. März 2006.

11 Jim Skinner, Interview, 2006.

12 LRN Ethics Study: Purchasing Behavior (Opinion Research Corporation, Princeton, New Jersey, 30. Januar 2006).

13 Joie Gregor, Interview, 2006.

14 Jeff Kindler, Interview, 2006.

15 Paul Robert, Interview, 2005.

16 Alice LaPlante: MBAs Seek Caring, Ethical Employers, *Stanford Business* (Mai 2004).

17 Goran Lindahl, zitiert nach *Purpose: The Starting Point of Great Companies* von Nikos Mourkogiannis (New York: Palgrave Macmillan, 2006).

18 Scott Westcott: The Importance of Reputation, ProfitGuide.com (24. Februar 2005).

19 Dorothy Rabinowitz: Mr. Giuliani and Mr. Milken, Wall Street Journal, 17. April 2001.

20 Stewart: *Den of Thieves*.

21 Michael Milken Biography, www.mikemilken.com.

22 Our Management, Altria, www.altria.com/about_altria/biography/01_03_07_Greenberg.asp.

23 David Greenberg, Interview 2006.

Teil IV: Wie wir führen

1 James M. Hagen und Soonkyoo Choe: Trust in Japanese Interfirm Relations: Institutional Sanctions Matter, Academy of Management Review 23, Nr. 3 (1998): 589.

2 Ford Sustainability Report 2004/5: Policy Letters and Directives, Ford Motor Company (Dezember 2005).

3 Quality, General Electric Company (2006), www.ge.com/en/company/companyinfo/quality/whatis.htm.

Kapitel 10: Kultur

1 Chuck Williams: GE Aircraft Engines, Durham Engine Facility (Vortrag, WorldBlu Forum, Washington, D. C., Oktober 2005).

2 Charles Fishman: Engines of Democracy, *Fast Company* 28 (September 1999): 174.

3 The Toxic 100: Top Corporate Air Polluters in the United States, Political Economy Research Institute, University of Massachusetts, Amherst (2002).

4 Testimony of Dov L. Seidman to the U.S. Sentencing Commission (öffentliche Anhörung, Washington D. C., 17. März 2004).

5 1992-2002 Census of Fatal Occupational Injuries (U.S. Department of
Labor, Bureau of Labor Statistics,
7. Januar 2005).

6 Our Culture, Nordstrom,
http://careers.nordstrom.com/
company/culture/index.asp.

7 United States. 2004. »America after
9/11 freedom preserved
or freedom lost?« (Anhörung vor
dem Rechtsausschuss,
Senat der Vereinigten Staaten,
108. Kongress, erste Sitzung,
18. November 2003). Washington:
U.S. G.P.O.

8 Steve Kerr: »n the Folly of Rewar-
ding A, While Hoping for B, *Academy of Management Journal* 18,
Nr. 4 (1975); überarbeitet für *Academy of Management Executive* 9,
Nr. 1 (1995): 7–14.

9 Steve Kerr, Interview, 2005.

10 Jonathan Pont: Doing the Right
Thing to Instill Business Ehtics,
Workforce Management
(1. April 2005).

11 Tom Terez: Workplace 2000
Employee Insight Survey,
MeaningfulWorkplace.com,
29. August 2000.

12 Charles Hampden-Turner,
Interview, 2006.

Kapitel 11: Argumente für eine Kultur der Selbststeuerung

1 Testimony of Dov L. Seidman to the
U.S. Sentencing Commission
(öffentliche Anhörung, Washington
D.C., 17. März 2004).

2 Richard Bednar et al.: Report of the
Ad Hoc Advisory Group on the
Organizational Sentencing Guideli-
nes, United States
Sentencing Commission
(7. Oktober 2003).

3 Chapter Eight – Sentencing of
Organizations – Federal Sentencing
Guidelines Manual and Appendices
(2005), United States Sentencing
Commission (1. November 2004).

4 Larry D. Thompson: Principles of
Federal Prosecution
of Business Organizations, United
States Department of Justice
(20. Januar 2003.

5 Richter Ruben Castillo, Interview,
2006.

6 Charles Hampden-Turner,
Interview, 2006.

7 Massimo Ferragamo, Interview,
2006.

8 Joy Sewing: Style and Feeling
Guide Massimo Ferragamo,
Houston Chronicle, 29. April 2004.

9 Hannay, Alastair: *Kierkegaard: A
Biography*, hrsg. und übers. Von
Reidar Thomte mit Albert B.
Anderson (Cambridge:
Cambridge University Press, 2001).

10 Benedict Carey: Study Links Punish-
ment to an Ability to Profit, *New
York Times*, 7. April 2006.

11 Ebda.

12 Herb Kelleher: A Culture of
Commitment, *Leader to Leader* 4
(Frühjahr 1997): 20-24.

13 Joe Stallard, Interview, 2006.

14 Deborah Solomon und Cassell
Bryan-Low: Companies
complain about Cost of Corporate-
Governance Rules, *Wall Street
Journal*, 10. Februar 2004, Ausgabe
für den Osten.

15 Size Matters: Larger Companies
Will Spend More for
Sarbanes-Oxley Compliance
Requirements (Financial
Executives International,
10. Februar 2004).

16 Management Barometer,
PricewaterhouseCoopers
(März 2003).

17 Annual Reports and Statistical
Sourcebooks, United States
Sentencing Commission
(2000–2005).
18 Douglas Lankler, Interview, 2006.
19 Michael Monts, Interview, 2006.
20 Chuck Williams: GE Aircraft Engines, Durham Engine Facility (Vortrag, WorldBlu Forum, Washington,
D.C., Oktober 2005).
21 Our Company: Growth & Expansion, Johnson & Johnson,
www.jnj.com/our_company/
history/history_section_2.htm.
22 Roger Fine, Interview, 2005.
23 Reggie Van Lee et al.: The Value of
Corporate Values, *Strategy + Business*
(Sommer 2005).
24 Matthew Gilbert: True Believers at
Methodist Hospital,
Workforce Management (Februar
2005): 67–69.
25 Top 10 Best Companies to Work for,
CNN Money, 2007.
26 Thomas R. McCormick, Interview,
2005.
27 Jim Skinner, Interview, 2006.

Kapitel 12: Das Rahmenmodell der Führung

1 Die Version des Rahmenmodells
der Führung, die hier erscheint,
wurde vom Original LRN-Rahmen-
modell ausgehend angepasst, um
dem Zweck dieses Buches besser zu
dienen.
2 John F. Kennedy: Special Message
to the Congress on Urgent National
Needs, John F. Kennedy Presidential Library & Museum,
www.jfklibrary.org/Historical+
Resources/Archives/Reference+
Desk/Speeches/JFK/003POF03Na-
tionalNeeds05251961.htm.

3 Nicht alle dieser Ideen über die
Grundhaltung der Unternehmensführung und Führungsattribute
sind die ursprünglichen; manche
habe ich von Anderen übernommen oder etwas
entnommen, das ich im Verlauf
meiner Laufbahn gelesen habe.
Während meiner Studien bei Wex-
ner Fellow lernte ich zum Beispiel
von Rabbi Nathan Laufer die Effek-
tivität,
Führungsattribute sowohl positiv
als auch negativ zu
beschreiben, was sie sind, und was
sie nicht sind. Unter den vielen
Büchern, die ich über Unternehmensführung gelesen habe, beeinflusste mich *The Corporate Mystic*
von Hendricks und Ludeman
dahingehend, noch strikter darüber
zu denken. Obwohl ich all diese
Ideen nicht erfunden habe, glaube
ich, dass ich sie als Erster zusam-
menstellte und dann im Laufe der
Jahre mit meinen Kollegen bei LRN
verfeinerte und abstimmte, auf jene
ursprüngliche Weise, die sich einzig und allein dafür eignet, ein
Aufblühen in der Welt der *Welle* zu
ermöglichen.
4 Roxy Sass: Roxy Boldly Takes On
›The Happiest Place on Earth‹,
Stanford Daily (5. August 2004).
5 James C. Collins und Jerry I. Porras:
*Built to Last: Successful Habits of
Visionary Companies* (New York:
HarperCollins, 1994): 88.
6 Company History, Walt Disney
Company,
http://corporate.disney.go.com/
corporate/
complete_history_1.html.
7 A'Leila Bundles: Madam C. J. Walker – A Short Biography, Madam
C. J. Walker: The Official Website,
www.madamecjwalker.com.
8 Alan Spoon, Interview, 2006.

9 Bill Gordon: Kamikaze Images,
http://wgordon.web.
wesleyan.edu/kamikaze/books/
japanese/hamazono/index.htm.

10 »Max Weber«, Department of Sociology, University of Chicago,
http://ssr1.uchicag.edu/PRELIMS/
Theory/weber.html.

11 Ebda.

12 FEMA Assistance Paid for Saints
Tickets, Vacation, Divorce Lawyer,
KTBS, www.ktbs.com/news/local/
3053051.html.

13 *Paula Zahn Now*, CNN
(14. Juni 2006).

14 Wynn Resorts: Steve Wynn's
Newest Resort, Wynn Las Vegas,
Now Taking Room Reservations,
Pressemeldung, 14. Januar 2005.

15 Steve Wynn, Interview, 2006

16 Jeff Kindler, Interview, 2006

17 Carmie Gallo: Starbucks‹ Secret
Ingredient, BusinessWeek,
5. Mai 2006.

18 Massimo Ferragamo, Interview,
2006.

19 Winston S. Churchill: *Never Give In:
The Best of Winston
Chruchill's Speeches* (New York:
Hyperion Books, 2003).

20 Brian Duffy: The Kid of No Promise, *U.S. News & World Report*,
31. Oktober 2005.

21 Helen Keller: Helen Keller Foundation for Research &
Education, www.helenkellerfounda-
tion.org/research.asp.

Nachwort

1 Lisa McLaughlin: The Business of
Hospitality (Your Time; Money),
Time, 2. Oktober 2006.

2 James C. Collins und Jerry I. Porras, Built to Last: Successful Habits
of Visionary Companies (New York:
HarperCollins, 1994): 88.

3 Barton Schultz: Henry Sidgwick,
Stanford Encyclopedia
of Philosophy, http://plato.stanfor-
d.edu./entries/sidgwick/.

Stichwortverzeichnis